FRECCE / 80

I lettori che desiderano
informazioni sui volumi
pubblicati dalla casa editrice
possono rivolgersi direttamente a:

Carocci editore

Corso Vittorio Emanuele II, 229
00186 Roma
telefono 06 42 81 84 17
fax 06 42 74 79 31

Siamo su:
www.carocci.it
www.facebook.com/caroccieditore
www.twitter.com/caroccieditore

Paolo Jedlowski

Il mondo in questione

Introduzione alla storia
del pensiero sociologico

Nuova edizione

Carocci editore

14ª ristampa, marzo 2019
2ª edizione, marzo 2009
1ª edizione, giugno 1998

Finito di stampare nel marzo 2019
da Grafiche VD srl, Città di Castello (PG)

ISBN 978-88-430-4894-6

Indice

Premessa

La sociologia è un insieme di discorsi e di pratiche di ricerca che hanno per oggetto le relazioni e le istituzioni umane. In altre parole, è la disciplina che si occupa della dimensione specificamente sociale della vita umana.

Benché utili per un primo orientamento, affermazioni come queste hanno tuttavia un senso limitato. Limitato perché i diversi autori che hanno praticato questa disciplina nel corso del tempo l'hanno intesa, in realtà, in modi molto diversi fra loro.

Queste diversità non possono essere eliminate. Non si tratta di approssimazioni successive che il procedere della scienza supererebbe man mano: queste diversità rappresentano la storia della sociologia, e la sociologia non ne può prescindere. Essa non è un sistema di conoscenze codificato: è piuttosto un insieme di problemi, di forme di indagine, di teorie e di concetti che si rispondono gli uni con gli altri condividendo il fine di promuovere e rinnovare costantemente l'autocomprensione della società. La sociologia è unificata – più che da un oggetto o da un metodo particolari – dalla sua tradizione.

Un elemento accomuna, più o meno esplicitamente, gli autori che si riconoscono in questa tradizione: è una forma specifica di curiosità. È quella curiosità che, in modo ricorrente e metodico, fa sì che il nostro mondo sociale ci appaia qualcosa che non possiamo dare per scontato. Finché diamo il mondo per scontato, non ci interroghiamo. Se smettiamo di darlo per scontato e lo mettiamo in questione, iniziamo a chiederci come mai sia proprio così, e non altrimenti.

La sociologia corrisponde a una serie di tentativi di rispondere a questa domanda, nelle sue varie articolazioni. Ad esempio, ci si può chiedere se la forma della famiglia sia stata sempre quella che oggi fra di noi appare scontata, o se sia dovunque così; poi ci si può chiedere come le sue diverse forme si siano generate, in relazione a quali fattori; infine, se vi sia una logica in queste trasformazioni e in quali direzioni è probabile che si verifichino mutamenti ulteriori. Ciò che ci si chiede per la famiglia, ovviamente, ce lo si potrà chiedere per altre istituzioni o per altre forme di relazione.

Nel tentativo di rispondere a domande come queste la sociologia ha elaborato una serie di strategie di conoscenza. Gli autori che oggi consideriamo i "classici" della disciplina sono tali esattamente perché hanno fornito i modelli principali di queste strategie.

Questo libro è dedicato innanzitutto allo studio di tali modelli. Alle opere di Marx, Durkheim, Simmel e Weber saranno dedicate così più pagine che non a qualunque altro autore: si tratta di opere che hanno fornito alla sociologia gran parte della sua agenda di temi, del suo linguaggio, dei suoi metodi di ricerca e delle teorie cui ancora oggi ci si riferisce per la spiegazione e la comprensione dei fenomeni sociali.

Prima di affrontare i classici, due brevi capitoli saranno dedicati alle origini della sociologia. Nei capitoli centrali, a fianco degli autori principali, troveranno posto riferimenti a dibattiti, scuole e autori a loro contemporanei (l'opera dei grandi è la punta di un iceberg costituito dal lavoro di innumerevoli altri studiosi). Nell'ultima parte, altri capitoli renderanno conto delle correnti di ricerca del XX secolo che hanno più contribuito allo sviluppo della disciplina: dalla scuola di Chicago e dalle teorie delle élite fino alla scuola di Francoforte, a Parsons e alle teorie della vita quotidiana, e poi, ancora, fino alle teorie e alle correnti che si affacciano sul mondo contemporaneo. Per quanto brevemente, saranno presi in considerazione anche alcuni autori che sociologi non sono, ma la cui opera ha avuto un peso notevole negli sviluppi della materia (come Freud, Wittgenstein o Bateson, ad esempio).

La prima edizione di questo manuale si arrestava alla fine degli anni sessanta; questa nuova edizione si spinge con due capitoli inediti fino al 1990. Sono state apportate anche alcune lievi modifiche ai capitoli precedenti. Le osservazioni e i commenti collocati in alcune posizioni strategiche collegano in ogni caso tutti i temi trattati alle discussioni e alle ricerche attuali; la stessa funzione è svolta dagli inviti alla lettura posti alla fine di ogni capitolo.

I riferimenti bibliografici per tutte le opere citate sono posti in appendice al volume.

Questo libro nasce da lezioni rivolte a un pubblico di studenti al primo anno di un corso universitario, e di questa origine conserva molto: in particolare, il privilegio accordato alla ricerca della chiarezza piuttosto che a quella dell'esaustività. Le nozioni di filosofia di volta in volta necessarie sono state esposte, quando è stato il caso, in un modo che spero accessibile anche a chi non abbia studiato filosofia.

Una preparazione di base in storia moderna e contemporanea è invece presupposta, ed è indispensabile.

Amici e colleghi hanno collaborato sia alla prima che alla seconda edizione di questo volume leggendone versioni preliminari, adottandolo, dandomi suggerimenti preziosi. Sono troppi per poterli citare singolarmente, ma la mia gratitudine è immensa. Le persone che devo ringraziare di più sono però i miei studenti, nelle diverse università in cui ho insegnato: le loro domande e le loro reazioni alle lezioni hanno influenzato la struttura di ogni capitolo.

1

Le origini del pensiero sociologico

Il mondo moderno e le origini della sociologia

Da che esiste il linguaggio, gli uomini hanno potuto parlare della loro vita in comune, ma la sociologia in quanto disciplina dotata di un proprio statuto autonomo, distinto da quello della filosofia, della teologia o della storia, è una costruzione intellettuale del mondo moderno.

Nei manuali di storia delle scuole medie, l'età moderna si fa iniziare per solito dalla scoperta dell'America, nel fatidico 1492. La scelta non è senza ragioni: quella data può essere assunta come lo spartiacque, almeno per la storia europea, tra una fase in cui il mondo era percepito come sostanzialmente chiuso e statico ed una in cui il mondo apparve improvvisamente illimitato, alla coscienza europea si aprirono orizzonti mai immaginati, ed ebbe inizio un'era di conquiste, di commerci, di sviluppi economici e di scoperte scientifiche senza precedenti.

Ogni periodizzazione contiene tuttavia una buona dose di arbitrarietà. E naturalmente è fatta a posteriori. Nel 1492 chi avrebbe detto che si trattava di una data storica? La coscienza di vivere in una nuova epoca era probabilmente ristretta a pochi, e pochissimi lanciavano la propria immaginazione a prefigurare come questa epoca sarebbe stata.

Nel mio discorso, userò l'aggettivo "moderno" in un modo un po' diverso da quello degli storici. Nella prospettiva dei sociologi, infatti, due grandi rivoluzioni (di tipo molto diverso fra loro) segnano l'inizio della modernità vera e propria: la *prima rivoluzione industriale* – una rivoluzione essenzialmente *economica* e *tecnologica* – che si sviluppò in Inghilterra a partire dalla seconda metà del 1700, e la *Rivoluzione francese* – una rivoluzione *politica* e *istituzionale* – che ebbe luogo sul finire dello stesso secolo. Entrambe queste rivoluzioni rappresentano i punti culminanti di processi che hanno radici nei secoli precedenti e hanno corrispettivi in paesi diversi dall'Inghilterra e la Francia: richiamarle ha soprattutto un'utilità convenzionale. Tuttavia si prestano bene a rappresentare l'insieme dei processi attraverso cui è sorta la modernità come la intendiamo, non solo perché segnano effettivamente momenti di svolta della storia europea – e in un certo senso mondiale – ma anche perché, nel momento in cui si dispiegarono, furono percepite dalle stesse persone che ne furono coinvolte come un mutamento radicale, la cui portata epocale era evidente. Esse rappresentarono, per così dire, un'*accelerazione della storia*, ed inaugurarono una successione di trasformazioni sociali e materiali di portata e di velocità inaudite. Le condizioni nelle quali viviamo si sono modificate negli ultimi duecento anni più di quanto non fosse avvenuto nei due precedenti millenni.

Il desiderio di studiare le forme della vita sociale trae dalla percezione del *mutamento* una spinta formidabile: di fatto, si comincia a studiare la società quando essa non può più essere data per scontata. Essa muta in modo rapido e apparentemente inarrestabile, e pone così il problema di comprendere le ragioni e le direzioni di questo mutamento per controllarlo, per criticarlo o per provarsi a dirigerlo, o almeno per non farsene travolgere.

Ma un altro processo è fondamentale per comprendere l'epoca moderna, e nel suo contesto il sorgere della sociologia: lo sviluppo del concetto di *scienza*.

La scienza è un insieme di strategie conoscitive in cui l'osservazione metodica, unita all'applicazione di procedimenti logici di tipo razionale, mira alla scoperta di regolarità universali che riguardano i fenomeni studiati.

Certo, molti scienziati contemporanei sarebbero perplessi di fronte a questa definizione, nella misura in cui l'effettiva universalità delle "regolarità" che una scienza può definire oggi è assai problematica. Ma nessuno metterebbe in dubbio che l'osservazione metodica – l'esperienza sistematica, l'esperimento – è la via maestra per il conoscere. Proprio questa idea è però drasticamente *moderna*. In tutte le concezioni del sapere che conosciamo prima dell'avvento della modernità, da Platone fino all'ultimo Medio Evo, il regno dell'esperienza e dell'osservazione sensibile si distingueva radicalmente da quello del vero sapere. Il sapere del *vero* era assoluto ed eterno, e posseduto soltanto da Dio: poteva derivare solo dalla riflessione filosofica o da quella religiosa, non dall'osservazione del mondo.

Quando uomini come Bacone o Galilei, tra il XVI e il XVII secolo, proposero alla comunità dei dotti una visione della scienza come un sapere del vero basato sull'esperienza, mutarono le carte in tavola. Come si esprimeva Galileo Galilei, non è in dubbio che il sapere vero e certo sia di Dio, ma poiché è la natura il suo libro più grande, leggendo quest'ultimo gli uomini possono accedere al suo medesimo sapere. Non raggiungeranno mai l'ampiezza infinita del sapere divino, ma ciò che impareranno dall'esperienza, e formuleranno in termini matematici, sarà della stessa qualità.

Non molto diversamente ragionava Newton poco più tardi formulando i principi della fisica moderna, e tale modo di ragionare ebbe un impatto incalcolabile sulla cultura successiva. È all'interno degli effetti di questo impatto che vanno considerati movimenti come l'illuminismo francese o l'empirismo inglese e scozzese, che proporranno l'obiettivo di applicare lo stesso metodo conoscitivo basato sull'osservazione, applicato con successo ai fenomeni naturali, anche ai fenomeni sociali.

Per quanto anche altri fattori siano entrati in gioco, è soprattutto dalla congiunzione della percezione del mutamento sociale e dell'idea moderna di scienza che ha origine il pensiero sociologico.

La rivoluzione industriale e la Rivoluzione francese: un mondo in mutamento

Vediamo più in dettaglio i passaggi di questo discorso.

Parlare di "rivoluzione industriale" significa alludere, con una formula sintetica, all'avvio del *processo di industrializzazione* che ebbe luogo in Inghilterra nella seconda metà del Settecento. L'avvio di questo processo ha molti presupposti. Fra questi, la disponibilità di materie prime a buon prezzo e il controllo delle vie commerciali e dei mercati coloniali, la disponibilità per il lavoro di fabbrica di masse di lavoratori espulsi dalle campagne, e la disponibilità di nuove tecnologie (quest'ultima unita ad un insieme di fattori culturali e politici che ne favorivano l'utilizzo per fini produttivi).

Indubbiamente l'espressione "rivoluzione industriale" è un po' fuorviante. L'industria è un sistema di produzione che associa al lavoro degli uomini l'utilizzo di macchine e di fonti di energia inanimata. Ma una certa tendenza alla meccanizzazione delle attività produttive è presente nella storia almeno a partire dal XVI secolo: la parola "rivoluzione" nasconde così uno sviluppo che in realtà è stato più graduale di quanto non si possa pensare. Tuttavia, è vero che il processo di industrializzazione ha cambiato la storia degli uomini: forse dall'epoca della cosiddetta "rivoluzione neolitica" (cioè dalla scoperta dell'agricoltura e dalla nascita delle prime città: un processo ovviamente ancora più graduale della "rivoluzione industriale") non vi è stato nella storia umana un cambiamento più grande.

In ogni caso, dall'Inghilterra il nuovo modo di produrre – il modo *industriale* o, come dirà Marx, il modo *capitalistico* di produzione – si diffuse rapidamente nel continente, dove del resto stava già sviluppandosi in alcune aree in modo autonomo. Dall'Europa, questo modo di produrre si è diffuso poi nel resto del mondo.

Il modo di produrre inaugurato dalla rivoluzione industriale ha una specificità che lo distingue da ogni altro modo che lo ha preceduto: ha la capacità di far crescere con una certa regolarità la produzione. Esso si riproduce espandendosi. Da qui in poi, le società sono capaci non solo di produrre e riprodurre i propri mezzi di sussistenza un anno dopo l'altro, ma di accrescere il proprio prodotto, cioè di svilupparsi (di "crescere") economicamente.

È evidente che questa nuova possibilità non può non avere profonde influenze sul modo in cui gli uomini concepiscono il proprio mondo: l'idea di *progresso* ha qui le sue basi materiali. Da che la rivoluzione industriale ha avuto inizio, gli uomini si sono abituati all'idea – precedentemente sconosciuta – che il mondo sociale e materiale di domani sarà *di norma* diverso da quello di oggi.

Ma anche le rivoluzioni politiche che – anche qui un po' convenzionalmente – riassumiamo ricordando la Rivoluzione francese, e che hanno trasformato l'Europa e l'America del Nord a partire dalla fine del XVIII secolo, hanno tra i loro effetti quello di squalificare una visione statica del mondo sociale.

Il processo è qui differente. La Rivoluzione francese è di fatto il momento culminante di un insieme di processi che conducono alla *delegittimazione del potere feudale* – incarnato dai privilegi dell'aristocrazia terriera e militare – e allo stabilirsi di un nuovo tipo di legittimità del potere, fondato sul consenso della società civile a leggi razionalmente stabilite e sull'obbedienza a governanti liberamente eletti. (Si vedrà meglio il concetto di "legittimità del potere" affrontando il pensiero di Weber.)

Alle spalle della Rivoluzione francese – e poi di tutte le rivoluzioni liberali del XIX secolo – sta la pressione di una nuova classe costituita dai banchieri, dai commercianti, dalle élite delle professioni tecniche e dai proprietari delle manifatture che mira a rimuovere il potere delle aristocrazie e a sostituirlo con il proprio. Nella lotta contro le aristocrazie ed i loro privilegi, questa classe sviluppò una propria specifica ideologia, che tendeva a presentare le proprie aspirazioni come le aspirazioni della società tutta. Vedremo alcuni aspetti di questa ideologia seguendo il pensiero di Marx. Per ora possiamo affermare che la visione politica della società che ne derivò è alla base del mondo occidentale e del suo sistema di valori. Essa intende che in linea di principio tutti gli uomini godono di uguali diritti, e che in quanto cittadini di uno Stato hanno il diritto di partecipare al governo attraverso l'elezione di propri rappresentanti.

L'idea che tutti gli uomini siano uguali dal punto di vista del diritto è un'idea radicalmente opposta al mondo feudale, è un'idea *moderna*: nel mondo feudale, i diritti del signore e quelli di un servo erano incomparabili e determinati dalla nascita. Lo svincolare il destino dell'individuo dalla sua nascita è uno dei tratti più caratteristici della cultura occidentale moderna.

Come la rivoluzione industriale ha effetti profondamente destabilizzanti ed inaugura un'epoca di mutamenti continui, anche le rivoluzioni politiche che si ispirano alla Rivoluzione francese promuovono il mutamento come un fenomeno *normale*: se le leggi non sono più stabilite dal sovrano in osservanza di quanto è stato tramandato, e se il potere non riposa più necessariamente nelle mani di coloro che per nascita lo hanno ricevuto, allora gli uomini riuniti insieme, in apposite istituzioni, hanno la facoltà di definire e ridefinire continuamente le proprie leggi sulle basi di un confronto razionale. Per definizione, le leggi sono ora perfettibili: sono stabilite dagli uomini, dunque non sono immutabili.

Illuminismo: l'idea di una scienza della società

Tutto ciò ha a che fare con la nascita della sociologia nella misura in cui costituisce lo sfondo storico del suo sorgere. Questo sfondo è esplicitamente *problematico*. La società moderna è una società che emerge distruggendo un ordine precedente, quello feudale, e ne istaura un altro, che tuttavia comprende come proprio carattere fondamentale il mutamento perpetuo. In questa situazione, ragionare sulla società è tentare di padroneggiarne il mutamento. La sociologia ha insomma le sue radici nel confronto con un mondo umano che non appare più vincolato e garantito dalla tradizione: in una parola, con un mondo che non può più essere considerato ovvio.

Se i processi di sviluppo dell'industria e i mutamenti politici innescati dalla Rivoluzione francese forniscono gli elementi del contesto in cui la sociologia è chiamata a svolgere le proprie funzioni, sul piano propriamente culturale le origini della sociologia non sono comprensibili senza riferirsi all'*illuminismo*.

Come sappiamo, l'illuminismo è un movimento culturale che segna intensamente il secolo XVIII. I nomi di Montesquieu, Voltaire, Diderot, D'Alembert o Rousseau ci sono familiari dalle pagine dei manuali di liceo.

L'illuminismo ebbe un ruolo fondamentale nella critica dell'ordine feudale. Esso svolse tale critica nel nome della *ragione*. Agli occhi degli illuministi, nulla è legittimo se non ciò che è motivato razionalmente. L'autorità della tradizione e quella che si richiama alla pretesa delle chiese di rappresentare i voleri di Dio vengono entrambe destituite di fondamento.

Il mondo umano, di fronte allo sguardo degli illuministi, appare come un mondo essenzialmente *storico*, e questa storia ha una direzione: il *progresso*. Esso coincide con il procedere del rischiaramento che il lume della ragione porta sulle umane vicende.

L'idea che il mondo naturale sia osservabile e descrivibile razionalmente è alla base dell'idea di scienza, qual era stata disegnata nel secolo precedente da persone come Bacone e Galilei, e dispiegata nel Settecento dalla fisica di Newton. L'abbiamo già osservato. Ma è l'illuminismo che trasferisce questa idea dal campo degli oggetti fisici a quello degli oggetti sociali, cioè a quello degli uomini e del vivere collettivo. La società appare come una sorta di natura, ma una natura "che si dota delle proprie leggi", e che dunque può conoscerle e, una volta conosciutele, trasformarle secondo ragione.

La ragione a cui pensano gli illuministi ha in realtà le gambe concrete di un'*opinione pubblica* borghese. La filosofia degli illuministi è la filosofia di quegli stessi strati sociali che abbiamo visto alle spalle delle rivoluzioni liberali e che il modo di produzione industriale contribuisce a sviluppare. In questi strati matura l'idea che il governo della nazione non sia cosa propria del sovrano o dei suoi nobili, ma sia propriamente cosa *pubblica*, cioè *di tutti e di nessuno in particolare*, e che in linea di principio ciascuno abbia il diritto di portare critiche e proporre le proprie idee. La ragione è insomma il principio di un *dialogo*, e insieme di una *critica*: affermazione del diritto di discutere liberamente della cosa pubblica e della possibilità di proporre argomenti che non siano censurati dal richiamo alla volontà del sovrano, a supposti principi divini o a decreti immutabili della tradizione.

Il primo a utilizzare il termine "sociologia", come vedremo fra poco, è in realtà Auguste Comte, intorno alla metà dell'Ottocento. Ma la nascita di una parola non coincide necessariamente con la nascita di ciò che essa designa. Se intendiamo la sociologia come un insieme di discorsi che si vogliono "scientifici" sulla società, le sue origini precedono Comte e vanno rintracciate proprio nell'illuminismo.

La decisione di quale ritenere il "primo" sociologo – una volta che si sia stabilito che il punto non è semplicemente scoprire il primo che ha usato la parola – ha sempre dei margini di arbitrio. I sociologi arabi, ad esempio, propendono per Ibn Khaldoun, uno storico del XIV secolo che analizzò in modo molto moderno i rapporti fra tribù nomadi e città arabe nell'Africa settentrionale. Gli italiani a volte si richiamano a Vico. Altri a Rousseau. Seguendo una tradizione che è stata indicata da un sociologo illustre, Émile Durkheim, io opterei per Montesquieu.

Montesquieu scrisse due libri che sono per noi particolarmente degni di nota: le *Lettere persiane* (1721) e *Lo spirito delle leggi* (1748). Usualmente, si ritiene particolarmente significativo per il futuro sviluppo della sociologia *Lo spirito delle leggi*. In questo libro Montesquieu avvia infatti un discorso comparativo, basato sull'osservazione, a proposito delle leggi che governano gli uomini in diverse società. E si prova a mettere in relazione tali ordinamenti legali con elementi diversi, come il clima in cui un popolo vive, i suoi costumi, i tipi di relazioni che vi predominano, i fatti storici e così via. Non stabilisce, metafisicamente, i principi in base ai quali gli uomini *dovrebbero* vivere: *osserva* come vivono di fatto, e constata la relatività delle leggi così come delle abitudini. Questo non gli impedisce di preferire certi sistemi ad altri, ma il punto non è questo, o non è soprattutto questo: il punto è osservare la varietà delle istituzioni umane e provarsi a spiegarla. Questo atteggiamento è alla base del pensiero sociologico.

Personalmente, tuttavia, sono più affezionato alle *Lettere persiane*. Le *Lettere persiane* sono un romanzo epistolare. In questo romanzo l'autore finge di pubblicare alcune lettere che il principe persiano Uzbek invia agli eunuchi e alle mogli del suo serraglio, insieme ad altre che riceve. Dapprima, il lettore è messo a confronto naturalmente con un mondo che gli appare assai esotico: il serraglio, gli eunuchi, le molte mogli, tutto concorre a stupire e a divertire.

Ma poi Uzbek, che è in viaggio, arriva in Europa, e comincia a descriverla nelle lettere. Ovviamente, è stupito dei costumi europei almeno quanto il lettore francese è stupito dei suoi.

Così, il lettore che scorre le pagine si trova stranamente spaesato: vede la propria nazione con gli occhi di uno straniero e, in qualche modo, è portato a vederne la relatività, non può più dare per scontata la propria realtà abituale. Dapprima incredulo, si trova infine portato a vedere come esotico *il proprio mondo*, a chiedersi quanto "normale", in fondo, esso sia. Al termine del libro può dunque cominciare a domandarsi per quali motivi il suo mondo sia così, e quello da cui proviene Uzbek diverso.

Ritengo che qui si annunci ciò che è essenziale al pensiero sociologico: la constatazione della differenza e della relatività dei mondi sociali, unita al desiderio di scoprirne le cause. La curiosità sociologica inizia insomma con uno sguardo straniante: esotici, in fondo, lo siamo tutti – dipende dalla prospettiva.

L'empirismo inglese e il problema dell'autoregolazione della società

L'illuminismo è un movimento sviluppatosi soprattutto nella cultura francese (anche se non vi è confinato, naturalmente). Un altro movimento culturale è tuttavia decisivo nelle origini della sociologia: l'*empirismo*, che si sviluppa specialmente in Inghilterra e in Scozia nello stesso scorcio del XVIII secolo.

Come gli illuministi in Francia, anche gli empiristi al di là della Manica si rivolgono alle cose umane con un occhio antimetafisico: l'osservazione è il loro credo. Nel pensiero di uomini come David Hume – un'altra figura che molti di noi conoscono dai banchi di scuola – la realtà umana si risolve in un sistema di credenze, di abitudini, di gusti e di regole morali dove non v'è più spazio per l'autorità della religione, né per alcuna certezza stabilita. L'analisi disincantata sostituisce i dogmi.

L'empirismo non condivide con l'illuminismo la stessa fede nella capacità della ragione di venire a capo di tutta la realtà (è decisamente più scettico). Ma condivide lo stesso atteggiamento critico nei confronti di ogni dogma, e avvia il medesimo tentativo di applicare al regno umano gli stessi principi adottati con successo dalle scienze fisiche nello studio dei fenomeni naturali.

Tale atteggiamento è riscontrabile nel modo più chiaro nell'opera di autori come Adam Ferguson e Adam Smith.

Per Ferguson «la conoscenza dei fatti ha la priorità su quella dei principi»: e questo può ben essere considerato un manifesto del programma di molti sociologi. Così come può essere considerato un pensiero fondamentale di tutta la sociologia l'affermazione contenuta nel *Saggio sulla storia della società civile* che Ferguson pubblicò nel 1767, secondo cui le istituzioni «sono sì il risultato dell'azione umana, ma non l'esecuzione di un disegno». Il mondo sociale, in altre parole, è il prodotto dell'attività degli uomini, ma lo è in un modo che non corrisponde al disegno individuale di nessuno, bensì al risultato dell'*interazione* di tutti.

Ma se la società non sta assieme in virtù del disegno di qualcuno, come è possibile che essa appaia tuttavia come un insieme regolato? La risposta sviluppata dai pensatori scozzesi è: grazie al *mercato*.

Questo pensiero è particolarmente associato al nome di Adam Smith. Smith viene studiato di solito soprattutto in riferimento alla storia dell'economia politica e, di fatto, il suo *Trattato sulla natura e le cause della ricchezza delle nazioni* (1776) è un testo classico di questa disciplina. Ma la sua opera è importante anche per la sociologia.

L'idea fondamentale di Smith è che la ricchezza di una nazione sia correlata alla sua capacità di produrre, e che questa a sua volta dipenda dal grado raggiunto dalla *divisione del lavoro*. La divisione del lavoro è un processo che, comportando la specializzazione di ciascuno in una determinata attività, accresce le capacità produttive della collettività. Più aumenta la divisione del lavoro, tuttavia, più aumenta anche la dipendenza di ciascuno rispetto agli altri membri della società: se ciascuno infatti produce solo un tipo di beni, è evidente che per gli altri beni necessari alla sua sussistenza dovrà affidarsi alla produzione di altri. Egli sarà dunque costretto a scambiare almeno parte di ciò che produce con quello che producono altri.

Ma come realizzerà questi scambi, e – più fondamentalmente – come avverrà che le diverse attività dei vari membri della società si integrino armoniosamente, evitando, ad esempio, che tutti producano scarpe e nessuno produca pane, o viceversa?

Il *mercato* è l'istituzione sociale che regola tutto ciò attraverso i meccanismi della domanda e dell'offerta e la conseguente definizione dei prezzi di ciascun bene che questi meccanismi comportano. Se moltissimi producono scarpe, e solo qualcuno del pane, le scarpe saranno abbondanti e dunque relativamente poco richieste, così che il loro prezzo crollerà; viceversa il pane, scarso e molto richiesto, vedrà crescere il suo prezzo. Di conseguenza, si avrà uno spostamento dei produttori verso la produzione di pane. Il che provocherà dei mutamenti dei prezzi. E così via. Questa serie di aggiustamenti continui si incaricherà dunque di suddividere armoniosamente il lavoro tra i diversi membri della società, consentendo nel contempo che, in media, essi scambino i propri prodotti al giusto prezzo, cioè a un prezzo che corrisponde all'effettiva quantità di lavoro contenuta nel prodotto.

Questa concezione di Smith – qui esposta in modo estremamente semplificato – è alla base degli sviluppi dell'economia politica classica. La sua rilevanza per la sociologia sta nella messa in evidenza del carattere fondamentale della divisione del lavoro nella vita sociale e nell'individuazione di una istituzione – il mercato – la cui funzione è quella di garantire l'autoregolazione della società al di là delle intenzioni e delle volontà dei singoli. Grazie a questi concetti non importa più chiedersi se gli uomini siano per natura portati all'associazione o siano naturalmente ostili gli uni agli altri (ciò che era così importante per i filosofi della politica precedenti): quello che importa è osservare le condizioni che provocano la necessità degli scambi e i modi in cui tali scambi si realizzano.

Il mercato, in realtà, non è l'unica forma di regolazione degli scambi sociali, e neppure degli scambi prettamente economici. Se chi legge è uno studente, se ne renderà conto nel corso dei propri studi, così come si renderà conto che il mercato perfettamente concorrenziale immaginato da Smith è una realtà assai rara. Quanto alla sociologia, essa si svilupperà tuttavia in buona parte proprio in relazione all'economia politica, cercando e mostrando nella società tutti quegli insiemi di rapporti e di meccanismi che non sono riducibili all'azione del mercato, o addirittura che non sono riducibili all'insieme delle sole relazioni economiche. Lo stesso mercato, del resto, è un'istituzione sociale la cui costruzione deve essere spiegata nel suo sorgere e nel suo dispiegarsi, e non può essere presupposta o immaginata come "naturale". Ma, per quanto la sociologia possa essere critica nei confronti di molte assunzioni dell'economia, i temi della divisione del lavoro e dell'autoregolazione della società elaborati da quest'ultima resteranno fra quelli fondamentali della sua riflessione.

Suggerimenti bibliografici

Per approfondire il discorso affrontato in questo capitolo suggerisco di leggere il saggio di O. De Leonardis sulle origini della sociologia compreso nel volume *Il sapere della crisi* da lei stessa curato (1982) e *Le premesse della sociologia* di M. Paci (1992a). Utile è anche il saggio di E. V. Trapanese *La "grande trasformazione" e le origini del pensiero sociologico*, in *Sociologia e modernità*, a cura dello stesso Trapanese (1997). Si vedano anche i capitoli su *Sociologia* e *Società* nelle *Lezioni di sociologia* di M. Horkheimer e T. W. Adorno (1956).

Sul ruolo della rivoluzione industriale nel dar forma all'età moderna e contemporanea consiglio di leggere l'introduzione del volume di David S. Landes, *Prometeo liberato* (1969). Per i caratteri distintivi e la storia del concetto moderno di scienza rimando alla voce *Scienza* redatta da S. Amsterdamski per l'*Enciclopedia* Einaudi (1977-84).

Per un'introduzione più ampia al pensiero di Montesquieu si può utilizzare il primo capitolo di *Le tappe del pensiero sociologico* di R. Aron

(1965). Di Adam Smith si può leggere, per una rapida introduzione al suo pensiero, *La ricchezza delle nazioni. Abbozzo* (1763). Una chiara critica della riduzione dell'economia al modello del mercato autoregolato è nel capitolo *Società e sistemi economici* in *La grande trasformazione* di K. Polanyi (1944).

2

Sociologia e positivismo

Introduzione

Nel capitolo precedente abbiamo posto le origini del pensiero sociologico in connessione con movimenti economici, politici e culturali del secolo XVIII. La sociologia propriamente detta, tuttavia, ha inizio intorno alla metà del secolo successivo.

La storia della prima metà dell'Ottocento non è tale da poter essere riassunta in poche righe. La sociologia nasce sullo sfondo di un mondo che muta in modo travolgente. Il primo motore di questo mutamento è costituito dalla diffusione della produzione industriale. Le trasformazioni dell'ambiente materiale e sociale che essa provoca sono immense: nuovi luoghi di lavoro (le fabbriche), nuovi strumenti di produzione (le macchine), nuovi soggetti sociali (i proprietari di fabbriche e di macchinari da un lato, i lavoratori salariati dall'altro), nuovi materiali (il ferro, ad esempio, prodotto in scala industriale), nuove fonti di energia (o vecchie, ma usate con una nuova intensità e per nuovi utilizzi, come il carbone utilizzato per le macchine a vapore), nuovi mezzi di trasporto (la ferrovia), nuovi mezzi di comunicazione (il telegrafo).

Politicamente, gli stessi paesi che conoscono il massimo livello di espansione economica conoscono anche forme nuove di conflitti sociali al loro interno. Dopo le guerre napoleoniche, che hanno diffuso in tutta Europa gli ideali della Rivoluzione francese, si assiste a una fase di restaurazione monarchica: ma le monarchie assolute diventano progressivamente monarchie costituzionali sotto la pressione di forti conflitti e – più avanti nel corso del secolo – sulla cartina geografica compaiono nuovi Stati a seguito di rivendicazioni nazionalistiche. Contemporaneamente, la comparsa di acute lotte di classe pone su basi del tutto inedite il problema dell'ordine e dell'armonia all'interno delle società.

Dal punto di vista bellico, questo è per l'Europa un periodo di pace: le principali nazioni si contendono nel globo gli sterminati spazi dei paesi meno sviluppati, che vengono ridotti a colonie, ma dopo la fine delle guerre napoleoniche non ci sono conflitti internazionali di grande rilievo. Nello stesso tempo, però, questo è anche un periodo di sanguinose rivoluzioni interne, come quelle che attraversano l'Europa nel 1821, nel 1848, o più tardi, con la Comune di Parigi, nel 1871.

Sul piano culturale, il cuore del XIX secolo è positivista. Certamente esistono anche altri movimenti culturali che hanno effetti di vasta portata, e non tutti i pensatori dell'Ottocento sono positivisti, ma il *positivismo* dà il tono dominante. Esso è costituito da un atteggiamento fortemente scientista, prevalentemente laico e orientato al progresso: quest'ultimo viene identificato con il portato della scienza e delle sue applicazioni tecnologiche.

Il positivismo è erede dell'illuminismo, ma si caratterizza per un abbandono delle istanze critiche che animavano il suo predecessore. L'aggettivo "positivo" entro questa corrente ha infatti un doppio significato: se da un lato indica la volontà di aderire all'osservazione dei fatti, e si contrappone dunque a ciò che è "illusorio", o "irreale", dall'altro indica il desiderio di superare la dimensione esclusivamente critica, "negativa", che era stata propria dell'illuminismo. Il positivismo è così un movimento culturale orientato all'organizzazione sistematica delle conoscenze e alla loro valorizzazione in vista del bene comune; esso ricerca e riordina dei "fatti" che ritiene di poter cogliere con una "oggettività" scientifica sul cui statuto non si pone domande (mentre, come vedremo in seguito, sia l'esistenza di "fatti" che l'"oggettività" sono nozioni assai problematiche); e sulla base della conoscenza oggettiva dei fatti ritiene di poter contribuire a rifondare la società.

Comte e Saint-Simon

La parola *sociologia* è utilizzata in questo contesto per la prima volta da un uomo profondamente consapevole dei mutamenti materiali, del clima politico e dell'orientamento culturale del tempo: Auguste Comte (1798-1857). Nella sua opera si trovano espresse due questioni dominanti: da un lato l'esigenza di fare i conti col mutamento, dall'altro quella di contribuire a restaurare l'ordine compromesso dalla ventata napoleonica e poi rimesso in discussione da ripetuti movimenti rivoluzionari.

Comte iniziò la sua carriera intellettuale come segretario particolare di Henri de Saint-Simon, e a questi è opportuno rivolgere dapprima qualche attenzione. Quella di Saint-Simon (1760-1825) è infatti una figura notevole: in un certo senso segna il passaggio dalle istanze emancipative dell'illuminismo a quelle tecnocratiche del positivismo, contribuendo però anche a fondare una corrente di pensiero utopico che confluirà nei movimenti di ispirazione socialista. Ebbe una vita movimentata: fece parte del corpo di spedizione francese che portò aiuto a George Washington; studiò ingegneria; durante la rivoluzione rinunciò al titolo nobiliare ma fu coinvolto in avventurose speculazioni e conobbe il carcere; durante il periodo napoleonico e durante i primi anni della Restaurazione maturò progetti scientifici impegnativi (immaginò tra l'altro il futuro canale di Suez, realizzato poi da uomini che erano stati suoi allievi) ed elaborò un programma sociale che mirava ad un "nuovo cristianesimo" e ad una società nel cui governo fosse attribuito ai tecnici un ruolo di primo piano. In una celebre *Parabola* del 1819 scriveva:

Supponiamo che la Francia perda all'improvviso i suoi cinquanta primi fisici, i suoi cinquanta primi chimici, i suoi cinquanta primi fisiologi [...]; i suoi cinquanta primi meccanici, i suoi cinquanta primi ingegneri civili e militari, i suoi cinquanta primi architetti [...]; i suoi cinquanta primi banchieri, i suoi duecento primi negozianti, i suoi seicento primi coltivatori [...]; i suoi cinquanta primi muratori, i suoi cinquanta primi carpentieri, i suoi cinquanta primi falegnami [...]. Questi uomini sono i produttori più necessari alla Francia, forniscono i beni più importanti, dirigono i lavori più utili [...]: la nazione, perduti costoro, diverrebbe un corpo senz'anima; cadrebbe immediatamente in uno stato di inferiorità nei confronti delle nazioni di cui oggi è rivale, e sarebbe subalterna nei loro confronti finché non avesse posto riparo a questa perdita, finché non le fosse rigermogliata una testa [...]. Pensiamo ad un altro caso. Supponiamo che la Francia conservi tutti gli uomini di genio ch'essa possiede nelle scienze, nelle belle arti e nelle arti e mestieri, e che invece abbia la disgrazia di perdere, nello stesso giorno, Sua Altezza il fratello del re, monsignor il duca di Angoulême, monsignor il duca di Berry, monsignor il duca d'Orléans, monsignor il duca di Borbone [...]; ch'essa contemporaneamente perda tutti i grandi ufficiali della corona, tutti i ministri di Stato [...], tutti i referendari, tutti i suoi marescialli, tutti i suoi cardinali, arcivescovi, vescovi, grandi vicari e canonici, tutti i prefetti e i viceprefetti [...]. Questo avvenimento rattristerebbe indubbiamente i francesi, perché essi sono buoni e non saprebbero restare indifferenti di fronte alla sparizione improvvisa di un gran numero di compatrioti. Ma questa perdita di 30.000 individui, i più importanti dello Stato, non sarebbe causa per loro di dolore se non in un senso puramente sentimentale, perché non ne risulterebbe alcun danno politico per lo Stato (Saint-Simon, 1819, trad. it. 1970, pp. 82-4).

Non ci sono molti dubbi sul senso di un testo del genere. Saint-Simon fu tra i primi intellettuali del tempo a riconoscere che la società che andava prendendo forma sulle rovine del mondo feudale era una società fondata sulla produzione industriale e sul sapere ad esso collegato. I resti del feudalesimo gli apparivano anacronistici e parassitari. Il progresso è un processo che deve comportare una radicale riorganizzazione della società.

La direzione di questo processo, tuttavia, non è scontata: il futuro sarà dell'industria, ma nel disegnare gli scenari di questo futuro Saint-Simon lascia ampio spazio all'immaginario. In ciò il suo pensiero si accosta a quello di diversi altri "eretici" del tempo: senza aver nulla in comune con il radicalismo di un Proudhon o di un Blanqui, si colloca però vicino ai progetti di fabbriche-comunità che proponeva Robert Owen (1771-1858) in Inghilterra e alle visioni fantastiche – ma molto dettagliate quanto a ciò che intendevano rifiutare – di Charles Fourier (1772-1837). Marx chiamerà Owen, Fourier e Saint-Simon «socialisti utopisti» – intendendo che nel loro caso si trattava di aspirazioni ideali non fondate su un'analisi dei conflitti sociali reali – ma lo spirito critico che li animava è indubbio e i loro testi hanno esercitato un gran fascino su molti seguaci.

Quanto a Comte, benché riprenda diversi elementi del pensiero di Saint-Simon, ha un atteggiamento diverso. Si pone come l'annunciatore di un'epoca che gli sembra affermarsi ineluttabilmente: si tratta più di riconoscerla e di aiutarla a dispiegarsi che di contribuire a darle una forma piuttosto che un'altra. Non è uno scrittore brillante, e il pensiero non è esente da diverse contraddizioni. Ma l'importanza storica di Comte è notevolissima per quanto riguarda la storia della nostra disciplina, soprattutto per l'influenza che esercitò su Durkheim e su diversi altri sociologi.

L'idea fondamentale di Comte è che la conoscenza umana, così come la storia universale dell'uomo, si svolga attraverso tre stadi: lo stadio *teologico*, quello *metafisico* e quello *positivo*. Nello stadio teologico, la spiegazione dei fenomeni è perseguita dagli uomini attraverso il ricorso a nozioni magiche e, poi, religiose. In quello metafisico, le spiegazioni sono ricercate mediante l'uso di concetti astratti, cioè mediante la speculazione filosofica. Nello stadio positivo, la conoscenza viene infine a delinearsi come sapere scientifico, basato sulla ricerca di *fatti*. La successione di questi stadi è intesa da Comte come una *legge naturale*: a dire il vero, è essa stessa una speculazione metafisica.

Indubbiamente, esprime però un atteggiamento che si sarebbe diffuso nella cultura del tempo.

Nel *Corso di filosofia positiva* (1842) Comte delinea i contorni di quella che a suo parere deve essere la sociologia: una *fisica sociale*, cioè una scienza modellata sui tratti delle scienze naturali, intesa a rilevare "fatti" e riconoscere "leggi". Tale scienza è «la più complessa fra tutte le scienze»: essa è l'ultima a delinearsi, all'interno dello stadio positivo della storia. Comte inoltre distingue una *statica sociale* – quella branca della sociologia che si occupa del modo in cui le società si autoregolano – e una *dinamica sociale* – intesa come quella branca che studia il mutamento –: si tratta di una distinzione che avrà una certa fortuna. Nel *Sistema di politica positiva* (1854) Comte propone il positivismo come un'idea politica: «la vera libertà non può consistere che in una sottomissione razionale alla sola supremazia, convenientemente constatata, delle leggi fondamentali della natura». La natura umana è equiparata a quella studiata dalle scienze naturali; solo, è più complessa. L'età del positivismo, dispiegandosi, sarà l'epoca della sottomissione razionale degli uomini alle leggi della propria natura: gli scienziati ed i tecnici ne saranno l'élite dominante. Quest'ultima era anche l'idea di Saint-Simon: se in questi aveva però ancora il tono di una sfida all'aristocrazia, descritta criticamente come uno strato sociale parassitario, in Comte diviene piuttosto il corollario di una tendenza tecnocratica che viene intesa come connaturata allo spirito stesso dell'epoca.

È interessante il fatto che, nella fase finale del suo pensiero, Comte ritorni sulla questione della religione, non trattandola più come un elemento di uno stadio primitivo dell'umanità, ma come un elemento fondamentale dell'*integrazione* della società. Negli ultimi anni della sua vita, egli si proporrà come il sacerdote di una "religione positiva": una religione fondata sul *culto dell'umanità*. In alcuni manuali di storia della sociologia, questa è trattata come una sorta di bizzarria. Al contrario, penso piuttosto che Comte si sia qui scontrato con un problema di grande rilevanza: il problema posto dal fatto che la scienza in se stessa – sul cui valore si appoggia in ultima analisi il positivismo – non consente una fondazione dei valori ultimi nei quali gli uomini credono, e non garantisce una legittimazione adeguata del mondo sociale che essa contribuisce a generare.

Si tratta di un problema che era stato molto chiaro ad alcuni dei pensatori che si erano opposti alla Rivoluzione francese, come Edmund Burke o Louis de Bonald, interessati alla difesa delle tradizioni non solo per difendere con ciò il potere dei nobili, ma anche e soprattutto perché riconoscevano alle *tradizioni* il potere di essere l'unico baluardo efficace rispetto al caos che a loro avviso è naturalmente prodotto da un'eccessiva fiducia nella ragione. Ma porre questo problema non significa necessariamente sostenere una posizione politica conservatrice. Né del resto significa che una società non possa reggersi senza l'esistenza di una religione: significa domandarsi esplicitamente *che cosa tiene insieme una società* e interrogarsi sul fondamento delle norme del vivere comune. È in altre parole la questione del nesso tra l'ordine e la sua legittimazione: intravisto da Comte, questo problema resta fondamentale per tutto il pensiero sociologico successivo. In forme e con sensibilità diverse, lo vedremo affrontato in particolare da Durkheim e da Weber.

Alexis de Tocqueville

Il mutamento non è necessariamente progresso. Chiamarlo "progresso" è in realtà fornirne un'interpretazione. I critici della Rivoluzione francese, ad esempio, ne leggevano i mutamenti prodotti come tutt'altro che "progressivi": piuttosto, come il segno di una infausta decadenza. Alexis de Tocqueville (1805-1859) non fu né un fautore del progresso né un suo denigratore. Fu capace di cogliere la molteplicità di significati che i mutamenti sociali e politici della prima metà del XIX secolo potevano assumere.

Tocqueville non si è mai definito un "sociologo" – era uno scrittore, un pensatore, un uomo politico – ma è uno dei grandi personaggi a cui la sociologia è debitrice. Inserirlo in un capitolo che nel suo titolo nomina il positivismo è in realtà un po' fuorviante: Tocqueville non era un positivista. Del resto, è difficile classificarlo. Tocqueville è un osservatore dell'epoca che sta tra la fine del Settecento e l'Ottocento: è evidente per lui che si tratta di un'epoca di cambiamenti sociali fondamentali, ma il mutamento porta dei vantaggi in una direzione e degli svantaggi in un'altra.

Tocqueville è innanzitutto interessato alla novità rappresentata dalla *democrazia*. Descrivendone le caratteristiche, ne mostra quello che gli appare un processo storico ineluttabile che tende all'*uguaglianza delle opportunità*. Nella democrazia, gli uomini sono inseriti in un sistema legale in cui i diritti sono definiti in modo tale da permettere una vasta mobilità sociale: tutti, in linea di principio, possono avere accesso a qualsiasi rango o qualsiasi posto di lavoro. In ciò sta la sua fondamentale differenza con il regime feudale.

Diversi decenni dopo, Max Weber dirà che la modernità corrisponde al passaggio da un mondo del *destino* a un mondo della *scel-*

ta. Tocqueville percepì con anticipo qualcosa di analogo: gli individui nella modernità diventano sempre più liberi di forgiare autonomamente la propria sorte, all'interno di un sistema di leggi che garantisce in linea di principio l'uguaglianza di tutti.

In *La democrazia in America* (1840) – un libro scritto dopo un lungo soggiorno oltre oceano – Tocqueville riconosce negli Stati Uniti il luogo dove questo processo si è finora più sviluppato. Ma ciò che si acquista da un lato lo si può perdere da un altro: fra i prezzi dell'uguaglianza vi sono il declino del concetto di onore, una diffusa mediocrità e un eccessivo individualismo. Tra i rischi della democrazia va annoverato quello della "dittatura della maggioranza": la subordinazione di tutte le minoranze – ivi comprese le élite illuminate – al volere del gruppo dei più numerosi, che può essere manipolato da demagoghi privi di scrupoli.

È difficile tuttavia riassumere in breve le osservazioni di Tocqueville: secondo diversi commentatori, la sua lettura della società americana è illuminante ancor oggi. Lo è ad esempio la constatazione dell'estrema vitalità dell'associazionismo volontario in questo paese (un tratto che ne compensa l'individualismo); lo sono la rilevazione dell'importanza accordata al commercio e le analisi sulla formazione di una nuova "aristocrazia" basata sul capitale; e lo sono le osservazioni riguardanti le peculiarità del sistema politico americano: la definizione costituzionale di un esecutivo potente (un presidente che per i suoi atti correnti non deve rispondere al Parlamento) unita a una forte autonomia di governi decentrati per quanto riguarda le questioni locali (il "federalismo") e unita anche al contrappeso di un sistema giudiziario autonomo e capace in ogni momento di far rispettare le regole della democrazia a tutti i partecipanti.

Oltre a *La democrazia in America*, Tocqueville scrisse *L'antico regime e la rivoluzione* (1856): uno studio sulla Francia di prima e dopo la rivoluzione accompagnato da frequenti confronti tra questa e i paesi vicini. In entrambi combinò una larga messe di osservazioni di prima mano e di studi in archivio con un atteggiamento comparativo: giustamente è considerato il primo ad avere utilizzato in modo sistematico la comparazione nelle scienze sociali.

Herbert Spencer

Se Comte è il primo a usare il termine "sociologia", l'inglese Herbert Spencer (1820-1903) è colui che ne ha più contribuito a diffondere l'uso presso il pubblico.

Come Comte, Spencer pensa alla società essenzialmente come a una sorta di organismo, ma, diversamente dal primo, utilizza per le sue speculazioni un apparato concettuale evoluzionista, in parte mutuato da Darwin.

Il trattato di Charles Darwin *L'origine delle specie*, pubblicato in Inghilterra nel 1859, ebbe una larghissima influenza sul pensiero ottocentesco. L'idea fondamentale di Darwin era quella di un processo di trasformazione e di differenziazione evolutiva delle specie animali attraverso un meccanismo di adattamento all'ambiente, di competizione per la sopravvivenza e di eredità genetica. Spencer prova ad applicare quest'idea anche allo studio delle formazioni sociali. È ciò che poi si chiamerà "darwinismo sociale" (è vero però che Spencer cominciò a elaborare le proprie idee già qualche anno prima della pubblicazione dei libri di Darwin). Di conseguenza, la storia gli appare come la traccia di un cammino evolutivo nel corso del quale gli uomini adatterebbero le forme della loro convivenza a quelle dell'ambiente, passando da forme di organizzazione semplici fino a forme via via più complesse. "Evoluzione" e "progresso" diventano qui due sinonimi.

Darwin in realtà non aveva utilizzato a questo modo i propri concetti: l'evoluzione di cui egli cercava di capire le leggi riguardava le specie diverse, non le diverse società all'interno della specie umana, e aveva a che fare con dei meccanismi di variazione casuale, di selezione e di trasmissione genetica che non hanno nulla a che fare con il mutamento sociale (la cui scala temporale è del resto del tutto diversa da quella del mutamento che si verifica all'interno della catena degli organismi).

Spencer riformulò idee più o meno darwiniane nel credo individualista della "sopravvivenza del più adatto" e in un'apologia del liberalismo economico e della libera concorrenza. È questo credo ciò che probabilmente ha più contribuito alla sua fama e alla sua influenza. Al finire del secolo le opere di Spencer avevano una notorietà straordinaria: furono particolarmente diffuse nel mondo anglosassone, ma vennero presto stampate in quasi tutte le principali lingue europee.

Tra il 1850 e l'anno della sua morte Spencer pubblicò – in parte in volume, in parte su riviste di divulgazione scientifica e a puntate – una nutrita serie di scritti sugli argomenti più diversi, fra cui i *Principi di sociologia* (1860-76). La sua sociologia si basa su una vasta raccolta di informazioni su diversi tipi di società (da dati etnografici su popolazioni "primitive" fino ad osservazioni e commenti sulle statistiche relative alle società "civilizzate"). Queste informazioni sono ordinate secondo una doppia tipologia: la prima e fondamentale è quella che distingue le società in base al grado di complessità della loro differenziazione interna, la seconda è quella tra società "militari" e società "industriali".

Il concetto di *differenziazione* avrà un posto molto importante nella storia delle scienze sociali (lo si vedrà ricomparire sia in Durkheim che in Simmel, ed in modo diverso anche in Weber e, più avanti, in Parsons). L'idea di Spencer è che la storia delle società umane comporti – proprio come la storia naturale – una serie di passaggi lineari dal più semplice al più complesso: crescendo di dimensioni, le società sviluppano una rete di organi e di funzioni sempre più specializzati e dunque differenziati.

Quanto alla distinzione tra società "militari" e "industriali", si tratta di una concettualizzazione più fragile. L'idea è quella di rendere conto dei modi diversi nei quali una società è integrata al suo interno: nelle società "militari" l'ordine sarebbe garantito in modo essenzialmente coercitivo, in quelle "industriali" deriverebbe dalla libera scelta degli individui. In modo più approfondito, alcune osservazioni di Spencer su questo punto ritorneranno nei discorsi di Durkheim.

Più di Comte, Spencer fu effettivamente interessato alla raccolta di osservazioni. Si tratta tuttavia di osservazioni di seconda e terza mano: Spencer non svolse ricerche in prima persona. Queste osservazioni sono ordinate in tipologie piuttosto schematiche: il suo schema evolutivo resta grezzo e piuttosto meccanicista, ed è dominato da un entusiasmo per il progresso che oggi è difficilmente riproponibile senza cautela.

Statistiche morali e inchieste sociali

In autori come Comte o come Spencer la sociologia trovò le sue prime formulazioni teoriche. Ma la sociologia non è fatta solo di teoria: è anche un insieme di pratiche di ricerca. In questo senso, le sue origini affondano anche nelle raccolte di dati statistici e nelle inchieste promosse dai governi o da altre istituzioni che si diffusero nel corso dell'Ottocento in quasi tutti gli Stati europei.

Lo sviluppo della statistica – al di qua dei suoi aspetti puramente teorici – ha a che fare con le esigenze amministrative degli Stati nazionali: se dapprima si tratta soprattutto di esigenze militari e fiscali, le crescenti necessità burocratiche connesse all'amministrazione unitaria di ampi territori provocano nel corso dell'Ottocento la domanda di informazioni sempre più precise, complete e frequenti su aspetti diversi della vita sociale. Non si tratta solo di dati demografici o relativi al commercio e all'industria; si tratta anche di quella che si chiamerà la "statistica morale": raccolte su base periodica di dati quantitativi riguardanti la criminalità, l'istruzione, le abitazioni, le condizioni di salute, l'alimentazione o la povertà delle popolazioni.

Alle burocrazie dei governi, che uno dopo l'altro si dotano di uffici specificamente dedicati alla raccolta di dati statistici, si affiancano intellettuali e società scientifiche: la statistica appare uno strumento necessario a conoscere le esatte condizioni della nazione; la possibilità di trattare matematicamente dati quantitativi sembra molto promettente per tutti coloro che si sforzano di dare argomenti concreti alle proprie preoccupazioni sociali.

Alle raccolte periodiche di dati quantitativi si affiancano inchieste di vario genere: interessati a politiche capaci di prevenire il disordine, ma a volte anche ispirati dal desiderio di varare riforme efficaci e di promuovere il benessere della popolazione, i Parlamenti di molti Stati incaricano commissioni di propri membri di investigare in dettaglio le condizioni di lavoro nelle fabbriche, lo stato delle campagne, la povertà. Filantropi e associazioni benefiche fanno lo stesso per programmare attività assistenziali o sostenere programmi riformisti. L'Inghilterra, la Francia e poco dopo la Germania sono tra i paesi dove queste ricerche si sviluppano prima; ma nessuno fra i paesi più sviluppati rimane estraneo a questa domanda di sapere sulla società. Sull'impalcatura fornita da questa rete di informazioni cresceranno almeno in parte le teorie sociologiche di cui ci occuperemo nei prossimi capitoli. La società moderna vuole conoscere se stessa: come vedremo, sono possibili però punti di vista diversi.

Suggerimenti bibliografici

La migliore introduzione al positivismo è fornita a mio avviso dalla lettura del breve *Discorso sullo spirito positivo* di Comte, del 1844. Per una presentazione generale si veda S. Poggi, *Introduzione al positivismo* (1991). Una scelta significativa di passi delle opere degli autori citati in questo capitolo è contenuta nel primo volume dell'antologia curata da A. Izzo, *Storia del pensiero sociologico* (1977).

Per un commento all'opera di Comte e a quella di Tocqueville rimando ai capitoli dedicati a questi autori da R. Aron in *Le tappe del pensiero sociologico* (1965). Ma per quanto riguarda il "socialismo utopista" suggerisco di leggere anche la bella introduzione che Italo Calvino ha scritto per l'antologia di scritti di Fourier, *Teoria dei quattro movimenti. Il nuovo mondo amo-*

roso (1971). Riguardo a Spencer suggerisco di ricorrere alla trattazione che ne fa L. A. Coser in *I maestri del pensiero sociologico* (1977).

Per una prima introduzione alla storia delle statistiche sociali rimando alla voce *Statistiche sociali* nel *Dizionario delle scienze sociali* (1997). Un'esposizione dettagliata e critica delle origini delle scienze sociali è in O. Lentini, *Saperi sociali, ricerca sociale: 1500-2000* (2003).

3
Karl Marx

Introduzione

Il nome di Karl Marx è probabilmente, tra quelli fin qui nominati, il più familiare al lettore. Questo perché esso è associato alla conoscenza almeno approssimativa di alcuni dei partiti e movimenti politici che si sono richiamati all'idea del *comunismo*. Per quanto Marx non abbia inventato la parola, è indubbio che l'idea di una società comunista, intesa come una *futura società senza classi*, è decisiva nell'orientamento del suo pensiero.

Karl Marx nacque a Treviri, in Germania, nel 1818. Dopo aver studiato filosofia a Berlino, esordì come giornalista nella "Rheinische Zeitung" di Colonia con una serie di articoli sulle condizioni dei lavoratori in Renania. Dopo che la rivista fu soppressa per il suo atteggiamento radicale, Marx si trasferì a Parigi, dove ebbe inizio fra l'altro la sua amicizia con Friedrich Engels, destinata a durare tutta la vita. Espulso da Parigi per la sua attività intellettuale e politica, riparò a Bruxelles, dove entrò in stretto contatto con diverse associazioni operaie e dove scrisse il Manifesto di fondazione del Partito comunista. Dopo la fine dei moti rivoluzionari del 1848, si trasferì a Londra, dove visse con la moglie ed i figli in estrema miseria, sostenuto da Engels e collaborando saltuariamente ad alcune riviste. In questi anni lavorò alle sue opere più impegnative, restando testimone attentissimo e partecipe dei conflitti sociali contemporanei. A Londra morì, nel 1883.

Per le sue attività politiche e intellettuali Marx fu dunque espulso da numerosi paesi, controllato dalle polizie di diversi Stati, costretto alla fame. Ma il suo lavoro è fra quelli che hanno più segnato la storia moderna.

L'opera principale di Marx è *Il capitale*: il primo volume, l'unico pubblicato durante la vita dell'autore, uscì nel 1867; il secondo volume uscì nel 1885 ed il terzo nel 1894: entrambi furono pubblicati postumi a cura di Engels. Prima del *Capitale* Marx scrisse molte altre opere: fra le più note ricordiamo il *Manifesto del Partito comunista* (1848) (scritto in collaborazione con Engels), *Le lotte di classe in Francia* (1850), *Il 18 brumaio di Luigi Bonaparte* (1852) e *Per la critica dell'economia politica* (1859). A questi vanno aggiunti diversi altri scritti che rimasero inediti durante la vita di Marx, ma furono poi pubblicati postumi: i *Manoscritti economico-filosofici del 1844*, che vennero pubblicati solo nel 1932 ed esercitarono una profonda influenza sul cosiddetto "marxismo occidentale"; *L'ideologia tedesca*, scritto con Engels fra il 1845 e il 1846; e i sette quaderni dal titolo *Lineamenti fondamentali della critica dell'economia politica* (più noti come *Grundrisse*), scritti fra il 1857 e il 1858 e pubblicati nel 1941.

All'inizio della sua vita intellettuale, Marx è essenzialmente un filosofo, ed è un filosofo hegeliano. L'influenza di Hegel è estremamente avvertibile nella sua opera (anche se vi sono state infinite discussioni sul peso effettivo di questa influenza dopo gli anni giovanili) ed è ciò che fa sì che egli sia in una certa misura estraneo al clima positivista del suo tempo. Il proseguimento della sua opera è tuttavia esplicitamente inteso da Marx come un superamento della filosofia. In un celebre passo Engels spiegherà il pensiero suo e dell'amico dicendo che «i filosofi hanno solo *interpretato* il mondo in modi diversi; si tratta però di *cambiarlo*» (Engels, 1885, trad. it. 1950, p. 80). L'unità di teoria e di prassi – cioè l'unità della *ricerca* della verità scientifica e dell'*azione* per la trasformazione del mondo – è decisiva. Non rendersene conto, e studiare Marx soltanto come uno "scienziato sociale", sarebbe travisarlo.

Tuttavia noi qui vogliamo capire quale sia l'importanza di Marx per il pensiero sociologico. Non è un compito facile. Nonostante la sua opera abbia influenzato molto profondamente la sociologia, Marx personalmente non si sarebbe mai definito un sociologo. Del resto, qualunque distinzione accademica fra discipline gli sarebbe stata stretta, o gli sarebbe sembrata un modo per sterilizzare il pensiero, una compartimentizzazione del sapere che finisce per far perdere di vista l'insieme. Il suo principale oggetto di riflessione è il movimento generale della società sorta con la rivoluzione industriale, ed egli riteneva che il cuore dell'analisi di tale movimento stesse nella *critica dell'economia politica*.

Le origini filosofiche del pensiero di Marx e la concezione materialistica della storia

Abbiamo detto che Marx, nella sua formazione filosofica, dipende da Hegel. Il termine *dialettica*, che nelle frasi di Marx ricorre costantemente, è un termine hegeliano. La dialettica (che originariamente significa "dialogo", "discorso fra diversi soggetti", o "percorso di un'argomentazione") tanto per Hegel quanto per Marx è un *movimento*: quel movimento del pensiero o della realtà che, attraverso la *negazione* di una precedente *affermazione*, conduce a una *sintesi* che è il superamento di entrambe.

È importante capire cosa significhi "superamento". In tedesco, il termine è *Aufhebung*, e *aufheben* (superare) è un verbo che intende un processo che comporta l'insieme di tre momenti: approssimativamente, si tratta di "conservare", "far scomparire", e "portare a un livello superiore". Quando Marx, come vedremo, parlerà di un superamento della società capitalistica – cioè della società sorta con la rivoluzione industriale – intenderà che essa dispiegandosi produce al suo interno delle contraddizioni che conducono necessariamente ad un livello superiore, cioè a qualcosa che conserva gli sviluppi della società capitalistica come suoi presupposti, ma li fa scomparire e li supera sintetizzandoli entro una nuova formazione. Il comunismo rappresenta in questo senso, per Marx, il "superamento" del capitalismo.

Le idee di "dialettica" e di "superamento" provengono da Hegel. Ma da Hegel viene anche un altro concetto, che ha avuto successivamente un'immensa fortuna, quello di *alienazione*.

Per Hegel, l'alienazione è un aspetto dell'*oggettivazione*, e questa è un elemento essenziale della storia umana. Quando gli uomini esercitano un'attività pratica – quando lavorano, ad esempio – essi producono degli oggetti: l'oggetto è un risultato dell'azione del soggetto, ma è poi qualcosa di *altro* dal soggetto stesso: per l'appunto, è un *oggetto*. L'alienazione è l'aspetto di questo processo per cui l'oggettivazione è un "farsi altro" del soggetto. In un certo senso, l'oggetto è una "negazione" del soggetto, è il suo contrario: ma tale negazione può essere superata. Il momento di tale superamento è l'*autocoscienza* dell'uomo, che riconosce l'oggetto come *proprio* prodotto, e in questo modo ne provoca una *riappropriazione*.

Marx non ha alcun dubbio che l'oggettivazione sia una categoria fondamentale per capire la storia umana, ma distingue radicalmente l'oggettivazione dall'alienazione. Il lavoro umano è alienato, secondo Marx, in *certe condizioni*: cioè quando vi è sfruttamento dell'uomo sull'uomo. Se non vi fosse sfruttamento, non vi sarebbe ragione di parlare di alienazione. Hegel, secondo Marx, non si accorge che non è il lavoro in generale che produce alienazione, ma il lavoro in certe condizioni: di fatto il lavoro è alienato quando il soggetto che produce non ha il possesso del frutto del proprio lavoro.

Questa è in particolare la condizione dell'operaio nelle fabbriche della moderna società industriale. In un libro del 1845, *La situazione della classe operaia in Inghilterra*, Engels aveva denunciato le durissime condizioni di vita cui erano sottoposti i lavoratori delle prime fabbriche; e lo stesso Marx, nel *Capitale*, ne documenterà la miseria. Ma l'alienazione non è la miseria in quanto tale. Il punto è che il lavoratore produce *per un altro uomo* (cioè per il padrone): è *questa* la sua alienazione. Il suo prodotto non è suo, come non è suo il controllo su ciò che produce e su come produce, né la gestione delle sue relazioni con i propri compagni. In queste condizioni il lavoro invece di essere il luogo dell'autorealizzazione più alta dell'essere umano – che lavorando entra in rapporto con la natura che lo circonda, trasformandola e trasformandosi – diventa la negazione dell'uomo stesso, il luogo del suo abbrutimento.

Se tutto questo è vero, la "riappropriazione" dell'oggetto di cui parlava Hegel non può risolversi in un atto della coscienza: deve essere un'*azione pratica*, una *rivoluzione* che restituisca a chi lavora il controllo del proprio lavoro. Non si tratta di interpretare filosoficamente il mondo sviluppando astratte categorie: si tratta di determinare le condizioni *concrete* in cui gli uomini vivono e di operare per trasformarle.

In ogni caso, le interpretazioni filosofiche non nascono dal nulla: in generale, esse corrispondono secondo Marx alle condizioni in cui vivono gli uomini in un tempo determinato, e le descrivono però come in uno specchio deformato che trasforma la condizione storica concreta in una situazione "universale", cioè eterna.

Quest'osservazione ci conduce nel cuore di quello che è chiamato il *materialismo storico* (o *dialettico*) di Marx.

Il materialismo storico è un modo di pensare che parte dall'analisi delle condizioni materiali degli uomini, così come sono storicamente determinate. Come scrive Marx nell'*Ideologia tedesca*:

> I presupposti da cui muoviamo non sono arbitrari, non sono dogmi: sono presupposti reali [...]. Essi sono gli individui reali, la loro azione e le loro condizioni materiali di vita, tanto quelle che essi hanno trovato già esistenti quanto quelle prodotte dalla loro stessa azione (Marx, Engels, 1846b, trad. it. 1970, p. 34).

Quando Marx, nello stesso volume, traccia un abbozzo della storia dell'umanità, questa storia è essenzialmente la storia dei modi in cui gli uomini si sono organizzati insieme per produrre, cioè per rapportarsi alla natura al fine di garantirsi la sopravvivenza. In questa storia la *divisione del lavoro* – che abbiamo visto così importante per Adam Smith, e che sarà altrettanto importante per Durkheim – gioca un ruolo rilevante. Tuttavia Marx osserva una cosa che altri tendono a lasciare nell'ombra: che tale divisione del lavoro, fino ad oggi, sembra sempre essere stata *ineguale*. Nell'antica Roma gli schiavi ed i plebei lavoravano per i patrizi, nel Medio Evo europeo i servi lavoravano per i signori, e nel mondo industriale gli operai lavorano per dei padroni che li controllano.

Ora, questi modi concreti in cui il lavoro viene diviso, insieme con i modi in cui viene suddivisa la proprietà, e insieme con le tecniche di produzione che di volta in volta sono storicamente disponibili, formano la base materiale di una società, cioè quella che Marx chiama la sua *struttura*.

L'idea di *struttura* è decisiva nel pensiero di Marx. La struttura di una società è infatti ciò che, in ultima istanza, determina le forme di tutto il resto, che egli chiama *sovrastruttura*. Gli ambiti delle istituzioni giuridiche, delle rappresentazioni religiose, della morale e della stessa filosofia sono per Marx "sovrastrutturali": ciò significa che non sono dotati di una storia propria, ma che dipendono nel loro svolgersi dalle modificazioni della struttura a cui corrispondono.

Come Marx si esprime in una pagina notissima della *Prefazione* a *Per la critica dell'economia politica*:

> il modo di produzione della vita materiale condiziona, in generale, il processo sociale, politico e spirituale della vita. Non è la coscienza degli uomini che determina il loro essere, ma è, al contrario, il loro essere sociale che determina la loro coscienza (Marx, 1859, trad. it. 1974, p. 5).

In modo analogo, nell'*Ideologia tedesca* scriveva: «la produzione delle idee, delle rappresentazioni, della coscienza, è in primo luogo direttamente intrecciata all'attività materiale e alle relazioni materiali degli uomini, linguaggio della vita reale» (Marx, Engels, 1846b, trad. it. 1970, p. 43).

Si badi tuttavia che Marx dice che la produzione delle idee è intrecciata «in primo luogo» con le condizioni materiali in cui vivono gli uomini; altrove, Engels dirà che le realizzazioni sovrastrutturali sono determinate *in ultima istanza* dalla struttura materiale della società. Tutto ciò significa che le costruzioni giuridiche, morali, filosofiche ecc. di una società non corrispondono in modo meccanico, immediato, alla struttura: il punto è che i modi concreti nei quali gli uomini vivono costituiscono le *condizioni di base* entro cui le oggettivazioni culturali si sviluppano.

Anche il concetto di *ideologia* è cruciale nel pensiero di Marx. Nel suo uso corrente attuale, la parola "ideologia" intende di solito un insieme qualsiasi di assunzioni teoriche e di orientamenti di valore che un individuo, o un gruppo di individui, adotta e difende con delle argomentazioni. Nell'uso marxiano, il termine "ideologia" ha un significato più specifico. Esso intende un insieme di proposizioni che rappresentano il mondo in modo parzialmente falsificato: una rappresentazione del mondo che descrive e insieme occulta le sue condizioni reali. Il modo più tipico in cui funziona l'ideologia, per Marx, consiste nell'ipostatizzare lo stato di cose presente come assoluto: nello scambiare cioè le condizioni sociali dell'oggi come condizioni eterne, con ciò *giustificandole*.

L'ideologia è una forma di pensiero che giustifica l'esistente. È una forma di pensiero che occulta le contraddizioni, che nasconde i conflitti e con ciò tende a immobilizzare la storia. Tipicamente, essa è la forma di pensiero delle classi dominanti di una società, il cui interesse è quello di occultare i conflitti interni che vi si producono: tali conflitti sono infatti proprio quelle *contraddizioni* che costituiscono il momento negativo della dialettica storica, e che conducono al superamento della forma sociale data. Chi ha interesse a mantenere in vita la forma sociale esistente è portato a occultare tali contraddizioni. Ma con ciò il suo pensiero diviene ideologico.

D'altro canto, anche i dominati possono condividere l'ideologia dei dominatori (per incomprensione dei propri interessi o per paura di accettare le implicazioni conflittuali che il riconoscerli comporterebbe): in questo caso, Marx parla di una "falsa coscienza".

Contro l'ideologia – nell'accezione ora indicata – è mobilitata la teoria di Marx. Come vedremo, la stessa critica marxiana dell'economia politica consiste in buona misura proprio nello svelare i *presupposti ideologici* sui quali questa si fonda.

La critica dell'economia politica e il concetto di modo di produzione capitalistico

L'espressione "critica dell'economia politica" non compare solo nel titolo del volume del 1859 che abbiamo già nominato: è anche il sottotitolo dell'opera principale di Karl Marx, *Il capitale*. Lo scopo del

Capitale è, secondo le parole del suo stesso autore, quello di «indagare il modo capitalistico di produzione e i rapporti di produzione e di scambio che gli corrispondono». La critica dell'economia politica corrisponde dunque a questa indagine.

Per capire tutto questo, sarà necessario intendere innanzitutto cosa vuol dire l'espressione *modo capitalistico di produzione*.

struttura

Un "modo di produzione" è per Marx un insieme, storicamente determinato, di *mezzi per la produzione* (le materie che si utilizzano, gli strumenti che si adottano, le tecniche di cui si dispone) e di *rapporti di produzione* (cioè i rapporti che gli uomini stabiliscono fra loro riguardo al produrre: per esempio il rapporto fra i membri di una tribù primitiva, o quello fra i padroni e gli schiavi nell'antica Roma, tra i signori e i servi della gleba nel mondo feudale o, come vedremo, tra i proprietari dei mezzi di produzione e gli operai salariati nel mondo industriale).

Il modo *capitalistico* di produzione è il modo di produzione che è emerso dalla rivoluzione industriale. È dunque il modo *moderno* di produzione. Se è vero che l'industria in quanto tale è essenziale a questo modo di produzione, va anche sottolineato che "industria" e "modo di produzione capitalistico" non sono sinonimi: nella seconda espressione – quella usata da Marx – sono contenute delle determinazioni che alla prima mancano, vale a dire i caratteri specifici dei rapporti sociali.

La nozione di "modo di produzione" è importante nel pensiero di Marx perché la struttura di base di ogni società è data esattamente dai rapporti che gli uomini intrattengono fra loro e con la natura al fine di produrre ciò che è necessario a soddisfare i loro bisogni. Il modo di produzione dominante in una data società corrisponde alla struttura di questa stessa società. "Capitalismo" è il nome dato da Marx alla società la cui struttura è fornita dal modo capitalistico di produzione.

Il modo di produzione capitalistico è dunque il modo di produrre che storicamente ha coinciso con l'avvento della produzione industriale. L'uso dell'aggettivo "capitalistico" significa che la caratteristica di questo modo di produzione è di essere fondato sul *capitale*.

Ma che cos'è il "capitale"? In un breve scritto dal titolo *Lavoro salariato e capitale*, Marx introduce il tema così:

Il capitale consta di materie prime, di strumenti di lavoro e di mezzi di sussistenza di ogni genere, che vengono impiegati per la produzione di nuove materie prime, di nuovi strumenti di lavoro, di nuovi mezzi di sussistenza. Tutte queste sue parti costitutive sono creazioni del lavoro, prodotti del lavoro, *lavoro accumulato*. Il capitale è lavoro accumulato che serve come mezzo per una nuova produzione.

Così dicono gli economisti.

Che cos'è uno schiavo negro? Un uomo di razza nera. Una spiegazione vale l'altra.

Un negro è un negro. Soltanto in determinate condizioni egli diventa uno *schiavo*. Una macchina filatrice di cotone è una macchina per filare il cotone. Soltanto in determinate condizioni essa diventa *capitale* (Marx, 1849, trad. it. 1970, p. 46).

Proviamo a capire. Nella prima frase Marx cita la definizione del capitale che viene fornita dagli economisti. La loro definizione fa corrispondere il capitale al *lavoro accumulato*, utilizzato come mezzo per una nuova produzione. Nelle frasi seguenti, il commento di Marx a questa definizione è sarcastico: è come dire che "uno schiavo negro è un uomo di pelle nera". Definizione corretta, ma che dimentica l'essenziale, cioè di spiegare cos'è che rende questo uomo di pelle nera esattamente uno *schiavo*. Allo stesso modo, il problema è spiegare che cos'è che rende il lavoro accumulato – delle materie prime, degli strumenti di lavoro, dei mezzi di sussistenza – precisamente *capitale*.

La risposta a questo problema è: ciò che trasforma certe risorse in "capitale" è una specifica condizione dei rapporti sociali. Il capitale è lavoro accumulato all'interno di una certa situazione dei rapporti sociali.

Che tipo di rapporti sociali? Schematizzando, direi che questi rapporti sociali hanno le seguenti caratteristiche.

1. Si tratta di rapporti dove entrano in relazione da una parte alcuni individui che sono *proprietari dei mezzi di produzione* – questi sono i *capitalisti* – e dall'altra parte altri uomini che non possiedono i mezzi della produzione, ma hanno solo una cosa di cui disporre: la propria *forza-lavoro*, cioè la propria capacità di lavorare – questi sono i *proletari* (vedremo nel prossimo paragrafo che questi due insiemi di individui costituiscono due *classi*).
2. Il rapporto tra questi due insiemi di individui è mediato dal *denaro*, nel senso che la forza-lavoro dei secondi si presenta come una *merce* che viene venduta ai primi ad un certo prezzo. Questo prezzo si chiama *salario*. Attraverso il salario, i lavoratori salariati possono acquistare i beni necessari alla propria sussistenza. I lavoratori salariati non sono pagati con una quota del loro prodotto: sono pagati con un salario che corrisponde a una certa quota del loro tempo, che essi vendono. Per quanto riguarda il tempo che vendono, essi si assoggettano alla disciplina stabilita dal datore di lavoro. Ma, fuori del lavoro,

essi sono *uomini liberi*, cioè non sono schiavi, e neppure servi obbligati vita natural durante a prestare i propri servizi ad un signore: ciò distingue i rapporti in questione da quelli caratteristici di un modo di produzione fondato sulla schiavitù o su rapporti di tipo feudale.

3. I beni economici prodotti all'interno di questo modo di produzione sono *merci*: la produzione è cioè finalizzata alla vendita dei prodotti sul *mercato*. Una merce è un bene che viene scambiato sul mercato. Essa ha un carattere duplice: per un verso, ogni merce possiede un suo *valore d'uso*, che è differente per ogni tipo di merce (gli indumenti servono a vestirsi, i telai a filare ecc.); ma, per un altro verso, possiede anche un *valore di scambio*: questo si esprime nel *prezzo* della merce stessa. Il valore di scambio è qualcosa di astratto: esso prescinde dalle qualità concrete e dalle differenze sensibili delle singole merci, per renderle tutte comparabili e quindi scambiabili fra loro sulla base dei rapporti che esistono tra i loro prezzi. Il denaro – nelle cui quantità i prezzi si esprimono – è l'*equivalente universale* del valore di scambio delle merci. Per quanto i prezzi delle merci possano oscillare, in ultima analisi il loro valore di scambio corrisponde per Marx alla quantità media di lavoro socialmente necessario a produrle.

4. Il lavoro accumulato si presenta come *capitale* quando viene utilizzato nella produzione, assieme al lavoro vivo dei salariati, per ottenere un *profitto* da parte del capitalista.

Ancora sul modo capitalistico di produzione

L'ultimo dei quattro punti elencati richiede maggiori chiarimenti. Esso sottintende che il capitalismo non è semplicemente una società basata su scambi di mercato, ma qualcosa di più. Esso presenta, in realtà, uno scambio di tipo particolare. Non si tratta soltanto di scambiare merci fra loro (in questo caso avremmo semplicemente una società mercantile): si tratta di produrre, con delle merci, altre merci che abbiano un valore maggiore di quello che era presente all'inizio.

Ciò che rende il capitalista precisamente un *capitalista* è questo: egli all'inizio possiede un certo ammontare di denaro (*D*) che investe acquistando delle merci (*M*), cioè acquistando materie prime, strumenti di produzione (il "lavoro accumulato"), e forza-lavoro (il "lavoro vivo" degli operai salariati). Facendo lavorare i suoi operai con le sue materie prime e con i suoi strumenti di lavoro, egli ottiene nuove merci, che, una volta vendute sul mercato, si tramutano in un ammontare di denaro (*D'*) superiore a quello disponibile all'inizio.

Lo scambio che caratterizza il capitalismo è dunque: *D – M – D'*, dove *D'* è di regola maggiore di *D*.

La ricerca di quella differenza tra *D'* e *D*, che costituisce il profitto, è ciò che muove il capitalista.

Ma da dove nasce questa differenza? Secondo gli economisti il profitto è, in un modo o nell'altro, il risarcimento dell'impegno del capitalista. Risarcisce il rischio che è connesso all'investire, e ricompensa il capitalista (l'"imprenditore") per le sue attività di controllo sull'intero processo. La posizione di Marx è decisamente diversa.

Per capirla, dobbiamo ricordare che ogni merce possiede un valore d'uso e un valore di scambio, e ricordare che, tra le merci che il capitalista acquista all'inizio del processo di produzione, vi è anche la merce rappresentata dalla forza-lavoro degli operai. Questa è però una "merce" di un tipo molto particolare. È lavoro umano. Il suo "valore d'uso" consiste proprio nella capacità di produrre valore: senza il lavoro, tutte le altre cose comprate dal capitalista resterebbero esattamente come sono: non si produrrebbe niente, e non ci sarebbe da nessuna parte un aumento di valore.

Quando il capitalista acquista la forza lavorativa dei suoi operai, egli la paga come una merce: pagandola al suo prezzo. Quest'ultimo corrisponde a ciò che è necessario per produrre questa merce particolare: trattandosi di esseri umani, corrisponde al costo dei beni necessari per la sussistenza e la riproduzione fisica degli operai stessi nelle condizioni storiche date. Ma nulla di più.

Tuttavia il lavoro dell'operaio, una volta messo all'opera dal capitalista e messo in relazione con quello degli altri operai e con le macchine, da un lato trasferisce il valore di scambio delle materie prime e degli strumenti a disposizione nelle merci prodotte, ma dall'altro produce più del valore di scambio corrispondente al prezzo della sua forza lavorativa.

Se immaginiamo di rappresentare una giornata lavorativa di un operaio con un segmento (*ac*), il discorso di Marx può essere illustrato con questo disegno:

a ——— *b* ——— *c*

dove la parte *ab* corrisponde al tempo in cui l'operaio produce merci il cui valore di scambio corrisponde a quello del suo salario, e la parte *bc* è *in più*: è quella in cui viene prodotto del *plusvalore*.

Il plusvalore ha dunque origine in un *pluslavoro*: un lavoro che l'operaio svolge in aggiunta a quanto sarebbe bastevole a pareggiare i conti con quello che il capitalista ha speso assumendolo e acquistando tutto ciò che è necessario a produrre.

All'interno dei rapporti di produzione capitalistici, il *plusvalore* diviene *profitto*, cioè qualcosa che è proprietà del capitalista (che lo realizza al momento di vendere sul mercato le merci prodotte).

Il profitto nasce dunque per Marx dallo *sfruttamento* dell'operaio: dal fatto che egli è pagato con un salario che corrisponde al costo dei beni necessari alla sua sopravvivenza, mentre il lavoro che egli realizza per conto del capitalista genera in realtà un valore superiore a quello corrispondente al salario e a tutti i mezzi di produzione impiegati.

Nell'appropriazione del plusvalore da parte del capitalista sta la simmetrica alienazione dell'operaio: il frutto del lavoro di quest'ultimo non è suo, ma di altri. A lui resta il salario, che per definizione basta solo a comprare il necessario a farlo sopravvivere.

Ciò che rende il "lavoro accumulato" di cui parlano gli economisti precisamente *capitale* è dunque lo sfruttamento.

Potremmo riassumere quanto detto così: il modo di produzione capitalistico è per Marx un modo di produzione dove uomini formalmente liberi vendono la propria forza-lavoro a dei capitalisti – proprietari dei mezzi di produzione – in cambio di un salario; i capitalisti utilizzano tale forza-lavoro per la produzione di merci al fine di ottenere un profitto, che resta di loro proprietà.

Ciò che distingue la *critica* marxiana dall'*economia politica* a cui questa critica è rivolta è dunque essenzialmente la scoperta dello sfruttamento che si nasconde entro i rapporti di produzione. Questo sfruttamento è visibile solo se si indagano i meccanismi della produzione e i rapporti di proprietà che vi sono in gioco.

Se ci si arresta infatti – come Marx rimprovera di fare all'economia politica e soprattutto all'economia "volgare" successiva a Ricardo – all'analisi dei rapporti di scambio, cioè del mercato, *lo sfruttamento non appare*. Sul mercato la forza-lavoro degli operai è pagata al suo prezzo, come una merce: ciò che nel mercato non si vede è però cosa succede entro la produzione, osservando la quale si svela il meccanismo dell'appropriazione capitalista del plusvalore prodotto da quella "merce" molto particolare che è la forza-lavoro degli operai.

È in questo arrestarsi alla sfera della circolazione delle merci che l'economia a cui Marx si riferisce è *ideologica*: descrive qualcosa di vero, ma tace l'essenziale.

Del resto, la critica marxiana dell'economia era già presente fin dall'indicazione delle prime tre caratteristiche che abbiamo ricostruito come tipiche dei rapporti capitalistici di produzione. Tutte queste caratteristiche tendono infatti a mostrare tali rapporti nella loro *storicità*. Nella misura in cui l'economia non investiga storicamente i rapporti sociali che costituiscono il lavoro accumulato come capitale, ma li assume come rapporti universali, essa ribadisce il proprio carattere ideologico: descrive la realtà di un modo di produzione specifico trasformandolo, nel proprio linguaggio, in una condizione eterna. Con ciò, tuttavia, ne occulta anche gli aspetti più problematici e giustifica lo stato di cose presente. Il che corrisponde esattamente – come si ricorderà – al concetto di ideologia.

La nozione di "classe"

Possiamo ora definire che cosa Marx intende con la parola *classe*. Capire questa definizione è rilevante, perché essa ha avuto un'enorme influenza sul pensiero sociologico.

Leggendo i diversi testi di Marx dove il termine ricorre, possiamo stabilire in generale che una classe è innanzitutto *un insieme di individui che si trovano nella medesima posizione all'interno dei rapporti di produzione tipici di un modo di produzione dato*.

Ogni società fin qui apparsa nella storia è caratterizzata secondo Marx dalla presenza di classi, cioè di insiemi di individui collocati diversamente entro i rapporti di produzione. In base a queste loro diverse collocazioni, le classi sviluppano *interessi diversi*, ed entrano in conflitto per la definizione del potere all'interno della società. La lotta fra le classi è per Marx un dato ricorrente nella storia umana fin qui conosciuta.

Anche all'interno della società dominata dal modo di produzione capitalistico esistono classi. L'analisi concreta delle classi entro il modo di produzione capitalistico è in Marx piuttosto complessa. Sintetizzandola, possiamo affermare che all'interno del modo di produzione capitalistico Marx individua principalmente due classi, i cui interessi sono antagonistici: quella della *borghesia* e quella del *proletariato*.

Il nucleo della borghesia è composto dai *capitalisti*, cioè dai *proprietari dei mezzi di produzione*.

Il proletariato è composto dai *lavoratori salariati*, che non posseggono i mezzi di produzione, e vendono la loro forza-lavoro sul mercato del lavoro.

Il progressivo dispiegamento del modo di produzione capitalistico tende secondo Marx a spingere tutte le altre classi (per esempio quella dei contadini, o i diversi strati intermedi costituiti dagli impiegati, dagli artigiani o i commercianti) entro o a fianco di queste due classi fondamentali.

Gli interessi di queste due classi sono *antagonistici* nella misura in cui il nocciolo del modo di produzione capitalistico è un rapporto di sfruttamento. L'interesse dei capitalisti è quello di sfruttare il più liberamente possibile la forza-lavoro degli operai, quello degli operai è di liberarsi dallo sfruttamento.

In realtà, Marx sa bene che gli interessi si presentano raramente nella loro forma bruta. Gli interessi della borghesia sono ammantati da un'ideologia che giustifica i rapporti esistenti e presenta il capitalismo come il rappresentante degli interessi universali dell'umanità, come il sistema di produzione capace di generare un progresso i cui benefici valgono per tutti. Gli interessi del proletariato, a loro volta, sono raramente chiari alla stessa classe operaia. Il passaggio della classe operaia da uno stato in cui è incapace di riconoscere i propri interessi ad uno in cui li riconosce, e si organizza di conseguenza, è il passaggio dalla *classe in sé* alla classe *per sé*: è il passaggio in cui la classe operaia acquisisce una propria *coscienza di classe*. (Le espressioni "classe in sé" e "classe per sé" sono state usate in realtà da un pensatore successivo a Marx, György Lukács: corrispondono tuttavia pienamente al pensiero di Marx, e in particolare a quanto egli scrive in un testo dedicato all'analisi storica dei conflitti di classe in Francia, *Il 18 brumaio di Luigi Bonaparte*.) Questo passaggio non si genera automaticamente: si produce nel corso delle lotte che gli operai intraprendono contro i capitalisti, e attraverso lo sviluppo di forme di organizzazione entro cui gli operai stessi abbiano modo di elaborare la propria visione antagonista a quella dell'ideologia.

La definizione di classe presentata all'inizio del paragrafo va dunque integrata, intendendo che la *classe*, in senso pieno, è *un soggetto collettivo capace di intraprendere azioni congruenti con i propri interessi*: l'appartenenza di determinati individui ad una classe è data immediatamente dalla loro collocazione entro i rapporti di produzione, ma si realizza pienamente soltanto nella loro capacità di sviluppare un'azione collettiva.

La teoria marxiana del mutamento

Abbiamo detto all'inizio di questo capitolo che l'oggetto specifico della riflessione di Marx è il movimento generale della società capitalistica. Si ricorderà l'importanza che abbiamo attribuito al concetto di "superamento": l'interesse di Marx è in verità volto a stabilire le condizioni di movimento della società capitalista che vanno nella direzione del suo superamento, cioè del suo passaggio ad un'altra formazione sociale, a causa delle contraddizioni che si generano al suo interno.

La teoria marxiana, in altri termini, non è solo il "materialismo storico", né è solo una teoria del capitalismo, o una teoria sociologica delle classi: tutti questi motivi si fondono in una teoria che mira a identificare ragioni e direzioni del *mutamento* all'interno della società sorta con la rivoluzione industriale.

La storia, per Marx, è dialettica: in ogni formazione sociale si generano delle contraddizioni tra le forze produttive e i rapporti di produzione, che portano verso il suo superamento. Una sintesi della concezione generale del mutamento delle società umane è contenuta nella *Prefazione* a *Per la critica dell'economia politica*. Leggiamo questa pagina:

A un dato punto del loro sviluppo, le forze produttive materiali della società entrano in contraddizione con i rapporti di produzione esistenti, cioè con i rapporti di proprietà (che ne sono l'espressione giuridica) dentro i quali tali forze per l'innanzi si erano mosse. Questi rapporti, da condizioni di sviluppo delle forze produttive, si convertono in loro catene. E allora subentra un'epoca di rivoluzione sociale. Con il cambiamento della base economica si sconvolge più o meno rapidamente tutta la gigantesca sovrastruttura. [...] Una formazione sociale non perisce mai finché non si siano sviluppate tutte le forze produttive a cui può dar corso; nuovi e superiori rapporti di produzione non subentrano mai, prima che siano maturate in seno alla vecchia società le condizioni materiali della loro esistenza (Marx, 1859, trad. it. 1974, p. 5).

Se questo è vero in generale, ciò che è rilevante è tuttavia l'applicazione di questa concezione all'analisi del capitalismo, il cui superamento dovrebbe por fine al processo per cui la storia è stata, fin qui, storia di lotte di classe. Come Marx scrive nello stesso passo, infatti:

I rapporti di produzione borghesi sono l'ultima forma antagonistica del progresso della produzione sociale; antagonistica non nel senso di un antagonismo individuale, ma di un antagonismo che sorge dalle condizioni di vita sociali degli individui. Ma le forze produttive che si sviluppano nel seno della società borghese creano in pari tempo le condizioni materiali per la soluzione di questo antagonismo. Con questa formazione sociale si chiude dunque la preistoria della società umana (ivi, p. 6).

Prima di osservare ciò che, secondo Marx, conduce verso il superamento della forma sociale del capitalismo, è importante osservare però che il modo di produzione capitalistico stesso è un sistema in grado di produrre mutamento. Anzi: è *il più potente generatore di mutamento sociale e materiale* mai apparso nella storia.

Come si ricorderà, noi abbiamo posto fin dall'inizio la questione del mutamento al centro della nostra attenzione. La società moderna è una società dove il mutamento diviene "normale", dove la produzione si accresce continuamente e genera innumerevoli, veloci e continui cambiamenti nella vita materiale. L'elemento motore di questo processo, per Marx, sta nella ricerca di profitto da parte dei capitalisti.

Per capirlo, proviamo a ritornare a quel piccolo disegno con cui abbiamo rappresentato la giornata-tipo di un lavoratore salariato. Si trattava di un segmento, una parte del quale rappresentava il pluslavoro dell'operaio, cioè la quota del suo tempo di lavoro nella quale egli produce plusvalore per il capitalista.

Ora, l'interesse del capitalista è quello di massimizzare il suo profitto: egli produce per avere un profitto. È questo che lo rende precisamente un "capitalista". La stessa economia politica non si sogna di mettere in dubbio questo punto. Le motivazioni soggettive del singolo imprenditore, in realtà, non contano: ciò che rende un uomo un capitalista è che egli disponga di un certo ammontare di denaro che investe nella produzione di merci, dalla cui vendita sul mercato si attende un profitto, cioè un valore maggiore di quello corrispondente al suo investimento iniziale.

Se il suo interesse è di avere il massimo profitto possibile, e se il profitto in un'ultima analisi è generato dal pluslavoro degli operai, ne deriva che l'interesse del capitalista è aumentare il più possibile la quota di pluslavoro.

Egli può ottenere questo obiettivo in due modi: allungando la giornata lavorativa dei lavoratori salariati, oppure rendendo il loro lavoro più produttivo.

La prima strada è quella seguita nelle prime fasi della rivoluzione industriale. Essa si è scontrata tuttavia non solo con i limiti fisiologici della resistenza umana, ma anche con l'opposizione degli operai stessi, che hanno lottato per la riduzione della quota del loro tempo destinata a lavorare per un padrone.

La seconda strada è quella che ha dato i maggiori frutti. Essa consiste nel rendere *più produttivo* il lavoro degli operai, attraverso un'organizzazione del lavoro di fabbrica più efficiente e attraverso la crescente introduzione di *macchine*. Le macchine e la razionalizzazione dell'organizzazione del lavoro fanno sì che, a parità di tempo impiegato, l'operaio produca un numero maggiore di merci. Il valore corrispondente al suo salario sarà reintegrato in minor tempo, e il pluslavoro aumenterà in proporzione.

Sul lungo periodo, questa strada porta in realtà secondo Marx a dei problemi, indicati nella celebre tesi della «caduta tendenziale del saggio di profitto» elaborata nel *Capitale*. Questa caduta è dovuta al fatto che, rispetto all'investimento complessivo del capitalista, la parte dedicata all'acquisto e alla manutenzione delle macchine cresce, mentre, in relazione, decresce quella dedicata all'acquisto di forza-lavoro, la quale è però – come si ricorderà – l'unica che produce nuovo valore. (Questa tesi è stata sottoposta a numerose critiche, la cui discussione esula però dai temi del nostro discorso.)

Nel breve periodo, in ogni caso, e agli occhi di ogni singolo capitalista, l'introduzione di macchine che aumentino la produttività del lavoro degli operai appare una strada estremamente redditizia. Essa consente infatti di battere la concorrenza producendo un numero maggiore di merci, o addirittura producendo merci di nuovo tipo, o di qualità superiore. Producendo più merci, il capitalista può abbassarne il prezzo o invadere nuovi mercati. L'unico modo in cui i concorrenti possono difendersi dall'introduzione di nuove macchine è dotarsene a propria volta: il processo avviato è infinito.

Per conseguire il profitto, il capitalista è dunque alla costante ricerca di innovazioni tecnologiche. Egli desidera macchine sempre più sofisticate per rendere economicamente produttivi i propri investimenti, e sostiene con la sua domanda lo sviluppo della tecnica. A sua volta, lo sviluppo della tecnica è reso possibile da quello delle scienze, e indubbiamente la crescita delle scienze moderne è un presupposto necessario di tutto questo processo. Ma nei fatti la stessa ricerca scientifica è stata fortemente condizionata, fin dagli esordi della rivoluzione industriale, dal tipo di esigenze messe in campo dai capitalisti: esigenze eminentemente tecnologiche finalizzate alla produzione.

A sua volta, l'introduzione costante di innovazioni tecnologiche nei settori produttivi viene a modificare le condizioni della vita delle persone. Essa cambia innanzitutto i modi di lavorare ma, producendo merci sempre più numerose e diverse, modifica anche ciò che la gente può "consumare". D'altro canto, i capitalisti non devono solo produrre merci: devono anche venderle. Ciò porta alla ricerca di sempre nuovi mercati. Anche per questa via, il capitalismo genera mutamento, allargando via via il proprio raggio d'azione. E, ancora, il crescente sviluppo del sistema delle fabbriche genera richieste di nuove fonti di energia e di materie prime, ricerca di nuovi mezzi di comunicazione, di sistemi di trasporto adeguati all'espansione dei mercati e così via.

Una storia degli enormi – e rapidissimi, se pensati sullo sfondo dell'intera storia dell'uomo – mutamenti dell'ambiente materiale che il mondo moderno ha conosciuto sarebbe un tema affascinante, ma non possiamo svilupparlo qui. Per noi, ora, è importante osservare che per Marx il capitalismo è in sé una forza rivoluzionaria senza precedenti, e il motore dei mutamenti che esso induce è dato dalla ricerca del profitto da parte dei capitalisti.

Vi sono tuttavia anche mutamenti di un altro genere che non quelli provocati dal nesso tra ricerca di profitto e innovazione tecnologica. Veniamo così a ciò che secondo Marx determinerà il superamento del capitalismo.

Continuando ad accrescere il proprio capitale, e accrescendo la produzione, i capitalisti accrescono il proprio potere. Ma, nel contempo, provocano anche una crescita parallela della classe operaia. Questa diviene sempre più numerosa e, *relativamente* alla crescente ricchezza dei capitalisti, sempre più povera. Crescendo di numero, e trovandosi concentrata nello spazio (nelle città industriali, nelle grandi fabbriche), la classe operaia diviene però anche sempre più consapevole della propria forza e del proprio ruolo nella produzione. Essa si rende conto del fatto che la ricchezza che essa produce è prodotta *collettivamente*, grazie agli sforzi combinati di grandi masse di lavoratori coordinati dal capitale, ma che poi di tale ricchezza si appropriano *privatamente* i singoli capitalisti. Di fronte a questa contraddizione, la classe operaia può organizzarsi per *rivoluzionare* i rapporti sociali esistenti.

In tale rivoluzione, essa si fa erede di tutte le masse sfruttate, di ogni classe subalterna nella storia. Il suo obiettivo è quello di edificare una società senza più classi e senza proprietà privata, una società fondata sull'uguaglianza e la giustizia.

Il capitalismo ha generato dunque una forza produttiva della società senza precedenti nella storia, ma ha generato anche delle contraddizioni: la contraddizione principale è quella rappresentata dalla classe operaia stessa, che cresce entro il capitalismo, ma si pone come antagonista al capitalismo in quanto tale. La risoluzione di tale contraddizione è possibile solo nel passaggio ad un'altra forma di rapporti sociali che elimini lo sfruttamento. Il *comunismo* è per Marx tale forma. Una società comunista è una società nella quale i produttori, liberamente associati, si approprieranno collettivamente del frutto del proprio lavoro.

Individuo e società

Abbiamo osservato all'inizio del nostro volume che ogni autore intende diversamente dagli altri la parola "società". In particolare, Marx non definisce mai la "società" in astratto: piuttosto, parla di diverse società – o diverse *forme* di società – caratterizzate da differenti strutture. Ciò che tuttavia è fondamentale nel suo pensiero è che l'uomo è un *essere sociale*.

Il suo punto di partenza è infatti costituito dagli uomini concreti in quanto producono insieme le condizioni della propria sopravvivenza: in altre parole, è dunque già immediatamente *l'unione* di individuo e società. Il fatto è che gli esseri umani non esistono se non in società. L'individuo isolato per Marx non è pensabile (o meglio, come vedremo fra un attimo, è pensabile solo in certe condizioni storiche). Scrive infatti nell'*Introduzione* a *Per la critica dell'economia politica*:

> Quanto più risaliamo indietro nella storia tanto più l'individuo [...] ci appare non autonomo, ma parte di un insieme più grande; dapprima in modo del tutto naturale nella famiglia, e nella famiglia sviluppatasi a tribù; in seguito nella comunità nelle sue diverse forme, come essa è sorta dal contrasto e dalla mescolanza delle tribù (Marx, 1859, trad. it. 1974, p. 172).

All'inizio della storia non c'è un Robinson Crusoe: ci sono individui collegati fra loro. Del resto, si nasce da una donna, e si generano figli: il rapporto fra i sessi è l'aspetto elementare del rapporto dell'essere umano con un altro essere umano. Senza di questo, l'umanità non è pensabile. Ma non è neppure pensabile senza un rapporto degli uomini con la natura: quanto meno, si deve mangiare, si devono riprodurre le condizioni per la sussistenza entro un ambiente determinato. In tale rapporto, gli uomini entrano in relazione tra loro: in tutto questo consiste la "società".

I modi di questa relazione mutano tuttavia nel tempo: producendo quello che è loro necessario, gli uomini producono in qualche modo anche se stessi: modificano il mondo circostante, i propri strumenti, le forme della loro convivenza, ed anche il proprio pensiero e la propria coscienza di sé, sviluppando una sensibilità e dei bisogni che crescono e si raffinano a mano a mano che cresce e si affina la capacità di produrre.

L'uomo dunque è *sociale*: cioè vive con altri uomini. *La sua stessa coscienza è prodotta dall'interazione sociale*. La base della coscienza è infatti il linguaggio, ed il linguaggio è evidentemente sociale (è pensabile una lingua viva parlata da un solo individuo?). Come scrive Marx:

Il linguaggio è antico quanto la coscienza, il linguaggio è la coscienza reale, pratica, che esiste anche per gli altri uomini e che dunque è la sola esistente anche per me stesso, e il linguaggio, come la coscienza, sorge soltanto dal bisogno, dalla necessità di rapporti con altri uomini. [...] La coscienza è dunque fin dall'inizio un prodotto sociale e tale resta fin tanto che esistono uomini (Marx, Engels, 1846b, trad. it. 1970, pp. 49-50).

L'idea che l'individuo sia qualcosa di radicalmente diverso, di "opposto" alla società, è in realtà un'idea molto recente nella storia. Paradossalmente, essa si sviluppa quando i rapporti sociali si fanno più complessi.

Solo nel XVIII secolo, nella "società borghese", le diverse forme dei nessi sociali si presentano al singolo come un puro strumento per i suoi fini privati, come una necessità esteriore. Ma l'epoca che genera questo modo di vedere, il modo di vedere dell'individuo isolato, è proprio l'epoca dei rapporti sociali [...] finora più sviluppati (Marx, 1859, trad. it. 1974, p. 172).

Come è possibile questo paradosso? In breve, per Marx la risposta è la seguente. La società moderna è una società dove la divisione del lavoro sociale è molto sviluppata; la forma in cui i prodotti di questo lavoro diviso si ricongiungono è il mercato; ma il mercato è un sistema di rapporti *astratti*, cioè un sistema dove gli individui non scambiano i propri prodotti fra di loro in base a rapporti personali, ma in base a leggi impersonali, quelle rappresentate dai prezzi delle merci; di fronte al mercato ciascuno è effettivamente isolato: i suoi rapporti con gli altri passano attraverso le merci, che sembrano soggiacere a leggi proprie (quelle, appunto, del *mercato*). In questa situazione, diviene possibile agli uomini immaginarsi come esseri isolati. È appunto questa "immaginazione" che fonda l'economia politica, e con essa tutta l'ideologia borghese: ed è contro questa immaginazione che assume significato l'enfasi con cui Marx sottolinea che l'uomo è un essere sociale.

La divisione del lavoro sviluppatasi con il modo di produzione capitalista è estremamente articolata: più che in ogni altra epoca storica, ciascun individuo si trova confinato in un ruolo. Ma in questo "confinarsi" dell'individualità in una forma strettamente determinata si nasconde un aspetto dell'alienazione: l'uomo si allontana, cioè, dalla possibilità di estrinsecare pienamente tutte le proprie risorse. Non solo: in un mondo sociale dominato dall'imperativo di *produrre*, il fine stesso della vita diviene estraneo all'uomo. Egli produce come non mai prima, e perviene a un controllo sulla natura di proporzioni mai neppure immaginate nelle epoche storiche passate: ma l'appropriazione ultima, la capacità di *godere* dei rapporti con gli altri uomini e con la natura, viene meno. La società diviene smisuratamente potente: ma il singolo straordinariamente impotente a dare un senso a tutto ciò.

Da questa analisi scaturisce la visione utopica di Marx. Per quanto il suo pensiero sia fortemente orientato verso il futuro, Marx parla molto raramente della società che spera di veder sorgere dal superamento della società capitalistica. Ma, dai pochi passi che vi dedica, emerge l'idea di una società dove gli uomini siano parzialmente liberi dalla necessità, grazie allo sviluppo raggiunto dalle forze produttive, e in cui abbiano modo di dispiegare tutta la propria umanità, di appropriarsi di se stessi e di avere relazioni con i propri simili liberamente, in un rapporto armonico con la natura di cui fanno parte. Questa società avrà propriamente una *storia*: fino ad oggi, scrive Marx, vi è stata solo *preistoria*.

Alcune osservazioni

Nei paesi industrializzati la rivoluzione preconizzata da Marx non si è realizzata. Ciò non toglie tuttavia che il conflitto tra la classe operaia e i proprietari dei mezzi di produzione sia stato una delle grandi molle dei mutamenti politici e sociali che hanno fino ad oggi caratterizzato la nostra epoca. La forza di Marx sta nel fatto di aver unito un'intensa passione utopica con un'analisi che intendeva essere scientifica: il suo pensiero ha dato ai lavoratori di molti paesi una bandiera in cui credere, e contemporaneamente una teoria su cui fondare le ragioni della propria lotta.

Secondo la maggior parte degli economisti del XX secolo, il difetto principale della teoria di Marx sta nella sua teoria del valore. Se il valore non nasce dal lavoro incorporato in una merce, o se addirittura il valore non è un concetto utilizzabile nella teoria economica, la teoria dello sfruttamento scompare. Vi sono stati e vi sono economisti fedeli all'impostazione marxiana che hanno tentato di raffinare e adeguare il marxismo agli sviluppi successivi dell'economia; resta vero però che le premesse di Marx e quelle della scienza economica contemporanea dominante restano molto difficilmente conciliabili.

Dal punto di vista della storia della sociologia altre osservazioni sono più pertinenti.

La prima riguarda il problema delle cosiddette *classi intermedie*. Abbiamo detto che per Marx nella società capitalistica esistono essenzialmente due classi. Ciò non è del tutto esatto. Intanto, Marx parla sempre anche di una terza classe, quella collegata alla *rendita*, cioè i *proprietari terrieri*. A causa della sua teoria del valore – per cui il valore di una merce deriva in ultima istanza dal lavoro in essa incorporato – Marx attribuisce a questa classe un'importanza relativa: è sostanzialmente una classe parassitaria, che vive di una parte dei proventi derivanti dallo sfruttamento della classe operaia. In ogni caso, al momento dello scontro, si affiancherà a quella dei capitalisti. Contemporaneamente, Marx sa bene che la borghesia è divisa al suo interno (i proprietari delle fabbriche non sono la stessa cosa dei banchieri, ad esempio), e, soprattutto, sa bene che esistono nella società capitalistica molte altre classi: i contadini, gli artigiani, i commercianti, i tecnici, gli impiegati. Nella sua prospettiva, tuttavia, il futuro avrebbe visto una crescente *proletarizzazione* di tutti questi strati, e alla fine una *polarizzazione* di tutti i gruppi in due grandi schieramenti.

Lo sviluppo del capitalismo ha effettivamente ridotto la consistenza numerica dei contadini, e ha ridotto a operai o ad impiegati stipendiati la maggior parte degli artigiani e dei commercianti. Tuttavia ha anche portato con sé un'enorme crescita quantitativa di tecnici, impiegati, funzionari pubblici, addetti al commercio e ai servizi. Contrariamente alle previsioni di Marx, questi strati hanno sviluppato forme di coscienza particolari, e non si sono mai fusi con la classe operaia. L'analisi delle classi medie e del loro ruolo per lo sviluppo economico e politico delle società occidentali moderne è uno dei principali temi della riflessione sociologica del Novecento.

La seconda osservazione su cui vorrei richiamare l'attenzione concerne la "coscienza di classe", e soprattutto la questione della "falsa coscienza" (a cui abbiamo accennato alla fine del secondo paragrafo di questo capitolo). Una delle cose più evidenti nella storia delle società occidentali del Novecento è la progressiva sparizione della volontà rivoluzionaria fra i membri della classe operaia, e specialmente nelle aristocrazie della classe operaia; in generale, è evidente che l'adesione della maggior parte dei lavoratori alla logica del sistema capitalistico è andata davvero ben oltre ciò che Marx si aspettava. Si può discutere di questa realtà in vari modi. Se si vuole conservare lo schema di Marx, si potrebbe osservare che gli sviluppi del capitalismo successivi alla sua epoca hanno comportato uno spostamento delle contraddizioni dal centro verso la periferia: l'adesione al sistema da parte dei lavoratori interni alle società più ricche sarebbe stato "comprato" attraverso la concessione di una serie di privilegi (la partecipazione al "benessere" attraverso aumenti salariali e servizi pubblici), e ad essere propriamente sfruttate sarebbero oggi le masse dei lavoratori del Terzo mondo. Questo modo di vedere ha origine in un celebre testo di Lenin sull'imperialismo (1916).

Personalmente, osserverei però anche che la teoria sociologica di Marx è carente sul piano dell'analisi dei rapporti che sussistono fra "struttura" e "coscienza". L'adesione dei singoli a una certa formazione sociale va spiegata attraverso un'analisi dei processi di socializzazione: ma questa analisi richiede categorie diverse da quelle marxiane. In una prospettiva di fondo che resterà quella marxiana, questa analisi sarà sviluppata fra gli altri dalla scuola di Francoforte (cfr. CAP. 10).

Il marxismo dopo Marx

Nel 1864, a Londra, Marx ed Engels furono tra i fondatori della prima Associazione internazionale dei lavoratori: attraverso questa associazione, e soprattutto grazie agli sforzi di Engels, il marxismo divenne una dottrina capace di egemonizzare la maggior parte dei gruppi, dei partiti e dei movimenti della classe operaia in Europa. Alla fine del XIX secolo il marxismo era consolidato come una delle principali teorie sociali disponibili: per quanto non fosse insegnato dalle cattedre universitarie, veniva a configurarsi come una teoria con la quale gli scienziati sociali non potevano non confrontarsi.

Molto presto, tuttavia, si sono sviluppate diverse interpretazioni dell'eredità marxiana. In Germania, in gran parte sotto l'influenza di Karl Kautsky (1854-1938), il marxismo fu concepito essenzialmente come una teoria scientifica dell'evoluzione sociale, con una forte sottolineatura di alcune sue supposte affinità con il darwinismo e con una forte accentuazione deterministica. In Russia d'altro canto, dove il capitalismo aveva appena incominciato a svilupparsi e dove non c'era un movimento operaio di massa, il marxismo fu trasformato da Lenin (1870-1924) in una dottrina più volontaristica: l'idea di una "avanguardia" della classe operaia che avrebbe dovuto assumersi il compito di sviluppare la sua coscienza di classe divenne l'elemento centrale della dottrina di quello che sarebbe diventato il Partito bolscevico.

La lotta fra versioni contrastanti del marxismo ha attraversato tutta la sua storia, in un'incessante opera di revisioni e di riformulazioni. Il "revisionismo" di Eduard Bernstein (1850-1932) e della Seconda Internazionale (fondata nel 1889) criticò in particolare la tesi secondo cui la fine del capitalismo sarebbe stata conseguente ad una sua crisi economica generalizzata (una tesi fondamentale invece nel pensiero di Lenin) e mise in discussione l'idea marxiana della crescente polarizzazione della società industriale fra borghesia e proletariato. Le critiche revisioniste diedero un forte impulso agli aspetti più propriamente sociologici del marxismo: fu nel tentativo di contrastare queste critiche che il cosiddetto "austro-marxismo" sviluppò nei primi decenni del secolo una serie di interessanti ricerche empiriche sul nazionalismo, sul diritto, e soprattutto sulla fase "imperialista" o "monopolistica" del capitalismo (particolarmente noto, in questo contesto, è il volume di R. Hilferding, *Il capitale finanziario*, del 1910).

Lenin e i bolscevichi tuttavia, con la parziale eccezione di Bucharin (1888-1938), prestarono poca attenzione agli sviluppi della ricerca sociologica, e risposero alle critiche limitandosi a identificare il revisionismo come un "riformismo" che tradiva gli interessi rivoluzionari della classe operaia. La loro versione del marxismo si concentrava soprattutto sulla creazione di un partito rivoluzionario disciplinato che doveva essere capace di guidare la classe operaia e i suoi alleati (specie, nel caso russo, i contadini) verso la conquista del potere. In questo modo, il marxismo veniva trasformato in una dottrina che metteva l'accento sulla volontà politica e sulla leadership del partito come fattori cruciali del mutamento sociale.

La rivoluzione russa che nel 1917 portò al potere i bolscevichi modificò ulteriormente la situazione. Il leninismo divenne un'ideologia ufficiale che legittimava la "dittatura del proletariato" e che acquistò una grande influenza soprattutto con la costituzione della Terza Internazionale nel 1919 e con la fondazione di partiti comunisti sul modello sovietico in altri paesi europei. Il Partito socialdemocratico tedesco, che in Germania si ispirava a una versione del marxismo meno radicale di quella russa, veniva nel frattempo drasticamente indebolito dalla guerra e dalla sconfitta delle insurrezioni rivoluzionarie che si erano manifestate in Germania e in Ungheria nel 1918-19.

Negli anni fra le due guerre, e ancora per un certo tempo dopo la Seconda guerra mondiale, il marxismo venne a identificarsi così nella cultura europea soprattutto con il marxismo sovietico. La forma che questo assunse fu tuttavia sempre di più quella di una visione del mondo *dogmatica*: la carica di innovazione sociale che veicolava all'inizio fu soffocata dalla trasformazione del marxismo in una dottrina strettamente finalizzata alla legittimazione delle élite che avevano conquistato il potere.

Le difficoltà di sviluppare una società ispirata ai principi del comunismo si combinarono in Russia fin dall'inizio con la necessità di promuovere l'industrializzazione in un paese con cui gli altri – per giunta – rifiutavano ogni rapporto. Ciò provocò intensi dibattiti a proposito delle politiche da attuare nel cosiddetto "periodo di transizione" verso il comunismo; ma questi dibattiti terminarono bruscamente negli anni trenta con la dittatura di Stalin e la repressione di ogni critica interna, cui si affiancarono l'imposizione di un'industrializzazione forzata e la collettivizzazione dell'agricoltura. La pianificazione centralizzata dell'economia si risolse abbastanza presto in una burocratizzazione onnipervasiva della società e nella formazione di una nuova classe di funzionari pubblici legati al partito e dotati di un grande potere personale.

Ma il marxismo non era soltanto l'ideologia ufficiale dell'Unione Sovietica. Da un lato, a partire dagli anni venti, il marxismo diventa la dottrina del Partito comunista cinese: dopo una lunga lotta, la Cina diviene una Repubblica popolare nel 1945. La versione maoista del marxismo è sensibilmente diversa da quella sovietica: al di là dell'importanza attribuita al ruolo dei contadini, se ne distanzia per la presenza di elementi tratti dalla tradizione culturale cinese. Quanto all'Europa, a parte il già nominato "austro-marxismo" e a parte il "revisionismo", a partire dagli anni venti e trenta si è sviluppato quello che è stato chiamato più tardi il "marxismo occidentale".

Usualmente si fa risalire l'inizio del "marxismo occidentale" alla pubblicazione nel 1923 di *Storia e coscienza di classe* di G. Lukács (1885-1971): si tratta di un'opera filosofica in cui il marxismo viene riportato con forza alla sua matrice hegeliana. Ma il "marxismo occidentale" è stato molto diversificato al suo interno: vi si possono far rientrare autori come l'italiano Antonio Gramsci, il francese Henri Lefebvre e i membri della scuola di Francoforte, tutti caratterizzati da una lettura hegeliana di Marx, ma possono esserne considerati parte anche studiosi più recenti come Louis Althusser, ispirato a uno strutturalismo che non ha nulla a che vedere con le posizioni degli altri autori citati. In generale, il "marxismo occidentale" è stato molto più attento del marxismo sovietico agli sviluppi di tutte le scienze sociali, e, soprattutto, si è caratterizzato per una critica radicale degli sviluppi totalitari del regime comunista nell'URSS.

Suggerimenti bibliografici

La più semplice introduzione al pensiero di Marx è la lettura del *Manifesto del Partito comunista*. A questa affiancherei la lettura dei *Manoscritti economico-filosofici del 1844* e di alcuni capitoli del *Capitale* (il primo e il ventiquattresimo del Libro I, ad esempio).

Sul concetto di capitalismo suggerisco di leggere la voce *Capitalismo* curata da S. Ricossa e da A. Cavalli nel vol. I dell'*Enciclopedia delle scienze sociali* (1991 ss.). Per quanto riguarda una lettura sociologica dell'opera di Marx consiglierei *Sociologia di Marx* di H. Lefebvre (1966). Per una lettura approfondita del *Capitale* il testo di riferimento è *Genesi e struttura del "Capitale" di Marx* di R. Rosdolsky (1967). Per una discussione critica degli aspetti economici del pensiero di Marx rimando al capitolo *La teoria economica di Marx* nel *Profilo di storia del pensiero economico* di E. Screpanti e S. Zamagni (1992).

Il dibattito sulle classi medie a cui abbiamo accennato è stato suscitato in Italia soprattutto dal volume di P. Sylos Labini, *Saggio sulle classi sociali* (1974). Per quanto riguarda gli sviluppi storici del marxismo rimando all'opera collettiva *Storia del marxismo* pubblicata da Einaudi (1978 ss.). Una sintesi è fornita dalla voce *Marxismo* redatta da T. Bottomore per il *Dizionario delle scienze sociali* (1997).

4
Émile Durkheim

Introduzione

Gli anni fra il 1890 e il 1910 sono quelli della prima istituzionalizzazione della sociologia in quanto disciplina accademica. È in questi anni che nascono le prime cattedre universitarie intitolate alla sociologia, che si istituiscono le prime associazioni professionali, e che si fondano le prime riviste esplicitamente dedicate alla ricerca sociologica. È ancora in questi anni che si assiste al tentativo parallelo, da parte di studiosi diversi, di dare un fondamento teorico e metodologico distinto alla sociologia in quanto tale. Il primo di questi studiosi su cui concentreremo la nostra attenzione è Émile Durkheim.

Nel capitolo precedente, abbiamo visto che Marx non si definiva un sociologo. Con Durkheim la situazione è totalmente diversa: il suo programma è esplicitamente quello di *fondare la sociologia*. In tale programma, egli si ricollega esplicitamente ai progetti di Comte e di Spencer.

Durkheim nacque a Épinal, in Lorena, nel 1858. Nel 1887 cominciò ad insegnare sociologia all'università di Bordeaux: fu uno tra i primi studiosi in Europa ad occupare in un'università una cattedra intitolata a questa materia. Fu anche uno dei primi a fondare, nel 1896, una rivista esplicitamente dedicata alla raccolta di studi sociologici: "L'Année sociologique". Attraverso il suo insegnamento universitario (che a partire dal 1902 proseguì alla Sorbona, a Parigi), attraverso le sue opere, e soprattutto attraverso la scuola che egli venne raccogliendo attorno alla rivista, Durkheim ha esercitato un'influenza profondissima sulla sociologia del Novecento e su diverse altre scienze dell'uomo.

La prima opera importante di Durkheim è *La divisione del lavoro sociale*, pubblicata nel 1893. Nel 1895 pubblicò *Le regole del metodo sociologico*, e nel 1897 lo studio *Il suicidio*. Nel 1912 uscì l'ultimo dei suoi lavori più importanti, *Le forme elementari della vita religiosa*. Morì nel 1917.

Il problema di fondo del pensiero di Durkheim, per dirlo in breve, è quello della *coesione* di una società e della sua riproduzione nel tempo. Il suo problema scientifico principale consiste nel rispondere alla domanda: «che cosa tiene insieme una società?». La risposta a questa domanda è: *la morale*.

Il sentimento morale è ciò che unisce ciascuno dei membri di un insieme sociale alla società stessa. Realizzandosi in una *solidarietà* dei membri della società fra di loro, esso consente la vita in comune. Una società è, propriamente, un ordine morale.

Dal punto di vista storico, questa problematica è legata alla percezione dei profondi conflitti sociali e della fragilità politica che caratterizzavano la Francia della "Terza Repubblica". Sul piano teorico, risente dell'influenza di Spencer, specialmente per quanto concerne l'*evoluzionismo* e l'*organicismo* di quest'ultimo. Rispetto a Spencer, tuttavia, Durkheim ribalta la prospettiva per ciò che riguarda i rapporti dei singoli con la società: mentre per Spencer la società si basa in ultima analisi su di una sorta di "contratto" stabilito fra loro da uomini che perseguono ciascuno il proprio utile (una visione detta *utilitarismo*), per Durkheim la società non è comprensibile muovendo dall'analisi dei comportamenti dei singoli. La società non deriva da un contratto fra uomini separati: essa è piuttosto ciò che precede e rende possibile ogni contratto. La *vita collettiva* precede – sia storicamente che logicamente – la vita dei singoli separati, e i "contratti" sono qualcosa di possibile solo fra soggetti che intendano rispettarli, cioè che avvertano di appartenere ad una medesima società, che condividano una certa obbligazione nei confronti delle sue regole morali. Insomma: il comportamento di ciascun uomo non è mai comprensibile pienamente se non come espressione del suo inserimento in un insieme sociale.

Morale, norme e fatti sociali

Una "morale" è un insieme di valori e di credenze che si esprimono in *norme* (cioè regole alla cui infrazione corrispondono delle sanzioni) alle quali ciascun membro della società è vincolato. Tali vincoli agiscono *dall'esterno* e *dall'interno*. Dall'esterno, nel senso che infrangere una norma provoca reazioni che puniscono chi lo fa; dall'interno, nel senso che l'individuo avverte come "da dentro di sé" una spinta al rispetto delle norme stesse.

L'appartenenza ad una morale comune è ciò che fonda la *solidarietà* che lega fra loro i membri di una società. Il modo originario con cui le norme morali si impongono entro una società è il loro istituzionalizzarsi nelle forme di un insieme di *credenze religiose*, rese sacre dalla loro iscrizione entro un sistema di riti.

Non per caso, quando nel corso delle lezioni chiedo a volte agli studenti di provare a individuare delle norme morali, alcuni propongono come esempi i contenuti dei Dieci Comandamenti biblici. Nei Comandamenti si esprime infatti, in forma di rivelazione divina, un insieme di norme morali: l'insieme di norme su cui la società ebraica fondava il proprio vivere comune. «Onora il padre e la madre», «non uccidere», «non rubare» sono imperativi che impongono rispetto: da un lato, infrangendoli si incorre in una punizione (o quanto meno nella riprovazione pubblica); dall'altro, essi si impongono alle coscienze venendo a costituire l'orizzonte dei valori a cui il singolo si conforma "dall'interno", aderendo al loro contenuto. Tali norme, pur attraverso significative variazioni, sono state del resto incorporate nella religione cristiana, e sono tuttora parte della morale della nostra cultura. Altre società hanno o hanno avuto norme parzialmente diverse, ma – avverte Durkheim – ciascuna non può fare a meno di appoggiare la propria capacità di coesione su un insieme di norme che esprimono valori e credenze comuni.

Tali norme possono essere esplicite, come nel caso di quelle sopra richiamate, oppure implicite, come la maggior parte delle norme che regolano il costume quotidiano. Ma, in ogni caso, cosa sono le norme dal punto di vista della sociologia, e come affrontarne lo studio? Le norme sono per Durkheim dei *fatti sociali*. Dobbiamo dunque capire cosa significhi per Durkheim questa espressione. Il modo migliore per farlo è leggere quanto Durkheim stesso scrive nel primo capitolo delle sue *Regole del metodo sociologico*:

Quando assolvo il compito di fratello, di marito o di cittadino, quando soddisfo agli impegni che ho contratto, io adempio doveri che sono definiti – al di fuori di me e dei miei atti – nel diritto e nei costumi. Anche quando essi si accordano con i miei sentimenti, ed io ne sento interiormente la realtà, questa non è perciò meno oggettiva: non li ho fatti io, ma li ho ricevuti mediante l'educazione. [...] Analogamente, per ciò che riguarda le credenze e le pratiche della vita religiosa, il fedele le ha trovate già fatte alla sua nascita; se esse esistevano prima di lui, è perché esistono al di fuori di lui. Il sistema di segni del quale mi servo per esprimere il mio pensiero, il sistema monetario che impiego per pagare i miei debiti, gli strumenti di credito che utilizzo nelle mie relazioni commerciali, le pratiche seguite nella mia professione e così via, funzionano indipendentemente dall'uso che ne faccio. [...] Vi sono dunque modi di agire, di pensare e di sentire che presentano la notevole proprietà di esistere al di fuori delle coscienze individuali.

Questi tipi di condotta o di pensiero non sono però soltanto esterni all'individuo, ma sono anche dotati di un potere imperativo e coercitivo in virtù del quale si impongono a lui, con o senza il suo consenso. Indubbiamente, quando mi conformo ad essi di mia spontanea volontà, questa coercizione non si fa sentire, o si fa sentire poco, perché è inutile. Ma essa rimane tuttavia un carattere intrinseco di tali fatti; lo dimostra il suo affermarsi nel momento stesso in cui tento di resisterle. Se cerco di violare le regole del diritto, esse reagiscono contro di me in modo da impedire il mio atto, se si è ancora in tempo, oppure in modo da annullarlo e da ripristinarlo nella sua forma normale, se è compiuto e riparabile, oppure in modo da farmelo espiare, se non si può riparare ad esso in altro modo. Quando si tratta di massime puramente morali, la coscienza pubblica contiene tutti gli atti che la offendono mediante la sorveglianza che essa esercita sulla condotta dei cittadini e le pene specifiche di cui dispone: in certi casi la costrizione è violenta, in altri meno – ma non cessa di esistere. Se non mi sottometto alle convenzioni del mondo, se nel mio abbigliamento non tengo conto degli usi del mio paese e della mia classe, l'ilarità che provoco e la distanza a cui sono tenuto producono – per quanto in maniera più attenuata – gli effetti di una pena propriamente detta. In altri campi la costrizione, per quanto indiretta, non è meno efficace. Non sono obbligato né a parlare francese con i miei compatrioti né a impiegare le monete legali; ma mi è impossibile fare altrimenti. Se cercassi di sottrarmi a questa necessità, il mio tentativo fallirebbe miseramente. [...]

Ecco dunque un ordine di fatti che presentano caratteri molto specifici: essi consistono in modi di agire, di pensare e di sentire esterni all'individuo, eppure dotati di un potere di coercizione in virtù del quale si impongono su di lui. Di conseguenza essi non possono venire confusi né con i fenomeni organici, in quanto consistono di rappresentazioni e di azioni, né con i fenomeni meramente psichici, i quali esistono soltanto nella e mediante la coscienza individuale. Essi costituiscono quindi una nuova specie, e ad essi soltanto deve essere data e riservata la qualifica di *sociali*. Essa conviene loro; è infatti chiaro che il loro substrato, non essendo l'individuo, può essere soltanto la società – sia la società nella sua interezza, sia qualcuno dei gruppi parziali che racchiude: confessioni religiose, scuole politiche e letterarie, corporazioni professionali e così via. D'altra parte, tale qualifica conviene ad essi soltanto, poiché il termine "sociale" ha un senso definito soltanto a condizione di designare unicamente fenomeni che non rientrano in nessuna delle categorie di fatti già costituite e denominate: essi sono quindi il dominio proprio della sociologia (Durkheim, 1895, trad. it. 1979, pp. 25-7, modificata).

I fatti sociali sono dunque fenomeni che non si possono spiegare ricorrendo alla sola analisi delle azioni dei singoli o all'analisi psicologica delle loro motivazioni. Essi – dirà ancora Durkheim – sono qualcosa che si presenta "in media" o "normalmente" all'interno di una società: tuttavia non è questo carattere di "media" che li definisce. Ciò che li definisce come tali è che essi *si impongono* ai singoli come qualcosa che proviene dal di fuori, e contemporaneamente li *attraversano* nei loro modi di sentire, di pensare e di comportarsi. I fatti sociali esistono nella misura in cui esistono gli uomini, ma contemporaneamente hanno una sorta di esistenza *indipendente*, autonoma, che sovrasta la volontà di ciascuno.

Poiché i fatti sociali si presentano ai singoli come indipendenti dalla loro azione o dalla loro volontà personale, Durkheim propone, in un altro celebre passo delle *Regole del metodo sociologico*, di trattarli «come se fossero cose». La metafora non va intesa nel senso che essi siano amorfi o senza vita. I fatti sociali sono propriamente l'espressione della vita della società, e nascono dall'interazione degli uomini fra loro. Essi sono "come cose", però, nel senso che hanno un'esistenza che non si spiega a partire dalle coscienze e dalle azioni degli individui. Rispetto alla volontà dei singoli, hanno una "durezza" che non si lascia scalfire. Ed è di ciò, metodologicamente, che bisogna tenere conto.

Proviamo, per fare un esempio, a pensare al linguaggio (il «sistema di segni di cui mi servo per esprimere il mio pensiero» di cui Durkheim parlava a un certo punto del passo citato). Il linguaggio non è creato da nessun singolo preso isolatamente: è linguaggio proprio in quanto è qualcosa di intersoggettivo. Ciascun individuo lo trova in qualche modo già dato, esso è "trascendente" rispetto alla sua volontà o alla sua capacità di cambiarlo arbitrariamente. È un modo di fare "consolidato", cioè il risultato dell'interazione di innumerevoli uomini in un tempo lunghissimo, il sedimento della loro volontà di comunicare, che trascende le capacità creatrici di ciascuno: è una realizzazione collettiva. Eppure, è poi anche qualcosa che attraversa ogni singolo uomo: come abbiamo già osservato altrove, il modo in cui ciascuno di noi pensa è in fondo forgiato in larga misura proprio dalle possibilità che il linguaggio ci offre. Indubbiamente, si può usare una lingua in modo scorretto, non aderendo alle regole consolidate: ma ciò si scontra con delle sanzioni – al limite, non ci si fa capire. O, quanto meno, ci si espone al ridicolo, e a "correzioni" da parte degli altri. Per tutto ciò il linguaggio è un fatto sociale. Non lo si può spiegare a partire dal comportamento o dalle intenzioni dei singoli: lo si può spiegare solo a partire dalla *società*, cioè dal risultato dell'interazione umana.

Un approccio funzionalista

La società è dunque per Durkheim una realtà *sui generis*, una realtà di tipo particolare, superiore alla vita dei suoi membri. Nelle norme morali, nei costumi, nelle credenze religiose, nei riti che sanciscono le regole della collettività, la società "parla", e la sua voce si impone ai suoi membri.

Così come il corpo di un uomo non è la semplice somma dei suoi organi, ma è qualcosa di più, cioè l'insieme funzionante di questi organi come un'unità, allo stesso modo la società è per Durkheim più della somma degli individui che la compongono: è un'unità di livello superiore, dotata di una vita che non si spiega restando al livello della semplice descrizione di ciò che la compone. Poiché la società si esprime in fatti sociali, *la sociologia è la scienza che studia l'insieme dei fatti sociali*.

Non sfuggirà che, utilizzando la metafora di un corpo per parlare della società, utilizziamo una *metafora organicista*: la società viene descritta come un organismo, dotato di una serie di organi che si integrano e cooperano fra loro. Da questa impostazione organicista deriva una caratteristica rilevante del pensiero di Durkheim: tale caratteristica consiste nello sforzo di spiegare ogni elemento di una società tentando di riconoscere quali funzioni tale elemento svolga all'interno dell'insieme della società stessa. Così, la "funzione" della religione in una società è quella di codificare e sacralizzare le norme morali, la "funzione" del diritto è quella di reagire alle infrazioni a tali norme, la "funzione" dell'economia è quella di provvedere al sostentamento della vita materiale dei membri della società e così via.

Una spiegazione *funzionalista* è una spiegazione di un fenomeno sociale sulla base dell'individuazione della funzione che esso adempie per la vita dell'insieme della società. In realtà Durkheim non ritiene che la spiegazione funzionalista sia *l'unica* cui lo scienziato sociale deve ricorrere: al contrario, ritiene che questa sia possibile solo *dopo* che siano stati esaminati i nessi causali che, restando al livello di fenomeni specificatamente *sociali*, legano il fenomeno considerato ad altri fenomeni precedenti nel tempo. Tuttavia, gli approcci sociologici e antropologici che più tardi furono influenzati da Durkheim si sono spesso detti "funzionalisti": più avanti si vedrà come il funzionalismo sia ripreso dalla scuola americana di Parsons e di Merton.

In ogni caso, non bisogna confondere l'idea durkheimiana di funzione con l'idea che ogni fenomeno sociale debba coincidere necessariamente con un qualche "fine" prestabilito. Un esempio tipico del modo di pensare di Durkheim a questo proposito è rappresentato dalla sua trattazione della *devianza.* "Devianza" è un termine sociologico che intende l'esistenza di comportamenti che si discostano dalla norma: è devianza in questo senso il crimine – che è un caso particolarmente grave di devianza, relativo a norme centrali della società, sanzionate con punizioni esplicite – ma è "devianza", in senso generale, anche qualunque comportamento che sia percepito come "anormale" (come un abbigliamento contrario a dettami di ciò che una data cultura considera "decente").

Ebbene, il crimine, ad esempio, appare a tutta prima qualcosa di ben poco "funzionale": è un'infrazione alle norme del vivere comune, un momento di crisi della sua morale. Tuttavia – e questo è il tipico ragionamento durkheimiano – anch'esso svolge una funzione: nel momento infatti in cui il crimine viene punito, attraverso la messa in opera di riti adeguati (processo, esecuzione della pena), esso svolge la funzione di *rinsaldare la coscienza collettiva.* Riunita nell'atto di sanzionare il colpevole, la società *riafferma* le sue regole, che non sono mai così visibili e chiare alla collettività come quando viene punito chi non vi si conforma.

Come si vede, la funzione non corrisponde dunque a nessun fine prestabilito: è piuttosto un risultato non intenzionale di una pratica sociale.

D'altro canto, si può notare che la devianza può svolgere anche un'altra funzione: essa può rappresentare infatti una sorta di "momento di sperimentazione" della società rispetto a delle *nuove norme.* Così, un movimento sociale spesso nasce come espressione di una devianza rispetto alle norme stabilite che tuttavia, con il passare del tempo, può diffondersi generando una nuova conformazione delle norme stesse. Durkheim non si interroga spesso su come le società mutino nel tempo: l'insorgere della devianza, tuttavia, appare nel suo pensiero uno dei modi in cui le società possono sperimentare nuove forme morali.

Società semplici e società complesse

Abbiamo parlato finora, in questo capitolo, della "società" in generale. In realtà, per Durkheim non esiste tanto la società in generale, quanto diversi *tipi di società.*

In *La divisione del lavoro sociale* Durkheim sviluppa un discorso sull'evoluzione delle società umane come un movimento da un tipo di società a un altro. Il primo tipo di società – che corrisponde storicamente alla forma delle tribù primitive – è la società *semplice* (o *seg-*

mentaria), cioè quella basata su di una bassa divisione del lavoro. In una società semplice gli individui svolgono attività poco differenziate fra loro. Il secondo tipo di società è quello delle società *complesse*: storicamente, nella forma finora più sviluppata, corrisponde alle nazioni moderne. Qui, la società è fondata su un'ampia e articolata divisione del lavoro, le attività dei suoi membri sono fortemente differenziate fra loro, ed esistono numerose istituzioni intermedie – come la famiglia, i raggruppamenti professionali, le comunità di vicinato ecc. – che mediano l'appartenenza del singolo all'insieme della società.

L'evoluzione storica delle società umane verso una complessità sempre crescente è ricondotta da Durkheim alla crescita della divisione del lavoro; ma questa a sua volta dipende sia dall'ampliarsi delle società nello spazio, sia e soprattutto dall'aumento del numero e della densità relativa dei loro membri. Ciò che interessa soprattutto Durkheim è però che nelle società semplici e nelle società complesse la morale – cioè la forza che consente la coesione della società stessa – si presenta in forme diverse. È cioè diverso il modo in cui si stabilisce la solidarietà che tiene insieme i membri della società.

Nella terminologia durkheimiana, le società semplici sono caratterizzate da una *solidarietà meccanica*. Essa è la solidarietà che si presenta fra individui strettamente uniti gli uni agli altri da vincoli quotidiani, e le cui attività si diversificano poco.

Nelle società complesse la solidarietà è viceversa detta *organica*: qui essa rassomiglia effettivamente alla "solidarietà" che unisce gli organi differenti di un organismo complesso. Questa forma di solidarietà stabilisce i legami fra individui – e fra gruppi di individui – che hanno fra loro grandi differenze, ma che pur tuttavia devono cooperare per la vita dell'insieme sociale da cui tutti dipendono.

Nelle società semplici, dotate di solidarietà di tipo meccanico, le coscienze degli individui tendono a differenziarsi scarsamente le une dalle altre. Certamente, ogni singolo individuo ha la percezione di essere un'entità fisica distinta rispetto ai suoi compagni, ma i contenuti del suo pensiero, proprio per la scarsa diversità delle sue mansioni, e per la forza dei vincoli materiali che lo uniscono a tutti gli altri, sono scarsamente individualizzati. Come dice Durkheim, la coscienza collettiva tende a "ricoprire" la coscienza individuale. Le persone pensano in modi molto simili, ed è scarsa la tolleranza della società nel suo insieme per comportamenti o per "punti di vista" diversi da quelli incorporati nelle norme della vita comune. Tipicamente, il diritto si presenta qui nella forma di leggi punitive: le norme tendono a vincolare ogni aspetto del comportamento, e ogni infrazione è considerata un attentato alla coesione del gruppo.

Per converso, nelle società complesse le mansioni dei singoli si differenziano, e con ciò si danno le basi per una diversificazione dei contenuti delle coscienze. Poiché i membri della società svolgono mansioni differenziate, anche i loro "punti di vista" sviluppano delle differenze, e diventa possibile – ad un grado impensabile in società semplici – una *individualizzazione* delle coscienze. Al fine di permettere la varietà di comportamenti necessari a questo tipo di società, il diritto qui si presenta più nella forma di leggi restitutive che di leggi punitive: l'infrazione del singolo è più spesso considerata nei termini di un danno arrecato ad altri in un ambito specifico della vita che non un attentato alla società nel suo insieme.

Nella situazione delle società complesse, però, la tenuta delle norme morali si fa insieme più problematica e più necessaria. Più problematica, perché il fatto stesso che gli individui possano comportarsi e pensare in modi differenti rende meno forte la tenuta di norme che valgano per tutti indistintamente. Ma più necessaria, proprio perché, non essendo più la solidarietà data meccanicamente attraverso l'adesione irriflessa di ciascuno ad uno stesso modo di pensare, la coesione dell'insieme sociale diventa qualcosa che va mantenuto appositamente attraverso dei meccanismi che vincolino ciascuno, nonostante le sue differenze, alla cooperazione.

È nelle società complesse, in effetti, che si dà massimamente secondo Durkheim il rischio dell'*anomia*. L'anomia è *l'assenza di norme morali condivise*. È, in altri termini, una deficienza nella capacità della società di vincolare a sé i suoi membri, di garantire la loro adesione ad un medesimo e condiviso ordine di valori, di credenze, di aspettative.

Il problema dell'anomia ha occupato a lungo il pensiero di Durkheim. Nel volume *La divisione del lavoro sociale* l'anomia compare come il rischio specifico delle società moderne, caratterizzate da uno sviluppo eccezionale della divisione del lavoro, a cui non ha ancora fatto seguito uno sviluppo adeguato delle norme morali. I conflitti fra la classe operaia e la borghesia – che Durkheim non può che riscontrare in Francia e negli altri paesi europei – appaiono manifestazione di anomia. Essi corrispondono cioè al mancato sviluppo di una capacità dei singoli di cooperare nelle nuove condizioni create dal modo di produzione industriale. La *solidarietà organica*, insomma, non si è ancora del tutto dispiegata: Durkheim si attende tuttavia che il futuro potrà generarla.

Si osservi, di passaggio, che la visione durkheimiana dei conflitti sociali è ben diversa da quella di Marx. Mentre per Marx i conflitti tra le classi sono un motore della dialettica della storia, per Durkheim essi sono delle *patologie*, dei disturbi che andranno curati. (In generale, comunque, si noti anche che l'attenzione di Durkheim per la stratificazione sociale è scarsa: questo tema sarà incorporato nella teoria durkheimiana solo più tardi dai suoi allievi.) La "cura" dell'anomia che Durkheim intravede per il futuro delle società complesse è quella del *corporativismo*. Esso consiste nello sviluppo di associazioni intermedie tra i singoli e la società basate sull'associazione professionale.

Più in generale, tuttavia, la vera risposta ai problemi posti dal rischio dell'anomia consiste in un potenziamento dei processi educativi. La risposta all'anomia è infatti uno sviluppo coerente e diffuso di un sistema morale che si imponga a tutti i membri della società, e tale sistema può istillarsi nelle coscienze dei singoli solo attraverso i processi educativi. Da tale ordine di riflessioni ha origine il peculiare interesse di Durkheim per la pedagogia e, in generale, per i processi di socializzazione (si intende per *socializzazione* l'insieme dei processi che rendono il singolo capace di essere un membro di una società): nella prospettiva di Durkheim, la funzione dei processi di socializzazione è quella di garantire l'integrazione coerente del singolo all'interno dell'insieme di norme che regolano la vita sociale.

La ricerca sul suicidio

Il tema della coesione sociale e dell'integrazione è decisivo anche nella trattazione che Durkheim offre del suicidio nel celebre studio del 1897.

Il suicidio è, ad un primo sguardo, qualcosa che riguarda in senso esclusivo, e drammatico, un singolo individuo. Esso è la scelta deliberata di sottrarsi alla vita. Tuttavia, proprio questo fatto così personale, così estremo è scelto da Durkheim per la prima dimostrazione empirica della validità della sua impostazione della sociologia.

Il motivo di questa scelta è evidente. Tutta l'opera di Durkheim è tesa a mostrare che l'individuo isolato, propriamente, non esiste, e che gran parte di ciò che usualmente pensiamo come caratteristico dell'essere individuale è riconducibile all'influenza della società.

Il suicidio appare in questa prospettiva una sfida radicale: in luogo della coesione sociale che Durkheim postula a fondamento del vivere umano, ciò che si incontra nel suicidio è un'evidente libertà del singolo, che sceglie di sottrarsi a tale coesione. Se Durkheim riuscisse a dimostrare che persino questo gesto estremo è riconducibile almeno in parte a spiegazioni di ordine sociologico, a maggior ragione la sua prospettiva sarebbe valida per ogni altro fenomeno individuale.

La "dimostrazione" di Durkheim è possibile attraverso uno spostamento dello sguardo: *l'oggetto della ricerca di Durkheim non è infatti il suicidio di singoli individui*, nella sua drammatica unicità, *ma il tasso di suicidi* che si riscontra in una data società.

Come Durkheim mostra nell'introduzione al volume, i tassi di suicidi all'interno dei vari paesi hanno una singolare tendenza a restare costanti nel tempo. Si osservi la TAB. 1.

TABELLA 1
Tasso di suicidi per un milione di abitanti in diversi paesi

	Periodo 1866-70	Periodo 1871-75	Periodo 1874-78
Italia	30	35	38
Belgio	66	69	78
Inghilterra	67	66	78
Norvegia	76	73	71
Austria	78	94	130
Svezia	85	81	91
Baviera	90	91	100
Francia	135	150	160
Prussia	142	134	152
Danimarca	277	258	255
Sassonia	193	267	334

Fonte: Durkheim (1897, trad. it. 1969, pp. 70-1).

Come si vede, la posizione relativa dei diversi paesi resta sostanzialmente invariata. Ciò che Durkheim intende dimostrare è che la regolarità di questi tassi ha la sua ragion d'essere in un insieme di spiegazioni di ordine sociale. In altre parole: che a suicidarsi sia un individuo piuttosto che un altro dipende naturalmente da variabili soggettive, ma il numero di suicidi complessivamente presente in una data società – la sua «tendenza suicidogena» – è connesso a fenomeni extrasoggettivi, cioè a dei "fatti sociali". In generale, ciò che Durkheim mostrerà è che il numero complessivo di suicidi presenti in un dato anno in una società – o in uno specifico segmento di una società – è sempre in relazione con il grado di *integrazione sociale* che la società medesima consente.

L'articolazione di questa dimostrazione è piuttosto complessa. Nel dispiegarla, Durkheim ha fornito alla sociologia il primo esempio di ricerca sociologica basata su di un metodo empirico. Tale metodo si basa sull'uso metodico di dati statistici, discussi e interpretati alla luce di una teoria dell'integrazione sociale.

Vediamo il modo di procedere di Durkheim. Prima di proporre le proprie spiegazioni relative agli andamenti dei tassi di suicidio, egli passa in rassegna spiegazioni concorrenti. Egli affronta per esempio all'inizio del volume la tesi, diffusa al suo tempo presso alcune correnti di studiosi, per cui il numero di suicidi sarebbe da correlare con fattori climatici. La sua confutazione di questa tesi non discute direttamente il peso del clima sulla psicologia individuale: mette fianco a fianco i numeri di suicidi presenti in diversi paesi in diverse stagioni dell'anno, per molti anni successivi, con la serie delle variazioni climatiche relative agli stessi periodi. E mostra che la variazione del clima non corrisponde in modo regolare ad un aumento o a una diminuzione del numero dei suicidi. Le due serie di dati si muovono in modo diverso. Ma se non vi è relazione tra le variazioni del clima e il variare del numero dei suicidi, ciò significa che non è possibile spiegare il numero dei suicidi attraverso l'influenza del clima. In modo analogo Durkheim confuta le tesi secondo cui i suicidi avrebbero a che fare con la diffusione della pazzia, con l'ereditarietà o con il consumo di alcoolici.

Osservando le statistiche dei diversi paesi europei, Durkheim giunge tuttavia alla rilevazione di una correlazione positiva. Da questa inizia la sua argomentazione. Egli osserva infatti che, in tutte le nazioni che è in grado di considerare, i membri delle confessioni protestanti presentano al loro interno un tasso di suicidi sempre maggiore di quello presente fra i membri di altre confessioni (in particolare, dei cattolici e degli ebrei). Poiché, anno dopo anno, questa proporzione rimane costante, sembra di dover considerare che il tipo di appartenenza religiosa abbia qualche connessione con le capacità dei singoli di opporsi alla tentazione del suicidio, qualora questa si manifesti.

Durkheim discute in dettaglio diverse possibili spiegazioni di tale connessione. Al termine di tale discussione, una ipotesi gli pare plausibile: che la religione protestante fornisca ai suoi membri un grado di *integrazione sociale* minore di quella fornita dalle altre confessioni.

Ciò dipende, secondo Durkheim, dalla peculiare importanza attribuita dalla Chiesa protestante al *libero esame* della propria coscienza da parte di ciascuno dei suoi membri. Diversamente da quanto accade, in particolare, nel cattolicesimo, il singolo protestante è solo e libero di fronte al testo sacro e alla propria coscienza. La sua lettura della Bibbia avviene senza l'intermediazione di una dottrina fortemente codificata e rigorosamente trasmessa da una gerarchia ecclesiastica. Ciò favorisce indubbiamente lo sviluppo di personalità più fortemente individualizzate di quanto non avvenga entro l'area cattolica: il protestante è meno vincolato del cattolico ai dettami di una tradizione, e non dipende da insegnamenti impartiti da un'autorità ecclesiastica. Ma, contemporaneamente, l'enfasi protestante sul libero esame conduce il singolo ad una situazione che può rivelarsi difficile a sostenersi: senza il sostegno di una tradizione "certa", egli deve confrontarsi in solitudine con il suo Dio, e individualmente trovare in sé la forza di stabilire le leggi del proprio comportamento. Tale situazione protegge dall'eventuale inclinazione a togliersi la vita meno di quanto non faccia la situazione in cui sono i cattolici, nella quale il peso di riconoscere la volontà di Dio è largamente sgravato dalle spalle dei fedeli, che lo lasciano alla Chiesa. Conformemente alla propria impostazione teologica, la Chiesa cattolica del resto – simile in questo all'ebraismo – dà grande spazio a cerimonie religiose in comune che rinsaldano periodicamente il senso della comune appartenenza dei fedeli.

Il tipo di suicidio che appare così correlato specificamente all'influenza delle condizioni religiose del protestantesimo è denominato da Durkheim *suicidio egoistico*. Si badi che il termine "egoistico" non significa affatto che Durkheim intenda descrivere come "egoiste" le persone che si suicidano: significa che il tipo di suicidio che appare correlato con l'appartenenza religiosa protestante ha a che fare con un forte sviluppo dell'*ego*, cioè con l'enfasi della cultura protestante sulla libertà e la solitudine del singolo soggetto di fronte alle proprie scelte di fondo.

La spiegazione che Durkheim fornisce del maggiore tasso di suicidio presente fra i protestanti stabilisce dunque una correlazione tra il numero dei suicidi e la coesione della società o, in altri termini, l'integrazione del singolo nella comunità. Altre osservazioni consolidano questa correlazione: il fatto che in generale il suicidio sia più frequente fra le persone non sposate che fra quelle sposate confermerebbe, secondo Durkheim, che la tendenza al suicidio è legata a situazioni di indebolimento delle relazioni che legano il singolo a una rete di relazioni con altri.

Il numero dei suicidi entro una società varia tuttavia in modo solidale anche con un'altra serie di dati: quella relativa agli andamenti dell'economia. Il numero di suicidi nei paesi europei, osserva Durkheim, è infatti particolarmente alto negli anni in cui l'economia appare in fase di *crisi*: negli anni in cui rapide ricchezze si affiancano a rapide rovine, in cui imprese falliscono ed altre si espandono improvvisamente, in cui forti aspettative di maggior benessere si accompagnano a improvvisi rovesci di fortuna e così via.

Ciò potrebbe far pensare a una correlazione diretta tra il numero dei suicidi e la rovina economica o la miseria: tuttavia, non è esattamente così. Durkheim mostra infatti, dati alla mano, che il numero dei suicidi non cresce soltanto quando una crisi economica comporta miseria, ma anche quando la crisi è di tipo positivo, comporta cioè bruschi rialzi di benessere, connessi a rapide variazioni nello status e nei modi di vivere delle persone.

Come è possibile tutto ciò? Lo è se si interpretano i periodi di crisi economica entro una società come periodi di diffusa incertezza rispetto ai destini individuali delle persone, ai valori fondamentali cui esse debbono riferirsi, a ciò che essi possono "normalmente" aspettarsi dalla vita. Ma tale incertezza corrisponde esattamente al senso che Durkheim dà al termine *anomia*: mancanza di norme morali chiare e condivise. Il tipo di suicidio connesso a queste cause è detto dunque da Durkheim *suicidio anomico*. Esso è il tipo di suicidio che è spiegabile – nella sua frequenza, se non nella comprensione dei casi singoli – da un allentamento nelle forme della morale collettiva, da un aumento dell'incertezza rispetto alle norme cui conformarsi.

In entrambi i casi – il *suicidio egoistico* ed il *suicidio anomico* – la spiegazione della presenza più o meno alta del numero dei suicidi entro una società è ricondotta da Durkheim allo stato dell'integrazione sociale. È dunque una *spiegazione sociale*: essa non chiarisce perché sia un determinato individuo piuttosto che un altro, pur immerso in una situazione analoga, a suicidarsi; spiega però la presenza maggiore o minore di suicidi entro una certa società.

Il discorso sul suicidio non è tuttavia terminato senza menzionare il terzo ed ultimo tipo di suicidio analizzato da Durkheim: il *suicidio altruistico*. Differentemente dai casi precedenti, questo tipo di suicidio è espressione di una fortissima coesione sociale: esso è il tipo di suicidio che si esprime, ad esempio, nel sacrificio di un milite per la sua patria. L'esistenza di tale tipo di suicidio non nega le precedenti argomentazioni di Durkheim: anch'esso è spiegabile in riferimento allo stato della coesione e dell'integrazione del singolo all'interno di un sistema morale.

Alcune critiche alla ricerca sul suicidio

Il metodo seguito da Durkheim è quello del confronto fra serie differenti di dati: quando le due serie di dati variano simultaneamente – si ha cioè una *variazione concomitante* – si è di fronte ad una correlazione significativa. L'interpretazione di tale correlazione tuttavia – non va dimenticato – non sta immediatamente nei numeri: è la *teoria* dello scienziato sociale quella che propone ipotesi di spiegazione del senso secondo cui i dati analizzati sono correlati. La verifica della teoria starà poi nell'esperienza: nell'ulteriore accumulo di prove e nella capacità di fornire predizioni corrette.

L'analisi del suicidio svolta da Durkheim ha un grande rilievo nella storia del pensiero sociologico perché rappresenta uno dei primi esempi di ricerca che si prova a verificare delle ipotesi teoriche sulla base di un esame di dati empirici. In particolare, il metodo della "variazione concomitante" utilizzato da Durkheim resterà uno dei metodi di analisi dei dati più utilizzati dai sociologi.

Ciò non significa tuttavia che i risultati di Durkheim siano esenti da critiche. Ne segnalo almeno tre.

La prima riguarda il controllo delle *fonti dei dati*. Durkheim si basa su fonti statistiche – a volte consultate direttamente, a volte riprese da volumi di altri studiosi – che riguardano il numero dei suicidi registrati dalle autorità civili: queste a loro volta dipendono dalle registrazioni dei medici. È tuttavia plausibile ipotizzare che, in certe circostanze e in certi contesti culturali, vi siano pressioni sui medici e sulle autorità per non registrare come tali alcuni suicidi (e registrarli invece come morti accidentali, o dovute a cause organiche). In questo caso, i numeri su cui Durkheim si basa sarebbero in parte inattendibili. Questa osservazione ci invita a tenere conto, in ogni ricerca, del modo in cui *i dati sono costruiti alla fonte*: il controllo delle fonti cui si attinge, l'attenzione alle loro caratteristiche sono cose che nessun sociologo deve dimenticare.

La seconda riguarda alcune delle spiegazioni riconosciute da Durkheim come significative. In particolare, il suo allievo Maurice Halbwachs ha mostrato come, nei paesi studiati da Durkheim, la popolazione protestante tenda a concentrarsi nelle città, e quella cattolica nelle campagne: in linea di principio, sarebbe dunque possibile ipotizzare che non sia l'appartenenza confessionale, ma *il tipo di residenza* (e le condizioni di vita che comporta) ad essere influente sul tasso dei suicidi. Qui, l'osservazione ci stimola a non arrestare l'analisi all'individuazione di una sola correlazione significativa, o di una spiegazione: la realtà sociale è sempre molto complessa, e spesso diversi fattori cooperano nel produrre il fenomeno che si intende spiegare.

Infine, l'analisi puramente quantitativa di Durkheim lascia in ombra le motivazioni soggettive di coloro che si spingono al suicidio. Queste sarebbero accessibili solo con metodi di ricerca diversi: ad esempio attraverso l'esame sistematico di storie di vita e di documenti autobiografici. È possibile che metodi del genere mettano in luce variabili diverse da quelle individuate da Durkheim, o mettano in luce aspetti del fenomeno sociologicamente significativi che potrebbero portare a una tipologia diversa da quella proposta. In generale, notiamo qui che la sociologia può utilizzare metodi *quantitativi* oppure metodi *qualitativi*: Durkheim si concentra sui primi ma, di norma, è bene utilizzarli entrambi, compensando le deficienze di un metodo con i pregi dell'altro, e viceversa.

La sociologia delle religioni

Si è visto che nella spiegazione del suicidio Durkheim fa ricorso a considerazioni che riguardano le religioni nel mondo contemporaneo. Più che delle religioni in se stesse, si tratta però degli atteggiamenti culturali che una religione diffonde. In realtà, egli è consapevole del fatto che le società moderne tendono a essere sempre più "secolarizzate". Per quanto Durkheim non usi esplicitamente il termine *secolarizzazione*, è bene spendere qualche parola a questo punto per chiarire cosa significhi.

La secolarizzazione è il processo della progressiva perdita di rilevanza che le istituzioni, le pratiche e le credenze esplicitamente religiose attraversano nella modernità. La concomitante ascesa dell'importanza attribuita alla scienza e alle spiegazioni scientifiche del mondo è uno dei fattori della secolarizzazione. Un altro è la progressiva emancipazione della sfera della vita politica e civile dai dettami religiosi: soprattutto in risposta alle guerre di religione che insanguinarono l'Europa nel secolo XVII, la cultura europea nel suo insieme ha elaborato una netta distinzione tra religione e politica, tale per cui le istituzioni politiche – lo Stato, innanzitutto – sono definite come istituzioni *laiche*: esse devono definire regole e diritti che valgono per tutti i cittadini, a prescindere dalle differenze confessionali. Questo processo è parte di un più generale processo di *differenziazione sociale*: in particolare, comporta che le credenze religiose tendono nella modernità a diventare sempre di più un fatto *privato*.

Si vedrà tra poco che il processo della secolarizzazione comporta per Durkheim problemi di non poco conto. Prima di arrivarvi, si tratta però di comprendere qual è il ruolo che Durkheim attribuisce in generale alle religioni.

Abbiamo visto che lo sviluppo originario delle norme morali si ha, per Durkheim, all'interno della sfera religiosa: questa osservazione collega le prime opere di Durkheim al più tardo *Le forme elementari della vita religiosa* (1912).

Le forme elementari della vita religiosa è l'ultimo dei grandi libri di Durkheim. In questo libro – denso e ponderoso – Durkheim fa larghissimo uso di tutte le conoscenze etnografiche del suo tempo e dei lavori dei suoi collaboratori dell'"Année sociologique". Le tesi principali sono le seguenti.

1. L'elemento fondamentale della vita religiosa è la distinzione tra *sacro* e *profano*. Tale distinzione è *elementare*, nel senso che la si ritrova in ogni espressione di credenze religiose, dalle forme dell'animismo e del totemismo fino alle più complesse religioni occidentali monoteistiche.
2. La vita religiosa si esprime in *credenze* ed in *riti*. Le credenze articolano la visione del mondo propria del gruppo che le condivide, esprimendone e insieme rafforzandone la solidarietà; i riti sono pratiche dotate di valore simbolico finalizzate alla ricreazione periodica dell'ordine nel quale si crede.
3. La funzione principale delle credenze e dei riti religiosi è quella di fondare e preservare gli ideali collettivi di una società. La sacralizzazione dei fondamenti della morale è infatti un elemento determinante della coesione sociale.
4. Ciò che gli uomini, nelle forme più diverse, hanno di volta in volta adorato attraverso i loro culti è essenzialmente la *potenza trascendente della società stessa*. Le credenze religiose attribuiscono in altri termini ad una potenza estranea (dal *mana* fino al Dio dei cristiani) degli attributi che sono propri della società. Attraverso la religione gli uomini adorano in realtà la forza del loro cooperare, che appare a ciascuno come trascendente, ma è pur tuttavia il risultato dell'azione collettiva degli esseri umani.

In sintesi, una religione è dunque, secondo le parole di Durkheim:

> un sistema solidale di credenze e di pratiche relative a cose sacre, cioè separate e interdette, le quali uniscono in un'unica comunità morale [...] tutti coloro che vi aderiscono (Durkheim, 1912, trad. it. 1963, p. 50).

Le forme concrete delle pratiche e delle credenze religiose variano nel tempo, ma in tutte vi è qualcosa di comune. È per questo che Durkheim ritiene che lo studio delle forme più elementari che costituiscono l'oggetto privilegiato del suo lavoro (cioè di culti rilevati soprattutto in tribù "primitive" dell'Australia e del Nord America) possano aiutare a cogliere qualcosa che riguarda la natura universale della religione.

Ma i contenuti di queste credenze e di queste pratiche sono dei simboli prodotti dalla collettività, che rimandano alla collettività stessa come oggetto nascosto del culto. Come Durkheim aveva già scritto nel *Suicidio*:

la potenza che si impone al rispetto e diviene oggetto di adorazione è la società, di cui gli dei non sono che la forma ipostatica. La religione è, in definitiva, il sistema di simboli mediante i quali la società prende consapevolezza di sé; è la maniera di pensare propriamente collettiva (Durkheim, 1897, trad. it. 1969, p. 374).

E come ripete nelle *Forme elementari*:

la forza religiosa è il sentimento che la collettività ispira ai suoi membri, ma proiettato al di fuori delle coscienze che lo provano e oggettivano. Per oggettivarsi, esso si fissa su un oggetto, che così diventa sacro (Durkheim, 1912, trad. it. 1963, p. 252).

È evidente dunque che Durkheim non condivide la spiegazione delle religioni che è fornita dai fedeli delle religioni stesse. Di fatto, egli *critica* le religioni, mostrando che esse rappresentano una sorta di proiezione fuori del mondo umano di qualche cosa che è invece essenzialmente umano. D'altro canto, egli ritiene che la società sia *giustamente* l'oggetto di una sacralizzazione, nella misura in cui essa rappresenta, a fronte dei singoli, qualche cosa di effettivamente trascendente. Inoltre, riconosce in modo estremamente esplicito la funzione delle religioni per il sostegno delle norme morali che garantiscono la coesione sociale.

Rispetto agli sviluppi successivi della sociologia delle religioni, il contributo di Durkheim resta fondamentale per ciò che concerne l'individuazione della distinzione fra sacro e profano come caratteristica generale dei fenomeni religiosi, per il riconoscimento della funzione di integrazione sociale che le religioni usualmente svolgono, e per l'attenzione alla dimensione rituale come parte essenziale dei fenomeni religiosi.

Più in generale, esso è rilevante perché indica alla sociologia nel suo complesso un pensiero importante: in un modo o nell'altro, ogni società si fonda su delle *credenze*. Sui modi in cui le credenze riproducono se stesse, la sociologia di Durkheim è ricca di indicazioni. Il problema che resta è come le credenze abbiano origine. Su questo

Durkheim è più oscuro. All'interno delle *Forme elementari* è presente una teoria dell'«effervescenza sociale»: vi sono momenti nella vita collettiva in cui gli uomini, riuniti assieme, sviluppano un'«energia» e una «passione» che li rendono capaci di affermare e di proiettare fuori di sé delle credenze a cui attribuiscono il carattere di rivelazioni di una potenza superiore. Alla teoria dell'«effervescenza collettiva» si sono richiamati, recentemente, alcuni studiosi dei movimenti collettivi: resta vero tuttavia che in Durkheim questa teoria non è molto sviluppata.

Ciò che resta da osservare riguardo allo studio durkheimiano delle religioni è un paradosso, che è insito nel suo ragionamento. Questo consiste nel riconoscimento dell'importanza della religione per il fondamento della morale, e nel contemporaneo sviluppo di una critica scientifica delle religioni che di fatto finisce per delegittimarle agli occhi dei fedeli. Una volta spiegato infatti che la religione non è quello che i fedeli credono, è piuttosto difficile mantenere la sua forza. Ma questa critica scientifica delle religioni è in fondo un portato del processo di secolarizzazione che abbiamo nominato più sopra: è impossibile eludere questa critica, ma ciò che ne consegue è o la prognosi di una progressiva perdita di integrazione delle società moderne, oppure l'idea che non sono sempre le religioni propriamente dette ciò che garantisce la coesione sociale.

Questi problemi sono parte integrante della situazione del pensiero moderno e contemporaneo. Esso da un lato riconosce infatti generalmente che gli uomini non fondano i propri atti e la propria convivenza su basi razionali, bensì su credenze che non hanno a che vedere con il pensiero razionale. Ma nello stesso tempo, proprio svelando razionalmente le mistificazioni contenute in tali credenze, mina alle basi il funzionamento della stessa società di cui svela i meccanismi. Tale paradosso non è facilmente componibile: è parte della nostra condizione.

D'altra parte, bisogna notare anche che è dubbio che la sfera dei simboli religiosi possa essere ridotta unicamente ad espressione della potenza della società. Il punto è complesso, ma vorrei almeno accennarvi. Sulla scorta di diversi autori contemporanei, direi che ciò che chiamiamo "religione" – e che si manifesta in realtà in tante e tali forme da rendere azzardato usare un solo termine per comprenderle tutte – è un insieme di pratiche e di credenze, storicamente e culturalmente situate, che ha a che fare con i grandi enigmi che circondano l'uomo: la nascita, la morte, l'esistenza del cosmo. Si tratta di enigmi che riguardano la dimensione del *senso*: la sfida che pongono è una sfida alla nostra capacità di attribuire un senso alla vita. Le pratiche e le credenze che chiamiamo religione sono dispositivi atti a controllare la vertigine che la difficoltà di individuare tale senso comporta. Ciò che è tipico delle religioni è che tale controllo non avviene mediante una rimozione dell'enigma o la sua trasformazione in un problema scientifico: piuttosto, come mostra Durkheim, attraverso la sua assunzione entro un universo di simboli che ruotano attorno alla nozione del "sacro" e, con ciò, facendo segno all'interdipendenza di tutte le forme di vita entro un insieme che le trascende.

I fondamenti di una sociologia della conoscenza

Nell'*Introduzione* a *Le forme elementari della vita religiosa* Durkheim sviluppa infine il nucleo fondamentale di una sociologia della conoscenza. Anche in questo caso, procederemo in un modo molto sintetico.

La sociologia di Durkheim si sviluppa qui a diretto confronto con la filosofia. Egli constata che la teoria della conoscenza proposta dai filosofi tende a polarizzarsi in due posizioni. Da un lato, vi è chi – come gli empiristi – ritiene che la conoscenza si sviluppi direttamente a partire dalle sensazioni, che vengono coordinate e sistematizzate nel corso dell'esperienza. Dall'altro vi è chi – come Kant, soprattutto – ritiene che la conoscenza nasca invece dall'incontro dei dati sensoriali con un apparato intellettuale che è *dato a priori*, con categorie dell'intelletto che sono cioè innate e universali.

La soluzione di Durkheim al problema della conoscenza si situa, in modo originale, come uno sviluppo della seconda di queste posizioni, quella di Kant.

Durkheim osserva infatti che indubbiamente le sensazioni vengono coordinate dal soggetto entro un apparato di categorie. Noi non percepiamo infatti dati bruti, ma li organizziamo entro un apparato cognitivo che dà ordine al mondo: facciamo uso di una nozione di tempo, di una nozione di spazio, di concetti come quelli di causa, di sostanza, di numero, di principi come quello di non-contraddizione e via dicendo. Tali strumenti cognitivi non derivano dall'esperienza: sono loro piuttosto che organizzano l'esperienza stessa. Le categorie del pensiero, rispetto ad ogni singolo soggetto, sono effettivamente "a priori", cioè sono "date" e non sviluppate dal singolo. Ma ciò non significa che esse siano universali e naturali. Significa piuttosto che sono sociali: si costituiscono cioè attraverso l'interazione fra gli uomini e fra gli uomini e il loro ambiente, e vengono trasmesse attraverso la cultura (e possono mutare nel tempo, seppure con grandissima lentezza).

Ciò diventa chiaro se si pensa che i concetti sono espressi in *parole*, e già sappiamo che il linguaggio è un prodotto sociale. È attraverso l'acquisizione di un linguaggio che ciascuno di noi diventa membro di una società e viene a condividerne i modi di concepire il mondo, cioè di organizzare i dati che provengono dai propri sensi.

In questo modo, Durkheim viene ad affermare che *i modi in cui conosciamo il mondo hanno origine sociale*. Ne consegue che, al variare della società, anche le forme del conoscere variano.

Attraverso un percorso dissimile, Durkheim giunge in fondo a posizioni analoghe a quelle che abbiamo visto accennate da Marx, laddove si poneva il problema generale della conoscenza. Mentre tuttavia Marx attribuisce il ruolo fondamentale nella creazione delle strutture della conoscenza ai modi concreti in cui le società organizzano la produzione, Durkheim attribuisce il ruolo fondamentale ai meccanismi collettivi che presiedono alla formazione del pensiero morale. Non è tanto nel produrre insieme dei beni economici, ma è nel dare insieme un senso ed un ordine al mondo, nel costruire collettivamente i modi in cui ci si rappresentano le cose e gli ideali riguardo a come le cose dovrebbero essere fatte, che gli uomini sviluppano i propri linguaggi e la proprie forme di conoscenza.

I durkheimiani

Attorno alla rivista "L'Année sociologique" Durkheim raccolse un gran numero di collaboratori e di discepoli che ne continuarono l'opera e ne estesero l'influenza anche dopo la morte.

Fra gli allievi più noti ricordiamo Henri Hubert (1872-1927), François Simiand (1873-1935) e, soprattutto, Maurice Halbwachs (1877-1945) e Marcel Mauss (1872-1950).

Abbiamo già accennato al libro che Halbwachs scrisse nel 1930 a commento della celebre ricerca sul suicidio. In altre opere, Halbwachs articolò il pensiero di Durkheim sviluppando un'attenzione alle forme concrete della società contemporanea; in particolare, sono rilevanti i suoi lavori sulle classi e sulla loro "psicologia collettiva" e quelli sulla morfologia sociale (che comprendono un interesse molto sviluppato per la demografia e per la statistica). La fama di Halbwachs è legata tuttavia soprattutto alle sue ricerche sulla memoria collettiva: *I quadri sociali della memoria*, del 1924, e *La memoria collettiva*, pubblicato postumo nel 1950.

Al centro delle riflessioni di Halbwachs vi è l'osservazione che la memoria collettiva è un elemento costitutivo dell'identità di ogni gruppo, e dunque un fattore della sua coesione. Tuttavia Halbwachs osserva anche che le immagini del passato che la memoria conserva non sono "fotogrammi" statici, ma selezioni, ricostruzioni, *interpretazioni* del passato. Rivisitando periodicamente il proprio passato, ogni gruppo mantiene ma anche riformula, dunque, la propria storia, e con essa la nozione della propria identità. Nel lavoro interpretativo della memoria collettiva contano gli interessi e i progetti del presente: del passato si sottolinea soprattutto ciò che sostiene o legittima i valori e le aspirazioni che nel presente sono più forti.

È importante osservare che in una società complessa convivono più raggruppamenti sociali: di conseguenza, essa tende ad avere una molteplicità di rappresentazioni del passato, che possono essere parzialmente in competizione fra loro: è ciò che avviene ogni qual volta si discuta dell'interpretazione più corretta da dare a un evento del passato, o quali eventi o personaggi del passato siano degni di essere ricordati. È anche importante rilevare, infine, come ogni regime totalitario tenda a "confiscare" la memoria – o le memorie – di una società, non solo sottolineando i tratti del passato che gli sono più congeniali, ma spesso manipolando le immagini del passato in modo tale da occultare i fatti che contrastano con la versione del passato ufficiale. Si tratta di osservazioni attraverso cui Halbwachs intravede il ruolo che la censura e la ricostruzione forzosa della memoria sociale ha nei regimi totalitari negli stessi anni in cui egli scrive – ed è opportuno ricordare, del resto, che Halbwachs lavorò al suo ultimo libro sulla memoria nella Francia occupata, e terminò la sua vita in un campo di concentramento nazista.

L'influenza di Durkheim non è stata rilevante soltanto nella sociologia. Abbiamo già nominato il suo ruolo nella storia della pedagogia, ma dobbiamo ricordare anche la sua importanza per gli sviluppi dell'etnologia e dell'antropologia. È in questo campo che l'influenza del pensiero durkheimiano si è fatta sentire soprattutto attraverso l'opera di Marcel Mauss.

Mauss era nipote e stretto collaboratore di Durkheim, e a sua volta straordinaria figura di scienziato sociale. La sua opera più celebre è il *Saggio sul dono* (scritto nel 1925). Qui Mauss analizza le modalità dello scambio fra clan in alcune tribù indiane del nord-ovest d'America, il *potlac*. Il *potlac* è propriamente una sfida festiva, in cui un capoclan offre all'altro dei doni, a cui l'altro è tenuto a rispondere con doni altrettanto notevoli o superiori. L'ampiezza dei doni testimonia del prestigio reciproco: donare meno dell'altro è disonorevole. Contemporaneamente, lo scambio ha tuttavia anche un valore economico: il surplus della produzione di ciascun gruppo viene in parte consumato nella festa e in parte effettivamente scambiato, realizzando così una transazione economicamente funzionale.

L'importanza del dono nelle società premoderne è davvero notevole: esso adempie funzioni economiche, ma le adempie inserendosi in un processo che consolida i rapporti reciproci tra i gruppi, e contribuisce a definire le posizioni di prestigio relative. È – come dice Mauss – un «fatto sociale totale»: un fenomeno che ingloba molteplici dimensioni.

Attraverso l'insegnamento di Mauss il pensiero durkheimiano ha influenzato profondamente l'antropologia: per quanto qui non abbiamo lo spazio per occuparcene, va almeno ricordata l'opera di Claude Lévi-Strauss (nato a Bruxelles nel 1908), e in particolare i suoi studi sulle forme elementari della parentela e sulle forme dello scambio sociale. In un ambito diverso, è ancora attraverso Mauss che il pensiero durkheimiano – soprattutto per l'importanza attribuita alla nozione del sacro – ha influenzato i lavori di un gruppo molto particolare, il Collège de Sociologie fondato da Georges Bataille, Roger Caillois e Michel Leiris negli anni trenta. Si tratta di autori studiati più spesso nell'ambito della letteratura, dell'antropologia o della filosofia che in quello della sociologia. Almeno l'opera di Bataille (1897-1962) tuttavia va presa in considerazione anche dai sociologi.

È un'opera complessa e in un certo senso "scomoda", in cui confluiscono elementi tratti dal pensiero di Marx, di Nietzsche e di Freud (per gli ultimi due si vedano i CAPP. 5 e 9). Il testo di Bataille più rilevante per il pensiero sociale è dedicato alla nozione di *dépense* (*Il dispendio*, 1933). *Dépense* è un termine francese di difficile traduzione: significa sostanzialmente "dissipazione". Riallacciandosi al saggio di Mauss sul dono e radicalizzando all'estremo la critica di Durkheim all'utilitarismo, Bataille sottolinea che la tendenza alla dissipazione è un tratto essenziale della vita naturale e dell'uomo. La logica dell'accumulazione che caratterizza le società moderne rappresenta un mascheramento e una rimozione di questa tendenza fondamentale. Secondo un ragionamento che, come vedremo, è caratteristico del pensiero di Freud, ciò che è rimosso preme però nascostamente per ritornare alla luce: gli aspetti più distruttivi del mondo sociale contemporaneo nascono così secondo Bataille proprio dal rifiuto di prendere in considerazione le tensioni "dissipatrici" che sono parte essenziale della costituzione umana. Demonizzate in quanto incompatibili con il razionalismo utilitarista, queste tendenze riemergono davvero come male radicale nelle forme della violenza dell'uomo sull'uomo – estrema manifestazione della dissipazione della vita e contrappunto paradossale della civiltà.

Osservazioni

Nella cultura francese del loro tempo, Durkheim e i durkheimiani non erano i soli a proporre il programma di una scienza positiva dei fenomeni sociali. Già Frédéric Le Play (1806-1882) e la sua scuola avevano sviluppato un interesse per le inchieste e per l'individuazione di "indicatori" che permettessero di fondare su basi empiriche i discorsi sui problemi sociali. Negli stessi anni in cui Durkheim sviluppava i suoi primi studi, autori come Gabriel Tarde (1843-1904) e Gustave Le Bon (1842-1931) elaboravano a loro volta una scienza sociale che aveva per oggetto temi molto vicini a quelli durkheimiani. Contemporaneamente, studiosi come Alfred Espinas – che fu collega di Durkheim a Bordeaux – e René Worms (1869-1926) – che nel 1893 aveva già fondato una rivista di sociologia: la "Revue Internationale de Sociologie" – si muovevano in direzioni analoghe. Nessuno di costoro tuttavia ebbe un'influenza paragonabile a quella di Durkheim. I motivi sono molteplici: la posizione che Durkheim fu in grado di assumere nel sistema universitario francese è senza dubbio un fattore importante, ma ciò che contò di più furono da un lato la compattezza e la ricchezza del progetto durkheimiano, e dall'altro la qualità straordinaria dei collaboratori che Durkheim fu capace di raccogliere attorno all'"Année".

La forza del pensiero durkheimiano non significa tuttavia che esso rappresenti un sistema rigido, né necessariamente coerente in tutte le sue formulazioni. Nei primi scritti, il pensiero di Durkheim è sostanzialmente positivista: nella sua ultima opera, tuttavia, la fede positivista nella possibilità di determinare univocamente tutti i "fatti sociali" e le loro spiegazioni è incrinata dagli sviluppi di una sociologia della conoscenza che, come abbiamo visto, considera ora gli stessi concetti di cui ci serviamo come dei *costrutti* sociali modificabili nel tempo – come una "lente" dunque attraverso cui gli uomini in società interpretano il mondo, e non come la registrazione dei "dati" della realtà all'interno di uno schema universale e immutabile.

Più in generale, si può aggiungere del resto che Durkheim e i durkheimiani, nei loro testi, tendevano a presentare il proprio pensiero in una forma più sistematica e apparentemente conclusa di quanto non fosse in realtà. Un esempio è fornito dal concetto stesso di "fatto sociale". Nella *Prefazione* che Durkheim scrisse in occasione della seconda edizione delle *Regole del metodo sociologico*, nel 1901, egli si rese conto ad esempio delle ambiguità del concetto: difendendolo e precisandolo, tuttavia, finì anche per tratteggiarlo in una maniera che non coincideva con i modi in cui egli stesso lo aveva usato altrove. Si legga il passo seguente:

i modi collettivi di agire e di pensare hanno al di fuori degli individui una realtà a cui essi si conformano in ogni istante: sono cose dotate di esistenza propria. L'individuo li trova completamente costituiti, e non può far sì che non siano o che siano diversamente dal modo in cui sono: egli è quindi obbligato a tener conto di essi, ed è per lui tanto più difficile (non diciamo impossibile) modificarli per il fatto che essi sono dotati, in grado diverso, della supremazia morale e materiale che la società esercita sui suoi membri. Senza dubbio, l'individuo partecipa alla loro genesi; ma affinché ci sia un fatto sociale, occorre che diversi individui riuniscano la loro azione e che da questa combinazione risulti qualche prodotto nuovo. E dal momento che questa sintesi ha luogo al di fuori di ciascuno di noi (poiché in essa interviene una pluralità di coscienze), essa ha necessariamente l'effetto di fissare e di istituire al di fuori di noi certi modi di agire e certi giudizi che non dipendono dalle volontà individuali prese singolarmente. Come è stato fatto rilevare, c'è un termine che – a condizione di estenderne alquanto il significato corrente – esprime assai bene questo particolare modo di essere: il termine di "istituzione". Si può infatti – senza svisare il senso dell'espressione – chiamare *istituzione* ogni credenza e ogni forma di condotta istituita dalla collettività; la sociologia può venir allora definita come la scienza delle istituzioni, della loro genesi e del loro funzionamento (Durkheim, 1895, trad. it. 1979, pp. 19-20).

A far rilevare la possibilità di far uso del concetto di istituzione erano stati gli allievi Mauss e Fauconnet, in un articolo di poco precedente alla seconda edizione delle *Regole*. Che Durkheim ne tenga conto è testimonianza dello stretto rapporto che sussisteva fra lui ed i collaboratori dell'"Année". Ma, mentre la prima parte del passo citato riprende senza modificazioni quanto Durkheim aveva scritto già altrove, la parte finale modifica il concetto di "fatto sociale" e restringe il campo della sociologia in un modo che sembra contraddire la realtà degli stessi studi durkheimiani. Innanzitutto, infatti, la sociologia durkheimiana si è occupata anche di fenomeni come il *numero* dei membri o la *densità* dei rapporti all'interno di una società, che evidentemente non sono delle "istituzioni". (A quest'ordine di fenomeni Durkheim aveva dedicato ampia attenzione nella *Divisione del lavoro sociale*, e, del resto, ad essi era dedicata una sezione apposita dell'"Année" denominata *Morfologia sociale*.) In secondo luogo, è evidente che fenomeni come la costanza dei tassi di suicidio all'interno di una società non sono neanch'essi delle "istituzioni", anche se la loro spiegazione rimanda poi allo stato delle istituzioni stesse, e alla loro capacità di mantenere la coesione sociale.

Uno dei paradossi di questa vicenda è tuttavia che effettivamente il termine "fatto sociale" è stato pressoché dismesso dalla sociologia successiva a Durkheim, mentre è diventato comune l'utilizzo del termine "istituzione" nel senso largo che egli vi attribuiva nel passo citato. Come si vedrà nel corso del nostro manuale, nel linguaggio sociologico corrente quello di "istituzione" è infatti un concetto che designa la proprietà della vita sociale di addensarsi in forme relativamente stabili e regolate: le istituzioni sono in questo senso insiemi di norme e di pratiche, la cui esistenza ha carattere durevole e sovraindividuale, e che esprimono un certo potere sugli individui costituendo i campi di condizioni entro cui si situa l'agire.

Si potrebbero citare altri problemi. La nozione stessa di "società", pur così importante, rimane pressoché indefinita. L'idea della crescente differenziazione delle società nasconde o quanto meno confonde la diversità che sussiste fra differenziazione funzionale e differenziazione gerarchica. E si trova a stento in Durkheim la nozione del fatto – che tuttavia è reso visibile proprio dalla sua prospettiva – che l'integrazione dei gruppi umani si giova fin troppo spesso di un meccanismo sgradevole a riconoscersi ma molto efficiente: l'individuazione di veri o presunti nemici comuni. Ancora, non appaiono sempre soddisfacenti i tentativi di definire il rapporto fra "individuo" e "società". Ma ciò non è detto per sminuire l'opera di Durkheim e dei durkheimiani. Il punto è che la parte sistematica del pensiero di Durkheim – e soprattutto le formulazioni contenute nelle *Regole del metodo sociologico* – è probabilmente la parte del durkheimismo più segnata dalle polemiche del suo tempo e dunque più caduca. Sono lo spirito, la ricchezza e il metodo delle ricerche durkheimiane la parte più significativa e influente della sua eredità.

La fecondità del pensiero di Durkheim sta nella sua capacità di individuare il sociale come un oggetto *sui generis*, irriducibile all'analisi del comportamento e delle intenzioni dei singoli. La sociologia propriamente detta, come insieme strettamente solidale di teoria e di indagine empirica, ha inizio con lui.

Suggerimenti bibliografici

La letteratura su Durkheim è vastissima. Per un'utile introduzione si veda G. Poggi, *Émile Durkheim* (2003). Con particolare riferimento al metodo durkheimiano delle variazioni concomitanti, suggerisco il capitolo dedicato a Durkheim da N. J. Smelser nel suo *La comparazione nelle scienze sociali* (1976); scarna di riferimenti storici, ma utilissima sul piano concettuale, è la sezione dedicata a *La comparazione: natura, forma e scopi* del volume di A. Marradi, *Concetti e metodo per la ricerca sociale* (1980).

La lettura più affascinante di Durkheim che io conosca è quella contenuta nella prima parte del libro di S. Moscovici, *La fabbrica degli dei* (1988). Ma si assiste oggi a tutta una nuova ondata di studi internazionali su Durkheim: in italiano si vedano il volume *Durkheim. Contributi per una rilettura critica*, curato da M. Rosati e A. Santambrogio (2001), e, a cura degli stessi, la sezione monografica *Rileggere Durkheim* in "Quaderni di Teoria Sociale" (2006).

Per chi voglia verificare la tenuta dei concetti di Durkheim riguardo ai tassi di suicidio verificando il loro andamento nel mondo, segnalo C. Baudelot, R. Establet, *Suicide. L'envers de notre monde* (2006). Per quanto riguarda la sociologia delle religioni, un buon punto di partenza è fornito da S. Acquaviva, E. Pace, *Sociologia delle religioni* (1996). Per una introduzione alla sociologia della conoscenza si può vedere F. Crespi, *Conoscenza e società* (2007).

Per lo studio dei durkheimiani la fonte migliore è costituita dal saggio di P. Besnard su *La formation de l'équipe de L'Année sociologique* (1979). Sul Collège de Sociologie si veda D. Hollier (a cura di), *Il Collegio di sociologia* (1978).

5
Georg Simmel

Introduzione

Prima di proseguire nella presentazione del pensiero degli autori che contribuirono a fondare la sociologia in quanto disciplina autonoma, è opportuno soffermarsi a ricordare il quadro storico entro cui ci stiamo muovendo. Il periodo che va dalla metà dell'Ottocento fino alla Prima guerra mondiale ha comportato in Europa dei mutamenti economici, politici e sociali di enorme rilevanza.

Dal punto di vista della storia economica, questo periodo ha visto l'industrializzazione di tutti i principali paesi europei, e una concentrazione crescente del capitale che ha generato a sua volta imponenti imperi finanziari. Le "esposizioni universali" che si succederanno a partire dalla metà del secolo nelle principali città dell'Europa e del Nord America celebreranno il trionfo della merce prodotta su scala industriale.

Al fianco degli aumenti della produttività, si sono verificati cambiamenti considerevoli nella vita quotidiana: i mezzi di comunicazione all'interno e fra i diversi paesi si sono sviluppati attraverso nuove reti ferroviarie sulla terraferma, e per mare grazie all'utilizzo di navi a vapore; nei primi anni del Novecento nei cieli compariranno, dopo la breve stagione dei dirigibili, gli aeroplani a motore. Il telegrafo si è affiancato al tradizionale sistema postale già prima della metà dell'Ottocento, e alla fine del secolo farà la sua comparsa il telefono.

Le città e le fabbriche vengono illuminate grazie a condutture di gas centralizzate e, a partire dagli anni ottanta del XIX secolo, con l'impiego dell'elettricità. L'avvento dell'elettricità segna poi un passaggio cruciale: per alcuni, una vera e propria seconda fase della civilizzazione industriale.

L'igiene è migliorata drasticamente assieme ai progressi della medicina e della legislazione sanitaria, e la popolazione europea ha cominciato ad aumentare con regolarità: dai circa 190 milioni di persone dell'anno 1800 si è passati ai 400 milioni del 1900. L'istruzione ha cominciato a diffondersi anche fra le classi che fino ad allora ne erano escluse.

L'urbanizzazione, già avviata con i primi processi di industrializzazione, è aumentata a ritmi vertiginosi. Contemporaneamente, gli Stati hanno sostenuto lo sviluppo dell'economia attraverso una centralizzazione crescente della regolamentazione e del coordinamento delle diverse attività, dando luogo a un imponente processo di burocratizzazione della vita sociale.

Politicamente, si sono sviluppati in quasi tutta Europa dei regimi parlamentari; con l'ampliamento progressivo del diritto di voto, i partiti politici sono diventati sempre più rilevanti, e hanno fatto la loro comparsa i partiti della classe operaia. L'ultimo grande moto rivoluzionario precedente alla rivoluzione bolscevica del 1917 ha attraversato l'Europa nel 1871, l'anno della Comune di Parigi: dopo di allora diversi partiti di sinistra si sono organizzati e hanno affiancato ad aspirazioni rivoluzionarie nuove prospettive riformistiche che mirano a ottenere per i lavoratori condizioni di vita migliori e maggiore partecipazione politica.

Tra la fine delle guerre napoleoniche e la guerra mondiale del 1914-18 non vi sono stati conflitti armati di grande rilievo in Europa. Tuttavia, la situazione è diversa se si guarda ai rapporti tra l'Europa e il resto del mondo. Gli storici chiamano il periodo fra il 1870 e il 1914 "l'età dell'imperialismo": con questo termine si intende il periodo del maggiore espansionismo coloniale europeo.

Nella seconda metà del XIX secolo, i paesi europei non avevano più il controllo diretto delle due Americhe, ma stavano imponendo il proprio potere con le armi quasi dovunque in Africa, in Asia e nell'Oceania. Un rapido elenco è impressionante. In questo periodo gli inglesi consolidarono il loro dominio in India e occuparono Malesia e Birmania (sostituendo gli olandesi) e una parte dell'Africa; più tardi l'Afghanistan. I francesi occuparono gran parte dell'Africa settentrionale e l'Indocina. I portoghesi ampliarono i domini che già possedevano in Angola e in Mozambico. I belgi occuparono il Congo. La Russia si annetté la Siberia. La Germania e l'Italia si mossero in ritardo ma con determinazione: la Germania si interessò dell'Africa e del Pacifico, l'Italia invase l'Africa settentrionale e orientale. A loro volta gli Stati Uniti, dopo aver pressoché completato lo sterminio dei popoli indigeni dell'America settentrionale, cominciarono la propria espansione coloniale annettendosi le Filippine (precedentemente spagnole) e Puerto Rico, ed estendendo il loro potere su Cuba; il Giappone, emulando gli occidentali, occupava Taiwan e la Manciuria.

Le colonie fornirono all'Europa materie prime, mercati, mano d'opera e armate. Pochi in Europa, nel periodo di cui stiamo occupandoci, si levarono contro la colonizzazione; molti la sostennero come una necessità o una "missione" civilizzatrice. Col senno di poi, è sorprendente che i sociologi di questo periodo vi abbiano prestato piuttosto poca attenzione: utilizzarono i dati raccolti dagli etnografi al seguito delle spedizioni militari, ma non discussero le spedizioni in se stesse. L'unica eccezione furono, all'inizio del XX secolo, gli autori marxisti che teorizzarono l'imperialismo: ma la loro posizione all'interno della nascente disciplina sociologica era marginale.

Gli studiosi che, nei decenni a cavallo del secolo, contribuirono a sviluppare e a istituzionalizzare la sociologia sono i primi, tuttavia, a tentare di concettualizzare la modernità in quanto tale e, in questo tentativo, furono parte integrante di un momento di enorme sviluppo dell'autocoscienza della società occidentale.

Sembra che il termine "modernità" sia stato usato per la prima volta dal poeta francese Charles Baudelaire in un articolo del 1861. Quando comparve, dovette suonare come un neologismo sorprendente. L'aggettivo "moderno", infatti, significa "nuovo", "recente", ed evidentemente ciò che è nuovo ad un dato momento sarà meno nuovo più tardi, e l'indomani non sarà più nuovo per nulla: la novità non può essere una caratteristica permanente di niente. Trasformare l'aggettivo in un sostantivo – in una "cosa" che perdura nel tempo, o nel nome di un'epoca intera – è dunque paradossale. Il termine tuttavia ebbe fortuna. Venne a significare l'*epoca del nuovo*, l'epoca in cui il nuovo è la norma, ed è un valore in se stesso.

"Modernità" è così il nome che ha assunto la costellazione economica, politica e sociale del mondo occidentale alla fine dell'Ottocento: è il termine in cui si esprime l'autocoscienza di un'epoca che riconosce di essere dominata dal mutamento e di essere – per questo, anche se non solo per questo – radicalmente diversa da ogni altra formazione sociale del passato.

Nel suo complesso, la cultura europea visse la seconda metà dell'Ottocento e il primo decennio del Novecento in un'euforia dettata dalla sensazione di uno sviluppo senza precedenti. A questa euforia si accompagnava l'idea di essere parte di una civiltà superiore a quella di ogni altro popolo della Terra e di essere immersi in un progresso che non avrebbe più potuto essere arrestato. La parola "civiltà" divenne sinonimo di "Europa" e di "Occidente" – di quello stile di vita e di pensiero che caratterizzava i principali paesi europei e il Nord America.

La guerra del 1914-18, come vedremo più oltre, rappresenterà un trauma tanto più difficile da elaborare quanto meno era stato previsto. Gli studiosi di sociologia non furono meno sorpresi dalla guerra degli altri. È vero però che la sociologia, specialmente nell'area tedesca, elaborò precocemente un'acuta consapevolezza del carattere problematico ed intrinsecamente ambivalente della modernità in quanto tale.

Friedrich Nietzsche

La sociologia accademica tedesca maturò all'interno del neokantismo e dello storicismo: vi faremo cenno più avanti parlando di Simmel e di Weber. Ma, sullo sfondo, vi era anche l'eco di altre posizioni. Fra queste, quella di Friedrich Nietzsche (1844-1900) era indubbiamente una voce fuori del coro, ma si trattava di una voce potente.

Per quanto Nietzsche non sia, naturalmente, un sociologo, è opportuno che nella nostra breve storia inseriamo il richiamo ad almeno qualche aspetto della sua opera: si tratta di una critica della civilizzazione occidentale che, più o meno nascostamente, avrà eco a lungo nelle scienze sociali.

Fra il 1870 e la fine degli anni ottanta – quando cominciò a soccombere ai disturbi nervosi che lo portarono infine alla morte – Nietzsche scrisse una serie di opere che ebbero molto presto una risonanza notevole: tra queste, *La nascita della tragedia* (1872), *La gaia scienza* (1882), *Così parlò Zarathustra* (1885) e *Al di là del bene e del male* (1886).

Il pensiero di Nietzsche è fortemente critico nei confronti dell'insieme della civiltà occidentale. In termini molto sintetici, potremmo dire che al centro dell'opera di Nietzsche vi è la nozione di *volontà*. Però è necessario capirsi. La "volontà" qui non è da intendersi come, ad esempio, l'espressione di un progetto deliberato mirante a ottenere qualcosa, ma come un'*energia vitale* elementare e primigenia, come «volontà di potenza», tensione all'affermazione della vita in se stessa e senza freni di sorta.

La critica della civiltà occidentale – una critica che Nietzsche fa partire con la rivalutazione dell'elemento dionisiaco presente nella cultura greca arcaica, elemento che sarebbe poi stato represso e rimosso negli sviluppi successivi della cultura – è una critica relativa al *mascheramento* che essa compie di tale volontà primigenia. La morale cristiana, in particolare, sarebbe per Nietzsche la responsabile della diffusione di una cultura «di schiavi» che privilegia le pseudovirtù dell'umiltà e dell'obbedienza, imprigiona gli slanci creativi degli individui, nega la vita e promuove un ipocrita camuffamento della realtà fondamentale dei conflitti e della volontà di potenza.

La denuncia dell'*ipocrisia* – cioè delle affermazioni che nascondono e mistificano ciò che si afferma negli atti – è indubbiamente un elemento costante di tutto il pensiero di Nietzsche, così come lo è l'individuazione del *risentimento* – cioè dell'odio che chi reprime se stesso prova verso tutto ciò che gli ricorda la liberazione possibile – come fondamento della morale.

Si è accennato nel capitolo precedente al processo della secolarizzazione, e più avanti affronteremo il concetto del «disincanto», che designa una progressiva perdita di senso dei riferimenti ai mondi soprannaturali all'interno della cultura moderna: nell'opera di Nietzsche, entrambi questi processi sono già intesi come avvenuti, e in ciò consiste la «morte di Dio». La «morte di Dio» coincide con la fine dell'idea che vi sia un fondamento trascendente per i valori a cui gli uomini possono ispirarsi. Riconoscere che tale fondamento non esiste corrisponde ad un'immensa *assunzione di responsabilità*: la responsabilità di affermare i valori in assenza di criteri oggettivi, sulla base soltanto della volontà e della capacità di crearli. L'uomo che si assumerà questa responsabilità non è ancora nato: è l'*oltreuomo* (*der Übermensch*, a volte tradotto con "superuomo"). A questo uomo del futuro, a questa umanità capace di definire il proprio destino senza ipocrisie e senza falsi fondamenti ideologici, Nietzsche intende preparare la strada.

Nella cultura del suo tempo, le opere di Nietzsche furono uno scandalo. Abbastanza presto, tuttavia, conobbero una diffusione grandissima. Questa diffusione comportò anche confusioni straordinarie: avversario acerrimo dell'antisemitismo, Nietzsche verrà annoverato fra gli antisemiti (anche e soprattutto grazie agli sforzi compiuti dalla sorella, che curò la pubblicazione delle sue opere nei suoi ultimi anni); pensatore critico e libertario oltre ogni dire, sarà arruolato nelle file dei precursori del nazismo; critico della Germania in quanto nazione di "filistei", diverrà un autore caro ai nazionalisti tedeschi più accesi; e si potrebbe continuare. Il pensiero di Nietzsche è tuttavia complesso, spesso si esprime nella forma di aforismi, è "eccessivo": indubbiamente non è facile comprenderlo.

Prima che nella sociologia, l'influenza del pensiero di Nietzsche è avvertibile nella cultura europea a cavallo del secolo nel suo complesso, dove agì, piuttosto che come una cura, come una denuncia e un aggravamento di una sensazione di crisi incombente, come una dissacrazione degli ideali borghesi, come un beffardo controcanto a nozioni come "progresso" e "morale". Quanto alla sociologia, Nietzsche sarà presente sullo sfondo del pensiero di Weber soprattutto nella sua trattazione del disincanto e del «politeismo dei valori», ma anche nelle trattazioni del potere e della politica. Nel pensiero di Pareto, tornerà soprattutto come invito allo smascheramento degli impulsi inconsci che stanno dietro ai discorsi e alle azioni apparentemente "razionali". Ne troveremo echi anche in alcune opere degli autori della scuola di Francoforte. Più avanti nel corso del XX secolo, Nietzsche sarà riletto più e più volte del resto da angolazioni diverse. Recentemente, la sua critica della possibilità di stabilire una verità che sia esente da menzogne e finzioni è ritornata in autori come Foucault o Derrida, la cui opera ha oggi una grande influenza sul pensiero sociale.

Ferdinand Tönnies

Ma lasciamo ora la filosofia, e torniamo a collocarci in quel contesto di rapidi mutamenti economici, politici e sociali che abbiamo richiamato all'inizio di questo capitolo per immergerci di nuovo nella storia della sociologia, e in particolare di quella tedesca.

La Germania degli anni a cavallo tra la fine dell'Ottocento e l'inizio del Novecento è sensibilmente diversa da quella dei tempi di Marx. Se Marx a metà dell'Ottocento aveva descritto lo sviluppo del mondo capitalistico come qualcosa che in Germania stava solo iniziando a svilupparsi – e infatti la maggior parte dei suoi esempi sulle caratteristiche del capitalismo si rifaceva all'Inghilterra – ora il modo di produzione industriale basato sui rapporti capitalistici è in pieno dispiegamento. Per fare solo un esempio: nel 1860 la produzione di acciaio in Germania era di poco inferiore a quella della Francia e molto inferiore a quella dell'Inghilterra; nel 1910 è superiore a quella della Francia e dell'Inghilterra messe assieme.

La Germania si costituisce come uno Stato unitario nel 1871, in larga misura grazie alla politica espansionistica e alla forza militare della Prussia. Dall'unificazione in poi, l'industrializzazione avanza in modo estremamente accelerato. Contemporaneamente, è tutto il mondo delle relazioni sociali e della disposizione degli uomini nello spazio a mutare, in un generale spostamento della popolazione verso i centri più grandi: per fare ancora solo un esempio, la città di Berlino, che aveva 200.000 abitanti agli inizi del secolo, nel 1890 ne ha un milione e mezzo. (Contemporaneamente, del resto, avviene lo stesso in altri paesi: Parigi, ad esempio, passa nello stesso periodo da 500.000 a due milioni e mezzo di abitanti.)

La velocità dei mutamenti generò diverse reazioni. Fra queste, una certa vena di critica della modernità e del capitalismo e di nostalgia per le forme sociali preesistenti fu presso alcuni piuttosto marcata. Nella sociologia, questo atteggiamento è riscontrabile nell'opera di Ferdinand Tönnies (1855-1936).

L'opera di Tönnies è assai ricca; fra l'altro egli fu con Simmel, Weber e Sombart nel 1908 uno dei fondatori dell'Associazione tedesca di sociologia, e ne fu a lungo il presidente. Il suo posto nella storia del pensiero sociologico è legato però soprattutto a una delle sue prime opere, *Comunità e società* (1887), e alla distinzione che egli vi propone tra i concetti di *Gemeinschaft* ("comunità") e *Gesellschaft* ("società").

"Comunità" e "società" sono per Tönnies *modelli di organizzazione sociale* (grosso modo, ricordano la polarizzazione durkheimiana fra tipi di società semplici e complesse).

La comunità è un gruppo stabile nello spazio e nel tempo, radicato in un territorio, all'interno del quale gli individui hanno fra loro rapporti personali e diretti. Si tratta di una forma associativa caratterizzata da un elevato grado di chiusura verso l'esterno e di staticità delle norme. La comunità è una forma associativa entro cui gli uomini orientano le proprie azioni e i propri comportamenti sulla base di tradizioni fortemente radicate, e a cui sono emotivamente legati da sentimenti di lealtà e di appartenenza. Nelle parole di Tönnies, è una forma associativa fondata su una sorta di «fusione spontanea delle volontà». La partecipazione di ciascun membro della comunità alla vita comune è basata sui sentimenti molto più che sulla ragione, è quasi "istintiva": non è il frutto di una scelta, ma qualcosa che è *dato*, esattamente al modo in cui non si sceglie di nascere in una certa famiglia, ma se ne fa parte naturalmente.

La famiglia è in effetti un caso di formazione associativa comunitaria: è la "comunità" per eccellenza. Anche se è vero che, descrivendo i caratteri della *Gemeinschaft*, Tönnies sembra avere in mente soprattutto l'immagine di un paese, di un villaggio dell'Europa tradizionale fortemente integrato: entro la "comunità" i ruoli di ognuno sono chiaramente definiti, la cultura è fortemente omogenea, e la mobilità di ciascuno (sia in senso geografico che in senso sociale) è limitata.

La società, per converso, è una forma di associazione più vasta della comunità, all'interno della quale gli individui godono di ampie possibilità di movimento, e dove essi non hanno in generale fra loro rapporti diretti, bensì rapporti impersonali mediati dall'adesione razionale a delle regole statuite, dalla subordinazione ad istituzioni espressamente regolamentate e dall'utilizzo di mezzi di scambio astratti, come il denaro.

La presenza del denaro come mezzo generalizzato per gli scambi economici è particolarmente importante per la distinzione che Tönnies propone fra *Gemeinschaft* e *Gesellschaft*. Nella comunità infatti la vita economica conosce divisione del lavoro e scambi di prodotti e di servizi, ma il mercato non è la forma principale della regolazione di questi scambi, che sono invece condotti in base a regole di reciprocità delle prestazioni o di redistribuzione. La diffusione del denaro come mezzo generalizzato degli scambi è tipica della *Gesellschaft*.

Il pensiero di Tönnies è marcato da una certa nostalgia per le forme associative di tipo comunitario. Lo sviluppo della "società" si realizza attraverso una distruzione progressiva delle forme di vita comunitarie, e in ciò Tönnies avverte una perdita che riguarda la ricchezza dei vincoli affettivi tra le persone e le loro certezze morali. Al di là del suo atteggiamento personale, la sua distinzione tra *Gemeinschaft* e *Gesellschaft* rimane tuttavia un'acquisizione per tutta la terminologia sociologica a lui successiva. Se ne troveranno tracce in particolare in Weber e, più tardi, in diversi autori della sociologia americana.

Georg Simmel

Si è già detto all'inizio del volume che il mutamento è uno dei temi più ricorrenti della sociologia: questa corrisponde in larga misura al tentativo di comprenderlo teoreticamente. I sociologi che a cavallo tra l'Ottocento ed il Novecento si occuparono della definizione e dell'istituzionalizzazione della sociologia in quanto disciplina accademica furono interessati, prima ancora che al mutamento in se stesso (che pure restò il cuore delle preoccupazioni teoriche di molti di loro), alla *descrizione* di ciò che i mutamenti recenti avevano prodotto, cioè alle caratteristiche distintive di questa epoca nuova. Più che per qualunque altro autore, questa osservazione è valida per Simmel.

Georg Simmel nacque a Berlino nel 1858, e morì nel 1919 a Strasburgo, al termine della Prima guerra mondiale. Non scrisse solo opere di sociologia, ma anche e soprattutto di filosofia (dove fu influenzato in particolare dal neokantismo, ma fu sensibile anche ad altri orientamenti) e di estetica: fu uno scrittore straordinario e molto fecondo. La varietà dei suoi scritti ha reso tuttavia difficile la ricezione del suo pensiero, che è stato accusato a volte di eclettismo e di superficialità. L'accusa è sbagliata, ma resta vero che comprendere l'opera di Simmel nel suo insieme è un'impresa complessa. Noi qui ricorderemo solo le sue opere più chiaramente dedicate a temi sociologici. Fra queste: *La differenziazione sociale* (1890), *Filosofia del denaro* (1900), *Sociologia* (1908), e *Problemi fondamentali della sociologia* (1917, tradotto in italiano con il titolo *Forme e giochi di società*).

Simmel ebbe una carriera molto controversa nell'università tedesca (non per ultimo a causa delle sue origini ebraiche), tuttavia fu per tutta la vita un insegnante molto noto ed enormemente ascoltato. Fra i suoi allievi vi sono alcune delle figure più importanti della cultura del Novecento, da filosofi come Ernst Bloch e György Lukács fino a sociologi come Robert Park (uno dei membri della scuola di Chicago, di cui parleremo più avanti).

Diversamente da altri, Simmel non ha fondato tuttavia alcuna "scuola". In un testo autobiografico pubblicato postumo, scrisse parlando della sua eredità intellettuale: «So che morirò senza eredi spirituali (e va bene così). La mia eredità assomiglia a denaro in contanti che viene diviso tra molti eredi, di cui ognuno investe la sua parte in modo conforme alla sua natura, senza interessarsi della sua origine» (cit. in Dal Lago, 1994, p. 16).

Generazioni di studiosi si sono angustiati sul problema se Simmel sia stato propriamente un sociologo, o se sia stato piuttosto un filosofo. In realtà egli si ritenne essenzialmente un filosofo, ma per un lungo periodo della sua vita si dedicò con passione al progetto di fondare la sociologia come branca autonoma del sapere. Oggi Simmel è considerato forse il più "contemporaneo" degli autori classici. La sua sociologia ha al suo centro l'interazione sociale. È radicalmente antipositivista, programmaticamente asistematica, e molto autoconsapevole rispetto alle premesse epistemologiche che la sorreggono.

La sociologia simmeliana scaturisce dallo sguardo di un filosofo della cultura che nel mondo delle forme e dei processi sociali scopre un terreno affascinante e ancora largamente inesplorato. È stato detto che è lo sguardo di uno "straniero" perpetuo: di qualcuno che pur vivendo nel mondo ha la capacità di non appartenervi mai interamente, e di guardarlo ogni volta come se fosse la prima. Uno sguardo dotato di una curiosità straordinaria, e della capacità di rintracciare analogie, connessioni e rispondenze tra i fenomeni all'apparenza più diversi.

Società e sociologia nel pensiero di Simmel

Se si intende fondare la sociologia come una branca autonoma del sapere, il primo passo è necessariamente quello di definirne l'oggetto. È un passo affrontato da Simmel all'inizio di *Sociologia* e ripreso nel saggio dal titolo *Il campo della sociologia*, che apre i *Problemi fondamentali della sociologia*. L'oggetto della sociologia è la società. Ma che cos'è la "società"?

Per certi versi – scrive Simmel – la società non esiste. Se ci guardiamo attorno, ciò che vediamo sono delle persone, degli individui concreti: dove è dunque la "società"? Per rispondere, Simmel osserva preliminarmente che il pensiero umano opera sempre e comunque per *astrazioni*, ciascuna delle quali è corrispettiva ad un certo punto di vista, o ad una certa *distanza* dall'oggetto su cui riflette: lo stesso individuo, a guardare da molto vicino, è composto di arti e di organi o, se lo si osserva al microscopio, è composto di cellule. Inoltre, ciascun individuo cambia nel tempo, cresce, può mutare aspetto, e anche atteggiamenti. Che cos'è che fa sì dunque che noi lo percepiamo come un'*unità*? La risposta è: una certa *prospettiva*, una certa "distanza dello sguardo". Dalla distanza che scegliamo abitualmente, badare alle cellule che costituiscono il corpo di un individuo è irrilevante, così come lo è la considerazione del suo mutare nel corso degli anni. Noi assumiamo che l'individuo rappresenti un'unità: il che è corretto da un punto di vista, ma non lo sarebbe se lo osservassimo da una distanza diversa da quella usuale.

Orbene: la società è un oggetto del pensiero che emerge considerando insiemi di individui da una certa distanza. È la distanza da cui ciascuno di noi si colloca quando parla dei "Greci", o dei "cattolici", o del "movimento operaio" e via dicendo. Queste entità collettive sono costituite da individui, che ovviamente, visti da vicino, hanno grandi differenze fra loro. Ma, utilizzando questi concetti, noi operiamo delle astrazioni rispetto alle qualità personali di tutti questi individui, e cogliamo certe caratteristiche che li accomunano, caratteristiche che rendono plausibile ed utile il concetto stesso che usiamo. La "società" è un concetto di questo genere. Esso è generato da una prospettiva.

Ma ciò non significa affatto che la società non esista. Al contrario. Proprio la prospettiva che ce la rende visibile permette di osservare una realtà fondamentale, e cioè che gli uomini stanno fra loro in *relazioni di reciprocità*, agiscono cioè gli uni sugli altri.

Il concetto di *effetto di reciprocità* (*Wechselwirkung*, che a volte è tradotto anche con le espressioni "influenza reciproca" o "azione reciproca") è il concetto fondamentale del pensiero di Simmel. Come ha scritto Alessandro Cavalli nell'*Introduzione* all'edizione italiana di *Sociologia*, il termine indica «una concezione della realtà (in genere, e non soltanto sociale) come rete di relazioni di influenza reciproca tra una pluralità di elementi» (Cavalli, 1989, p. XVI).

Il concetto di *Wechselwirkung* è la chiave di volta di tutto il pensiero di Simmel, e anche, dunque, della sua sociologia. Vedremo fra poco come si articolerà nell'analisi delle corrispondenze e dei nessi di causazione reciproca che sussistono fra i diversi elementi della costellazione della modernità. Ma, in generale, osserviamo che nelle scienze storico-sociali tener conto della nozione della reciprocità delle influenze significa rinunciare a ogni tentativo di rintracciare una singola serie causale che spieghi in modo esaustivo un qualsivoglia fenomeno: non solo ogni fenomeno è connesso con innumerevoli altri in un'infinita rete di causazioni, ma ciascuno *retroagisce* anche su quelli che – visti in una certa prospettiva – appaiono esserne causa. Alla nozione di "causa" si sostituisce così quella di *corrispondenza*, di influenza scambievole tra diversi ordini di fenomeni. (Questa prospettiva ritornerà in parte nella discussione weberiana della reciprocità delle influenze tra sfera economica e sfera culturale, e nella nozione delle "affinità elettive" tra etica protestante e "spirito del capitalismo": cfr. CAP. 6.)

Oggetto della sociologia sono dunque *le forme delle relazioni di influenza reciproca che sussistono tra gli uomini*. Questo oggetto – la "società" – emerge solo e nella misura in cui più individui entrano in azione reciproca. Con le parole di Simmel: «società è il nome con cui si indica una cerchia di individui, legati l'un l'altro da varie forme di reciprocità» (Simmel, 1917, trad. it. 1983, p. 42).

La società è interazione. Ma non solo. Alla nozione di reciprocità va affiancato il secondo concetto fondamentale della sociologia di Simmel: quello di "sociazione" (*Vergesellschaftung*). La "sociazione" è il processo attraverso cui una forma di azioni reciproche si consolida nel tempo.

Vi sono infinite azioni reciproche: è azione reciproca scambiarsi uno sguardo o salutarsi, pranzare insieme, giocare, scambiarsi i prodotti del proprio lavoro, sposarsi, essere grati a qualcuno o aggredirlo, o anche distanziarsene. In ognuna di queste relazioni ciò che ciascuno fa ha influenza sull'altro, e viceversa: ci si influenza scambievolmente. Ma una società in senso proprio è il risultato di una certa *sedimentazione nel tempo* di alcune forme di azione reciproca; è il risultato parzialmente fissato ("oggettivato") di processi di sociazione:

i grandi sistemi e le organizzazioni pluriindividuali, cui si suole pensare quando si parla di società, non sono altro che forme di reciprocità fra individui, protrattesi nel tempo e trasformatesi in formazioni stabili, autosufficienti e provviste di una fisionomia ben definita (ivi, pp. 41-2).

La definizione del campo e degli obiettivi della sociologia come scienza della società deriva da tutto ciò: «se è vero che la società è reciprocità fra individui, la descrizione delle forme che questa può assumere è il compito della scienza della "società" in senso stretto» (ivi, p. 55).

La sociologia è dunque per Simmel una scienza *formale*: si occupa di descrivere le forme che le relazioni di reciprocità assumono in situazioni e in tempi differenti, solidificandosi nelle grandi istituzioni, o rimanendo effimere come nelle relazioni più fuggevoli.

Le forme e la vita

Non è semplice tuttavia intendere in che senso Simmel pensi a una sociologia formale. Nei saggi che compongono la *Sociologia*, Simmel dichiara a più riprese di volersi concentrare sulla forma delle relazioni e dei processi sociali in un modo che prescinda dai loro contenuti. A volte si spiega con un'analogia con la geometria: così come "il triangolo", in sé, non esiste, ma esistono oggetti a forma di triangolo, allo stesso modo non esistono in sé cose come il potere, l'amicizia o il conflitto, ma esistono relazioni concrete la cui forma astratta può venire chiamata così. L'analisi di determinazioni effettivamente formali delle relazioni sociali è evidente nelle pagine in cui Simmel si occupa ad esempio degli effetti del numero dei membri di un gruppo sulla sua struttura, dei caratteri generali della subordinazione, del modo in cui i gruppi umani definiscono il proprio spazio e così via.

Tuttavia, a fianco di questo nucleo di analisi vi sono altre parti dei testi di Simmel che non sembrano affatto riguardare le forme dell'interazione in generale: sembrano piuttosto riguardare le forme che le interazioni assumono all'interno di costellazioni storiche e culturali determinate. In questi casi, è difficile separare i contenuti dalla forma. In *Filosofia del denaro*, ad esempio, la "forma" di certe relazioni nel mondo moderno viene intesa come ciò che si ripete nonostante la molteplicità e la variabilità degli eventi concreti: ma se è vero che si tratta di una rete di fenomeni, di disposizioni e di atteggiamenti reciproci fra gli individui che è indubbiamente astratta rispetto ai singoli contenuti concreti delle relazioni, è anche vero che questa rete non è universale, ma piuttosto tipica di una situazione storica data.

Tuttavia è necessario aggiungere che la nozione di forma ha un ruolo molto complesso nel pensiero di Simmel. Per quanto sia difficile sintetizzarlo in poche frasi, direi che ciò che qui è decisivo è il riconoscimento del fatto che la vita è sia un *fluire incessante*, sia una *produzione di forme* in cui questo fluire si fissa. Si tratta di forme di relazione, istituzioni, simboli, idee, prodotti della vita economica ed opere artistiche: la "cultura" insomma, sia nel suo aspetto materiale che in quello linguistico ed espressivo. In ciascuna di queste manifestazioni la vita si esprime ma, per così dire, *si rapprende*: la loro oggettività, prodotto della vita, si contrappone al carattere fluido della vita stessa. Il mutamento culturale, fra l'altro, è il prodotto di questa tensione. Come scrive Simmel:

> Il mutamento continuo dei contenuti della cultura e da ultimo dell'intero stile di questa, è l'indice, o piuttosto la conseguenza della infinita fecondità della vita, ma anche della profonda contraddizione in cui sta il suo eterno divenire e mutarsi di fronte all'obiettiva validità e l'autoaffermazione delle sue manifestazioni e forme, con le quali o nelle quali essa vive (Simmel, 1918, trad. it. 1976, p. 107).

La vita scavalca le forme, eppure solo in forme di volta in volta determinate la vita può essere colta. Da questa contraddizione emerge il dinamismo della storia della cultura. Ma emerge anche quella che Simmel chiama la sua «tragedia». Questa tragedia sta nel fatto che la vita stessa non può essere compresa che sulla base di simboli, categorie o raffigurazioni che, nella misura in cui costituiscono una fissazione della vita stessa, le si contrappongono inevitabilmente, o la riducono, e mancano così di afferrarla, condannandosi al proprio superamento.

Questi pensieri hanno dei correlati epistemologici importanti, su cui Simmel si è soffermato soprattutto in alcuni saggi sul concetto di storia (come *La forma della storia*, del 1916). Tanto la comprensione ingenua del pensiero quotidiano quanto la comprensione del mondo prodotta dalle scienze storico-sociali avvengono mediante la costruzione di forme (simboli, concetti, narrazioni) che in quanto tali sono espressione della vita ma anche, necessariamente, una sua *riduzione*. Ciò che vediamo del mondo è dunque sempre di meno di quanto sarebbe possibile vedere e, soprattutto, ogni visione è destinata ad essere sostituita da altre. Ne consegue che un sapere esaustivo è impossibile per definizione.

Qui si comprende anche il motivo della deliberata asistematicità del pensiero di Simmel (un tratto che ne ha spesso scandalizzato i lettori). La comprensione del mondo è infatti un compito infinito: si tratta dell'infinito che è implicito da un lato nella imponderabilità della trama degli effetti di reciprocità che lega tutti i fenomeni tra loro, ma, dall'altro, è implicito anche nella radicale incommensurabilità della vita rispetto al pensiero che tenta di afferrarla. Ogni pensiero dà forma al mondo *secondo una prospettiva*: ma infinite prospettive sono possibili. La pretesa di una completezza sistematica è dunque, come scrive Simmel, «nel migliore dei casi, un'illusione».

Metropoli, denaro e intellettualizzazione della vita

Simmel non ha mai proposto una teoria del mutamento paragonabile a quelle di Marx (cui per altro è debitore in molti punti) o di Weber (con cui ebbe stretti rapporti). Della "modernità" in quanto tale egli è tuttavia, tra i classici della sociologia, forse l'interprete più acuto e più attento ai dettagli.

È stato sottolineato da alcuni che Simmel, nel momento in cui descrive la modernità, ne intende anche la crisi. Ma questo non è sorprendente. La nozione stessa di "modernità" è, nel pensiero filosofico e sociale tedesco dei primi del secolo, espressione dell'autocoscienza della crisi della cultura europea. La modernità è infatti essenzialmente crisi permanente, non solo e non tanto perché si radica in processi che sconvolgono progressivamente tutti gli ordini sociali tradizionali, ma perché *il mutamento in se stesso* è il suo principio. La modernità è flusso e instabilità di ogni forma, e la cultura che, alla fine dell'Ottocento, ne elabora il concetto è la cultura che tenta infine di venire a patti col mutamento perpetuo ma che, nel medesimo momento in cui riconosce la necessità del mutamento, si rende anche conto del fatto che il mutamento stesso nega la stabilità dei concetti con cui essa tenta di venirne a capo o di comprenderlo: una cultura, dunque, intrinsecamente problematica.

Quest'epoca «del fortuito, del volatile e del transitorio» (come il poeta Charles Baudelaire ebbe a descriverla) è tuttavia una formazione storica in se stessa. E come ogni formazione storica ha i suoi tratti distintivi, la specifica "costellazione" di fenomeni, tendenze e atteggiamenti degli individui in cui si realizza e in cui la vita che in essa fluisce si offre alla percezione. L'analisi di questa costellazione è l'oggetto di *Filosofia del denaro*, il libro che Simmel pubblicò nel 1900. Si tratta di un volume ponderoso, impossibile da riassumere. In un breve saggio del 1903, *Le metropoli e la vita della spirito*, Simmel stesso sintetizzò però alcune delle argomentazioni che vi aveva esposto: seguiremo dunque la falsariga di questo saggio.

Il punto di vista da cui muove l'analisi è fornito dal compito di indagare «i movimenti con cui la personalità si adegua alle forze ad essa esterne»: in altre parole, si tratta di indagare le forme dell'esperienza moderna, che per Simmel coincide essenzialmente con l'esperienza *metropolitana.*

La prima caratteristica di questa esperienza consiste nell'«intensificazione della vita nervosa» e nel corrispondente «intellettualismo» della coscienza. Leggiamo ciò che scrive lo stesso Simmel:

La base psicologica su cui si erge il tipo delle individualità metropolitane è l'*intensificazione della vita nervosa*, che è prodotta dal rapido e ininterrotto avvicendarsi di impressioni esteriori e interiori.

L'uomo è un essere che distingue, il che significa che la sua coscienza viene stimolata dalla differenza fra l'impressione del momento e quella che precede; le impressioni che perdurano, che si differenziano poco, o che si succedono e si alternano con una regolarità abitudinaria, consumano per così dire meno coscienza che non l'accumularsi veloce di immagini cangianti, o il contrasto brusco che si avverte entro ciò che si abbraccia in uno sguardo, o ancora il carattere inatteso di impressioni che si impongono all'attenzione. Nella misura in cui la metropoli crea proprio queste ultime condizioni psicologiche – ad ogni attraversamento della strada, nel ritmo e nella varietà della vita economica, professionale, sociale –, essa crea già nelle fondamenta sensorie della vita psichica, nella quantità di coscienza che ci richiede a causa della nostra organizzazione come esseri che distinguono, un profondo contrasto con la città di provincia e con la vita di campagna, con il ritmo più lento, più abitudinario e inalterato dell'immagine sensorio-spirituale della vita che queste comportano.

Ciò innanzitutto permette di comprendere il carattere intellettualistico della vita psichica metropolitana, nel suo contrasto con quella della città di provincia, che è basata per lo più sulla sentimentalità e sulle relazioni affettive. Queste ultime si radicano negli strati meno consci della psiche e si sviluppano innanzitutto nella quieta ripetizione di abitudini ininterrotte. La sede dell'intelletto, invece, sono gli strati trasparenti, consci e superiori della nostra psiche. L'intelletto è la più adattabile delle nostre forze interiori: per venire a patti con i cambiamenti e i contrasti dei fenomeni non richiede quegli sconvolgimenti e quei drammi interiori che la *sentimentalità*, a causa della sua natura conservatrice, richiederebbe necessariamente per adattarsi ad un ritmo analogo di esperienze.

Così il tipo metropolitano – che naturalmente si manifesta in mille modificazioni individuali – si crea un organo di difesa contro lo sradicamento di cui lo minacciano i flussi e le discrepanze del suo ambiente esteriore: anziché con l'insieme dei sentimenti, reagisce essenzialmente con l'intelletto [...]. Con ciò la reazione ai fenomeni viene spostata in quell'organo della psiche che è il meno sensibile ed il più lontano dagli strati profondi della personalità (Simmel, 1903, trad. it. 1995, pp. 36-7).

Per comprendere il linguaggio di Simmel bisogna ricordare che nel suo lessico – che in ciò esprime il pensiero filosofico tedesco e in particolare kantiano – "intelletto" è un termine più specifico di quanto non sia in italiano. L'intelletto (*Verstand*) è distinto dalla ragione (*Vernunft*): mentre la seconda è un principio che dà ordine alle conoscenze empiriche in base a domande che riguardano il loro "senso", e che non rinuncia al confronto con i sentimenti e con le domande ultime sulla vita ed il valore, l'intelletto è una facoltà essenzialmente logico-combinatoria, eminentemente orientata alla calcolabilità. In questa accezione, è la «più superficiale» e la «più adattabile» delle nostre facoltà. La sua *ipertrofia* – che per Simmel è tipica della modernità – corrisponde oltre che all'intensificazione della «vita nervosa» anche allo sviluppo di un atteggiamento strumentale e calcolistico tanto nei confronti delle relazioni fra le persone quanto nei confronti della vita in generale.

Essendo orientato essenzialmente al calcolo, l'intelletto tende a prescindere dalle differenze qualitative tra i fenomeni, e a rifuggire ogni giudizio di valore. Ma allo stesso atteggiamento conduce lo sviluppo dell'economia monetaria, di cui la metropoli è la sede privilegiata. Il secondo punto dell'argomentazione di Simmel riguarda così la corrispondenza tra le tendenze intellettualistiche della vita e dell'esperienza metropolitana e i caratteri tipici dell'*economia monetaria*.

Le metropoli sono sempre state la sede dell'economia monetaria, poiché la molteplicità e la concentrazione dello scambio economico vi procurano al mezzo di scambio in se stesso un'importanza che la scarsità del traffico rurale non avrebbe mai potuto generare. Ma economia monetaria e dominio dell'intelletto si corrispondono profondamente. A entrambi è comune l'atteggiamento della mera neutralità oggettiva con cui si trattano uomini e cose, un atteggiamento in cui una giustizia formale si unisce spesso a una durezza senza scrupoli.

L'uomo puramente intellettuale è indifferente a tutto ciò che è propriamente individuale, perché da questo conseguono relazioni e reazioni che non si possono esaurire con l'intelletto logico – esattamente come nel principio del denaro l'individualità dei fenomeni non entra. Il denaro infatti ha a che fare solo con ciò che è comune ad ogni cosa, il valore di scambio, che riduce tutte le qualità e le specificità al livello di domande che riguardano solo la quantità (ivi, pp. 37-8).

Come l'intelletto, dunque, anche il denaro è essenzialmente indifferente alla qualità dei beni di cui permette lo scambio. Un paio di scarpe e una tonnellata di carbone non hanno niente in comune; ma, in quanto merci, possono corrispondere alla stessa quantità di denaro: in questo senso, diventano identici. Il denaro è l'*equivalente universale*: quanto più esso si generalizza come *medium* di tutti gli scambi, tanto più la sensibilità verso il valore qualitativamente dissimile delle cose si attenua.

La personalità dell'uomo *blasé* – il cittadino disincantato e annoiato, colui che si comporta come se avesse "già visto tutto" – è considerata da Simmel uno dei prodotti emblematici di questa costellazione di forze che spingono verso l'*indifferenza* nei confronti di tutta la varietà qualitativa delle cose:

Innanzitutto, questo carattere è conseguenza di quella rapida successione e di quella fitta concentrazione di stimoli nervosi contraddittori, dai quali ci è sembrato derivare anche l'aumento dell'intellettualismo [...]. Ma a questa fonte fisiologica del carattere *blasé* se ne unisce una seconda, che deriva dall'economia monetaria. L'essenza dell'essere *blasé* consiste nell'attutimento della sensibilità rispetto alle differenze fra le cose, non nel senso che queste non siano percepite [...] ma nel senso che il significato e il valore delle cose stesse sono avvertiti come irrilevanti. Al *blasé* tutto appare di un colore uniforme, grigio, opaco, incapace di suscitare preferenze. Ma questo stato d'animo è il fedele riflesso soggettivo dell'economia monetaria, quando questa sia riuscita a penetrare fino in fondo (ivi, pp. 42-3).

Lo sviluppo della metropoli, l'intellettualizzazione della vita e la diffusione del denaro si combinano dunque – corrispondendosi l'un l'altro – nel generare una forma di esperienza peculiare alla modernità. Complessivamente, tendono a produrre un sistema di relazioni sociali contraddistinte da un notevole grado di *anonimità*: se da un lato è la densità stessa della popolazione a rendere necessario che la maggior parte degli incontri e delle relazioni funzionali siano di carattere anonimo, dall'altro sono i tratti dell'intellettualizzazione e del denaro ad agevolare nei singoli la gestione di questa forma di rapporti sociali, ma anche a riprodurla come effetto del tipico atteggiamento di "indifferenza" che veicolano.

Allo stesso modo, del resto, altri tratti sono essenziali: ad esempio, lo sviluppo della *puntualità* come virtù pubblica, dal momento che il coordinamento e l'integrazione delle molteplici attività dei cittadini è possibile solo attraverso un rigido controllo dei ritmi e del rispetto degli orari da parte di ciascuno:

> senza la più precisa puntualità negli accordi e nelle prestazioni il tutto sprofonderebbe in un caos inestricabile. Se tutti gli orologi di Berlino si mettessero di colpo a funzionare male andando avanti o indietro anche solo di un'ora, tutta la vita economica e sociale sarebbe compromessa [...]. Di fatto, la tecnica della vita metropolitana non sarebbe neppure immaginabile se tutte le attività e le interazioni non fossero integrate in modo estremamente puntuale in uno schema temporale rigido e sovraindividuale (ivi, p. 41).

I processi che Simmel descrive non vengono però mai intesi come espressione di una tendenza unidirezionale: se in certi ambiti della vita si manifestano certe tendenze, è probabile che in altri ambiti si manifestino tendenze contrarie. Così, per fare un esempio, la crescente anonimità delle relazioni in pubblico convive con l'importanza crescente di relazioni fortemente personalizzate come l'amicizia o l'amore. O (per fare un esempio che in Simmel non c'è, ma che è coerente con il suo pensiero) si può notare che all'indebolimento del rapporto fra azioni ed emozioni che è prodotto dall'intellettualizzazione offre una certa compensazione la possibilità di emozionarsi senza agire che è fornita dagli sviluppi di industrie di intrattenimento come il cinema, che negli anni in cui Simmel scrive inizia a diffondersi.

In tutte le sue osservazioni, in ogni caso, il pensiero di Simmel non è valutativo: così come rifugge dagli atteggiamenti trionfalistici degli apologeti del progresso, rifugge anche da nostalgie simili a quelle del primo Tönnies. Simmel descrive la modernità senza giudicarla. Lo stesso atteggiamento è avvertibile nella trattazione di un altro tema importante del saggio sulle metropoli, quello che riguarda il rapporto tra la differenziazione sociale e l'aumento della libertà dell'individuo.

Si tratta di un tema che era presente già nella prima opera sociologica di Simmel, *La differenziazione sociale*. Tanto più stretta, poco numerosa e indifferenziata al suo interno è una cerchia sociale, tanto meno individualizzati sono i contenuti della coscienza di ciascuno dei suoi membri. Quanto più, al contrario, la cerchia si allarga, tanto più il singolo ha la possibilità di sviluppare il senso della propria autonomia e della propria unicità. Poiché la metropoli è il luogo della massima concentrazione e della massima differenziazione sociale, è dunque la sede dell'individualità per eccellenza, il luogo dove è massima la libertà di movimento e di espressione del singolo:

Nella misura in cui il gruppo cresce – nel numero, nello spazio, per importanza e contenuti di vita – la sua unità interna immediata si allenta, la nettezza dei suoi confini originari viene mitigata da relazioni e connessioni con altri gruppi; e contemporaneamente l'individuo guadagna una libertà di movimento che va ben oltre i vincoli posti dapprima dalla gelosia del gruppo, e sviluppa una specificità e una peculiarità che sono rese possibili e necessarie dalla divisione sociale del lavoro all'interno del gruppo ingrandito (ivi, p. 47).

D'altro canto, si noti che

è solo l'altra faccia di questa libertà il fatto che a volte non ci si senta da nessuna parte così soli e abbandonati come nel brulichìo della metropoli: qui come altrove, non è detto affatto che la libertà dell'uomo si manifesti come un sentimento di benessere nella sua vita affettiva (ivi, p. 49).

In generale, il contraltare della libertà dell'uomo moderno è in ogni caso la crescente dipendenza di ciascuno da un mondo di istituzioni, tecniche ed apparati che lo sovrasta. Queste realizzazioni collettive si offrono ai singoli quasi come protesi che ne ampliano le possibilità di azione, ma ciò rende anche ciascuno sempre meno autosufficiente. Nelle pagine finali del saggio, questo motivo è espresso nei termini di una crescente divaricazione tra i contenuti dello *spirito oggettivo* e quelli dello *spirito soggettivo*.

Lo spirito oggettivo è la cultura *oggettivata* nei prodotti dell'uomo: la cultura depositata nelle enciclopedie e negli innumerevoli volumi delle nostre biblioteche, ma anche quella che è incorporata nelle realizzazioni della tecnica, nella rete elettrica che permette la vita di una città, nei macchinari di una fabbrica (oppure, oggi, nel motore di un'automobile o nei meccanismi di un computer). Lo spirito soggettivo si manifesta viceversa nella cultura di un soggetto: ciò che questi sa per averlo imparato, per averlo vissuto o per averlo elaborato personalmente.

Ora, la cultura dei soggetti dipende da quella "oggettiva" (nella misura in cui ciascuno diviene "colto" solo facendo propri i contenuti della cultura oggettiva), ma ne è anche ben diversa: non esiste infatti se non entro un individuo concreto. Ma un aspetto specifico della «tragedia» della modernità consiste per Simmel proprio nella sproporzione che viene a crearsi fra questi due poli dello spirito. Come si esprime in un altro saggio:

Soprattutto in periodi di complessità sociale e di estesa divisione del lavoro, le realizzazioni della cultura oggettiva vengono a costituire – per così dire –

> una sorta di regno autonomo. Le cose diventano più perfezionate, più "intellettuali", e in un certo senso più controllate da un legame logico intrinseco con la loro strumentalità; ma la "coltivazione" suprema, quella del soggetto, non cresce in modo proporzionato. E in verità, visto l'enorme incremento della cultura oggettiva, in cui il mondo delle cose viene parcellizzato fra innumerevoli lavoratori, la cultura soggettiva *non può* crescere allo stesso modo. [...] La dissonanza della cultura moderna – in particolare quella che si manifesta nei progressi della tecnica in ogni settore e nella contemporanea, profonda, insoddisfazione verso questo stesso progresso – è causata in gran parte dal fatto che le cose diventano sempre più "colte", mentre gli uomini sono sempre meno capaci di guadagnare dalla perfezione delle cose un perfezionamento della loro vita soggettiva (Simmel, 1908b, ried. 1957, p. 94).

Che le cose divengano più "colte" e, in proporzione, gli uomini lo diventino sempre meno, significa che la società moderna dispone di un sapere che sovrasta le capacità di elaborazione di ogni singolo individuo. In ciò sta una "dissonanza" specifica della modernità.

Ancora a proposito dell'individuo

Diversamente da Durkheim, Simmel non tende a porre la sociologia al di sopra delle altre scienze dell'uomo. Si limita a definirne la specificità. Secondo lo stesso atteggiamento, egli non ritiene che l'oggetto della sociologia, cioè la società, sia intrinsecamente "superiore" all'individuo. Individui e società esistono parimenti: è la diversità dello sguardo di chi osserva che mostra ora gli uni, ora l'altra.

Ciò non toglie, tuttavia, che tra individuo e società esistano delle tensioni. Di queste Simmel ha trattato in molti saggi, a partire dal suo primo volume, *La differenziazione sociale*. In questo paragrafo terrò conto soprattutto dell'ultima delle sue formulazioni, quella contenuta nel saggio conclusivo del testo sui *Problemi fondamentali della sociologia*.

Qui Simmel osserva che, da un punto di vista generale, è difficile non riconoscere un potenziale dissidio tra l'individuo e la collettività. Da un lato, infatti, ogni collettività tende ad imporsi al singolo richiedendogli l'espletazione coordinata con gli altri di certi compiti necessari per la sopravvivenza della società nel suo insieme. In questo senso, essa vincola la libertà individuale. Per fare un esempio banale: se tutti in una società decidessero di fare i barbieri, e nessuno di coltivare i campi, avremmo una collettività di uomini ben rasati, ma che morirebbero di fame in pochi giorni. Dall'altro lato, l'individuo può tuttavia ritenere che il suo fine non sia quello di cooperare alla sopravvivenza della società o al benessere generale, ma quello di sviluppare se stesso e di realizzare degli obiettivi (artistici, politici, amorosi o di qualunque altro genere) che non hanno a che vedere con ciò che la società potrebbe aspettarsi da lui.

In linea di principio, scrive Simmel, questa tensione non è eliminabile: si tratta di un «dissidio fra il tutto (che esige la complementarità e l'unità dei suoi elementi) e la parte (che vorrebbe essere un tutto a sua volta)» (Simmel, 1917, trad. it. 1983, p. 95).

Tale dissidio astratto si manifesta però diversamente nel corso della storia. A dire il vero, esso si realizza in modo esplicito e generalizzato solo nell'epoca moderna: è qui infatti che sorge un orientamento etico che tende a enfatizzare più che mai prima la libertà essenziale di *ogni* individuo, la sua *unicità*, e la sua *responsabilità personale* nella definizione del proprio destino e nella *realizzazione* di sé.

Si è visto nel paragrafo precedente come il nesso che lega l'individualità e la modernità abbia la sua base materiale nelle caratteristiche morfologiche della metropoli. L'idea che il concetto di "individuo" si sviluppi in modo particolare nel mondo moderno, del resto, era presente anche in Durkheim: è solo nelle società complesse – diceva – che gli sviluppi della divisione del lavoro forniscono le basi materiali per una differenziazione delle coscienze individuali rispetto alla coscienza collettiva.

Per lo sviluppo di questa tematica Simmel si riallaccia però, più che a Durkheim, all'opera dello storico tedesco Jacob Burckhardt. In una serie di saggi scritti attorno al 1860, Burckhardt aveva sottolineato i rapporti che esistono tra l'affermarsi nella cultura europea del concetto di *individuo* ed il Rinascimento italiano, inteso come uno dei momenti fondanti dello sviluppo della cultura moderna. Nel pensiero di Burckhardt, due aspetti della cultura moderna hanno a che fare con un'enfasi storicamente originale sul concetto di individuo: in primo luogo, lo spostarsi dei giudizi sui singoli verso una considerazione più delle loro "realizzazioni" personali che della loro "nascita", e, in secondo luogo, la nuova enfasi che il nascente spirito scientifico pone sulla responsabilità e la libertà individuale dello scienziato, in opposizione all'autorità della tradizione.

Simmel si basa sull'opera di Burckhardt, ma si muove verso una ulteriore precisazione dei diversi contenuti che l'idea di individuo ha assunto nel suo diffondersi e dispiegarsi nel corso dell'epoca moderna.

Nel saggio di cui stiamo discutendo, egli osserva che il concetto di individuo ha dei significati differenti, ad esempio, nella cultura europea del Settecento e in quella del secolo successivo. Nella cultura settecentesca, parlare di "individui" significò soprattutto affermare il principio dell'*uguaglianza* naturale di tutti gli uomini. Si trattava di un'istanza critica nei confronti della cultura feudale e aristocratica, che tendeva al contrario a riconoscere differenze fondamentali tra gli uomini, corrispondenti alle differenze di nascita: per la cultura feudale, un signore e un servo *non erano uguali*, e i loro destini, così come i loro diritti e doveri, erano differenti in modo radicale ed immutabile. La cultura dell'illuminismo reagiva contro quest'impostazione, e affermava che, essendo per natura uguali, tutti gli uomini hanno medesimi diritti e doveri. Oggi noi – almeno in linea di principio – diamo questa affermazione per scontata. Ma essa rappresentò una vera rivoluzione culturale (e legale) nei confronti del sistema feudale.

Il concetto di individuo, nella cultura illuministica del Settecento, è soprattutto l'idea di una eguaglianza di diritto di tutti gli uomini fra loro. Ma, nel corso dell'Ottocento, un altro contenuto si fa strada. È l'idea che gli uomini siano sì, dal punto di vista del diritto, tutti formalmente uguali, ma, per quanto concerne la loro interiorità, siano *dissimili*. A tale idea si affianca quella – estremamente gravida di conseguenze – secondo cui il compito etico di ciascuno consiste esattamente nel portare a compimento, cioè nell'*esprimere* e *realizzare*, la propria unicità.

Il concetto di individuo diventa qui non più e non tanto l'idea di una uguaglianza di tutti gli uomini in quanto espressione della medesima "natura umana", ma quella di una *differenza* fondata sull'assunzione della loro *unicità*, e della loro responsabilità personale nello sviluppare le potenzialità implicite in tale unicità. Per la cultura che esprime questa idea di individuo, Simmel conia l'espressione di *individualismo qualitativo* (o *individualismo della differenza*).

È nel contesto di questo orientamento culturale diffuso che la tensione tra individuo e società si fa particolarmente marcata.

La moda

Naturalmente, Simmel si rende conto che la densità della popolazione negli immensi agglomerati della vita urbana moderna rende nei fatti difficile agli individui vivere all'altezza delle esigenze poste dall'individualismo qualitativo. In concreto, questo individualismo si risolve spesso in una parodia di se stesso: i tratti dell'eccentricità e della ricerca ossessiva di segni distintivi o di novità stupefacenti, specie nei ceti più colti delle grandi città, sono caratteristici di un tentativo di costruzione di una "personalità" che tende a volte a svuotarsi di senso, a ridursi alla mera collezione arbitraria di segni esteriori. Anche qui, Simmel però non critica e non indica soluzioni: si limita a registrare la contraddittorietà e l'ambivalenza dei processi che si manifestano.

È importante sottolineare ancora una volta la caratteristica abilità del pensiero di Simmel di dipingere ogni fenomeno nei suoi aspetti ambivalenti. Il saggio sulla moda, del 1905, sarà l'ultimo esempio che riportiamo.

Nella moda si esprime in modo perfetto la compenetrazione in un fenomeno unico di due spinte contraddittorie: la *distinzione* da un lato e l'*imitazione* dall'altro. La prima tendenza esprime l'esigenza di differenziarsi, di affermare la nostra "singolarità" rispetto agli altri; la seconda esprime il bisogno di affermare la nostra partecipazione ad una cerchia sociale che riconosciamo autorevole in fatto di stile. Nella decisione di seguire una moda il singolo afferma la propria volontà di distinguersi da tutti coloro che non la seguono; ma, nello stesso momento, afferma anche quella di assomigliare a coloro che ne sono i rappresentanti.

In una società come quella contemporanea, dove, diversamente che nel mondo feudale, la differenziazione fra gli individui non si afferma per nascita, ma in virtù delle capacità di ciascuno di farsi valere, la moda consiste così in un processo di mobilità sociale apparente: imitando la moda dei gruppi dotati di prestigio maggiore, chi è più in basso nella scala della società può far mostra di appartenervi; e tuttavia la diffusione della moda stessa finirà per vanificare il tentativo di utilizzarla per acquistare distinzione: il processo continuerà così all'infinito. Riprendendo le parole di Simmel:

> L'essenza della moda consiste nel fatto di essere praticata solo da una parte, mentre la totalità del gruppo si trova in cammino verso di essa. Non appena la moda ha completato la sua penetrazione, non appena cioè tutti quanti sono resi partecipi di ciò che prima facevano solo alcuni, come accade con certi elementi del vestiario e con alcune forme di convenienza sociale, non la si definisce più moda. Ogni crescita la conduce alla morte proprio perché annulla la diversità (Simmel, 1905, trad. it. 1985, p. 36).

Il paradosso della moda è dunque che esprime ad un tempo autonomia ed obbedienza: è vero tuttavia che, per la sua stessa struttura, essa si presta particolarmente a individui che non sono propriamente "individui": come scrive Simmel, «è la palestra adeguata per individui che sono intimamente non autonomi e bisognosi di appoggio». Ma è vero anche che essa è l'espressione di qualcosa di estremamente tipico della costellazione culturale della modernità, specie per ciò che riguarda la percezione del tempo. In reazione ai mutamenti incessanti e alla velocità che caratterizza sempre di più ogni aspetto della vita moderna (il suo «caratteristico ritmo impaziente», come Simmel lo chiama), la coscienza del tempo degli uomini d'oggi si concentra sempre di più sul presente, ed enfatizza la percezione della caducità e della transitorietà di ogni cosa. Ma caducità e transitorietà sono elementi inseparabili dall'idea stessa di moda, e nella sua capacità di evidenziarli sta in parte il fascino che essa ha su di noi:

> la moda, con il suo gioco fra la tendenza a una generale diffusione e l'annientamento del suo senso che questa diffusione comporterebbe, ha il fascino caratteristico del confine, il fascino dell'inizio e della fine insieme, il fascino della novità e nello stesso tempo quello della caducità. Il suo problema non è essere o non essere: la moda è contemporaneamente essere e non essere, essa è stata sempre sullo spartiacque di passato e futuro e ci dà, finché è in voga, una così forte sensazione del presente come pochi altri fenomeni riescono a darci (ivi, p. 37).

Qualche commento

Ci fermeremo qui, per quanto la lettura di ogni singolo saggio di Simmel abbia la capacità di aprire nuovi orizzonti. Sintetizziamo il ruolo del pensiero di Simmel nella storia della sociologia con alcune proposizioni.

1. Con Simmel, la sociologia assume esplicitamente al suo interno la riflessione sui *procedimenti conoscitivi* che la contraddistinguono, rinunciando al paradigma positivista per cui ogni scienza è un semplice "rispecchiamento" della realtà e segnalando l'indissolubile nesso che, in ogni conoscenza, lega l'osservatore a ciò che osserva.
2. In secondo luogo, la ricerca di rapporti causali tra fenomeni si fa cauta. Ogni fenomeno dipende da cause molteplici e a sua volta è causa di altri fenomeni, in modo tale che a volte gli effetti retroagiscono su ciò che li ha generati. Il mondo è una *rete di fenomeni che si influenzano reciprocamente.*
3. L'oggetto stesso della sociologia si ridefinisce: al centro dell'interesse di Simmel stanno sempre e comunque le *interazioni*: ciò che la scienza studia non sono entità in qualche modo isolabili, ma le relazioni entro cui queste entità si definiscono. Il pensiero di Simmel è *relazionale.*
4. Con Simmel, infine, la sociologia inizia ad assumere nel proprio campo di indagine la vita quotidiana. La sociologia di Simmel è di-

chiaratamente una "sociologia delle forme"; mi piacerebbe suggerire però che è anche – o soprattutto – una *sociologia degli sfondi*: ciò che egli tematizza è quello che spesso consideriamo irrilevante, poiché lo assumiamo come lo sfondo implicito e ovvio del nostro agire ordinario.

Tutti questi elementi rendono il pensiero di Simmel estremamente attuale. Oggi è il classico della sociologia che si rilegge più frequentemente.

La fama di Simmel durante la sua vita fu notevole, e la sua influenza è stata avvertibile in tutta la cultura tedesca della generazione a lui successiva. Nella sociologia, tuttavia, la storia della sua ricezione è stata complessa. Dapprima si sviluppò soprattutto in America, dove, attraverso la mediazione di Robert Park, Simmel divenne uno degli autori di riferimento della scuola di Chicago. Qui la sociologia di Simmel venne accostata alla psicologia sociale di G. H. Mead (vedi oltre) e utilizzata però per frammenti: il saggio sulle metropoli che abbiamo commentato, insieme ad alcuni altri scritti come quello – celeberrimo – su *Lo straniero*, compreso nella *Sociologia* del 1908, si conquistarono un posto stabile nelle citazioni a piè pagina di un numero infinito di articoli e monografie. Ma si trattava di un Simmel piuttosto ridotto: gli aspetti più filosofici della sua opera, ma anche il senso complessivo della sua sociologia, restavano occultati.

Il ruolo maggiore nella storia della ricezione di Simmel lo ha avuto più tardi Talcott Parsons: ma in negativo. Attraverso la deliberata esclusione dalla ricostruzione delle origini europee della sociologia che fornì nel suo famosissimo *La struttura dell'azione sociale* (cfr. CAP. 11), Parsons contribuì in maniera decisiva a marginalizzare la figura di Simmel. La ricostruzione di Parsons ebbe un'influenza enorme in America e, dopo la Seconda guerra mondiale, anche in Europa, dove abbastanza paradossalmente (ma comprensibilmente, data la cesura prodotta dal nazismo e la guerra) molti studiosi fecero proprio il quadro della loro stessa storia che veniva offerto dall'altra sponda dell'Atlantico. La sociologia degli anni cinquanta e sessanta in Europa è largamente una sociologia reimportata, e in questa sociologia Simmel praticamente è scomparso. La sua "riapparizione" avviene negli anni settanta, ed è da connettersi dapprima con la crisi del funzionalismo parsonsiano e con lo sviluppo di nuove correnti sociologiche interessate all'analisi della vita quotidiana (cfr. CAP. 12) e poi, più stabilmente, con una ripresa internazionale della pubblicazione di tutti i suoi libri e lo studio approfondito della sua opera.

I tratti più caratteristici del pensiero di Simmel sono da un lato il suo concentrarsi sulle interazioni e sulle influenze reciproche che legano i diversi individui e i diversi fenomeni, dall'altro la sua capacità di cogliere l'ambivalenza di ciascun elemento della realtà sociale.

Questa capacità di riconoscere l'ambivalenza è particolarmente evidente, come abbiamo notato, in testi come quello sulle metropoli. Per quanto l'adesione personale di Simmel alla vita metropolitana, e a Berlino in particolare, fosse senza riserve (così che non poteva quasi immaginare di vivere altrove), il suo giudizio in proposito rimane aperto. La metropoli è tanto il regno della libertà e della massima espressione dell'individualità quanto quello dell'intellettualizzazione e dell'incapacità di percepire le differenze. Amplia le possibilità di movimento, ma lega anche ciascuno ad un sistema di interdipendenze che lo trascende. E si potrebbe continuare: il riconoscimento della presenza simultanea di tendenze complementari e la conseguente impossibilità di chiudere ogni diagnosi è un elemento costante del pensiero di Simmel.

Suggerimenti bibliografici

Per alcuni aspetti del periodo storico considerato nel primo paragrafo si veda fra gli altri E. Hobsbawm, *L'età degli imperi: 1875-1914* (1987). Sul concetto di modernità rimando al primo capitolo del volume di D. Frisby, *Frammenti di modernità* (1988) e al libro di M. Berman, *L'esperienza della modernità* (1982).

Per una discussione del concetto di comunità in Tönnies e nella sociologia successiva suggerisco il saggio di A. Bagnasco, *Comunità: definizione* (1993).

Per leggere Simmel comincerei dal saggio *Le metropoli e la vita dello spirito* (1903). I migliori testi introduttivi al suo pensiero disponibili in italiano sono le introduzioni che A. Cavalli ha scritto per *Filosofia del denaro* e per *Sociologia*. Si vedano anche *Georg Simmel* di D. Frisby (1984) e *Il conflitto della modernità* di A. Dal Lago (1994).

Per una discussione dei concetti di individuo e individualismo suggerisco di consultare il saggio di A. Ferrara, *Individuo e modernità* (1997). Per una discussione sugli sviluppi più recenti dell'ambiente urbano si possono vedere fra gli altri *La crisi della modernità* di D. Harvey (1989) e *La città postmoderna* di G. Amendola (1997). Per verificare la portata attuale delle osservazioni di Simmel sulla moda si può vedere V. Codeluppi, *Che cos'è la moda* (2005).

6

Max Weber

Introduzione

Max Weber è probabilmente lo studioso che ha più influenzato la sociologia del XX secolo.

Nacque a Erfurt nel 1864 e morì a Monaco nel 1920. Figlio di un giurista e deputato, fu membro di una famiglia dell'alta borghesia tedesca, e per tutta la vita intrattenne rapporti con molti fra i principali uomini politici e intellettuali tedeschi del suo tempo. Nel 1891 iniziò la sua carriera accademica, dapprima come docente di economia politica. La formazione economica è in effetti centrale nel suo pensiero, insieme ad un'erudizione storica straordinaria. Negli anni a cavallo del 1900 partecipò alla fondazione della rivista "Archiv für Sozialwissenschaft und Sozialpolitik" ("Archivio per le scienze sociali e la politica sociale") e alla fondazione dell'Associazione tedesca di sociologia: in questi anni il suo interesse si concentrò sulla definizione dei compiti e del metodo delle scienze sociali, ed è in questo periodo che cominciano ad essere pubblicate le sue opere più celebri, fra cui i saggi *L'"oggettività" conoscitiva della scienza sociale e della politica sociale* (1904) e *L'etica protestante e lo spirito del capitalismo* (1905).

Tra il 1906 ed il 1917 Weber pubblicò – come prosecuzione del lavoro sull'etica protestante – i monumentali studi della sua *Sociologia delle religioni*. La sua opera più nota, *Economia e società*, non fu invece mai pubblicata durante la sua vita: riordinata e di fatto ricostruita dalla moglie e poi da J. Winckelmann, vide la luce nel 1922, due anni dopo la morte dell'autore. Postume sono state pubblicate anche le sue lezioni di *Storia economica* (1923), tenute a Monaco immediatamente dopo la fine della Prima guerra mondiale.

Max Weber è una personalità complessa. Nella sua biografia, un elemento importante è costituito dall'esaurimento nervoso che, fra il 1897 e il 1901, lo costrinse ad abbandonare ogni attività intellettuale.

La sua attenzione per gli eventi politici del tempo fu sempre estremamente intensa, e più volte considerò l'idea di dedicarsi all'attività politica in prima persona, sempre rinunciandovi. Durante gli anni della guerra, svolse dapprima le funzioni di ufficiale in un gruppo di ospedali; più tardi partecipò a diverse missioni diplomatiche. Quando a Versailles furono patteggiate le condizioni della pace, Weber era presente come esperto in questioni economiche della delegazione tedesca.

La vastità della cultura personale di Weber fu enorme: nella storia del pensiero sociologico che abbiamo fin qui tratteggiato, è rivaleggiata forse solo dall'erudizione di Marx. Nominare Marx, nel momento in cui si introduce l'opera di Max Weber, è del resto tutt'altro che casuale. Gran parte del pensiero di Weber non è comprensibile se non come uno sforzo teso a riprendere i problemi formulati da Marx sulla genesi e le caratteristiche del modo di produzione capitalistico, e a proporne soluzioni teoriche parzialmente differenti (entro un atteggiamento politico *radicalmente* differente).

Non è facile schematizzare in poche pagine le linee fondamentali del pensiero di Weber. Seguendo l'indicazione di altri autori, suggerirei che le preoccupazioni teoriche di Weber riguardano essenzialmente tre campi di indagine: *metodologico*, *storico-comparativo* e *sistematico*.

In altre parole, Weber si è occupato essenzialmente di tre questioni.

1. Il problema del metodo delle scienze sociali (in particolare della sociologia) e dei rapporti tra sapere scientifico e giudizi di valore.
2. Il problema della genesi, della specificità e del destino della civiltà occidentale moderna.
3. Il problema di una definizione sistematica e coerente dei concetti della sociologia.

Grosso modo, il primo problema è affrontato in una serie di saggi come *L'"oggettività" conoscitiva della scienza sociale e della politica sociale*, *Alcune categorie della sociologia comprendente* e *Il significato della "avalutatività" delle scienze sociologiche ed economiche*. Il secondo problema è affrontato nel saggio sull'*Etica protestante e lo spirito del capitalismo* ed anima tutte le ricerche della *Sociologia delle religioni*, restando inoltre il problema di fondo di *Economia e società*. In quest'ultima opera, infine, il problema della sistemazione delle categorie della sociologia trova compiuto dispiegamento.

Tutti questi ordini di questioni sono intimamente connessi fra loro, e non corrispondono affatto a delle fasi distinte nel pensiero di Weber. Individuarli è solo uno strumento per facilitare il nostro studio. In che modo questi temi siano sviluppati da Weber, e come siano interconnessi, è quanto cercheremo di mostrare nelle pagine che seguono.

La sociologia come scienza comprendente

Per cominciare, vediamo che cosa Weber intenda per sociologia. Nella prima pagina di *Economia e società* fornisce questa definizione:

La sociologia (nel senso qui inteso del termine, che spesso è usato in modi equivoci) deve designare una scienza la quale si propone di intendere in virtù di un procedimento interpretativo l'agire sociale, e quindi di spiegarlo causalmente nel suo corso e nei suoi effetti (Weber, 1920-22, trad. it. 1986, vol. I, p. 4).

La sociologia è dunque innanzitutto una scienza che interpreta l'agire sociale. «Intendere in virtù di un procedimento interpretativo» è una complicata locuzione che, in italiano, serve a tradurre un verbo tedesco ben più conciso: *verstehen*.

Verstehen significa "comprendere": la sociologia per Weber è dunque una scienza *comprendente*, una scienza il cui primo obiettivo è *comprendere l'agire sociale*.

"Comprendere" non è un sinonimo di "spiegare". La spiegazione causale infatti, nella definizione che abbiamo riportato, *viene dopo* l'applicazione del procedimento interpretativo. Mostreremo fra poco come Weber intenda la spiegazione causale. Ma fin d'ora vediamo come quest'ultima sia qualcosa di distinto dalla comprensione. Soffermiamoci dunque sul termine "comprensione".

"Comprendere" un'azione vuol dire per Weber *intenderne il senso*, cioè interpretare il significato che quell'azione ha agli occhi della persona che la compie. Il concetto di "senso" è centrale in Weber (anche se, secondo diversi autori successivi ed anche a mio avviso, non è mai perfettamente chiarito). L'"agire sociale" che è oggetto della sociologia è infatti un agire *dotato di senso*. La frase immediatamente successiva alla definizione che abbiamo riportato suona così:

Per "agire" si deve intendere un atteggiamento umano (sia esso un fare, un tralasciare o un subire), se e in quanto l'individuo che agisce o gli individui che agiscono congiungono ad esso un senso soggettivo (*ibid.*).

Un agire è tale dunque *se e in quanto* vi è connesso un senso. Il senso soggettivo di un agire è, in prima approssimazione, il significato che all'agire stesso attribuisce chi compie l'azione. Immaginiamo, per esempio, che io veda davanti a me un uomo che guarda fissamente un libro, e gli chieda: «Cosa stai facendo?»; e immaginiamo che egli mi risponda: «Sto studiando». Ebbene, questa espressione («Sto studiando») indica il senso dell'azione che io ho osservato.

La possibilità che si dia *comprensione* distingue le scienze umane e sociali dalle scienze naturali. Questo punto è fondamentale, perché segna una frattura rispetto ad un'impostazione che abbiamo visto operante dai primi illuministi fino a Durkheim. Da Montesquieu a Comte e fino a Durkheim, il modello scientifico per eccellenza è quello delle scienze naturali, e le scienze dell'uomo devono progressivamente adeguarsi a questo modello. Per Weber questa impostazione è errata. Lo è per un motivo molto semplice: per il fatto che nelle scienze naturali i fenomeni non sono agiti da *soggetti* che danno loro un significato, mentre, nelle scienze dell'uomo, lo scienziato ha a che fare con fenomeni che sono agiti da soggetti i quali attribuiscono loro un significato.

Se una pietra cade – per fare un semplice esempio – io posso descriverne il moto e spiegarlo riconducendolo a delle ipotetiche leggi generali che lo governano, ma non devo interrogarmi sul senso che ha il cadere per la pietra stessa: la pietra non ha coscienza. Ma se un uomo lancia una pietra, ciò che io, come scienziato, posso e devo fare è innanzitutto *comprendere* il senso di quel gesto: questa possibilità è data perché l'uomo che lancia la pietra è un soggetto, che agisce con dei motivi e con dei fini. Può lanciare la pietra per svago, perché sta facendo una gara di lancio, perché vuole ferire qualcuno o perché intende scacciare degli spiriti. In ciascuno di questi casi, il senso dell'azione è diverso. Se non colgo tali differenze, il gesto mi rimane oscuro.

Le origini di questa differenziazione tra scienze naturali e scienze dell'uomo affondano nello storicismo tedesco e nel ricchissimo dibattito sui metodi delle diverse discipline scientifiche che ebbe luogo in Germania negli ultimi decenni dell'Ottocento. La posizione di Weber dipende da quella di Wilhelm Dilthey e dal suo rifiuto di utilizzare per quelle che egli chiamava le «scienze dello spirito» i metodi propri delle scienze naturali, ma tiene conto anche dell'insegnamento del filosofo neokantiano Heinrich Rickert, particolarmente sensibile all'impossibilità di applicare nozioni come quella di "legge naturale" nel campo della storia umana.

Riallacciandosi a questa tradizione, dunque, Weber intende tutte le scienze sociali come scienze comprendenti, scienze che hanno per oggetto l'agire in quanto comportamento dotato di significato. Vi sono tuttavia delle differenze tra le diverse discipline scientifiche. La storia, in particolare, si occupa della *singolarità* degli eventi: essa intende comprendere fatti che si sono verificati una volta sola, e non si interessa, se non marginalmente, alla regolarità con cui si manifestano i fenomeni. La sociologia, al contrario, è una scienza orientata alla *generalità*: essa intende studiare le azioni sociali degli uomini in quello che esse hanno di *tipico*, cioè di ricorrente in più casi. A causa di questo orientamento, la sociologia deve astrarre da infinite azioni singolari certe caratteristiche comuni, e produrre delle *tipologie* di fenomeni. La costruzione di *tipi ideali* – un termine che spiegheremo fra poco – è lo strumento principale della sociologia in questa direzione.

La sociologia si propone dunque innanzitutto di comprendere l'agire. Ma, come abbiamo visto nella definizione riportata all'inizio di questo paragrafo, ciò non è tutto. In secondo luogo, essa si preoccupa di *spiegare causalmente* l'agire.

Spiegare causalmente qualche cosa significa per Weber rintracciare un fenomeno che sia precedente nel tempo a quello che si intende spiegare, e rispetto a cui ciò che vogliamo spiegare sia logicamente un effetto che ne dipende. Significa cioè individuare una causa: un fenomeno che, per quanto siamo ragionevolmente in grado di capire, ha prodotto quello che vogliamo spiegare.

Le scienze naturali, indubbiamente, procedono in linea di massima cercando spiegazioni causali dei fenomeni che studiano. Una volta che il sociologo abbia proceduto a comprendere il senso dei fenomeni che osserva, i suoi passi successivi sono dunque simili a quelli dello scienziato naturale: anch'egli cerca delle cause che spieghino l'insorgere di quei fenomeni. L'idea di Weber è tuttavia che una spiegazione causale perfettamente esaustiva, per i fenomeni umani, non sia mai rintracciabile. La molteplicità dei fattori che si combinano nel produrre ogni fenomeno del mondo umano e sociale è tale che una definitiva spiegazione causale è impossibile: non si può mai stabilire che un dato fenomeno sia causato *da quest'altro e solo da quest'altro*. Cosa significa allora "spiegare causalmente"? Significa, in modo modesto ma non per questo non rigoroso, cercare pazientemente di rintracciare, per i fenomeni che si intende spiegare, le *condizioni* che sono sempre presenti quando essi si manifestano.

Immaginiamo di voler rintracciare le cause del fenomeno *B*. Se tutte le volte che *B* compare, precedentemente è comparso anche il fenomeno *A*, è ragionevole supporre che *B* sia causato da *A*. Se però *A* compare a volte anche senza che si manifesti *B*, allora ne concluderemo che *A* non è una *causa adeguata* di *B*. È probabilmente un fattore che ne facilita l'insorgenza, ma da solo non basta a spiegarlo. Ma ammettiamo che *A* compaia sempre e solo quando *B* si manifesta: in questo caso, esso rappresenterà una causa adeguata di *B*.

Tuttavia, resta sempre possibile che io non mi sia accorto di un altro fenomeno, che chiameremo *C*, il quale ha forse un ruolo ancora più importante di *A* per spiegare causalmente *B*. Questa possibilità resta sempre aperta. Ciò contraddistingue la ricerca delle scienze sociali. La realtà sociale, dice Weber, è infatti un tessuto a maglie infinitamente fitte ed infinitamente estese: non è mai possibile essere definitivamente certi di aver esaurito la ricerca sulle cause adeguate di qualsiasi fenomeno. L'individuazione di una catena causale è sempre, in una certa misura, il frutto di una "scelta" dello scienziato che, grazie alla sua esperienza, ma anche in relazione ai propri orientamenti, sarà più capace di vedere certi nessi causali che non altri.

Per questo, piuttosto che di *cause*, in tutti i suoi lavori in cui si occupa dei concreti fenomeni sociali (la nascita del capitalismo, per esempio), Weber preferisce parlare di *condizioni*, o di *influenze*, o di *insiemi di fattori*.

Come si vede, siamo qui definitivamente lontani dal positivismo nel cui alveo si erano sviluppati il programma sociologico di Comte e la stessa sociologia di Durkheim: siamo vicini piuttosto al pensiero di Simmel.

Il concetto di "idealtipo" e i fondamenti dell'agire sociale

La sociologia è dunque una scienza che si occupa dell'agire degli uomini. Essa non si occupa però di tutto l'agire, ma solo e specificamente dell'*agire sociale*. Torniamo alla prima pagina di *Economia e società*. Weber scrive:

> Per "agire sociale" si deve però intendere un agire che sia riferito – secondo il suo senso, intenzionato dall'agente o dagli agenti – all'atteggiamento di altri individui, e orientato nel suo corso in base a questo (Weber, 1920-22, trad. it. 1986, vol. 1, p. 4).

Non ogni forma di agire, secondo Weber, è sociale – e dunque non tutto l'agire umano rientra nell'oggetto della sociologia: è "sociale" quell'agire che «è orientato all'atteggiamento di altri».

In altre parole: se piove e io apro l'ombrello, l'agire che consiste nel mio aprire l'ombrello non è un "agire sociale", perché non è orientato ad atteggiamenti altrui, ma è orientato solo al fine di ripararmi dalla pioggia. Viceversa, il fatto che io, in un'aula, stia insegnando è un "agire sociale", poiché è rivolto, nel senso che io soggettivamente gli attribuisco, ad atteggiamenti altrui: io intendo insegnare agli studenti delle cose, e mi baso nel mio agire su supposizioni che riguardano le loro aspettative (e anche su supposizioni che riguardano le aspettative sul mio conto da parte della comunità degli insegnanti, dell'istituzione da cui dipendo e altro ancora).

Come vedremo tra un istante, l'agire sociale può essere di diversi tipi. Abbiamo già nominato la nozione di *tipo*. Propriamente, Weber parla di *idealtipi* o *tipi ideali*, cioè di tipi costruiti idealmente. Che cos'è un "tipo ideale"? È una costruzione del pensiero. È uno strumento conoscitivo di cui lo scienziato sociale si dota per comprendere il senso delle azioni.

Concretamente, il senso che ciascun soggetto attribuisce alle proprie azioni è differente caso per caso ma, come abbiamo visto, la sociologia tende a generalizzare. Il "tipo ideale" è lo strumento di questo processo di generalizzazione. Esso è una sintesi, un'astrazione, che è utile per ridurre l'infinita varietà dei fenomeni a un insieme di categorie maneggevole. L'utilità euristica di un "tipo ideale" non è mai definibile a priori: la si verifica nel corso delle analisi concrete. Come scrive Weber:

> esso rappresenta un quadro concettuale, il quale non è la realtà storica, e neppure la realtà "vera e propria" [...]: ha il significato di un puro concetto-limite ideale, a cui la realtà deve essere commisurata e comparata, al fine di illustrare determinati elementi significativi del suo contenuto empirico (Weber, 1904, trad. it. 1967, p. 112).

Il concetto di "tipo ideale" ricorre in tutta l'opera di Weber. Ma, correttamente, alcuni autori hanno osservato che in realtà vi sono diverse specie di "tipi ideali" in Max Weber. Ad un primo livello, sono "tipi ideali" determinate formazioni storiche colte nella loro individualità: per esempio, come vedremo, il "capitalismo occidentale moderno". Ad un secondo livello – più astratto – sono "tipi ideali" concetti come quelli di "burocrazia", oppure i tipi di potere "carismatico", "tradizionale" e "legal-razionale" di cui parleremo più avanti: qui l'"idealtipo" non coglie un'individualità storica, ma un tipo di fenomeni che si può presentare in formazioni storiche diverse. Ad un livello ancora più astratto, infine, vi sono "tipi ideali" come i "tipi di azione sociale" che vedremo fra un attimo: tipi generalissimi, che corrispondono ad un tentativo di rendere interpretabile e confrontabile l'agire in un numero elevatissimo di casi.

Proprio a quest'ultima tipologia dobbiamo rivolgerci ora. Si tratta della tipologia che – ancora nelle primissime pagine di *Economia e società* – distingue quattro *tipi di agire sociale*.

L'agire sociale può essere determinato, per Weber, secondo quattro diversi tipi.

1. *Agire razionale rispetto allo scopo.*
2. *Agire razionale rispetto al valore.*
3. *Agire affettivo.*
4. *Agire tradizionale.*

Ognuno di questi tipi di agire corrisponde a un diverso tipo di senso che l'azione ha per il soggetto che la compie.

L'*agire razionale rispetto allo scopo* è il tipo di agire nel quale il soggetto agisce in vista di un *fine* determinato, e calcola i suoi sforzi in modo razionale per raggiungere tale fine. È un agire di questo tipo quello di un ingegnere che costruisce un ponte ferroviario, o quello di un generale che vuole riportare la vittoria, quello di un imprenditore che vuole ottenere del profitto, o di uno scienziato che intende verificare un'ipotesi attraverso degli esperimenti. In tutti questi casi, il soggetto ha una chiara visione del suo obiettivo, e la sua azione *serve a* conseguirlo, utilizzando le risorse e gli strumenti a disposizione secondo un *calcolo*.

L'*agire razionale rispetto al valore è* un tipo di agire che è orientato dalla credenza nell'«incondizionato valore in sé» di un comportamento in quanto tale, a prescindere da qualunque considerazione relativa alle conseguenze di tale comportamento. In altre parole: qui il senso dell'agire non rimanda ad uno scopo da raggiungere (non "serve" a nulla), ma risiede nel valore in sé dell'agire stesso.

Un tale valore in sé può essere attribuito ad un comportamento etico, o religioso, oppure estetico, o altro ancora: ciò che contraddistingue l'agire razionale rispetto al valore non è il tipo di valore cui si riferisce, ma il fatto che sia comprensibile solo proprio in riferimento ad un valore, che è rilevante per il soggetto che compie l'azione *a prescindere dalle conseguenze* che può comportare. È di questo tipo l'agire di un capitano che affonda con una sua nave, o quello di un martire che accetta di sacrificarsi per la sua fede, o quello di un uomo che accetta un duello per onore.

L'*agire affettivo* è un agire il cui senso è legato ad un particolare affetto o stato d'animo del soggetto. Sono di questo tipo le azioni di un innamorato, di chi è adirato o intimorito: azioni dettate non da un fine né dal riferimento ad un valore, ma dalle emozioni o dai sentimenti.

L'*agire tradizionale* è infine l'agire dettato da un'abitudine acquisita. In questo caso, il soggetto non compie l'azione in modo riflessivo né segue un impulso momentaneo, ma agisce sulla base di una consuetudine. Sono di questo tipo azioni come lo scambiarsi dei saluti secondo formule stereotipate, o il segnarsi di un cristiano quando entra in una chiesa.

Si tratta, come si è detto, di *tipi ideali* di agire: una schematizzazione dunque, un'astrazione rispetto alle infinite azioni possibili. Nella realtà, inoltre, spesso non è agevole distinguere se un'azione sia di un tipo oppure di un altro, poiché diversi orientamenti di significato si mescolano. L'utilità di questa classificazione è analitica.

Nel mondo moderno, secondo Weber, si assiste ad un crescente predominio dell'*agire razionale rispetto allo scopo*. Le azioni degli uomini tendono cioè a farsi sempre più *strumentali*, e il calcolo relativo al perseguimento di fini diviene l'atteggiamento mentale predominante. La frequenza di azioni orientate esclusivamente a *valori in sé* decade, così come in qualche misura decresce il peso relativo dei modi d'agire esclusivamente affettivi o passionali e di quelli tradizionali. Tale diagnosi ricorda quella di Tönnies (che a sua volta concepiva la *Gesellschaft* come una forma associativa dominata da atteggiamenti culturali diffusi di tipo riflessivo, strumentale, a scapito dei comportamenti più emotivi e tradizionalistici caratteristici della *Gemeinschaft*), e ricorda anche il tema simmeliano del crescente predominio dell'*intelletto* nel mondo moderno.

Nei termini di Weber, il crescente predominio di forme d'agire di tipo razionale rispetto allo scopo corrisponde allo sviluppo di un processo di *razionalizzazione*. Il concetto di "razionalizzazione" ricorre costantemente nell'opera di Weber, con significati non sempre univoci: qui, possiamo intendere tale concetto proprio come il crescente predominio di forme di agire orientate razionalmente rispetto allo scopo.

Il concetto di "capitalismo"

Abbiamo detto all'inizio di questo capitolo che uno dei temi principali della riflessione di Weber consiste nella definizione delle caratteristiche essenziali, delle origini e del destino della civiltà occidentale moderna. Dal punto di vista della sua organizzazione economica, la società occidentale moderna ha il suo perno nel *capitalismo*. Definire la specificità del capitalismo nell'Occidente moderno significa dunque definire un aspetto essenziale di questa civiltà.

Ma che cos'è, per Weber, il capitalismo? Come si ricorderà, questo termine è comparso nei nostri studi attraverso l'opera di Karl Marx. Weber – che per molti versi è erede della problematica intellettuale di Marx – riprende questo termine, al quale tuttavia attribuisce significati un po' differenti.

Proveremo a comprendere tali significati utilizzando le pagine dell'*Osservazione preliminare* che Weber ha premesso al saggio *L'etica protestante e lo spirito del capitalismo*.

Il punto di partenza è fornito dalla definizione dell'agire economico di tipo capitalistico. Un *atto economico capitalistico* è per Weber «un atto che si basa sull'aspettativa di guadagno derivante dallo sfruttare abilmente le congiunture dello scambio, dunque da probabilità di guadagno formalmente pacifiche» (Weber, 1905, trad. it. 1974, p. 67).

Esso non è uguale dunque al semplice desiderio di accumulare denaro e non è uguale neppure alla rapina (che non è formalmente pacifica). Esso si basa su aspettative di guadagno formalmente pacifiche e, soprattutto, disciplinate razionalmente e reiterate nel tempo. Come Weber spiega poche righe più oltre, l'agire economico che chiamiamo "capitalistico" è un agire specificamente orientato all'aumento costante del capitale:

> ciò vuol dire che esso è ordinato secondo un impiego prestabilito di prestazioni materiali o personali quali mezzi per conseguire un profitto [...]. Nel caso di un'impresa continua la consistenza patrimoniale in denaro calcolata periodicamente in bilancio deve periodicamente superare il capitale (ivi, p. 68).

Il capitalismo è dunque un sistema economico al cui interno i soggetti agiscono al fine di conseguire un guadagno in modo formalmente pacifico utilizzando le congiunture dello scambio. Il tipico soggetto di questo sistema è il proprietario dell'*impresa capitalistica*, che dispone di un capitale e mira ad accrescerlo mediante il conseguimento rinnovato di profitti che di norma vengono reinvestiti per procurare nuovo profitto.

Ciò tuttavia non è ancora sufficiente a definire il *capitalismo occidentale moderno*. Infatti, secondo il concetto fin qui definito,

> ci sono stati "capitalismo" e "imprese capitalistiche" anche con una certa razionalità nel calcolo del capitale in tutti i paesi civili del mondo; per lo meno fin dove risalgono i documenti economici che possediamo. In Cina, in India, in Babilonia, in Egitto, nell'antichità mediterranea, nel Medio Evo e nell'evo moderno (*ibid.*).

È necessario introdurre allora un'altra caratteristica per definire il capitalismo occidentale moderno: questa è l'*organizzazione razionale del lavoro formalmente libero*, cioè l'utilizzo di lavoratori salariati, giuridicamente liberi, per lo svolgimento delle attività dell'impresa: «l'Occidente conosce nell'epoca moderna una specie di capitalismo ben diverso e che altrove non si è mai sviluppato: l'organizzazione razionale del lavoro formalmente libero» (ivi, p. 71).

Proviamo a riassumere quanto detto. Un agire economico è detto di tipo capitalistico nella misura in cui è orientato a perseguire, in modo sistematico, continuo nel tempo e formalmente pacifico, un profitto. E il capitalismo occidentale moderno è un sistema di imprese, collegate fra loro attraverso il mercato, in cui ogni impresa agisce per conseguire il profitto e organizza le proprie attività conformemente a tale scopo in modo razionale, utilizzando lavoro formalmente libero.

Quanto alla società nel suo insieme, essa è capitalistica quando la soddisfazione dei bisogni dei suoi membri ha luogo in modo prevalente attraverso l'attività di tali imprese e il consumo delle merci che queste producono. Come Weber dice nelle lezioni di *Storia economica*:

> un'*epoca* nel suo complesso può essere definita tipicamente capitalistica [...] se la copertura dei fabbisogni è talmente orientata in senso capitalistico che, se venisse meno questo tipo di organizzazione, l'intera copertura del fabbisogno crollerebbe (Weber, 1923, trad. it. 1993, p. 196).

In molti punti, la definizione weberiana del capitalismo richiama quella di Marx. È evidente tuttavia che, rispetto a Marx, è assente il tema dello *sfruttamento*. È assente perché la definizione di Weber non si basa sulle caratteristiche dei rapporti di produzione, ma da un lato riporta la formazione del profitto alla sfera dello scambio, e dall'altro definisce il capitalismo sulla base di un insieme di caratteristiche che riguardano il senso dell'agire e le condizioni storiche in cui tale agire si dispiega. Di fatto, la denuncia dello sfruttamento dei lavoratori salariati è per Weber un aspetto di una critica *morale* al capitalismo che non ha nulla a che vedere con la definizione scientifica del capitalismo stesso.

Ma la definizione di Weber ha anche qualcosa che in Marx non era presente: il riferimento al carattere *razionale* dell'agire capitalistico, cioè alla razionalità formale del calcolo economico che vi è alla base e all'organizzazione razionale del lavoro.

Il concetto di "razionalità" è in effetti decisivo nella prospettiva di Weber. Chiariamo che la razionalità cui Weber fa riferimento è quella dell'*agire razionale rispetto ad uno scopo*: è questo il tipo di razionalità che è all'opera nell'agire economico che chiamiamo "capitalistico", nei suoi modi di fare uso delle tecniche disponibili, nei suoi modi di organizzare il lavoro, nei suoi calcoli di bilancio.

Perché il capitalismo potesse svilupparsi, sono stati necessari numerosi fattori storici. Fra questi, Weber richiama in diversi suoi scritti soprattutto i seguenti:

– la *disponibilità di lavoro formalmente libero* (cioè, come si è già detto, la fine della schiavitù e del servaggio);
– lo *sviluppo di mercati aperti* (dunque l'apertura progressiva delle comunità di villaggio ad un sistema di relazioni commerciali più vaste);
– la *separazione tra famiglia ed impresa* (ovvero tra sfera domestica e sfera del lavoro, dove vengono a vigere logiche differenti);
– e, non da ultimo, lo *sviluppo di un diritto formalmente statuito*, che consenta ai soggetti dell'agire capitalistico (le imprese) condizioni in cui le norme dettate dal potere politico non siano soggette a continui mutamenti: è chiaro infatti che in presenza di regole non stabili e garantite sarebbe difficile fare calcoli razionali relativi al successo delle proprie attività.

Questi fattori sono stati presenti secondo Weber, seppure in grado diverso, in molte altre epoche e in molte altre società. La loro *combinazione* si è prodotta però solo nell'Occidente moderno. Tuttavia, c'è dell'altro: ciò che soprattutto caratterizza il capitalismo occidentale moderno è infatti una mentalità specifica che permette di attribuire senso a un agire come quello "capitalistico" in modo particolarmente diffuso. È ciò che Weber chiama «lo spirito» del capitalismo, caratterizzato da un'enfasi particolare sull'importanza del lavoro professionale e sull'importanza di reinvestire nell'impresa i proventi delle attività economiche senza esaurirli nel consumo improduttivo o nel lusso, e insieme da una particolare accentuazione della razionalità dell'agire. Ma da dove ha origine questo «spirito»?

Lo spirito del capitalismo e le sue origini nell'etica protestante

Ritorniamo alle pagine dell'*Osservazione preliminare* dell'*Etica protestante*. Una volta definito cosa si intenda per capitalismo, il problema si pone nel modo seguente: quali sono le condizioni che hanno determinato il suo sorgere? Sappiamo già che, per Weber, è impossibile risalire ad una e una sola causa. È possibile individuare una pluralità di fattori. Ora, il principale di tali fattori è indicato da Weber proprio nella peculiare *attitudine razionalistica* che caratterizza la civiltà moderna. Lo «spirito del capitalismo» è l'*ethos razionale* che lo anima. Il problema diviene dunque «cercare di spiegare il particolare carattere del razionalismo occidentale, e in seno a questo di quello moderno, e le sue origini» (Weber, 1905, trad. it. 1974, p. 77).

Il punto è, in altri termini, individuare le origini della capacità e della disposizione degli uomini dell'Occidente moderno a sviluppare in modo particolare delle forme di condotta pratico-razionale nella vita. Queste sono alla base dell'agire economico di tipo capitalistico, un agire che, come abbiamo visto, *calcola* in vista di uno scopo, il guadagno, e tende a sottovalutare il concreto godimento di quanto viene prodotto.

Il saggio *L'etica protestante e lo spirito del capitalismo* è uno sforzo teso a definire le origini di questa disposizione. Si tratta di una disposizione culturale, la cui origine andrà dunque cercata in sfere della vita specificamente culturali. Di fatto, essa andrà cercata per Weber all'interno delle forme specifiche della cultura europea nei secoli che stanno all'inizio dell'età moderna, cioè in forme *religiose*.

Ricordiamo qualche elemento di storia. Nel 1517 Lutero rese pubbliche le sue famose 95 tesi che segnano l'inizio della riforma protestante. La dottrina di Lutero comportava il rifiuto dell'autorità del Papa in materia di fede, e riproponeva un radicale ritorno al messaggio evangelico. Attraverso vicissitudini e sconvolgimenti sociali violenti, il protestantesimo si assestò nel corso del Cinquecento e del Seicento in tutta l'Europa settentrionale. Esso conobbe tuttavia diverse versioni. La più rilevante – almeno, come vedremo, nel discorso di Weber – è quella *calvinista*, che si organizzò dapprima a Ginevra, ma che fu poi la forma in cui il protestantesimo conobbe la più ampia diffusione.

In generale, il protestantesimo pone più di altre confessioni – e in particolare più di quella cattolica – l'accento sull'*individuo* come interprete diretto della parola di Dio. In questa enfasi particolare sull'individualismo, alcuni autori hanno colto uno dei tratti del protestantesimo più consoni alla formazione della cultura moderna. Ma non è questa la strada di Weber.

Piuttosto, egli osserva che il protestantesimo si differenzia dal cattolicesimo per un'enfasi particolare sulla *vita mondana*. Il frutto dell'opera di Lutero nel campo etico fu infatti innanzitutto questo: che «cadde la sopravvalutazione dei doveri ascetici in confronto a quelli profani» (ivi, p. 156).

È sul terreno di questa rivalutazione dei compiti mondani che si instaura il concetto di *Beruf*. Il termine *Beruf* non ha una traduzione univoca in italiano: significa insieme "professione" e "vocazione". Nel concetto di *Beruf* i protestanti hanno indicato il carattere sacro dei compiti professionali di ciascuno, la dimensione religiosa dell'occuparsi di compiti connessi alla propria posizione nel mondo.

Ma vi è un'altra caratteristica della dottrina protestante che ha grande rilevanza. Si tratta della concezione dell'assoluta imperscrutabilità del volere divino, e la sua totale indipendenza dalle azioni degli uomini. Nella versione calvinista, questa enfasi sull'assoluta libertà di Dio rispetto agli uomini si tramuta nel dogma della *predestinazione delle anime*. È solo Dio che ha il potere di salvare o di perdere per l'eternità: l'uomo non può nulla per mutare o influenzare ciò che solo la Grazia può concedere.

Questo dogma, osserva Weber, ha delle conseguenze psicologiche molto rilevanti. Il singolo credente non ha alcun potere sulla propria salvazione. Né tramite la preghiera né tramite le proprie azioni egli può essere certo della salvezza. Contemporaneamente, egli è portato a scrutare ogni segno che possa venirgli a conferma del proprio destino. Il compimento con successo del proprio dovere professionale viene a costituirsi in questo quadro come un modo di rispondere alla pressione psicologica prodotta dalla dottrina della predestinazione: l'uomo rispetta il volere di Dio occupandosi sistematicamente della creazione di Dio – cioè il mondo – e contemporaneamente si vieta ogni indulgenza nei confronti dei piaceri che dal mondo possono derivare, nel timore di scoprire in tali piaceri la tentazione, e dunque il segno del proprio essere dannato.

La condotta di vita che emerge dall'insieme di tali atteggiamenti è fortemente *metodica*. È importante osservare a questo riguardo un punto: a differenza dei cattolici (e, in parte, anche degli stessi luterani) i calvinisti «non possono sperare di recuperare le ore di debolezza e di leggerezza con maggiore buona volontà in altri momenti». È loro estranea radicalmente infatti la credenza della possibilità del perdono dei peccati tramite il sacramento della confessione (che non esiste in questa forma del cristianesimo). Indulgere nel peccato è di gravità radicale: è un segno della dannazione, non una "caduta" dalla quale ci si possa "rialzare". La condotta di vita, in questa situazione, deve essere scrupolosamente metodica, e il lavoro assurge non solo a modo di "glorificare il Signore" (e «la scarsa voglia di lavorare è sintomo della mancanza della Grazia»), ma anche a strumento per evitare le tentazioni: è «il preventivo specifico contro tutte le tentazioni».

Adesione al mondo, nel compimento del proprio *Beruf*, e insieme ascesi dal mondo, rinuncia ad ogni godimento, fuga da ogni tentazione: questo atteggiamento è detto da Weber *ascesi intramondana*, cioè appunto fusione di rinuncia al godimento del mondo e di presenza attiva nel mondo.

Ma proprio tale atteggiamento si rivela, all'analisi, affine a quanto richiede lo «spirito» del capitalismo, almeno ai suoi inizi. Per sviluppare un'impresa capitalistica è necessaria infatti una tensione culturale particolare: si tratta di dedicarsi nel modo più sistematico e razionale possibile alla propria professione economica, ma, nel contempo, si tratta di rinunciare al desiderio di utilizzare i guadagni per goderne: si tratta di rinunciare allo "scialo". Ciò che si è guadagnato deve essere reinvestito per la crescita della propria produzione (senza di cui si viene sopraffatti dalla concorrenza).

L'etica protestante – specie nella sua versione calvinistica – favorisce dunque lo sviluppo di questa "mentalità": ne offre le basi di senso.

Fermiamoci qui per un istante. Nel volume *L'etica protestante* Weber cerca dunque, conformemente ai principi della sua sociologia, di comprendere il senso di un determinato tipo di agire. L'agire economico capitalistico è orientato alla ricerca di un profitto, e il sistema fondato su tale tipo di agire è un sistema economico che produce accumulazione, un sistema cioè che produce periodicamente di più di quanto viene consumato. In ciò, è un sistema economico radicalmente differente da tutti i sistemi economici precedentemente conosciuti nella storia, nei quali la produzione era finalizzata per lo più direttamente al consumo e non mirava sistematicamente ad accrescere se stessa. Nella ricerca delle origini di tale sistema, Weber rintraccia il ruolo giocato da una particolare etica, quella caratterizzata da un atteggiamento di ascesi intramondana, con i suoi correlati dell'impegno sistematico nelle attività professionali e della contemporanea rinuncia al godimento dei beni prodotti. Ma dobbiamo osservare, per quanto necessariamente di sfuggita, che l'impostazione weberiana del problema delle origini del capitalismo è radicata in un ampio dibattito a lui contemporaneo. In questo dibattito è particolarmente rilevante la figura di Werner Sombart (*Il capitalismo moderno*, 1902).

Anche Sombart attribuisce ai fattori culturali un ruolo preminente nello spiegare la genesi degli atteggiamenti economici che stanno alla base del capitalismo. Diversamente da Weber, tuttavia, egli individua non una, ma diverse costellazioni di "mentalità" che avrebbero cooperato. In particolare, osserva che caratteristica dei primi imprenditori dovette essere una certa "marginalità" nell'ambito della cultura tradizionale: per questo si concentra sulle figure degli ebrei, degli eretici e in generale degli "stranieri" in ogni contesto sociale. Una condizione di relativa marginalità culturale è terreno fertile per la nascita di uno spirito imprenditoriale dal momento che corrisponde a una non dipendenza dai vincoli della tradizione, e dunque a una condizione favorevole a comportamenti innovativi. (Si noti che la specifica attenzione che Sombart riserva alla figura dell'imprenditore capitalista come "innovatore" sarà ripresa dal pensiero economico novecentesco: gli studenti di economia potranno ritrovarla nell'opera di Schumpeter.)

Tornando a Weber, ricordiamo che l'etica protestante è uno dei fattori che hanno contribuito al sorgere e allo svilupparsi del capitalismo occidentale moderno. Ma che questa etica abbia giocato un ruolo importante nelle origini del capitalismo non significa né che sia stato l'unico fattore, né che giochi tuttora questo ruolo. A dire il vero, la situazione che questa etica produce è secondo Weber piuttosto paradossale. Egli lo mostra chiaramente nell'ultimo capitolo dell'*Etica protestante*. Infatti, l'etica puritana favorisce, mediante la sua enfasi sul lavoro e sulla contemporanea rinuncia ad ogni lusso, la produzione di ricchezza: ma la ricchezza, una volta prodotta, gioca a sfavore degli impulsi religiosi originari, favorendo proprio ciò che questi chiamavano "tentazione". Leggiamo le ultime pagine del saggio di Weber:

Il Puritano *volle* essere un professionista, noi *dobbiamo* esserlo. Poiché in quanto l'ascesi fu portata dalle celle dei monaci nella vita professionale e cominciò a dominare la moralità laica, essa cooperò per la sua parte alla costruzione di quel potente ordinamento economico moderno, legato ai presupposti tecnici ed economici della produzione meccanica, che oggi determina con strapotente costrizione, e forse continuerà a determinare finché non sia stato consumato l'ultimo quintale di carbon fossile, lo stile di vita di ogni individuo che nasce in questo ingranaggio, e non soltanto di chi prende parte all'attività esplicitamente economica. Solo come un mantello sottile, che ognuno potrebbe buttar via [...], la preoccupazione per i beni esteriori doveva avvolgere le spalle degli "eletti". Ma il destino ha fatto del mantello una gabbia d'acciaio. Mentre l'ascesi imprendeva a trasformare il mondo e ad operare nel mondo, i beni esteriori di questo mondo acquistarono una forza sempre più grande nella storia. Oggi lo spirito dell'ascesi è sparito, chissà se per sempre, da questa gabbia.

Il capitalismo vittorioso in ogni caso, da che posa su di un fondamento meccanico, non ha più bisogno del suo aiuto (Weber, 1905, trad. it. 1974, p. 305).

Di fatto, lo sviluppo del capitalismo tende a perdere, nel suo corso, i propri fondamenti culturali legati all'etica protestante. Una volta avviato, il capitalismo procede meccanicamente, quasi per forza di inerzia, come una sorta di valanga. Chi nasce al suo interno vi si trova inserito come in un mondo naturale, ne dà per scontati i meccanismi. Il profitto e il successo professionale vengono perseguiti per se stessi, o alternativamente, per consentire il conseguimento di quei beni esteriori che l'etica puritana originaria fuggiva come tentazioni. La perplessità di Weber di fronte a ciò è evidente. Ma questo non lo porta su posizioni critiche nei confronti del capitalismo. Se mai, a una sottolineatura del suo carattere "tragico", o comunque contraddittorio: la modernità capitalista sembra distruggere infatti proprio le forze che hanno contribuito a farla nascere.

La rinuncia ad una posizione esplicitamente critica dipende in parte dal fatto che Weber non vede, nel momento storico in cui vive, alternative plausibili allo sviluppo del capitalismo. Nei confronti del socialismo è palesemente scettico (della "dittatura del proletariato" preconizzata dai bolscevichi dirà, con notevole preveggenza, che si trasformerà probabilmente in una "dittatura dei funzionari"). Ma dipende anche da un altro ordine di questioni. Cioè dal fatto che la sociologia di Weber è dichiaratamente *avalutativa*, ovvero si vieta esplicitamente di formulare giudizi di valore.

Dobbiamo chiarire questo punto, che è fondamentale all'interno delle riflessioni metodologiche di Weber.

L'"avalutatività" delle scienze sociali

I "valori" sono orientamenti culturali di fondo che motivano le nostre condotte. In particolare – anche se non esclusivamente – i valori esprimono degli atteggiamenti morali. Ma per capire Weber a riguardo, dobbiamo procedere a una distinzione fra *riferimento ai valori* e *giudizio di valore*.

Il *riferimento ad un valore* è il soggettivo riferirsi nella propria condotta, da parte di qualcuno, a certi valori. Il *giudizio di valore* è invece un'affermazione che, riguardo a certi fenomeni, esplicitamente dichiara: «è bene»; oppure: «è male».

Ora, lo scienziato sociale non può fare a meno di riferirsi ai valori. Ciò in due sensi. Da un lato, perché i valori sono parte del *senso* che gli attori attribuiscono al proprio agire: poiché la sociologia è per Weber specificamente orientata a comprendere tale senso, deve necessariamente essere in grado di cogliere anche i valori. In questa accezione, i valori sono una parte del campo di indagine proprio della sociologia. Ma dall'altro lato, lo scienziato sociale si riferisce a dei valori perché non può farne a meno: egli è un uomo, e come tale è situato in un contesto storico e sociale, vive delle passioni, si schiera con gli uni o con gli altri, giudica la realtà in cui è immerso. A ben guardare, secondo Weber, proprio da questa sua appassionata presenza nel mondo lo scienziato deriva la propria stessa volontà di fare ricerca: egli studia qualcosa perché la ritiene rilevante. E, del resto, i suoi orientamenti personali lo spingeranno poi a scegliere di analizzare certi nessi causali piuttosto che altri, lo spingeranno a *vedere* certi fenomeni o certi nessi meglio di altri. La realtà, per Weber, è infinita, e nessuna spiegazione può essere esaustiva: l'orientamento basato sui propri valori sarà dunque quello che conduce lo scienziato a privilegiare nell'analisi certi elementi piuttosto che altri.

Ma, se ci fermassimo qui, la sociologia di Weber non potrebbe garantire alcuna oggettività. Ciò che garantisce l'oggettività del lavoro dello scienziato sociale è che, nel corso della ricerca, egli si sforzi di essere consapevole dei propri orientamenti soggettivi e sappia, per così dire, "mettere tra parentesi" i propri riferimenti di valore: eviti cioè di *emettere dei giudizi di valore rispetto ai fenomeni che studia*. L'oggettività è in altri termini il frutto di una *disciplina*. Tale disciplina si chiama *avalutatività*.

Nel momento in cui lo scienziato, nel corso della sua ricerca o nel corso del suo insegnamento, inserisse i propri giudizi di valore, farebbe un pessimo servizio alla scienza, e si collocherebbe in campi che non hanno niente da spartire con quello della scienza: quello dell'etica o quello della politica.

In altri termini ancora: l'etica (cioè la sfera dei valori) è un oggetto della ricerca delle scienze sociali, ma il lavoro di queste stesse scienze è scientifico solo nella misura in cui *si differenzia dall'etica* stessa, rinunciando a valutare nel momento in cui si sforza di comprendere e spiegare.

Alcune categorie della sociologia weberiana

Veniamo ora ad alcune delle categorie che Weber sviluppa negli scritti intesi a fornire dei fondamenti sistematici alla sociologia compresi in *Economia e società*.

Abbiamo già osservato i concetti di *sociologia comprendente*, di *agire*, e di *agire sociale*. Senza pretendere di esaurire l'estrema ricchezza – e complessità – del testo weberiano, vediamo ora alcune altre categorie.

La *relazione sociale* si definisce per Weber subito dopo la nozione di *agire sociale*: esiste infatti relazione sociale quando, essendovi più attori sociali compresenti, *il senso dell'azione di ciascuno si riferisce all'atteggiamento dell'altro, in un modo tale che le azioni sono reciprocamente orientate fra loro.*

L'insegnante e i suoi allievi, per esempio, vivono una relazione sociale: l'atteggiamento di entrambi, nel momento in cui agiscono nell'aula, è orientato in riferimento all'agire dell'altro.

Individui in relazione *costante* fra di loro possono costituire *comunità* e *società*. La distinzione tra *comunità* e *società* (o *associazione*) è posta da Weber in questi termini: un gruppo di individui costituisce una *comunità* «se, e nella misura in cui, la disposizione dell'agire sociale poggia su una *comune appartenenza* soggettivamente sentita da parte degli individui che vi partecipano» (Weber, 1920-22, trad. it. 1986, vol. I, p. 38).

Costituisce invece una *società* (o *associazione*) «se e nella misura in cui la disposizione dell'agire sociale poggia su una convergenza di interessi, o su un legame di interessi motivato razionalmente» (*ibid.*).

Questa distinzione riecheggia evidentemente quella di Tönnies: le parole tedesche sono ancora *Gemeinschaft* per *comunità*, e *Gesellschaft* per *società*. Rispetto alle categorie di Tönnies, tuttavia, quelle di Weber sono esplicitamente analitiche, e non venate da alcuna valutazione nostalgica nei confronti della *Gemeinschaft*.

Comunità e società sono per Weber *tipi ideali* di relazioni sociali: in un caso la relazione si basa sul sentimento di una comune appartenenza, nell'altro su una convergenza di interessi. In altri termini, la "comunità" è un tipo di relazione sociale venata da una forte dimensione affettiva, mentre la "società" è una relazione sociale fondata razionalmente sulla considerazione dell'interesse dei soggetti a prendervi parte. Tipicamente – ma, aggiunge Weber, non necessariamente – la società (o associazione) può poggiare su *stipulazioni*, cioè su impegni reciproci presi esplicitamente dai suoi membri (si pensi, per esempio, ad una "società per azioni").

Sottolineo che *comunità* e *società* sono per Weber degli *idealtipi*, cioè dei concetti astratti: nei casi concreti, molto spesso le relazioni sociali hanno in parte il carattere di comunità, e in parte il carattere di società. Come scrive Weber,

> una relazione sociale, per quanto sia razionale rispetto allo scopo, e freddamente creata per attuare un certo fine, può far nascere valori di sentimento che procedono oltre lo scopo posto. In tal senso inclina, seppure in grado assai diverso, qualsiasi associazione che vada al di là dell'agire attuale di una unione di scopo, che istauri quindi relazioni sociali di lunga durata tra le medesime persone: di questo genere sono, ad esempio, l'associazione nello stesso reparto in un esercito, nella stessa classe scolastica, nello stesso ufficio, nella stessa officina. E in modo analogo una relazione sociale, il cui senso normale sia quello di una comunità, può viceversa essere orientata, da tutti o da alcuni dei partecipanti, in maniera totalmente o parzialmente razionale rispetto ad uno scopo (ivi, p. 39).

Comunità e associazioni sono forme di agire sociale in cui l'accento è posto sull'*integrazione* dei membri del gruppo. Ma vi possono essere anche relazioni sociali di tipo opposto: la *lotta* è in particolare un tipo di relazione sociale in cui ciascun attore non mira ad un'"integrazione" con l'altro, ma alla sua sopraffazione.

Il concetto di *lotta* è molto importante nella sociologia weberiana. Non a caso, l'approccio di Weber è definito a volte *conflittualistico*.

Diversamente da Durkheim, Weber non tende a enfatizzare la presenza dell'ordine e della coesione entro il mondo umano, ma a osservare la ricorrente presenza di forme di lotta. In questo, è certo più vicino a Marx che a Durkheim. Ma, diversamente da Marx, Weber non privilegia nella sua analisi un particolare tipo di conflitti – i conflitti di classe – né si attende che i conflitti, come espressione di "contraddizioni", conducano la storia verso "sintesi" successive: il conflitto è piuttosto una dimensione sempre inerente alle possibilità umane dell'agire, e la storia, pur essendo storia di conflitti, non ha alcuna direzione.

Infine, le relazioni sociali possono essere *aperte* oppure *chiuse*. Si dicono *aperte* se la partecipazione all'agire sociale reciproco che le costituisce è possibile per chiunque. Si dicono *chiuse* se vi sono degli ordinamenti che ne limitano l'accesso solo a determinati soggetti, in possesso di certi requisiti.

Un insieme di relazioni sociali chiuse corrisponde all'esistenza di un *raggruppamento sociale*. Se un raggruppamento definisce se stesso attraverso la sua occupazione di un dato territorio, se ha la nozione della propria continuità nel tempo, e se nella sua organizzazione è presente la possibilità di minacciare il ricorso alla forza fisica per imporre il rispetto di certe regole della vita in comune, questo gruppo è detto da Weber *raggruppamento politico*. In particolare, lo Stato è quel tipo di raggruppamento politico che dispone del monopolio della *violenza legittima* su di un determinato territorio.

Le forme di legittimazione del potere

Ma cosa può rendere "legittima" la violenza? Solo una cosa: la validità dell'autorità che la impone. L'autorità è l'espressione di un potere legittimo.

Per comprendere questa affermazione, che ci condurrà a esaminare una delle più celebri tipologie proposte da Weber, quella relativa ai modi diversi in cui può essere intesa la legittimità del potere, è opportuno un breve chiarimento terminologico. Nel senso più generale del termine, il *potere* corrisponde alla capacità di un soggetto di produrre degli effetti, ovvero di intervenire con efficacia sulla realtà. Quando il potere di qualcuno ha direttamente per oggetto altri esseri umani, possiamo parlare di *potere sociale*: questo è la capacità di un soggetto di produrre effetti su altri. È all'interno del potere sociale che si situa il tipo di potere a cui Weber è interessato: il *potere politico*. Quest'ultimo è un sottoinsieme del potere sociale. Esso coincide con il potere di governo all'interno di un dato raggruppamento politico. Questo potere può basarsi meramente sulla forza, oppure invocare qualche principio di legittimità. Nel primo caso, il governo si risolve nell'imposizione di regole che convengono agli interessi o alle convinzioni di alcuni, a prescindere dagli interessi o dalle convinzioni degli altri. Nel secondo, le regole si basano su un criterio condiviso e vengono ritenute *legittime*.

È a partire da questa distinzione che ha inizio il discorso di Weber attorno alle forme del "potere legittimo".

In *Economia e società* Weber distingue infatti due concetti: *Macht* e *Herrschaft*. Usualmente, nelle traduzioni italiane è invalso l'uso di rendere il primo termine con "potenza", e il secondo propriamente con "potere". Questo modo di tradurre i termini può generare qualche confusione, ma la confusione scompare se si bada al significato che Weber attribuisce a questi due concetti. Il concetto di *Macht* infatti designa «qualsiasi possibilità di far valere entro una relazione sociale, anche di fronte a un'opposizione, la propria volontà» (Weber, 1920-22, trad. it. 1986, vol. I, p. 51); per *Herrschaft* si deve intendere invece «la possibilità che un comando, che abbia determinati contenuti, trovi obbedienza presso certe persone» (ivi, p. 52).

La differenza tra "potenza" e "potere", in questa distinzione concettuale, rimanda dunque a differenti situazioni: nel caso della "potenza", chi la subisce si trova *costretto* a seguire la volontà dell'altro; nel caso del "potere", invece, la situazione è quella di qualcuno che *obbedisce* ad un comando perché ritiene legittimo il potere da cui il comando emana.

Poiché Weber definisce il "potere" (cioè quel tipo di potere sociale che si configura come potere politico) come la possibilità che dei comandi incontrino obbedienza, il problema seguente è quello di comprendere secondo quale *senso* l'obbedienza sia accordata, cioè comprendere come un comando politico, entro un certo raggruppamento sociale, possa essere considerato *legittimo*.

Ragionando, come sempre, in termini di idealtipi, Weber distingue così tre tipi di *legittimazione del potere*. Vediamoli brevemente.

1. La legittimità del potere può essere di carattere *tradizionale*. Secondo le parole di Weber, il potere legittimo è *di carattere tradizionale* quando poggia sulla credenza nel carattere sacro di tradizioni ritenute "valide da sempre".

È questo il caso in cui chi obbedisce lo fa sulla base del sentimento che "così è sempre stato", o che "così si è sempre fatto". Il potere di chi comanda riceve la sua legittimità dal fatto di *provenire dal passato*.

È di questo tipo l'obbedienza che si presta a coloro che rappresentano una tradizione, o che detengono un posto di privilegio in virtù di una tradizione: al re, ad esempio, o al padre nelle famiglie patriarcali.

2. La legittimazione del potere può essere di tipo *carismatico*. Per *carisma* si intende un "segno di elezione" che compete, come una *qualità personale*, a un individuo particolare. Come si esprime Weber, la legittimità del potere è di carattere carismatico quando «poggia sulla dedizione straordinaria al carattere sacro o alla forza eroica o al valore esemplare di una persona, e degli ordinamenti rivelati o creati da essa» (ivi, p. 210). È questo il tipo di legittimità che spiega l'obbedienza che ottengono i profeti o i grandi condottieri.

Il potere che si fonda su una legittimazione carismatica è un potere che ha una grande potenzialità di produrre mutamento. Si pensi alla figura del profeta: il profeta è colui che ha la forza di dire: «così è scritto, ma io invece vi dico...». Weber è effettivamente dell'idea che il *carisma* sia la più grande forza rivoluzionaria potenziale della storia. Esso è tuttavia sempre legato ad una persona particolare: quando questa muore, il problema di conservare gli ordinamenti o i messaggi che essa ha lasciato è estremamente delicato (è il problema della «routinizzazione del carisma»).

3. La legittimità del potere può essere infine di carattere *razional-legale*. In questo caso, essa poggia «sulla credenza nella legalità di ordinamenti statuiti, e nel diritto di coloro che sono chiamati ad esercitare il potere in base ad essi» (*ibid.*).

Quando la legittimazione del potere avviene in senso "razional-legale", l'obbedienza non è prestata ad una *persona* in particolare: l'obbedienza è prestata a delle *leggi*, che sono *impersonali*, cioè costituite da regole astratte che valgono per tutti in modo uguale (compresi coloro che sono chiamati a farle rispettare).

D'altra parte, tali leggi non derivano neppure la loro legittimità dal fatto di provenire dal passato: esse la traggono piuttosto dal fatto di essere "razionalmente statuite", cioè prodotte in modo razionale sulla base di una discussione formalmente pacifica.

Questa è la forma di legittimazione del potere più tipica delle società moderne.

Si osservi che essa favorisce un mutamento sociale continuo e regolato. Poiché le leggi sono razionalmente stabilite dagli uomini, e prevedono regole per la loro revisione, il mutamento è sempre possibile: ma appunto perché vi sono tali regole, il mutamento è in qualche modo controllato.

Ma in generale, rispetto a tutte le forme di potere politico legittimo, si noti anche che l'esistenza di un potere legittimo non significa che il ricorso alla forza scompaia. Significa soltanto che la forza è monopolizzata dal potere in virtù della sua legittimazione. Essa può cioè essere legittimamente utilizzata dal potere stesso contro coloro i quali, all'interno del gruppo, si oppongono alle regole che il potere istituisce.

Laddove il numero o la forza di coloro che vi si oppongono sopravanzino quelli di coloro che sostengono la legittimità del potere dato, emergono conflitti dai quali potrà eventualmente scaturire un nuovo potere, che a sua volta potrà assumere i caratteri di una mera imposizione (e dunque esprimere una mera situazione di potenza) o ispirarsi a nuovi criteri di legittimità (e dunque essere propriamente "potere", nel senso che Weber attribuisce al termine). Il potere politico è infatti, nella prospettiva di Weber, intrinsecamente instabile: è tanto più stabile, tuttavia, quanto più diffuse e radicate sono le credenze riguardanti la sua legittimità.

La burocrazia

Ad ogni forma di potere legittimo corrispondono forme tipiche di apparati amministrativi. Non è possibile qui una descrizione dettagliata di tali forme. Limitiamoci ad osservare che la forma tipica di apparato amministrativo connessa al potere "razional-legale" è quella della *burocrazia*.

Nel senso più vasto del termine, per "burocrazia" si intende l'organizzazione permanente della cooperazione tra un grande numero di individui, ciascuno dei quali svolge una funzione specializzata. Più in particolare, in rapporto allo Stato moderno, la burocrazia consiste in un apparato di individui espressamente organizzato per l'espletazione di compiti amministrativi: tali individui sono detti *funzionari*, ed esercitano le funzioni connesse alla propria carica sulla base di *procedure standardizzate* (definite dalla legge o da regolamenti espliciti) e obbedendo ad un'autorità *impersonale*.

La burocrazia dello Stato moderno si fonda sui seguenti principi.
1. L'esistenza di servizi e di competenze rigorosamente definiti da leggi o regolamenti.
2. Una gerarchia delle funzioni.
3. La separazione tra la funzione e l'uomo che la svolge, cioè il criterio della non-proprietà personale della carica.
4. Il reclutamento dei funzionari sulla base del possesso di una formazione specifica e sulla base di esami.
5. La retribuzione del funzionario mediante un salario erogato dallo Stato.

Quando la burocrazia si presenta nella sua forma pura, le funzioni che l'apparato deve svolgere sono stabilite rigorosamente con i criteri della razionalità strumentale; l'accesso di individui determinati alle funzioni amministrative (gli "uffici") avviene in base a procedure regolate per legge che definiscono la loro competenza a svolgere le mansioni richieste (e solo quelle); infine, l'individualità concreta del funzionario è irrilevante: le stesse funzioni vanno eseguite a prescindere dalla persona che è chiamata a svolgerle (e a prescindere dalla persona o dai gruppi rispetto a cui determinate "pratiche" si riferiscono).

Si noti che, per quanto Weber descriva la burocrazia in modo specifico in riferimento alla discussione del potere razional-legale e alle sue forme di amministrazione, in molti passi il termine "burocrazia" è sganciato dal riferimento esclusivo alla sfera amministrativa, e viene a intendere, più in generale, ogni forma di organizzazione razionale del lavoro. Così, nella discussione delle caratteristiche del capitalismo occidentale moderno, Weber parla di una «burocratizzazione» del lavoro.

Il punto è che la burocrazia, in quanto sistema di amministrazione, è più efficiente di altri sistemi quando si tratti di amministrare società ampie e complesse. Ciò è particolarmente evidente nei confronti del sistema amministrativo tipico delle società basate sulla forma di legittimazione del potere tradizionale, cioè il *patrimonialismo*.

Il patrimonialismo era caratteristico, ad esempio, dell'Europa feudale: qui le funzioni amministrative erano tipicamente affidate a funzionari ricompensati dal signore che attingeva per questo al suo patrimonio. Essi non rispondevano a un potere impersonale, ma al potere personale del signore, cui erano legati da un rapporto di fiducia personalistico. Un tale sistema – per quanto possa presentare alcuni vantaggi – non è adeguato alla gestione di servizi differenziati e rivolti a un numero enorme di persone, come è il caso delle amministrazioni moderne.

D'altro canto, la burocrazia ha anche svantaggi. In quanto basata sulla *spersonalizzazione*, essa favorisce la deresponsabilizzazione dei singoli funzionari, e, in quanto fondata sul rispetto di *procedure standardizzate*, sfavorisce l'innovazione. Infine, i corpi amministrativi burocratizzati possono sviluppare propri interessi particolaristici (per esempio, l'ampliamento indefinito del numero dei funzionari o l'aumento di attività che cadono sotto la loro giurisdizione): il controllo dei corpi amministrativi burocratici è uno dei problemi fondamentali del funzionamento delle democrazie contemporanee.

La stratificazione sociale

Per *stratificazione sociale* si intende in sociologia il modo in cui in una società gli individui e i raggruppamenti di individui sono differenziati e ordinati gerarchicamente (in modi formali ed espliciti, oppure informali ed impliciti). Il concetto allude dunque a certe disuguaglianze che riguardano le risorse cui ciascuno può accedere.

In Marx, come si ricorderà, la nozione di *classe* è quella cruciale per l'analisi della stratificazione sociale. Ogni società è per Marx suddivisa in classi, e la collocazione di un individuo entro una classe è in ultima istanza la collocazione da cui discende ogni altra sua posizione.

La visione di Weber è più complessa. Per Weber in ogni società umana coesistono diversi ordinamenti, che corrispondono a diversi "punti di vista" da cui la società può essere considerata (sia da parte dello scienziato che da parte degli attori sociali): in particolare, esistono e vanno analiticamente distinti un ordinamento *economico*, un ordinamento *culturale* e un ordinamento *politico*. All'interno di ognuno di questi ordinamenti la stratificazione si presenta secondo criteri differenti.

La nozione di *classe* è la nozione centrale *dal punto di vista economico*. In generale, una classe è per Weber *un insieme di individui che condivide possibilità analoghe di procurarsi dei beni economici*, cioè dei beni e servizi finalizzati alla soddisfazione di bisogni relativi a «prestazioni di utilità».

Nella società occidentale moderna, la classe si definisce specificamente in relazione al mercato. Appartengono alla medesima classe individui che hanno possibilità tipicamente simili di situarsi sul mercato in base al possesso o al non possesso dei beni e delle capacità che vengono scambiati al suo interno. Tipicamente, gli individui che appartengono alla medesima classe hanno *interessi economici* simili.

La nozione di "classe" non è tuttavia sufficiente, secondo Weber, a coprire la gamma delle diverse possibilità di stratificazione interne alle società umane. All'interno dell'ordinamento *culturale* la stratificazione si esprime attraverso i *ceti*.

La nozione di *ceto* (o *gruppo di status*, come a volte è tradotto il termine tedesco *Stand*) è uno dei contributi più originali e importanti di Weber alla teoria sociologica della stratificazione. Weber definisce *situazione di ceto* un «effettivo privilegio positivo o negativo nella considerazione sociale» (Weber, 1920-22, trad. it. 1986, vol. I, p. 303). Tale "privilegio" positivo o negativo può essere fondato sul modo della condotta della vita, sulla specie di educazione ricevuta, sul prestigio (o sul disprezzo) derivante dalla nascita, o su quello derivante dalla professione o dall'appartenenza a un gruppo in cui si entra in virtù di certi requisiti specifici.

Un *ceto* si definisce in altre parole come un insieme di individui che condividono un certo "status" riconosciuto socialmente (senza che questo status coincida necessariamente con la posizione economica).

Quanto alla stratificazione *politica*, essa si realizza nelle forme degli apparati politici e amministrativi di un gruppo sociale, cioè nelle cariche che vi si possono ricoprire (secondo i vari sistemi di accesso previsti nelle diverse società). Ma si realizza anche nella possibilità che i membri di un determinato partito o di una determinata fazione politica prevalgano su altri nell'allocazione delle risorse del gruppo.

Razionalizzazione e disincanto del mondo

Il pensiero di Weber è estremamente complesso, e non si lascia riassumere in una formula. Come abbiamo visto, la sociologia è per lui una scienza *comprendente*, ma questa definizione non basta. Altrettanto rilevante, da un punto di vista generale, sarebbe sottolineare l'*individualismo metodologico* che la sottende (cioè il fatto che – diversamente, ad esempio, da Durkheim – Weber non parte dalla "società", ma dall'agire degli individui). O, ancora, ci si potrebbe concentrare in sede riassuntiva sull'importanza che Weber attribuisce ai *conflitti* (di nuovo, in modo diverso da Durkheim, il cui principio è piuttosto che la società sia un insieme armonico), oppure sulla sua negazione di ogni interpretazione teleologica della storia ("teleologica": dal greco *telos*, "dotata di un fine").

Weber si è occupato dei concetti fondamentali della sociologia, di sociologia economica, politica e giuridica, di sociologia delle religioni, e persino di sociologia della musica, cui è dedicato l'ultimo volume di *Economia e società*. Se è impossibile racchiudere tutto ciò in un quadro che sia insieme unitario e maneggevole, ma non riduttivo, è possibile però, in sede conclusiva, rivolgersi a quella che è probabilmente la sintesi più alta del pensiero di Weber, vale a dire a quella conferenza con cui, nell'immediato dopoguerra, egli si rivolse agli studenti parlando di *La scienza come professione*.

Pubblicata postuma, questa conferenza del 1918 è uno dei più bei testi della storia della sociologia: vale la pena di leggerla. Qui ne segnalerò soltanto alcuni passaggi.

Questi riguardano il *processo di razionalizzazione* che è tipico della modernità e il *disincanto del mondo* che vi è connesso.

Quello del "processo di razionalizzazione" è, come si è già accennato, un concetto complesso. Nelle *Considerazioni intermedie* (1915) inserite a metà della *Sociologia delle religioni* questo concetto viene utilizzato, in una chiave estremamente ampia, per indicare lo sviluppo delle immagini del mondo proposte dalle religioni monoteiste, che risponderebbe all'esigenza di una coerenza logica sempre maggiore. In *Economia e società* lo stesso concetto è connesso alla burocratizzazione e allo sviluppo delle forme "legal-razionali" di legittimazione del potere. Nella conferenza su *La scienza come professione*, infine, il processo di razionalizzazione è inteso come l'elemento essenziale della vita moderna, e corrisponde alla conquista di una specifica efficienza e produttività delle procedure che sono applicate per dominare tecnicamente i diversi aspetti dell'esistenza. Ma corrisponde anche al crescente predominio della fiducia nel fatto che «tutte le cose, in linea di principio, possano essere dominate dalla ragione» (Weber, 1918, trad. it. 1997, p. 89). Lo sviluppo di questa fiducia – tipicamente espressa dalla mentalità scientifica – comporta un «disincanto» nel mondo, nel senso che progressivamente viene espulso dall'atteggiamento fondamentale degli uomini ogni riferimento a spiegazioni e a comportamenti magici, animistici o religiosi.

Il tipico soggetto moderno si aspetta che tutto possa essere – oggi o domani, nell'infinito progresso della scienza – spiegato razionalmente: questo atteggiamento sostiene uno straordinario sviluppo delle sue capacità tecniche, ma tende anche a sostituire all'antico senso del mistero, e al sentimento di una fondamentale complicità tra l'uomo e la natura, un radicale disincanto e un atteggiamento esclusivamente strumentale verso la natura.

Va osservato tuttavia – e qui sta il paradosso della modernità, nel modo in cui Weber lo coglie – che l'idea che la ragione possa in linea di principio dominare ogni cosa è essa stessa una *fiducia* non giustificata razionalmente.

E non solo: la scienza risponde a domande che riguardano come sia possibile dominare tecnicamente il mondo, ma se sia giusto o bene farlo non lo dice, né può dirlo. Per la scienza moderna infatti il mondo dei valori è ciò che è extrascientifico ed extrarazionale per eccellenza.

Questa scissione tra la razionalità e i valori è effettivamente caratteristica della cultura moderna. Per Weber ciò comporta l'individuazione della dimensione della *responsabilità personale* come fondamento dell'etica. Nei termini che abbiamo discusso altrove, tuttavia, possiamo notare come questa scissione corrisponda ad un appiattimento dell'idea di "ragione" su quella di "razionalità strumentale", o "intelletto".

Se questa scissione sia ricomponibile in futuro Weber non dice: il problema da lui mostrato – che è il problema del *senso* nella modernità – è tuttavia uno dei grandi problemi del pensiero contemporaneo.

Osservazioni

Mettendolo a confronto con quello di un altro dei grandi padri fondatori della sociologia, Émile Durkheim, l'approccio di Weber può essere considerato un *individualismo metodologico* (nel senso che l'analisi non parte dalla società nel suo insieme, ma dall'attore sociale) oppure un approccio *conflittualista* (nel senso che non dà per scontata l'armonia, ma piuttosto il ricorrente conflitto fra gli attori e i gruppi). Ma qualunque etichetta rischia di essere riduttiva. L'influenza di Weber sulla sociologia del Novecento è stata enorme, e tale che è difficile enuclearne aspetti particolari. Per quanto riguarda la ricerca empirica, probabilmente la sua influenza è stata sensibile soprattutto nella sociologia politica, in quella economica e negli studi sulla stratificazione sociale. Il lessico di Weber è oggi per la maggior parte dei sociologi parte integrante del lessico della loro disciplina.

All'interno della sociologia politica, l'aspetto forse più sviluppato del pensiero di Weber è quello che riguarda il *carisma*, ma decisiva per moltissimi autori è la sua disincantata definizione della sfera politica come sfera della competizione per il potere; importantissime sono del resto le sue osservazioni sui caratteri dei partiti politici moderni e sulla trasformazione dell'uomo politico in «professionista della politica» (un uomo che non vive tanto *per* la politica, ma *della* politica, intesa come fonte diretta di reddito).

L'analisi weberiana della burocrazia è la base di molte ricerche e teorie contemporanee nell'ambito della sociologia delle organizzazioni e della sociologia dell'amministrazione. Ricordiamo comunque che quello di Weber è un *idealtipo*: la realtà empirica se ne allontana. In particolare, nelle regioni del mondo o nelle aree sociali dov'è diffuso il *clientelismo*, la burocrazia vive di norma nei suoi aspetti formali, ma è stravolta nei suoi aspetti sostanziali. È opportuno osservare che il clientelismo – un concetto non propriamente weberiano, ma elaborato da studiosi di formazione weberiana – è una forma di relazione sociale nella quale si realizza su base personalistica uno scambio di favori tra un patrono e un cliente (o più). Laddove lo Stato possiede un sistema amministrativo di tipo burocratico, la presenza di atteggiamenti clientelari comporta di norma la trasformazione delle pratiche d'ufficio dei funzionari in "favori" che essi erogano o non erogano a discrezione. Apparentemente, la struttura burocratica è intatta, ma, nella sostanza, la logica impersonale e standardizzata delle procedure burocratiche si trasforma in una logica personalistica e aperta a variazioni caso per caso. Tutto ciò è particolarmente rilevante oggi nell'analisi di molti paesi dell'America Latina e del cosiddetto Terzo mondo, in alcuni paesi dell'Europa dell'Est e – ciò che a noi forse più importa – in Italia.

La sociologia contemporanea deve moltissimo alla concezione weberiana della stratificazione. (Anche i sociologi marxisti, ad esempio, riconoscono di solito – nonostante che la collocazione degli individui all'interno dei rapporti di produzione resti per loro in ultima istanza determinante – che la stratificazione concreta di una società non è comprensibile senza riferirsi anche a nozioni come quella di "ceto".) La sociologia contemporanea riconosce tuttavia anche altri elementi della stratificazione: in particolare l'*etnicità* e il *genere*.

In molte società multietniche l'appartenenza ad un gruppo etnico piuttosto che a un altro è un elemento importante della stratificazione (operando a volte in modo informale – come negli Stati Uniti contemporanei – e a volte in modo formale – come in Sudafrica fino a pochi anni fa, dove il sistema dell'*apartheid* sanciva l'impossibilità legale dei neri di accedere a luoghi o a istituzioni determinati). Quanto al genere, la dominanza dei maschi sulle femmine in molti luoghi sociali – in particolare nella sfera del lavoro salariato, nella sfera pubblica e nelle attività di governo – è un tratto caratteristico, in gradi diversi, di moltissime società. Secondo il pensiero femminista, è un tratto universale delle società *patriarcali*: sotto la spinta dei movimenti delle donne, l'Occidente contemporaneo è caratterizzato da una forte tendenza alla promozione di un'effettiva parità di status tra uomini e donne in tutte le sfere sociali.

Nell'opera di Weber sono rilevabili alcuni passi che permettono di concettualizzare l'etnicità come elemento della stratificazione sociale, ma non ve n'è alcuno che riguardi la stratificazione di genere. Ciò non è sorprendente: tranne pochissime eccezioni (come quella di John Stuart Mill nell'Ottocento), nessuno scienziato sociale maschio si è occupato di questo tema fino agli anni settanta del XX secolo. Nel pensiero sociale delle donne, al contrario, il tema è presente almeno dalla fine del XIX secolo, là dove ha ispirato i movimenti "suffragisti" per il diritto delle donne al voto; nella seconda metà del XX secolo, come vedremo, questo pensiero ha contribuito a ispirare alcuni degli aspetti più innovativi del panorama delle scienze sociali.

Sul piano teorico generale, tanto la concezione weberiana della sociologia come scienza comprendente quanto l'analisi della razionalità e della razionalizzazione hanno segnato dei punti fondamentali della storia della sociologia: non è possibile prescinderne. La prima si è sviluppata fino a trasformarsi oggi in una più generale presenza della riflessione ermeneutica come fondamento metodologico comune delle scienze dell'uomo. La seconda è stata decisiva nell'opera di tutti coloro che, in chiave critica o in chiave comparativa, hanno proseguito lo studio della modernità.

Personalmente, sottolineerei in sede conclusiva soprattutto l'attenzione di Weber per l'interazione tra economia e cultura da un lato e per gli studi comparativi dall'altro. Il rapporto tra atteggiamenti economici e atteggiamenti culturali è cruciale nell'*Etica protestante*, ma pervade anche le pagine di *Economia e società* e tutte quelle della *Sociologia delle religioni*; quanto all'approccio comparativo, è ovunque. Del resto, lo studio delle religioni mondiali non si motiva altrimenti che come il tentativo di verificare la validità delle tesi esposte nell'*Etica protestante*: attraverso la comparazione con etiche differenti Weber cerca le prove dell'effettiva specificità dell'ascesi intramondana e dell'atteggiamento metodico che vi è connesso nell'Occidente moderno – verifica cioè se esso è davvero assente altrove.

I risultati di un secolo di ricerca scientifica – non solo in sociologia, ma anche nella storiografia, in antropologia e in altre discipline – hanno naturalmente permesso di raffinare le intuizioni di Weber. Questo vale innanzitutto per lo studio comparato delle civiltà: elementi che Weber riteneva nati soltanto con l'Occidente moderno sono riscontrabili anche altrove. (D'altra parte, il tempo muta anche le civiltà e l'etica che a queste è connessa: l'Oriente confuciano, ad esempio, è stato capace di sviluppare negli ultimi decenni atteggiamenti che, pur diversi, sembrano ad alcuni rivelarsi altrettanto "affini" allo spirito capitalistico di quelli puritani.) La stessa rilevanza dell'etica protestante per la comprensione delle origini del capitalismo moderno è ora valutata da differenti studiosi in modi diversi. Vi è accordo sul fatto che il capitalismo occidentale moderno ha avuto inizio grosso modo nel XVI secolo, ma, secondo la maggior parte degli autori contemporanei, il fattore che spiega il diverso cammino intrapreso dall'Europa rispetto ad altre parti del mondo alle soglie dell'età moderna fu probabilmente, più di ogni altro, l'esistenza di una molteplicità di centri di potere articolati su vari livelli e dotati di confini permeabili, invece di un unico centro in grado di monopolizzare i flussi delle risorse e di irrigidire le istanze innovatrici; tale molteplicità (assente in Cina, ad esempio, dove molte altre condizioni erano analoghe) costituì il prerequisito affinché le opportunità aperte dai commerci, dalle conquiste militari e dagli sviluppi delle tecnologie si trasformassero in risorse adoperate da certi gruppi sociali per accrescere il proprio ruolo sociale attraverso attività imprenditoriali.

Su un altro piano, aggiungerei che è dubbio che il capitalismo abbia potuto dispiegarsi davvero "per forza d'inerzia" una volta perse le sue basi di senso originarie. Tali basi si sono, piuttosto, trasformate: il conseguimento del benessere e l'idea del progresso hanno costituito nel corso della modernità un orizzonte culturale, secolare e mondano, che ha conferito senso al capitalismo stesso e all'agire economico che lo caratterizza.

Tutto ciò non toglie però che resti valido il contributo fondamentale di Weber: l'attenzione al ruolo delle idee nella storia. Ogni cultura è per lui «una sezione finita dell'infinità priva di senso del divenire del mondo, alla quale è attribuito senso e significato dal punto di vista dell'uomo» (Weber, 1904, trad. it. 1967, p. 96). Il capitalismo moderno ha potuto sorgere e svilupparsi solo in quanto sono esistiti dei presupposti culturali che hanno attribuito senso e significato ai tipi di agire in cui esso si realizza.

Suggerimenti bibliografici

La migliore introduzione a Weber è costituita a mio avviso dalla lettura di *L'etica protestante e lo spirito del capitalismo*. A questa lettura può seguire quella della conferenza su *La scienza come professione*. Altri insegnanti suggeriscono di partire dalla lettura delle prime cinquanta pagine di *Economia e società*, dove sono riportate le definizioni fondamentali della sociologia weberiana.

La letteratura a proposito di Weber è vastissima. Il testo introduttivo più noto è *Max Weber* di R. Bendix (1962); oggi è disponibile anche G. Poggi, *Incontro con Max Weber* (2004). Personalmente trovo eccellente l'introduzione che P. Rossi ha posto in apertura dell'edizione italiana di *Economia e società*, ma trovo utile anche il capitolo dedicato a Weber in *Le tappe del pensiero sociologico* di R. Aron (1965), al cui modo di esporre il pensiero di Weber ho fatto ampiamente ricorso. Per una rassegna delle letture più recenti di Weber, tuttavia, è indispensabile consultare almeno H. Treiber (a cura di), *Per leggere Max Weber* (1993); utile anche la raccolta di saggi curata da G. Di Costanzo *et al.*, *Max Weber. Un nuovo sguardo* (2007).

Sui singoli temi: per gli aspetti metodologici della riflessione di Weber rimando alla prima sezione di *Il problema della spiegazione sociologica*, a cura di P. Rossi, M. Mori e M. Trinchero (1975) e al primo capitolo di *Epistemologia delle scienze sociali* di D. Sparti (1995); per la discussione del capitalismo in Weber rinvio ancora alla voce *Capitalismo* dell'*Enciclopedia delle scienze sociali* (1991 ss.) e, per una revisione delle tesi riguardanti il ruolo dell'etica protestante, al saggio di S. N. Eisenstadt, *Le origini dell'Occidente. L'etica protestante rivisitata* (1990); per il posto di Weber nella sociologia economica posso rimandare a E. Mingione, *Sociologia della vita economica* (1997); per verificare la vitalità della sociologia politica di Weber suggerisco di consultare le voci del dizionario di *Sociologia della politica* di L. Gallino (1989); per un'introduzione alla problematica del potere e per una attualizzazione della prospettiva weberiana in proposito rimando ad A. Costabile, *Il potere politico* (2002); per gli sviluppi delle teorie sulla stratificazione sociale si possono vedere C. Mongardini, *Nuove teorie della stratificazione sociale* (1995) e A. Schizzerotto (a cura di), *Classi sociali e società contemporanea* (1989); per la discussione sulla razionalizzazione rimando a P. Rossi, *Max Weber. Razionalità e razionalizzazione* (1982), ad A. Dal Lago, *L'ordine infranto* (1983) e a W. Schluchter, *Lo sviluppo del razionalismo occidentale* (1981); ma si veda anche la voce *Razionalizzazione* nel *Dizionario delle scienze sociali* (1997).

7
Le origini della sociologia americana

Introduzione

A partire dall'ultimo decennio del XIX secolo la sociologia è insegnata regolarmente nelle università degli Stati Uniti. Fra i primi esponenti della sociologia americana ricordiamo i nomi di Lester F. Ward, Albion Small, William G. Sumner, Charles Horton Cooley, Thorstein Veblen.

La sociologia di questi autori è piuttosto dipendente da quella britannica e soprattutto dalla figura di Spencer e dal suo evoluzionismo. Fin dall'inizio, non manca però di teorizzazioni originali. In *Costumi di gruppo* (1906) Sumner fornisce ad esempio la prima messa a punto del concetto di *etnocentrismo*: il privilegiamento da parte di un gruppo dei propri costumi e valori con la relativa svalutazione di quelli degli altri. In *La teoria della classe agiata* (1899) Veblen propone il concetto di *consumo vistoso*: il consumo non finalizzato tanto al soddisfacimento di bisogni materiali, quanto all'ostentazione della ricchezza. Precorrendo ciò che più avanti teorizzerà George H. Mead, infine, Cooley elabora la nozione del «sé specchio» e in *L'organizzazione sociale* (1909) propone una distinzione tra «gruppo primario» e «gruppo secondario» che permette di studiare i processi fondamentali mediante i quali l'individuo acquista un'immagine di se stesso.

La società nordamericana a cavallo del secolo è contrassegnata da mutamenti molto intensi. L'immigrazione ha ritmi elevatissimi: fra il 1870 e il 1920 entrano in media negli Stati Uniti ogni dieci anni cinque milioni di nuovi arrivati. Se dapprincipio gli immigrati provenivano in massima parte dall'Europa centro-settentrionale, attorno al 1900 la situazione si modifica: la maggior parte dei nuovi arrivati proviene dalle regioni europee orientali e meridionali. Le differenze di lingua, tradizioni e costumi sono rilevanti, e danno luogo a forti problemi di integrazione. L'industrializzazione si sviluppa a ritmi altrettanto elevati, e contribuisce a una espansione straordinaria delle aree urbane: nel 1900 New York conta già 3.400.000 abitanti; Chicago passa da 110.000 abitanti nel 1860 a 2.700.000 nel 1920.

Almeno fino alla grande crisi del 1929 e agli interventi statali che seguirono, il capitalismo americano fu caratterizzato da uno straordinario dinamismo, che si univa però a una grande capacità di produrre diseguaglianze. È vero che, diversamente che in Europa, queste diseguaglianze non diedero luogo a una consistente lotta di classe: ma l'assenza di questo tipo di mobilitazione era dovuta più alla difficoltà di consolidare una solidarietà duratura tra lavoratori di differenti provenienze che all'assenza di tensioni o ad un diffuso consenso sociale.

In queste condizioni, i problemi dell'immigrazione, dei conflitti interetnici, della disgregazione sociale e della devianza si imponevano con forza all'attenzione degli scienziati sociali. È a questi problemi che si dedicarono particolarmente gli autori della prima grande scuola di sociologia americana, la cosiddetta "scuola di Chicago".

La scuola di Chicago

Le prime cattedre di sociologia vennero istituite in America nelle università dell'Est. Ma il primo dipartimento specificamente dedicato agli studi sociologici venne istituito all'Università di Chicago, fondata nel 1892. Il primo direttore del dipartimento fu Albion Small, che nel 1895 fu tra l'altro il fondatore dell'"American Journal of Sociology", la prima rivista americana di sociologia. Gli autori che più contribuirono al suo sviluppo furono tuttavia William I. Thomas (1863-1947) e Robert E. Park (1864-1944).

L'opera fondamentale di Thomas (scritta in collaborazione con F. Znaniecki) è *Il contadino polacco in Europa e in America*, pubblicata fra il 1918 e il 1920. Si tratta di un lavoro che riguarda le condizioni degli immigrati polacchi a Chicago: la sua principale caratteristica è l'assunto che il comportamento degli immigrati non è comprensibile senza far riferimento alla loro storia, al paese dal quale provengono e alle motivazioni che stanno dietro l'emigrazione. È un assunto su cui vale ancora la pena di riflettere. Animato da uno spirito riformatore, Thomas individuava nella formazione di istituzioni capaci di permettere l'integrazione progressiva degli immigrati nel nuovo ambiente la chiave per evitare processi di disgregazione sociale e conflitti interetnici.

Con *Il contadino polacco* Thomas diede inizio a quelli che saranno poi chiamati i *metodi qualitativi* della ricerca sociologica (in questo caso, si tratta dello studio sistematico della corrispondenza degli immigrati polacchi a Chicago e della ricostruzione della storia di vita di alcuni di essi). Le ragioni di questa scelta metodologica sono teoriche. In modo indipendente da Weber, ma in fondo analogo, Thomas ritiene che la sociologia non possa fare a meno di tener conto del significato che gli attori attribuiscono al proprio comportamento e alle situazioni in cui si trovano: secondo una sua celebre espressione, «se gli uomini definiscono reale una situazione, essa è reale nelle sue conseguenze». A questa espressione ci si riferisce a volte come al "teorema di Thomas": ovviamente non è un teorema nel senso matematico del termine, ma è un'affermazione profonda e ricca di implicazioni. Per fare un esempio, essa implica fra l'altro che ritenere che esistano figure come "le streghe" può benissimo essere falso, ma le conseguenze di questa definizione della realtà sono reali lo stesso: certe donne vengono bruciate sul rogo. O, per fare un esempio diverso, essa implica che se certe dicerie si diffondono, le loro conseguenze sono reali, qualunque sia la veridicità delle dicerie in se stesse; e così via.

A prescindere dalle conseguenze che le definizioni della realtà hanno sulla realtà stessa, il punto è comunque che la definizione di una situazione che gli attori forniscono è essenziale per comprendere il loro atteggiamento e la loro condotta. Ma la "definizione di una situazione" non è accessibile mediante metodi quantitativi: il sociologo deve attrezzarsi dunque per registrare la voce delle persone che studia e per apprezzare le differenze qualitative dei loro modi di attribuire significato a ciò che vivono.

Dopo Thomas, la direzione del dipartimento di sociologia venne assunta da Robert E. Park. È sotto la sua guida che si formò una vera e propria "scuola": un gruppo di insegnanti e di ricercatori interessati ai problemi sociali, uniti dall'uso di metodi di ricerca comuni, e in stretta collaborazione fra loro.

La scuola di Chicago è caratterizzata in primo luogo da una fortissima propensione alla ricerca empirica: gli studi di Anderson sui vagabondi (1923), di Wirth sul ghetto (1928) o di Trasher sulle bande di giovani delinquenti (1927) sono ancora oggi degli esempi classici di come possa essere condotta una ricerca sul campo. Questi studi utilizzavano una combinazione di diversi metodi di ricerca: il più originale fu quello noto come "osservazione partecipante", cioè la parziale immersione del ricercatore per un lungo periodo di tempo nella vita del gruppo che studia.

Con gli autori della scuola di Chicago la sociologia esce dalle aule universitarie: cammina per le strade. Le pagine dei saggi di questi autori sono popolate da delinquenti, prostitute, lavoratori stagionali e immigrati; vi compaiono il gioco d'azzardo e le sale da ballo, le oscillazioni dei prezzi dei terreni e la configurazione dei quartieri; sullo sfondo si muovono automobili e tram, la gente va al cinema, legge i giornali, usa il telefono e l'ascensore. Non si tratta del rarefatto mondo sociale cui pensa chi fa teoria al suo tavolino: è un mondo ricco di dettagli e pulsante di vita.

L'oggetto unificante delle ricerche di questi sociologi è la città. Chicago è di fatto il loro laboratorio. A questo riguardo il loro approccio è spesso detto "ecologico": sia nel senso che concepisce il comportamento dei gruppi nello spazio urbano sulla base di un modello naturalistico (allo stesso modo di un ambiente naturale caratterizzato dalla compresenza di diverse specie animali e vegetali che competono e cooperano tra loro), sia nel senso che presta particolare attenzione ai contesti fisici entro cui si esplica il comportamento (la conformazione dello spazio, il numero e la densità degli abitanti di una città, le opportunità di trasporto e così via).

Park fu l'animatore della scuola. Il suo primo interesse fu il giornalismo: dalle esperienze giovanili in questo campo deriva la sua grande capacità di vedere i dettagli della vita urbana, ma deriva anche una specifica attenzione per i processi comunicativi e in particolare per il ruolo della stampa quotidiana, che egli concepisce da un lato come «istituzionalizzazione del pettegolezzo», e dunque come agenzia del controllo sociale, ma dall'altro anche come luogo di formazione dell'opinione pubblica, e dunque come strumento per la critica democratica delle azioni del governo. Nelle pagine del volume *La città* (1925) – una raccolta di saggi di R. E. Park, R. W. Burgess e R. D. McKenzie che è forse il frutto più maturo dei lavori della scuola – è compresa una storia della stampa quotidiana che è tra le primissime manifestazioni di un interesse sociologico per il tema. Per gli studiosi di Chicago, del resto, i mezzi di comunicazione di massa sono parte costitutiva dei processi di modernizzazione: essi favoriscono l'integrazione di società sempre più differenziate e complesse, supplendo alle difficoltà generate dal dissolvimento dei legami comunitari.

Ma, al di là dell'interesse teorico, Park resta affascinato dal giornale esattamente in quanto fonte di *notizie*: frammenti di informazione sulla vita sociale che si combinano con le esperienze di prima mano del lettore costruendo la sua immagine del mondo. La teoria sociologica compare a questo riguardo come il tentativo di passare dai frammenti all'insieme: come il tentativo cioè di individuare i processi che sottostanno a ciò di cui l'individuo ha notizia e che rendono conto del suo manifestarsi.

La teoria sociologica non è però un "sistema". È piuttosto un insieme di concetti operativi che servono a orientare la ricerca e a mettere ordine fra i risultati. L'assenza dell'ambizione di costruire un sistema teorico generale è stata rimproverata in seguito a Park e alla sua scuola (soprattutto da parte dei seguaci di Parsons): ma non corrisponde affatto a un'assenza di teoria. In realtà, Park si dotò di una preparazione teorica solida. Fra il 1899 e il 1903 si recò in Germania a studiare (come aveva già fatto anche Thomas): seguì i corsi di Simmel a Berlino e scrisse una tesi di dottorato con il filosofo Wilhelm Windelband (pubblicata in tedesco nel 1904 col titolo *La folla e il pubblico*). Da Windelband trasse un enorme rispetto per la filosofia: una «scienza del pensiero» che costituisce l'unico modo di «acquisire una concezione del metodo scientifico». Da Simmel trasse alcuni concetti fondamentali e, soprattutto, il modo di guardare alla grande città come al luogo dei processi fondamentali della vita moderna.

La città

La nozione chiave per intendere l'essenza della città moderna è quella di *mobilità*. Il concetto di mobilità ha una ricca storia nel pensiero sociologico. Specie a partire dal secondo dopoguerra, verrà definito in termini sempre più precisi e darà luogo a una larga messe di ricerche empiriche. Queste si concentreranno da un lato sulla *mobilità geografica* (dai flussi migratori transnazionali fino all'urbanizzazione o ai fenomeni di pendolarismo) e dall'altro sulla *mobilità sociale*: quest'ultima intende la maggiore o minore possibilità che hanno individui appartenenti a gruppi diversi di ascendere o di discendere socialmente (in termini di classe, di posizione professionale, di reddito o di prestigio).

Nella terminologia di Park e della scuola di Chicago, tuttavia, si tratta di una parola dai significati più ampi e, tutto sommato, meno precisi. In questo contesto è "mobilità" infatti sia lo spostamento geografico o sociale, sia anche la vivacità "spirituale" che consegue all'esposizione a stimoli numerosi e vari. Mobilità significa esposizione a qualcosa di nuovo, e dunque apertura: più si è mobili, più si è inclini al mutamento, che riguarda anche i propri quadri di riferimento cognitivi o i propri stessi valori.

Come ha scritto Alessandro Pizzorno nell'*Introduzione* all'edizione italiana del volume *La città*, «la città è *frutto* della mobilità, perché senza mobilità non si sarebbe potuto costituire concentrazione su un territorio; ed è la massima *fonte* di mobilità perché la densità di popolazione moltiplica gli stimoli, gli incontri, le variazioni, le possibilità di porsi fini nuovi e di appartenere a nuovi gruppi» (Pizzorno, 1979, pp. XXI-XXII). L'esito di questi processi è – come insegnava Simmel – ambivalente: la maggiore mobilità può comportare sia un maggior sviluppo delle facoltà individuali che una maggiore disorganizzazione sociale. E la disorganizzazione sociale è indubbiamente uno dei temi a cui Park e i suoi collaboratori sono più attenti: la disorganizzazione è in qualche modo endemica in ogni processo di mutamento, ma solo in quanto momento che preannuncia una nuova organizzazione. Il suo stabilizzarsi, quando avviene, corrisponde a qualcosa che somiglia a ciò che Durkheim intendeva con il termine "anomia": nei termini di Park, un'incapacità dell'ambiente sociale di fornire agli individui risorse per soddisfare efficacemente i propri bisogni.

Uno dei concetti più tipici di Park e della sua scuola è quello di "distanza sociale": il sentimento dei membri di un gruppo di essere distinti ed estranei rispetto ai membri di un altro. (Il pregiudizio nei confronti degli "altri" – un fenomeno cui la scuola di Chicago dedicò un'attenzione pionieristica – è una manifestazione di questa distanza.) Ma la distanza sociale tende ad esprimersi in distanza territoriale: sul territorio di una città, i gruppi diversi tendono a collocarsi in aree distinte. È questa la base della teoria delle "aree naturali": le aree geografiche nelle quali la popolazione di una città tende a distribuirsi.

La percezione dell'esistenza di queste "aree" è facilitata per Park ed i suoi collaboratori dalla realtà urbana di Chicago: come molte altre città degli Stati Uniti cresciute attraverso ondate successive di immigrazione, essa mostra un proliferarsi di *Little Italies*, di *Chinatowns*, di ghetti neri, di quartieri caratterizzati dalla concentrazione di una determinata etnia. Ma l'idea della differenziazione per aree del territorio urbano è più ampia: secondo Park, ogni città moderna tende in effetti a svilupparsi secondo uno schema generale che corrisponde più o meno al modello raffigurato nella FIG. 1.

Come spiega Park, questo diagramma

> costituisce una rappresentazione ideale delle tendenze di una città qualsiasi, grande o piccola, a espandersi radialmente a partire dal quartiere commerciale centrale indicato nel diagramma come il "centro" (I). Intorno al centro cittadino si trova normalmente un'area di transizione che viene occupata da imprese commerciali e da piccole industrie (II). Una terza area (III) è abitata dagli operai dell'industria che sono sfuggiti dall'area di deterioramento (II), ma che desiderano abitare a breve distanza dal luogo di lavoro. Oltre a questa zona vi è l'"area residenziale" (IV) occupata da edifici con appartamenti di lusso o da quartieri privilegiati e "chiusi", con abitazioni monofamiliari. Più oltre, al di là dei confini della città, vi è la zona dei lavoratori pendolari, costituita da aree

FIGURA 1
Lo sviluppo della città

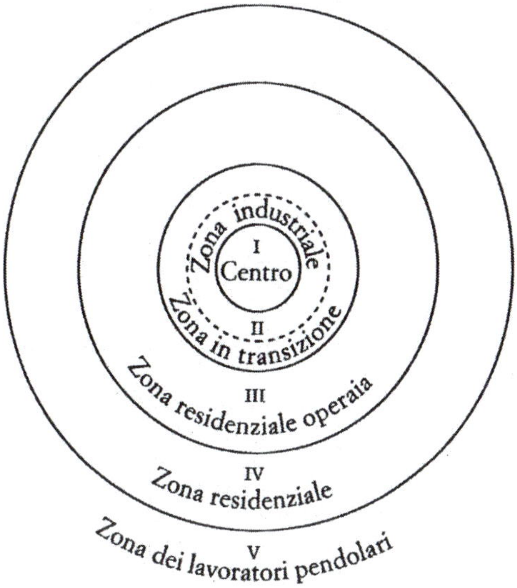

Fonte: Park *et al.* (1925, trad. it. 1979, p. 48).

suburbane o città satelliti e situata a mezz'ora o a un'ora di viaggio dal quartiere commerciale centrale (Park *et al.*, 1925, trad. it. 1979, p. 49).

Questo modello risente ovviamente dell'esperienza americana (è difficile applicarlo immediatamente a una città europea) e lo stesso Park avverte del resto che nessuna città concreta vi corrisponde perfettamente. Ma l'idea che lo spazio di ogni città tenda a suddividersi in aree socialmente e funzionalmente dissimili è tuttora valida, così come lo è quella secondo cui le diverse zone possono essere occupate successivamente da gruppi diversi, in una dinamica che vede individui e famiglie spostarsi periodicamente nel tentativo di soddisfare al meglio i propri bisogni e di avvicinarsi ai membri dei gruppi cui si sentono più affini.

George H. Mead

All'Università di Chicago insegnò anche George Herbert Mead. Non si tratta di un sociologo, bensì di un filosofo e di uno psicologo sociale: i suoi concetti vennero però incorporati nell'impostazione teorica dominante della scuola.

Mead nacque nel Massachusetts nel 1863 e morì a Chicago nel 1931. Durante tutta la sua vita non scrisse alcun libro; si limitò a pubblicare dei saggi in riviste. Ma attraverso le sue lezioni, tenute nel dipartimento di filosofia e frequentate assiduamente da filosofi, sociologi e antropologi dell'Università di Chicago, la sua influenza sulle scienze sociali è stata vastissima (in un certo senso, non si è ancora finito di studiarlo). Il volume più celebre di Mead è *Mente, sé e società*: si tratta di una trascrizione delle sue lezioni pubblicata dagli allievi nel 1934; l'altro suo libro che oggi è disponibile nelle biblioteche, *La filosofia del presente*, consiste nella raccolta di tre sue conferenze, pubblicata anch'essa postuma nel 1932.

A posteriori, Mead è stato chiamato il padre dell'"interazionismo simbolico". Questa denominazione è opportuna nella misura in cui l'idea dell'*interazione* è fondamentale nel suo pensiero; ma Mead collocava esplicitamente se stesso entro la corrente del "pragmatismo" (una corrente filosofica americana i cui esponenti più noti sono Charles S. Peirce, William James e John Dewey: con Dewey, Mead ebbe rapporti scientifici e accademici particolarmente stretti).

L'elemento delle ricerche di Mead che ha più influenzato la sociologia è quello che riguarda la formazione del *sé*. Il sé non è inteso da Mead nei termini di uno "spirito" o di un'"anima": è qualcosa che emerge e si realizza nel corso dell'interazione sociale.

Il termine inglese per "sé" è *Self*; la particella pronominale che esprime la possibilità di riferirsi a se stessi (come nel pronome *myself*, ad esempio). Tenendo a mente questo aspetto essenzialmente *riflessivo* del concetto, proviamo a sintetizzare il ragionamento di Mead nel modo seguente.

Il "sé" è il soggetto umano nella misura in cui diventa oggetto a se stesso, cioè in cui si offre a un'attività autoriflessiva. Tale attività è specifica dell'essere *umano* (solo l'uomo ha ciò che possiamo chiamare un "sé"): solo l'uomo cioè è capace di guardare a se stesso, di "tematizzarsi". Ma è specifica dell'essere umano anche un'altra caratteristica: quella di disporre del *linguaggio*.

Il linguaggio è un insieme strutturato di segni, ai quali per convenzione è assegnato un significato. Tale significato è condiviso da più soggetti (una certa parola, in un certo contesto, evoca cioè un significato che è più o meno lo stesso per tutti coloro che appartengono alla medesima comunità linguistica).

Ora, come faccio io a riflettere su di me? Appunto tematizzandomi come un "me": guardandomi come "dal di fuori". Riflettendo, io mi sdoppio: sono insieme il *soggetto* dell'azione "riflettere" e il suo *complemento oggetto*: ciò su cui si esercita l'azione di riflettere. Questa è la fondamentale distinzione meadiana tra "io" e "me". "Io" e "me" sono i due poli del "sé": il primo è il soggetto in quanto fonte dell'azione, il secondo è il medesimo soggetto nel momento in cui diventa oggetto a se stesso.

Riflettendo io mi guardo dunque come dall'esterno: è come se mi guardassi dal punto di vista di un altro. Mi guardo e penso: «ecco, io sono così e così, faccio questo e quest'altro, faccio bene oppure faccio male...». Dunque mi descrivo, mi *nomino*: ma se mi "nomino", ciò vuol dire che faccio uso del linguaggio. Con quali parole – e dunque con quali concetti, con quali categorie – posso nominare me stesso? Con quelle con cui ho imparato a descrivere gli altri e con quelle con cui ho imparato che gli altri descrivono me. La partecipazione al linguaggio che un soggetto condivide con altri è dunque la condizione perché emerga un *sé*: perché il soggetto possa esercitare l'azione di riflettere su se stesso.

Ma se il linguaggio è la condizione perché emerga un *sé*, ciò significa che la condizione perché un sé possa emergere è *sociale*: il linguaggio è cosa sociale per eccellenza. In Mead troviamo così un'elegante riformulazione del problema del rapporto individuo/società: l'individuo è sociale nella misura in cui ha un *sé*, la cui forma è resa possibile dalla sua immersione in un linguaggio comune.

Il concetto di "socializzazione" – che abbiamo già incontrato nel corso della nostra storia – assume qui un'importanza cruciale e riceve una caratterizzazione più definita: è il processo attraverso cui ciascuno di noi, a partire dalla sua prima infanzia, si confronta dapprima con il "me" che emerge nei discorsi degli altri, e interiorizza poi questo "me" come una descrizione di sé. Una descrizione che non è però mai adeguata del tutto né è mai terminata: l'"io" conserva infatti rispetto ad ogni definizione interiorizzata del "me" la possibilità di distanziarsene e di criticarla.

Ampliando leggermente i termini del discorso di Mead, potremmo dire addirittura che un soggetto diventa "individuo" davvero solo nella misura in cui diventa capace di confrontare le definizioni e le aspettative degli altri con desideri e ragioni che, pur esprimendosi nelle possibilità del ragionamento comune, rappresentano l'elaborazione di ciò che l'Io ha di irriducibile. Attraverso il discorso dell'"altro generalizzato" – cioè della somma di tutti gli altri che parlano di "me" – il soggetto può giungere a quello della personalità organizzata attorno alla propria singolarità.

Suggerimenti bibliografici

Per un'introduzione alla scuola di Chicago si veda R. Rauty (a cura di), *Società e metropoli. La scuola sociologica di Chicago* (1995). Fra i manuali disponibili, *I maestri del pensiero sociologico* di L. A. Coser (1977) è quello che offre il quadro più completo della vita e delle opere di Thomas e di Park.

Per un'introduzione allo studio delle città contemporanee si può cominciare con la voce *Urbanizzazione* del *Dizionario delle scienze sociali* (1997); si veda anche A. Mela, *Sociologia delle città* (1996).

Per quanto riguarda G. H. Mead, trovo particolarmente utile l'*Introduzione* (1986) scritta da G. A. Roggerone per l'edizione italiana di *La filosofia del presente*.

8

La sociologia in Italia agli inizi del XX secolo

Le origini della sociologia italiana

In modo analogo a quanto era avvenuto nello stesso periodo in altri paesi europei, in Italia la sociologia inizia a svilupparsi negli ultimi decenni dell'Ottocento dalla duplice matrice delle inchieste sociali e del pensiero positivista. Fra le prime, legate tanto ai problemi dell'industrializzazione quanto a quelli posti dalla costruzione di uno Stato unitario, va ricordata a titolo esemplare almeno l'inchiesta sulla Sicilia compiuta da S. Sonnino e L. Franchetti (1877). Quanto al positivismo, il suo esponente italiano più noto fu l'antropologo Cesare Lombroso (1835-1909); per ciò che riguarda più strettamente la sociologia, ispirata in generale a un orientamento evoluzionista e organicista, vanno ricordati tra gli altri Roberto Ardigò (autore di una *Sociologia* scritta nel 1886), Scipio Sighele (autore fra l'altro di *La folla delinquente*, del 1891) ed Enrico Morselli (noto soprattutto per lo studio *Il suicidio. Saggio di statistica morale comparata*, del 1879: un testo che Durkheim utilizzò ampiamente nel suo lavoro successivo sul tema).

Nel 1896 venne fondata la prima "Rivista italiana di sociologia", a testimonianza di un interesse che accomunava la cultura italiana a tendenze presenti in tutta Europa: la rivista, su cui scrissero i principali sociologi del tempo, proseguì le sue pubblicazioni fino al 1922.

Negli anni venti la sociologia italiana conobbe una battuta d'arresto, le cui cause si situano su livelli diversi. Sul piano della vita civile e politica, a partire dagli anni venti il fascismo rappresentò un congelamento della ricerca sociale scientifica. Sul piano culturale, d'altro canto, ebbe una certa influenza la posizione assunta da Benedetto Croce, forse l'intellettuale italiano più importante del momento. Se da un lato infatti Croce era ostile al fascismo, dall'altro era ostile anche alla sociologia stessa, che considerava una "pseudoscienza": avendo di mira principalmente la sociologia positivista, riteneva che si trattasse di un tentativo intellettualmente infondato di negare l'essenziale storicità dell'essere umano mediante la ricerca di supposte regolarità della vita sociale.

Tuttavia, gli anni a cavallo del secolo sono anche gli anni in cui dalla cultura italiana emergono le opere di alcuni autori che sono unanimemente considerati dei classici del pensiero sociologico: le opere cioè di Pareto, di Mosca e di Michels. Più avanti, e del tutto diversa, emergerà la figura di Antonio Gramsci.

Vilfredo Pareto

Vilfredo Pareto nacque nel 1848 a Parigi; la famiglia apparteneva alla nobiltà italiana, e Pareto visse a Torino, a Roma, a Firenze e infine in Svizzera, a Losanna, dove morì nel 1923. La sua prima formazione – e la sua professione iniziale – fu nel campo dell'ingegneria. Quando un'eredità gli consentì di dedicarsi esclusivamente allo studio, si diede all'economia, un campo dove raggiunse una posizione internazionale di grande rilievo; nel 1892, su invito di Léon Walras, ottenne all'Università di Losanna la cattedra di economia politica.

Le sue prime opere sono quindi di economia. Nel 1912 tuttavia smette di insegnare questa materia e inizia a occuparsi di sociologia. Fra il 1916 e il 1919 pubblica il *Trattato di sociologia generale*, che sarà immediatamente tradotto in francese; scrive nel contempo diversi articoli di argomento politico. Nel 1922 accetta un incarico ufficiale presso la Società delle Nazioni come rappresentante del governo italiano, ed entra in rapporto così con il fascismo di Benito Mussolini. Nominato senatore del Regno d'Italia (una carica che non ha tempo di diventare effettiva, e davanti a cui è forse perplesso egli stesso), muore nel 1923.

La prima chiave per comprendere il pensiero di Pareto sta proprio nel suo passaggio dall'interesse per l'economia a quello per la sociologia. L'economia si occupa di azioni "logiche": dato un fine, suppone che l'attore sociale utilizzerà per raggiungerlo i mezzi più adeguati di cui può disporre. La vita degli uomini, tuttavia, è ricca di azioni che non sono logiche affatto: è dominata da passioni, sentimenti, abitudini, paure e così via. Per comprenderla nella sua interezza, dunque, l'economia non è sufficiente. Del resto, molti aspetti della stessa economia richiedono, per essere spiegati, il ricorso a fattori extraeconomici. La sociologia è la scienza che dovrà spiegare ciò che l'economia non riesce ad afferrare.

La sociologia è la scienza logico-sperimentale dei comportamenti degli uomini: il suo oggetto – per paradossale che possa suonare – è la spiegazione logica di ciò che logico non è.

Il *Trattato di sociologia generale* di Pareto è una voluminosa successione di paragrafi scritti in un tono vigoroso e spesso arrogante, ricco di inviti all'osservazione e al perseguimento della verità anche quando questa sia scomoda e a prescindere dalla sua "utilità". Pareto però non realizzò alcuna ricerca empirica: si basava sulla sua "conoscenza del mondo". L'aspetto storicamente più fecondo del suo pensiero consiste probabilmente nel suo utilizzo della nozione di sistema: il mondo sociale è pensato come un insieme di elementi interdipendenti fra loro, in un modo che sarà ripreso in particolare da Parsons (vedi oltre). Più nota è tuttavia l'idea dei "residui" e delle "derivazioni". Vediamo cosa significano questi due termini.

Per quanto a uno studente possa apparire controintuitivo, i *residui* sono ciò che Pareto scorge di *fondamentale* nell'uomo. "Residuo" nella sua terminologia significa infatti ciò che rimane una volta che si sia scomposto il comportamento degli uomini nelle sue componenti elementari: allo stesso modo, nella provetta di un chimico restano sul fondo gli elementi di un composto che non possono essere ulteriormente ridotti. Pareto riconosce sei tipi di residui: l'istinto alla combinazione, la persistenza degli aggregati, il bisogno di manifestare i sentimenti, la socialità, l'integrità della persona e il residuo della sessualità.

L'analisi di questa classificazione è condotta in modo non privo di acume, ma non possiamo seguirla nei dettagli. Il punto è che i "residui" rappresentano il fondamento non-logico – cioè extrarazionale, almeno se per "razionalità" si intende la capacità di connettere logicamente mezzi e fini – del comportamento. Al di sotto di tutti i comportamenti degli uomini vi è la spinta, più o meno inconsapevole, dell'uno o dell'altro di questi residui.

Gli uomini, tuttavia, tendono ad autoingannarsi. Come scrive Pareto: «hanno una tendenza spiccatissima a dare una vernice logica alle proprie azioni». Questa «vernice» consiste nella produzione di giustificazioni pseudorazionali dei comportamenti. Tali giustificazioni sono ciò che Pareto chiama le *derivazioni*. Una derivazione è un sistema di rappresentazioni mentali – un'ideologia, una religione, un programma politico – che occulta gli impulsi fondamentali e propone una legittimazione del comportamento in termini che appaiono logici (senza esserlo, in realtà).

Alla dinamica dei residui e del loro mascheramento nelle derivazioni sfugge il pensiero scientifico. Come possa farlo, date le premesse dell'argomentazione paretiana, non è perfettamente chiarito: in ogni caso nella tensione tra il mascheramento dei veri motivi dell'agire degli uomini operato dalle derivazioni e lo smascheramento sistematico che la scienza prova a produrre si radica il fascino peculiare del pensiero di Pareto.

Le teorie delle élite

Élite è un termine francese che designa una cerchia sociale ristretta e influente. In sociologia il termine è utilizzato usualmente per indicare un gruppo – o più gruppi – in grado di esercitare un controllo o un'influenza sulla società nel suo insieme.

La riflessione sui caratteri e sul ruolo sociale delle élite è tipica del pensiero sociologico italiano dei primi anni del secolo. Il suo avvio è dovuto principalmente al siciliano Gaetano Mosca (1848-1941), ma lo stesso Pareto vi dedicò grande attenzione, e a entrambi va affiancato l'italo-tedesco Roberto Michels (1876-1936).

Sintetizzando le teorie di tutti questi autori, potremmo dire che la teoria delle élite è sostanzialmente una critica del funzionamento *reale* delle democrazie.

Per quanto sia emersa ripetute volte anche in passato, come ad Atene, la *democrazia* – cioè il "governo del popolo" – è una forma di governo tipicamente moderna. La forma concreta che essa ha assunto di norma negli Stati moderni è quella della democrazia rappresentativa: il popolo governa tramite dei rappresentanti che elegge periodicamente. Le teorie degli "élitisti" – come a volte sono chiamati gli autori a cui ci stiamo riferendo – non si oppongono alla democrazia in nome dei principi tradizionali dell'aristocrazia: piuttosto, intendono demistificare il funzionamento concreto delle democrazie rappresentative mostrando come, nei fatti, a governare siano sempre delle piccole minoranze. Come si esprime Mosca, «una minoranza organizzata, la quale agisce coordinatamente, trionfa sempre sopra una maggioranza disorganizzata» (Mosca, 1884, ried. 1968, p. 11).

Si tratta di una posizione politicamente conservatrice, ma non antiliberale. Mosca, in particolare, è anzi uno fra gli autori moderni a vedere più chiaramente come un certo pluralismo dei poteri sia il caposaldo di un sistema politico liberale, laddove si augura «che il potere religioso sia separato da quello politico, che la direzione economica non sia captata interamente dai reggitori dello Stato, che le armi non siano esclusivamente in mano a una frazione della società» (Mosca, 1933, ried. 1964, p. 305).

Ma, naturalmente, il problema teorico che consegue a questa impostazione è delineare come si producano e si riproducano le élite. Per gli élitisti la soluzione è apparentemente tautologica: le minoranze di governo sono costituite da coloro che, nella situazione storica data, sono più atti a governare. Ma il problema consiste nell'individuazione degli elementi di cui questa attitudine è fatta. Nei modi di risolvere questo problema risiedono le principali differenze tra gli autori in questione. Ciò che tutti mettono bene a fuoco è però il problema del ricambio delle élite: data l'importanza delle élite per una società, è cruciale che questa sia in grado di mettere ai posti di comando, di volta in volta e nei diversi settori, gli individui o i gruppi più adatti a governare, e i cui interessi siano i più consoni a sviluppare il benessere della società tutta. Una società che non sia in grado di esercitare regolarmente questo ricambio condanna se stessa alla stagnazione, e presta il fianco al rischio di sommovimenti rivoluzionari.

All'interno di questo quadro teorico merita una particolare menzione la cosiddetta "legge di ferro dell'oligarchia" elaborata da Michels in *La sociologia del partito politico* (1911). L'idea centrale (che in parte discende dalla teoria della burocrazia di Weber) è qui che ogni organizzazione complessa come quella di un partito politico tende a sviluppare al proprio interno un'oligarchia di funzionari i cui interessi si divaricano da quelli di coloro che essi affermano di rappresentare. Per paradossale che possa sembrare, i membri delle élite di partiti politici avversari possono essere così più simili *tra di loro* che non con i membri inferiori delle rispettive organizzazioni. La conseguenza è che, ovviamente, questi ultimi hanno ben poco da sperare dalle organizzazioni dei partiti che si dichiarano rivoluzionari.

Il fascismo

La critica della democrazia proposta dagli élitisti va collocata sullo sfondo delle diverse trasformazioni che caratterizzano le società europee negli anni a cavallo tra Ottocento e Novecento; in particolare va messa in relazione con i problemi suscitati dall'emergere delle masse sulla scena sociale e politica.

Piuttosto che di "masse", a dire il vero, i primi sociologi parlano di "folle". Verso la fine del secolo il tema della folla diventa ricorrente nella sociologia e nella psicologia sociale: in Italia si è accennato a Sighele, in Francia bisogna ricordare almeno Gustave Le Bon con la sua *Psicologia delle folle* (1895). Ciò che colpisce gli intellettuali è soprattutto il carattere "irrazionale" che sembrano assumere gli uomini quando si radunano in folla, la perdita da parte loro dei segni di una personalità autonoma, la violenza di cui diventano capaci.

Al di qua delle spiegazioni proposte, ciò che è vero in queste descrizioni è il riconoscimento di una novità del panorama sociale: da un lato l'agglomerarsi nelle città di una folla di persone relativamente anonime le une rispetto alle altre, dall'altro la possibilità che queste folle si organizzino in manifestazioni collettive imponenti. A manifestare, tuttavia, non sono esattamente folle indifferenziate: sono piuttosto i lavoratori che, riunendosi in sindacati e spesso sotto la guida di partiti riformisti o rivoluzionari, premono per la soddisfazione di nuovi diritti. Alla nozione di "folla", gli intellettuali di sinistra contrappongono così il concetto di "massa", intendendo con ciò innanzitutto questo: la presenza nella società industriale di una maggioranza di lavoratori che, per quanto indispensabili alla produzione e alla riproduzione della società, non vedono riconosciuti i propri diritti alla rappresentanza politica, all'educazione e a standard di vita superiori alla mera sussistenza.

Se per coloro che si ispirano a Marx o ad altre correnti del pensiero rivoluzionario il problema è quello di organizzare queste "masse" in una forza compatta e autoconsapevole, per i riformisti si tratta essenzialmente di promuovere gradualmente una completa partecipazione dei lavoratori ai meccanismi della democrazia e alla condivisione dei vantaggi che derivano dallo sviluppo industriale. Per entrambi, in ogni caso, il richiamo alle "masse" ha una valenza positiva, non disgiunta dal riconoscimento della necessità di un'educazione diffusa: le lotte per l'accesso universale e obbligatorio all'istruzione si affiancano così a quelle per la riduzione degli orari di lavoro, per l'aumento dei salari e per l'estensione del diritto di voto. È a tutto ciò che, esplicitamente o implicitamente, si oppongono coloro che sottolineano il carattere "irrazionale" e "violento" delle manifestazioni inedite della vita sociale di cui sono testimoni.

È vero comunque che, anche quando è usato con una valenza positiva, il termine "massa" conserva dei connotati almeno altrettanto problematici della "folla". La parola "massa" rimanda infatti pur sempre all'idea di un insieme di persone confuso e indifferenziato, dove i singoli appaiono privi di legami comunitari, di tradizioni proprie, e in fin dei conti di capacità di giudizio. Non a caso, sarà in questo modo, in effetti, che la nozione di massa verrà riutilizzata più tardi da chi teorizzerà la "società di massa". Quest'ultima espressione, tuttavia, non sarà usata per descrivere la società degli anni a cavallo fra Ottocento e Novecento, quanto per parlare dei decenni successivi: in particolare, farà la sua comparsa da un lato all'interno dei tentativi di rendere conto dell'emergere del fascismo e del nazionalsocialismo, e dall'altro, e successivamente, per descrivere la società posta in essere dal capitalismo avanzato.

Degli sviluppi del capitalismo parleremo più oltre. In questo paragrafo è opportuno però precisare cosa intendiamo quando ci riferiamo al fascismo, con particolare riguardo all'esperienza italiana.

Nato come movimento di stampo nazionalista all'indomani della fine della Prima guerra mondiale, il fascismo in Italia giunse al potere nel 1922: dopo un breve periodo di convivenza con le istituzioni parlamentari, nel 1925 diede luogo a un regime che abrogò la democrazia, mettendo fuori legge i partiti d'opposizione, vietando la libertà di stampa e di associazione e concentrando il potere legislativo nelle mani dell'apparato esecutivo, coincidente con la gerarchia del partito fascista.

Tra il 1925 e il 1943 il fascismo si costituì così in Italia come una *dittatura*: la caratteristica delle dittature moderne è tuttavia di non fondarsi unicamente sulla violenza – per quanto questa sia essenziale – ma anche sulla ricerca di un consenso popolare. Tale consenso viene ricercato soprattutto attraverso l'istaurazione di un rapporto privilegiato tra il leader e le masse. Si tratta di un rapporto di tipo emotivo, che presuppone da un lato l'utilizzo di rituali e di mezzi di propaganda efficaci, ma dall'altro anche la disponibilità dei soggetti a proiettare sul leader una forte carica affettiva. È questa disponibilità che mette in gioco il concetto di "massa": saltando a piè pari – per così dire – tutte le istituzioni e le associazioni della società, il leader si propone a ciascuno dei suoi sottoposti come referente unico, unica incarnazione dell'autorità. Ma ciò è possibile solo se gli individui rinunciano effettivamente tanto alla propria individualità concreta quanto – almeno in una certa misura – al valore dei propri legami con gli altri: il che corrisponde per l'appunto alla loro riduzione a membri di una "massa". Contemporaneamente, del resto, l'appello indifferenziato del leader contribuisce a sua volta a trasformare i singoli in atomi di una massa anonima, legata soltanto attraverso l'identificazione con il capo. Il discorso è circolare: il fascismo presuppone la massa, e contemporaneamente la riproduce.

Per quanto il termine "fascismo" sia stato coniato da Benito Mussolini, l'esperienza fascista non è confinata all'Italia. Nel periodo fra la Prima e la Seconda guerra mondiale movimenti e partiti di stampo fascista sono stati attivi in molti paesi europei, fra cui l'Austria, l'Ungheria, la Spagna (dove giunsero al potere con Franco nel 1939) e, naturalmente, la Germania, dove il fascismo assunse con il nazionalsocialismo di Hitler le sue forme più radicali. La possibilità di raggruppare tutte queste esperienze (ed eventualmente anche altre successive alla Seconda guerra mondiale, come il regime di Salazar in Portogallo) in un unico concetto è naturalmente discutibile. Nell'ostilità congiunta ai principi liberali da un lato e al socialismo dall'altro, nell'utilizzo sistematico della violenza nei confronti delle opposizioni e nell'appello del leader alle masse nel nome di una "rigenerazione nazionale" stanno tuttavia gli elementi comuni che permettono di riunificare sul piano analitico tutti questi fenomeni.

Antonio Gramsci

Opposta alle teorie conservatrici di Pareto o di Mosca, ma opposta soprattutto al fascismo di Mussolini, è la posizione di Antonio Gramsci (1891-1937).

Membro di spicco del Partito comunista italiano, Gramsci fu ispiratore e teorico della più grande insurrezione operaia in Italia, quella dei "consigli operai" di Torino nel 1920. Nel 1926, quando il fascismo mise fuori legge l'opposizione, venne arrestato, e passò il resto della sua vita in carcere. Fu qui che scrisse i suoi *Quaderni del carcere*: una serie di appunti redatti senza avere a disposizione una biblioteca e citando a memoria molti dei testi e delle notizie a cui fa riferimento.

Per quanto Gramsci non fosse un sociologo, ma il militante di un partito politico, la sua opera è oggi considerata internazionalmente come una delle più significative nella storia della sociologia. La rilevanza storica di quest'opera sta soprattutto nella sua rielaborazione del marxismo in chiave antidogmatica e antideterministica. Ma, in particolare, a Gramsci si fa risalire la definizione – o la ridefinizione – di alcuni concetti oggi particolarmente usati, come "fordismo", "società civile" ed "egemonia". Per quanto brevemente, è il caso di esaminarli.

Il termine *fordismo* fa riferimento alle trasformazioni del modo di produzione capitalistico avviate dalle innovazioni di Henry Ford nelle sue fabbriche di automobili negli Stati Uniti fra il 1910 e il 1920. È un termine che Gramsci mutuò dalla letteratura industriale americana: nelle sue mani, diventa una nozione utile a descrivere gli sviluppi del capitalismo aggiornando, in un certo senso, le analisi di Marx. Questi sviluppi riguardano due aspetti dell'organizzazione del lavoro. Il primo è direttamente legato alla produzione: utilizzando i principi dell'organizzazione scientifica del lavoro teorizzati da Frederick W. Taylor (il "taylorismo"), Ford aveva modificato il lavoro dei suoi operai scomponendone l'attività in minuscoli compiti specifici: i materiali da lavorare venivano collocati su di una catena in movimento, e ciascun lavoratore doveva ripetere il proprio compito nei tempi stabiliti dalla macchina. Si trattava di una "razionalizzazione" della produzione, nel senso che la produttività complessiva del lavoro, in questo modo, veniva aumentata. Ma la razionalizzazione in questione non si fermava qui: ed ecco il secondo aspetto delle trasformazioni introdotte da Ford. Era necessario anche alzare il livello dei salari. Ciò aveva una doppia ragione: da un lato si trattava di "ricompensare" i lavoratori per la disciplina cui si sottoponevano e di incentivarne la fedeltà all'azienda, dall'altro si trattava – in una logica più globale – di assicurare un ampio mercato per i beni prodotti favorendo lo sviluppo di uno strato di piccoli consumatori.

Tutto ciò comporta per Gramsci delle modificazioni rilevanti nel modo di produzione: il processo lavorativo è controllato più strettamente e il lavoro stesso diventa più produttivo, e contemporaneamente la produzione delle merci si accresce, si standardizza, e si rivolge ad un nuovo pubblico di consumatori. Accedendo al mercato in virtù dell'aumento dei propri salari, la classe operaia viene a partecipare – almeno in una certa misura e a patto di una nuova lealtà nei confronti dei capitalisti – all'aumento di benessere che lo sviluppo delle forze produttive consente. La sua disposizione rivoluzionaria viene così attenuata, nello stesso momento in cui il controllo sulle coscienze si fa più capillare. Dal punto di vista di chi si ponga in un'ottica rivoluzionaria, lo sviluppo di una "coscienza di classe" deve spostarsi così sul piano di una lotta ideologica complessa, in cui diventa decisiva la capacità delle avanguardie operaie di proporre una cultura complessiva alternativa a quella del capitalismo.

La capacità di diffondere all'interno di tutta la società una cultura congruente con i propri valori ed i propri interessi è la capacità di esercitare un'*egemonia* sulla società. Il concetto di egemonia si situa all'interno di un quadro teorico che tende a rivalutare, rispetto al marxismo più tradizionale, l'importanza e la relativa autonomia della sfera della cultura. All'interno della società capitalistica, le classi dominanti non esercitano il proprio potere soltanto con la coercizione, ma egemonizzando gli atteggiamenti delle classi subalterne, cioè imponendo i propri valori e le proprie logiche come elementi della cultura diffusa (o del «senso comune», come Gramsci ebbe a dire). Rovesciare questo potere significa dunque sostituire progressivamente a questa egemonia un'egemonia alternativa, un altro «senso comune»: la lotta sul terreno della cultura (nelle scuole, nell'editoria, nei luoghi di culto e nella vita quotidiana) diventa cruciale.

Il luogo dove questa lotta si dispiega è la *società civile*. Si tratta di un concetto che Gramsci riprende da Hegel. Nella *Filosofia del diritto*, agli inizi dell'Ottocento, Hegel aveva definito la società civile come la sfera della vita sociale che si situa tra la famiglia e lo Stato. I suoi contenuti sono determinati in gran parte dal libero gioco delle forze economiche e degli individui che cercano di realizzare se stessi, ma comprendono anche tutte quelle istituzioni che, in verità, inibiscono e regolano questo libero gioco, come le istituzioni religiose, i circoli cittadini, i raggruppamenti professionali e via dicendo. Riprendendo il concetto, Marx lo aveva ristretto, riducendolo a sinonimo della sfera della proprietà privata e delle relazioni economiche. Pur conservando un orientamento generale marxista, Gramsci torna così a Hegel, adattando il concetto alle necessità analitiche della situazione contemporanea. La società civile è composta da chiese, scuole, sindacati, associazioni di imprenditori e associazioni culturali: è l'insieme variegato delle organizzazioni – più e meno formali – a cui l'individuo partecipa in quanto cittadino. Attraverso queste istituzioni le classi dominanti esercitano la propria egemonia sulla società intera: ma è nelle stesse istituzioni che questa egemonia può venire contrastata.

Se questi sono i concetti gramsciani oggi più usati nella letteratura internazionale, per il lettore italiano ve ne sono molti altri: i *Quaderni del carcere* sono una miniera di spunti ricchissimi per l'analisi delle classi, del ceto politico, dei rapporti fra Nord e Sud, della storia degli intellettuali, della religione e della cultura popolare.

Come molti marxisti, Gramsci era piuttosto ostile alla sociologia in senso stretto (che identificava però esclusivamente con il positivismo): chiamava la propria teoria della società una «filosofia della prassi». Tuttavia, come è stato notato, «ciò che Gramsci contrappone alla sociologia positivistica è una scienza della società [...] che appare molto vicina ad una "sociologia dell'azione" quale la intendiamo oggi, cioè ad una sociologia nella quale è riconosciuto un ruolo cruciale al soggetto storico» (Paci, 1992b, p. 8). Né si tratta solo di questo: se Gramsci può legittimamente essere compreso in un capitolo di storia della sociologia è perché di fatto ha praticato un'analisi della realtà sociale estremamente accurata. In quanto militante, Gramsci si rivolgeva essenzialmente ai militanti e agli intellettuali della sinistra: almeno in Italia, anche questi però hanno seguito tale strada solo con molte riserve. Come ha scritto un altro sociologo italiano, «ricordiamoci le pagine assai lucide in cui Gramsci invita ad analizzare, studiare e capire il mondo cattolico: non si capisce la società italiana se non si capisce la presenza dei cattolici; ricordiamoci le pagine in cui

Gramsci ci dice che bisogna andare a vedere come lavorano i giornalisti nei giornali di provincia, come lavorano i maestri nei paesi, come si formano e cosa fanno gli intellettuali che si collocano a distanze diverse tra il centro e la periferia. Quante di queste indicazioni di ricerca sono state seguite [...]?» (Cavalli, 1992, pp. 84-5). In verità, bisognerà aspettare almeno fino alla fine degli anni cinquanta perché la sociologia italiana sviluppi programmi di ricerca all'altezza dei suggerimenti proposti da Gramsci.

Suggerimenti bibliografici

Per le origini della sociologia in Italia si veda *La sociologia italiana negli anni del positivismo. Antologia di scritti sociologici*, a cura di O. Lentini (1981).

Per una sintesi delle opere di Pareto rimando all'antologia *Una teoria critica della scienza della società*, curata da G. Busino (1996). Per un'introduzione alle teorie delle élite si può vedere il capitolo dedicato da M. Stoppino a *Potere ed élites politiche* nel manuale curato da A. Panebianco, *L'analisi della politica. Tradizioni di ricerca, modelli, teorie* (1989). Per un'introduzione alle problematiche del pensiero conservatore in sociologia rimando a *Il pensiero conservatore* di C. Mongardini e M. L. Maniscalco (1999).

Per una discussione dei concetti di "folla" e "massa" si può vedere il saggio di A. Izzo, *La società di massa* (1997). Per un primo orientamento riguardo al fascismo si possono leggere i libri di E. Collotti, *Fascismo, fascismi* (1995), R. De Felice, *Le interpretazioni del fascismo* (1989) o G. L. Mosse, *Il fascismo. Verso una teoria generale* (1979). Sulla nozione di democrazia si può vedere G. Sartori, *Democrazia: cosa è* (1993).

Esistono molte edizioni delle opere di Gramsci. Tra le più recenti trovo utile la raccolta di scritti curata da A. A. Santucci: A. Gramsci, *Opere* (1997). Per la discussione rimando a N. Bobbio, *Saggi su Gramsci* (1990) e a M. Paci (a cura di), *Gramsci e i classici della sociologia* (1992b); per una lettura internazionale segnalo S. Hall, *L'importanza di Gramsci per lo studio della razza e dell'etnicità* (1985).

9
Vienna e dintorni

Introduzione

Nel suo complesso, la cultura europea aveva vissuto la seconda metà dell'Ottocento e il primo decennio del Novecento in un'euforia dettata dalla sensazione di un progresso materiale e sociale inarrestabile. La guerra del 1914-18 fu un risveglio brutale.

Nel cuore dell'Europa, la guerra del 1914-18 mise di fronte i paesi che si consideravano i più civili del globo: Germania e Austria-Ungheria da una parte; Francia, Inghilterra, Russia e Italia dall'altra. E fu una guerra terrificante. Fu combattuta prevalentemente in trincea. La guerra in trincea consistette in ciò: i giovani dei principali paesi europei passarono quasi quattro anni scannandosi l'uno con l'altro con la baionetta e con l'ausilio di bombe, mitragliatrici, cannoni. La baionetta è uno strumento di guerra arcaico: comporta il combattimento corpo a corpo. Bombe, mitragliatrici e cannoni sono un portato dell'industria moderna. Questa miscela di arcaico e di moderno, di tecnologia e di brutalità, fu devastante per i corpi, ma lo fu anche per gli spiriti. Nel cuore della "civiltà" si scopriva la barbarie.

Sul piano della storia politica, la Prima guerra mondiale ebbe effetti di enorme rilevanza. Fra questi, la dissoluzione dell'impero austro-ungarico, quella dell'impero ottomano, e la rivoluzione bolscevica in Russia. Ma, per il nostro discorso, il punto è soprattutto questo: cominciava a essere difficile vedere della modernità solo i lati più luminosi. E, soprattutto, cominciava a diventare difficile essere *sicuri* di qualcosa. Nella Prima guerra mondiale morirono otto milioni di uomini. Chi ritornò non fu più lo stesso. E fu tutta la cultura europea a non essere più la stessa di prima.

Del resto, la cultura aveva cominciato a cambiare già prima dello scoppio della guerra. Basta uno sguardo alla storia della letteratura, della pittura, dell'architettura o della musica a confermarlo: è il senso stesso della realtà che – anche in risposta agli immensi mutamenti della vita materiale in corso – si sta trasformando.

Per quanto riguarda la filosofia e le scienze sociali, questa trasformazione è vera particolarmente nei paesi di lingua tedesca (Germania e Austria, ma anche Ungheria e Cecoslovacchia). L'avvento del nazismo in Germania porrà un brusco freno agli sviluppi culturali in quest'area: a partire dal 1933, la persecuzione degli ebrei e la caccia a tutti coloro che potranno essere considerati ostili al regime costringeranno a emigrare un numero enorme di intellettuali. Ma nei primi anni del secolo poche zone del mondo sono altrettanto ricche di fermenti.

Per quanto Berlino, Praga, Budapest e altre città siano centri culturali di enorme rilievo, Vienna è la capitale per eccellenza. Centro di un impero ormai decadente, il cui collasso è sancito dalla fine della guerra mondiale, Vienna è il luogo in cui si concentrano alcune delle esperienze più significative del tempo, e in cui si elaborano alcune delle teorie che influenzeranno più durevolmente il secolo a venire. Naturalmente non è agevole rendere conto di ciò in una breve introduzione alla storia del pensiero sociologico e, del resto, poche di queste teorie hanno a che fare con la sociologia in modo immediato. Le questioni affrontate sono tuttavia cruciali e, per quanto con una certa lentezza e attraverso qualche mediazione, finiranno alla lunga per essere recepite anche nell'ambito della nostra disciplina.

Quella di cui si tratta è una crisi dei fondamenti di quasi tutti gli aspetti della visione del mondo fin lì consolidata. La trasformazione in corso, per dirla in breve, avviene nel segno della scoperta della molteplicità delle prospettive possibili a proposito di ogni fenomeno: se molte prospettive sono ugualmente plausibili, l'unica possibilità che non è più plausibile è quella di essere certi di una prospettiva soltanto.

Dovendomi esprimere nel modo più sintetico possibile, non trovo di meglio che ricorrere ad alcune frasi contenute nella *Lettera di Lord Chandos*, il testo scritto nel 1902 dal drammaturgo viennese Hugo von Hofmannsthal che viene considerato a ragione uno dei documenti più significativi di questa crisi. Si tratta della costatazione di una radicale perdita di affidabilità del linguaggio. Come scrive l'immaginario Lord a cui Hofmannsthal presta la voce:

Il caso, in breve, è questo: ho perduto ogni facoltà di pensare o di parlare coerentemente su qualsiasi argomento [...]. Le parole astratte, di cui la lingua, secondo natura, si deve pur valere per recare a giorno un qualsiasi giudizio, mi si sfacevano nella bocca come funghi ammuffiti [...]. Anche nelle conversazioni familiari e domestiche ogni giudizio, di quelli che si danno per solito alla leggera e con ignara sicurezza, divenne per me a tal punto problematico che dovetti smettere di partecipare a tali discorsi. Mi riempiva di un'inspiegabile irritazione, che a fatica dovevo per forza dissimulare, udire affermazioni quali: la tal cosa è andata bene o male a questo o a quello; il giudice N. è un uomo malvagio, il predicatore T. è buono; il fittavolo M. è da compiangere, i suoi figli sono degli scialacquatori [...]. Tutto ciò mi appariva indimostrabile, falso, lacunoso al massimo [...]. Come una volta avevo visto in una lente di ingrandimento una zona della pelle del mio mignolo, e mi era parsa una pianura con solchi e buche, così ora mi accadeva con gli uomini e le loro azioni. Non riuscivo più a coglierli con lo sguardo semplificatore dell'abitudine. Ogni cosa mi si frazionava, e ogni parte ancora in altre parti, e nulla più si lasciava imbrigliare in un concetto. Una per una, le parole fluttuavano intorno a me (Hofmannsthal, 1902, trad. it. 1985, pp. 43-5).

Insomma: quella che viene meno è la certezza del nesso tra le parole e le cose; l'abitudine che le legava svela la sua arbitrarietà. Insieme, e ovviamente, viene meno la plausibilità dell'idea di poter definire la realtà in un modo univoco.

La sensazione che dire con sicurezza cosa è "la realtà" sia tutt'altro che ovvio è presente innanzitutto nel campo delle arti, ma si avverte anche nel pensiero scientifico. Per quanto riguarda le scienze della natura, per cominciare, questi sono gli anni in cui Einstein sta elaborando la sua teoria della relatività. Non molto più tardi, negli anni trenta, Heisenberg arriverà alla sua famosa legge dell'indeterminazione (tale per cui, nella fisica subatomica, si scopre fra l'altro che l'osservazione modifica il campo di ciò che viene osservato). Certo, gli effetti di questi rovesciamenti dell'impianto della fisica classica – e di analoghi rovesciamenti entro le altre scienze della natura e nelle matematiche – si faranno sentire solo lentamente. Ma sono effetti di enorme portata.

Innanzitutto, le scienze naturali diventano consapevoli del fatto che la realtà può essere descritta in termini altrettanto plausibili da teorie diverse e non necessariamente compatibili fra di loro. Le teorie sono *modelli*. I modelli, a loro volta, sono come delle mappe: permettono di muoversi sul terreno, ma non vanno confuse con questo. Ciò che una mappa non permette di vedere può essere colto da un'altra, ma non necessariamente la seconda è migliore: può trattarsi di mappe che riguardano aspetti diversi della stessa realtà.

Contemporaneamente, diventa sempre più chiaro che non esiste alcun luogo neutrale dal quale i fenomeni possano essere osservati: è arduo immaginare un punto di vista che permetta un'"oggettività" pura e assoluta. Ogni osservatore è situato in un modo o nell'altro, e la realtà è sempre la *percezione della realtà*: il referente ultimo di ogni teoria, ciò che i positivisti chiamavano i "fatti", sfugge alla presa. L'autocritica a cui pervengono i filosofi del cosiddetto Circolo di Vienna, il più radicale tentativo di sviluppare un sistema logico positivista costituito da proposizioni indubitabilmente fondate su osservazioni univocamente determinate, è esemplare di questo rovesciamento di prospettiva.

Quanto alle scienze storico-sociali, si fanno sentire gli effetti dello storicismo, che cominciano a combinarsi con la consapevolezza che deriva dall'accumularsi dei dati etnografici: la evidente relatività delle concezioni del mondo presenti nelle varie epoche e nelle diverse culture costringe a porsi il problema del *relativismo*. Se si accetta di pensare che le concezioni del mondo sono relative ai diversi periodi della storia e alle diverse configurazioni che assumono le società, è ancora possibile ritenere che vi sia un punto di vista assoluto dal quale giudicare le loro differenze? In verità, sembra che il punto di vista di chi cerca di comprendere le differenze sia relativo anch'esso: alla particolarità e alla contingenza della propria collocazione storica e culturale non sfugge nemmeno chi fa scienza sociale.

A tutto ciò si aggiunge la consapevolezza crescente del fatto che l'essere umano non è trasparente a se stesso: i motivi e, soprattutto, le conseguenze dell'agire di ognuno sfuggono alla presa della coscienza. Conservatori liberali come l'economista e filosofo Ludwig von Mises traggono da questa consapevolezza l'idea che ogni pianificazione razionale dell'agire è illusoria: nell'ambito economico, il mercato è il sistema di regolazione ideale proprio perché non dipende da una pianificazione cosciente, ma è un meccanismo incosciente che produce la razionalità dell'insieme a partire dai comportamenti di soggetti la cui razionalità è limitata. La fiducia nella capacità del mercato di produrre razionalità – una fiducia che von Mises trasmise a von Hayek e da lui a importanti correnti dell'economia contemporanea – è aspramente discussa da molti altri, ma la questione cui si accenna è più vasta: il punto è chiedersi con quali categorie sia possibile comprendere il comportamento dell'uomo e in quali forme proporsi il problema della gestione di società che non possono più affidarsi al potere vincolante di tradizioni date per certe.

Si tratta, come si vede, di questioni di immensa portata. Non è azzardato affermare che il pensiero del Novecento, pur con la novità di tante sue correnti e nonostante la straordinaria ricchezza (e tragicità, a volte) delle esperienze cui dovrà andare incontro, in buona parte non abbia fatto altro che continuare a pensare i problemi che la cultura viennese ha posto all'inizio del secolo.

Nel quadro delle questioni così sommariamente evocate si stagliano, per l'importanza che avranno negli sviluppi futuri delle scienze sociali e della stessa sociologia, le opere di Sigmund Freud e di Ludwig Wittgenstein. Ne renderemo conto in modo molto schematico. Alla fine del capitolo aggiungeremo inoltre qualche considerazione sulla sociologia della conoscenza di Karl Mannheim: è vero che così ci allontaneremo da Vienna, ma la questione del relativismo di cui Mannheim si occupa è parte del medesimo orizzonte che abbiamo richiamato.

Sigmund Freud e la nascita della psicoanalisi

Sigmund Freud nacque a Freiberg (Moravia) nel 1856 e si trasferì a Vienna con la famiglia a quattro anni. Riparato in Inghilterra nel 1938 dopo l'annessione dell'Austria al Reich hitleriano, vi morì nel 1939. È il creatore della psicoanalisi. La psicoanalisi è un insieme di tecniche terapeutiche e di teorie scientifiche orientate alla *psiche*, cioè al complesso dei processi attraverso cui il soggetto fa esperienza del proprio mondo interiore e si rapporta con quello esteriore.

Freud era un medico: la psicoanalisi sorge innanzitutto come una pratica clinica finalizzata a liberare i pazienti da sintomi di carattere nevrotico (ansie, fobie, perdita di controllo del proprio corpo) attraverso la scoperta delle loro cause. Nell'elaborazione dei principi del proprio metodo terapeutico Freud sviluppò tuttavia un corpus di teorie molto articolato – e più volte rielaborato nel corso di una ricerca che si intese sempre aperta a ulteriori sviluppi – che rappresenta il primo tentativo sistematico del pensiero occidentale di dar conto dei rapporti tra la coscienza e l'*inconscio*. Per quanto l'oggetto delle ricerche di Freud sia l'individuo, molte delle sue opere illuminano aspetti fondamentali della vita sociale.

Il primo libro importante di Freud è *L'interpretazione dei sogni*, pubblicato nel 1900. Fra le altre numerosissime opere ricordiamo *Tre saggi sulla teoria sessuale* (1905), *Introduzione alla psicoanalisi* (1917, riscritto nel 1932), *Al di là del principio del piacere* (1920), *Psicologia delle masse e analisi dell'io* (1921) e *Il disagio della civiltà* (1929).

Dar conto del pensiero di Freud in poche righe è un'impresa pressoché disperata. Tenteremo di farlo concentrandoci su alcuni dei suoi concetti fondamentali.

Il primo di questi è quello di *rimozione*. Studiando una serie di casi di isteria, e poi analizzando in modo analogo diversi processi della vita quotidiana ordinaria come i sogni, i lapsus verbali o i motti di spirito, Freud giunse all'ipotesi secondo cui l'apparato psichico di ciascuno di noi ha la facoltà di rimuovere – cioè allontanare, nascondere – gli affetti e gli eventi che costituiscono dei "traumi", la cui presenza nella coscienza genererebbe dei conflitti che il soggetto non è in grado di affrontare nella vita cosciente. Rimuovere è dimenticare; ma ciò che è rimosso non scompare: piuttosto, rimane nell'ombra e agisce attraverso dei sintomi, i più importanti e disturbanti dei quali sono i sintomi delle nevrosi.

In generale, va osservato che secondo Freud non c'è nulla, nel nostro mondo interiore, che scompaia mai definitivamente: ogni adulto convive con il bambino che è stato. Allo stesso modo, l'umanità nel suo complesso non dimentica mai definitivamente le fasi precedenti che ha attraversato: in ogni uomo "civile" vivono ancora, più o meno sepolti, gli impulsi, le fantasie e le paure che accompagnavano l'uomo delle età primitive.

L'oblio provocato dalla rimozione è dunque una forma di memoria, per quanto paradossale ciò possa sembrare: una "memoria" tuttavia che sfugge alla consapevolezza della coscienza. Il nucleo delle pratiche terapeutiche della psicoanalisi – cioè il metodo delle "libere associazioni" – nasce nel contesto di questa scoperta come un metodo che consente di riportare alla luce almeno parte di ciò che è stato rimosso, e mette il soggetto a confronto con ciò che, precedentemente, non era stato in grado di affrontare.

Ciò che viene rimosso ed è difficile affrontare è essenzialmente il *desiderio*, cioè l'espressione dell'energia pulsionale (la *libido*) che si agita in noi. Quello delle "pulsioni" è il secondo concetto su cui vorrei richiamare l'attenzione. Nei suoi primi scritti, Freud tendeva a identificare strettamente le pulsioni con la *sessualità* (ciò costituì fra l'altro il motivo principale dello scandalo che le sue teorie suscitarono, specie quando affermò che la sessualità è presente già nell'infanzia); in seguito chiarì però di intendere la sessualità in un senso piuttosto ampio, come l'insieme delle pulsioni erotiche (dal nome di Eros, il dio greco dell'amore e del desiderio) che spingono ciascuno di noi verso delle "mete" attraverso il cui raggiungimento la pulsione "si appaga". Le pulsioni hanno diversi modi di soddisfarsi. Quando la loro meta immediata è inibita – in particolare, in relazione ai freni opposti dagli statuti morali delle società – esse hanno la facoltà di trovare altre vie: il processo della "sublimazione", ad esempio, è il processo attraverso cui l'energia pulsionale viene appagata nell'estrinsecazione di attività culturali e artistiche.

Nelle opere successive alla guerra (e soprattutto in *Al di là del principio del piacere*) Freud affianca tuttavia alle pulsioni erotiche un altro tipo di pulsioni, le pulsioni distruttive, che viene infine a concettualizzare sotto il nome di «pulsione di morte». Ogni organismo si muoverebbe in quest'ottica fra due spinte contrastanti e confuse: da un lato verso la propria affermazione e la soddisfazione del proprio piacere, dall'altro verso uno stato di quiete finale, di riassorbimento nel grembo indifferenziato della materia.

Quella della pulsione di morte è una delle più difficili e discusse intuizioni di Freud. Va osservato tuttavia che anche le pulsioni di tipo erotico comportano aspetti di violenza e di aggressività che Freud non manca di riconoscere: in generale, il mondo delle pulsioni non conosce distinzioni tra "bene" e "male", è l'espressione di una tendenza degli organismi a soddisfare se stessi, ed è essenzialmente in contrasto con le esigenze morali necessarie alla vita sociale. Da questo carattere di inconciliabilità permanente di pulsioni e morale deriva il *disagio della civiltà*: il tema su cui Freud scriverà nel 1929 uno fra gli ultimi e più importanti suoi libri.

Ma non è fuori luogo osservare che le prime formulazioni di Freud relative agli aspetti distruttivi presenti nel mondo delle pulsioni risalgono al periodo della Prima guerra mondiale, e in particolare al saggio *Considerazioni attuali sulla guerra e la morte* (1915). Le idee fondamentali di questo saggio sono da un lato che lo sviluppo della civiltà – e allo stesso modo lo sviluppo di ogni individuo dall'infanzia all'età adulta – comporta una *coercizione* relativa al controllo e alla negazione degli impulsi istintivi, e dall'altro che – poiché nulla è mai dimenticato per sempre – questi impulsi originari rimangono latenti e minacciano costantemente di riemergere. In questa prospettiva la guerra – per quanto possa essere scatenata da fattori "oggettivi" extrapsichici – consiste in una situazione in cui gli impulsi primordiali dell'uomo hanno la facoltà di riemergere. Per quanto possa sembrare paradossale e orribile a una mente "civile", in questi impulsi la violenza e l'assassinio si confondono con il piacere: la parziale sospensione delle norme morali che la guerra produce fa emergere i fantasmi di un'umanità primitiva, mai definitivamente scomparsi.

Ciò che più caratterizza la psicoanalisi, infine, è la nozione di *inconscio*. Già facendo cenno alla rimozione abbiamo visto come parte di ciò che viviamo abbia la facoltà di sprofondare in una sorta di "serbatoio" che sfugge alla coscienza, ed è dunque "inconscio". Più in generale, l'inconscio si configura nel pensiero di Freud come una sorta di "luogo" al cui interno vanno collocati sia i pensieri e i sentimenti rimossi che i meccanismi stessi che a questa rimozione presiedono (i meccanismi di difesa come la "censura" interiore) e infine le pulsioni medesime.

In una prima fase, Freud disegnò una sorta di topografia della psiche distinguendo i sistemi "conscio", "preconscio" e "inconscio": il primo è il regno della nostra coscienza; il secondo quello di ciò che, pur non essendo presente alla nostra attenzione in un momento dato, resta tuttavia accessibile; il terzo è il regno oscuro di ciò che la coscienza volontariamente non è in grado di raggiungere – pur essendo in parte determinata proprio da ciò che vi si agita.

In seguito, Freud propose un altro modello. Si tratta della tripartizione dell'apparato psichico in tre "istanze" in relazione dinamica fra loro: l'Es, l'Io e il Super-Io. L'*Es* (il termine è il pronome neutro tedesco: in latino si direbbe *id*, in italiano "esso") consiste nell'insieme delle pulsioni che mirano alla propria soddisfazione, indifferenti tanto alle condizioni della realtà esterna alla psiche quanto ad ogni morale. L'*Io* corrisponde a sua volta alla coscienza che pensa e riflette. Mentre l'Es è guidato esclusivamente dalla ricerca della soddisfazione delle mete pulsionali, obbedendo al «principio del piacere», l'Io conosce il «principio di realtà»: è l'istanza dell'apparato psichico che presiede all'esperienza del mondo, alla consapevolezza e all'apprendimento. Il *Super-Io* è infine l'istanza delle norme morali, che rappresenta l'interiorizzazione in ciascuno di noi delle regole e dei valori dell'autorità sociale.

I rapporti fra queste tre istanze sono intrinsecamente conflittuali. L'Io si trova costantemente nella posizione di dover mediare tra la pressione delle pulsioni e le norme morali, cercando contemporaneamente di tener conto della realtà. Si tratta di una mediazione tra forze che in linea di principio restano inconciliabili.

Per gli scopi del nostro discorso, possiamo arrestarci. Il cuore delle argomentazioni di Freud sta, come si è visto, nella rappresentazione dell'apparato psichico come qualcosa di molto più ampio della semplice "coscienza", e nel riconoscimento di una fondamentale componente irrazionale dell'uomo. In altre parole, sta nella negazione dell'idea che sia possibile intendere gli uomini soltanto come esseri "razionali": la ragione ha una parte nelle vicende degli uomini, ma si tratta di una parte modesta e di statuto precario. Gli uomini sono attraversati da tensioni irrazionali – affetti, emozioni, paure, passioni – e la stessa "razionalità" si risolve molto spesso in mera "razionalizzazione", cioè – nel linguaggio freudiano – in un camuffamento in vesti razionali di motivi e di spinte che con la ragione non hanno nulla a che fare.

Poiché comprendere i motivi reali del nostro agire è così difficile, gli esseri umani hanno la tendenza ad *autoingannarsi*: un pensiero che riecheggia quel che diceva anche Nietzsche, e che ripeteva fra gli altri Pareto. Del resto, non possono farne a meno: gran parte di ciò che muove il loro destino e la loro volontà sfugge alla presa della loro coscienza: è inconscio. Ciò che è possibile fare è rinforzare i processi dell'Io prendendo atto delle forze contrastanti che si agitano in noi, criticando l'ipocrisia che mira a nascondere la contraddittorietà dell'esistenza – un altro elemento che richiama il pensiero di Nietzsche – e riconoscere la responsabilità che ci tocca nel vivere senza certezze.

Il pensiero di Freud suscitò dapprincipio uno scandalo enorme. Almeno a partire dagli anni venti, e anche grazie alla formazione di un vero e proprio "movimento" psicoanalitico internazionale, si consolidò tuttavia come una delle principali acquisizioni del pensiero del Novecento, o quanto meno come una teoria con cui non è stato più possibile non misurarsi. Nella sociologia, i primi autori a servirsene furono in Europa i membri della scuola di Francoforte e, in America, Parsons. Si tratterà tuttavia di letture di Freud molto diverse. Parsons utilizzerà soprattutto la teoria freudiana del Super-Io come mezzo per spiegare il modo attraverso cui le norme e i valori di una società vengono interiorizzati dagli individui, espellendo al contempo dalla sua lettura tutto ciò che di inquietante e di problematico ha il pensiero di Freud. Gli autori di Francoforte, integrandolo con il marxismo, utilizzeranno il pensiero di Freud per studiare la "personalità autoritaria" e i comportamenti dei membri della moderna società delle masse, e metteranno l'accento sul potenziale emancipativo che la teoria e la pratica della psicoanalisi possiedono per l'individuo. Ma, come vedremo, terranno conto in modo sostanziale anche delle teorie esposte in *Il disagio della civiltà*.

In ogni caso, il pensiero di Freud è un elemento imprescindibile della costellazione culturale della modernità. Mosso da uno spirito profondamente scientifico e razionale, Freud giunse a negare l'onnipotenza della ragione. L'idea di "soggetto", da qui in avanti, sarà l'idea di un campo di forze, di una pluralità di tensioni: non sarà più monolitico.

Ludwig Wittgenstein e la filosofia del linguaggio

Ludwig Wittgenstein nacque a Vienna nel 1889. Apparteneva a una famiglia dell'alta borghesia, ma rinunciò alla sua parte di eredità per dedicarsi interamente alla propria vocazione intellettuale. Ufficiale dell'esercito austroungarico, scrisse nelle trincee sul confine con l'Italia la sua prima opera, il *Tractatus logico-philosophicus*, edito nel 1921. Più avanti si trasferì in Inghilterra, dove morì nel 1951; in Inghilterra non pubblicò quasi nulla, ma le sue lezioni a Cambridge ebbero un'influenza straordinaria. Le sue *Ricerche filosofiche*, pubblicate postume nel 1953, hanno contribuito a trasformare il panorama della filosofia e delle scienze sociali nella seconda metà del XX secolo.

Il *Tractatus logico-philosophicus* è essenzialmente un trattato di logica. Il progetto è quello di fornire un impianto logico al linguaggio ordinario tale per cui sia possibile individuarvi e successivamente escludere tutte le proposizioni che non sono suscettibili di verificazione né deducibili da altre proposizioni verificate, e sono dunque prive di un significato accertabile. Si tratta di un progetto parzialmente coincidente con quello sviluppato dal cosiddetto "Circolo di Vienna". Tale progetto presupponeva la possibilità di una corrispondenza univoca tra ogni espressione linguistica e il suo referente nella realtà: le espressioni sarebbero delle "raffigurazioni" di questa. È proprio questo presupposto però che entra in crisi nel pensiero di Wittgenstein successivo al *Tractatus*. Nel linguaggio ordinario, infatti, le parole hanno significati diversi, che dipendono dal contesto in cui di volta in volta sono usate. Il tentativo di ridurre ogni parola ad uno ed un solo significato può avere senso all'interno di un linguaggio scientifico artificiale, ma si tratterebbe di un procedimento meramente convenzionale, inapplicabile nella lingua corrente.

In quest'ultima, il significato delle parole è definito dal loro uso in situazioni e in cerchie sociali concrete. Poiché molte e diverse sono le situazioni e le cerchie in cui ci possiamo trovare, i significati delle parole sono molteplici: le usiamo in riferimento a diversi "giochi linguistici", e comprenderle non significa riferirci ad un significato che esse avrebbero a priori, ma conoscere le regole che, nel "gioco" in cui ci troviamo, ne governano l'uso. Queste regole sono regole pratiche (essere capaci di parlare una lingua non vuol dire necessariamente averne studiato la grammatica, ma saperla padroneggiare): e il linguaggio stesso è una *pratica*, un'attività che svolgiamo in quanto esseri umani, intrecciata con tutte le altre attività in cui siamo immersi. L'insieme delle attività in cui ciascuno è immerso, come membro di una determinata società, è una *forma di vita*: il linguaggio è dunque parte di una forma di vita, vi è indissolubilmente connesso.

Fra tutti quelli che abbiamo usato finora, il termine *gioco linguistico* è particolarmente importante. Utilizzarlo non significa naturalmente alludere a un qualche elemento ludico che sarebbe presente nel linguaggio: significa che, quando parliamo, noi seguiamo delle regole allo stesso modo in cui le seguiamo quando ci impegniamo in un gioco. Le seguiamo – altrimenti non potremmo giocare con gli altri – ma allo stesso tempo possiamo sempre sospenderle; e, soprattutto, altri possono giocare altri giochi.

Ciò che ha senso in un sistema di regole non ha necessariamente lo stesso senso in un altro, o addirittura può non averne più alcuno. (Per fare un esempio banale: un tris d'assi ha un certo valore nel poker, ma a briscola non vuol dire nulla.) Sul piano del linguaggio, ciò significa che non è semplice – o forse è addirittura impossibile – trasferire ciò che si può dire entro un determinato gioco linguistico all'interno di un gioco diverso.

La questione è assai rilevante. Il tradizionale problema che si pone a chiunque si provi a tradurre un pensiero da una lingua ad un'altra diventa qui infatti molto più radicale. Il punto è che anche all'interno della stessa comunità linguistica (fra tutti coloro che parlano l'italiano, ad esempio) le parole possono essere usate in giochi linguistici non solo diversi, ma anche relativamente impermeabili uno all'altro. Ciò che dice ad esempio un critico d'arte, parlando all'interno del "gioco" della sua disciplina, può essere incomprensibile a un perito chimico, nonostante che il vocabolario che entrambi usano sia grosso modo lo stesso: i contesti diversi delle due professioni, le regole d'uso delle parole, gli scopi a cui servono, le associazioni d'idee che richiamano alla mente fanno sì che i discorsi di ciascuno dei due non siano immediatamente traducibili in quelli propri dell'altro. Al limite, essi potranno non comprendersi affatto.

Quando a confrontarsi sono discorsi prodotti in lingue radicalmente diverse, all'interno di culture dissimili, il problema è lo stesso: solamente, è più grande. Poiché ogni lingua è legata a un insieme di forme di vita determinate, e interpreta il mondo secondo le loro necessità e la loro sensibilità, non è affatto scontato che ciò che intendono coloro che la parlano sia intelligibile a chi ne parla una diversa.

Le conseguenze di quest'ordine di pensieri sono notevoli. Lasciamo da parte quelle che riguardano direttamente la linguistica e la filosofia. Per le scienze sociali, le conseguenze sono essenzialmente due.

Innanzitutto, il ruolo del linguaggio nella società viene in primo piano. La lingua è lo strumento di cui gli uomini si servono per intendersi fra loro in relazione alle attività in cui sono coinvolti: nello stesso momento in cui *esprime* la loro forma di vita, è il mezzo attraverso cui essi la *interpretano*. Da questa interpretazione gli scienziati sociali non possono prescindere: non esiste una descrizione del mondo "neutrale", e descrivere un mondo sociale non può essere altro che descrivere ciò che le persone interpretano come il proprio mondo.

Dopo la metà del Novecento, la rivalutazione del ruolo del linguaggio operata da Wittgenstein e la sua concezione del significato come "uso" delle parole si combineranno con l'influenza di altre correnti del pensiero sociale (soprattutto con l'ermeneutica filosofica e con la fenomenologia) dando luogo a quella che alcuni chiameranno una vera e propria "svolta linguistica" nelle scienze sociali. (In questo volume, ne troveremo echi in particolare quando nomineremo Habermas e, più tardi, gli etnometodologi.) Il linguaggio che parliamo si svela come ciò da cui non possiamo prescindere: è la nostra risorsa per comunicare, ma è anche il limite che definisce le nostre possibilità di farlo.

La seconda conseguenza del pensiero di Wittgenstein è che alcune cose che sociologi e antropologi fanno usualmente, come la comparazione fra società dotate di culture diverse, diventano assai problematiche. Non è affatto scontato che gli stessi concetti che hanno senso all'interno di una cultura siano adeguati a comprenderne un'altra. A rigore, solo chi è all'interno di un gioco linguistico è in grado di cogliere il senso delle azioni che fa chi lo gioca. Per chi non ne conosce le regole, il gioco è un non-senso.

L'esito cui conduce questa conseguenza del pensiero di Wittgenstein può consistere in un relativismo radicale, secondo cui ogni gioco linguistico, e a maggior ragione ogni cultura, è incomparabile con ogni altro. È un esito a cui alcuni sono arrivati. In forma più debole, si può intendere tutto ciò come un invito a rivendicare la pari dignità di ogni gioco linguistico e di ogni cultura, e a non presumere di poter trattare immediatamente, ad esempio, le credenze di una società tribale della Nuova Guinea secondo gli stessi parametri con cui si studia una comunità del Mid-West degli Stati Uniti.

Se al lettore quest'ultimo esempio pare banale, ci pensi: prima che il pensiero di Wittgenstein avesse dispiegato i suoi effetti – e cioè almeno fino agli anni settanta – una pratica del genere era ordinaria nella sociologia e in molte altre scienze sociali. E conviene che si guardi attorno: è probabile che scopra che non è affatto scomparsa e che, nonostante ogni attenzione, si ripresenta dove meno la si aspetta. In realtà il problema è tutt'altro che semplice: sono possibili concetti universali, capaci cioè di essere applicati in ogni contesto, nelle scienze sociali? La questione è oggetto di discussioni che sono lungi dall'essere terminate. Una differenza importante fra gli scienziati sociali è però questa: vi è chi si accorge che qui c'è un problema, e chi no.

Mannheim e il problema del relativismo

Con Karl Mannheim lasciamo di nuovo la filosofia e torniamo alla storia della sociologia in senso stretto. Ci allontaniamo anche da Vienna: restiamo tuttavia nella sua orbita. Mannheim nacque infatti a Budapest nel 1893. Nel 1919 prese parte all'insurrezione che portò alla breve Repubblica dei Consigli ungherese. Dopo il fallimento di quella esperienza riparò in Germania, dove insegnò a Heidelberg e a Francoforte; nel 1933 emigrò a Londra, dove morì nel 1947. Nella sua formazione sono decisivi i rapporti con il pensiero di Marx e con la tradizione dello storicismo tedesco. Più decisiva ancora è tuttavia l'appartenenza alla generazione che visse la Prima guerra mondiale e i violenti conflitti ideologici e le disillusioni che le fecero seguito.

Il posto di Mannheim nella storia della sociologia è soprattutto legato alla sua formulazione di una sociologia della conoscenza. Il termine "sociologia della conoscenza" (o piuttosto "sociologia del sapere") era stato introdotto dal filosofo tedesco Max Scheler in una serie di opere pubblicate negli anni venti per intendere un'analisi dei rapporti che sussistono tra i vari tipi di conoscenza e i fattori sociali che determinano la situazione esistenziale degli uomini. Come abbiamo avuto modo di notare, un'analisi del genere era già stata avviata, almeno embrionalmente, da Marx e da Durkheim. Mannheim è colui che la sistematizza. La sua opera più nota è *Ideologia e utopia* (1929); almeno altrettanto importanti sono i saggi raccolti nel volume *Sociologia della conoscenza*, scritti negli anni venti e trenta (1923-31), nei quali Mannheim definisce i problemi e i concetti fondamentali del suo pensiero.

Il problema cruciale di Mannheim è quello del *relativismo*. Non è un problema originale. Un umanista come Montaigne poteva notare già nel XVI secolo che «ognuno chiama barbarie quello che non è nei suoi usi, giacché non abbiamo altro criterio di ragione che l'esempio e l'idea delle opinioni e dei costumi del paese nel quale viviamo»; e del resto abbiamo notato in apertura del nostro volume come la consapevolezza della varietà delle visioni del mondo tipiche di culture diverse sia all'origine dell'idea stessa della sociologia. Ma i primi anni del XX secolo sono un periodo in cui – specie nell'area tedesca e austroungarica – questo tema si fa manifesto come mai prima.

Sul piano della teoria, già lo storicismo tedesco aveva sviluppato una sensibilità per il tema: se epoche differenti sono caratterizzate da una rappresentazione del mondo diversa, la conoscenza storica è una conoscenza che deve affrontare la relatività di queste diverse rappresentazioni senza negarla, ma rinunciando anche – di conseguenza – ad ogni pretesa assoluta di verità. Sul piano dell'esperienza pratica, va ricordato che gli intensi processi di riorganizzazione sociale, di urbanizzazione e di mobilità che caratterizzarono la fine dell'Ottocento e gli inizi del Novecento costrinsero ciascuno a rendersi conto della varietà di usi, costumi, lingue, religioni e visioni del mondo presenti fra gli uomini in un modo che nelle comunità tradizionali era del tutto sconosciuto. (Nel multinazionale impero degli Absburgo, del resto, questa varietà era da sempre particolarmente evidente.) Sul piano politico, infine, le violentissime contrapposizioni ideologiche fra comunismo, fascismo e liberalismo che contrassegnarono gli anni immediatamente successivi alla Prima guerra mondiale rendevano quanto meno problematica l'idea che qualcuno potesse possedere il monopolio della verità.

Il primo oggetto della riflessione di Mannheim è proprio la compresenza in una medesima società di visioni politiche concorrenti fra loro. Marx aveva già collegato queste visioni agli interessi delle classi in conflitto: attraverso il concetto di *ideologia* aveva mostrato in particolare come le classi dominanti tendano a descrivere il mondo occultandone le contraddizioni e legittimando così i privilegi acquisiti. Il pensiero delle classi dominanti è dunque influenzato dalla loro posizione nei rapporti sociali; ma la prospettiva delle classi dominate lo è meno? Mannheim pensa di no. Al concetto marxiano di ideologia affianca così quello di "utopia": con questo intende la visione del mondo tipica di coloro che, impegnati nella lotta per rovesciare i rapporti esistenti, non riescono a scorgere nella realtà se non gli elementi che vogliono negare. Come l'ideologia, l'utopia è dunque anch'essa una parziale "deformazione" della realtà: di segno opposto, ma selettiva ugualmente.

I passi successivi stanno nell'allargamento della nozione di ideologia e nel concetto di "situazione esistenziale". Abbandonando ora la nozione marxiana, Mannheim propone di usare il termine "ideologia" per intendere che ogni individuo, in quanto appartenente a un gruppo sociale determinato, tende a concepire la realtà secondo un punto di vista che esprime gli interessi, la cultura, la sensibilità e le peculiari capacità di quello stesso gruppo. Non si tratta solo della collocazione di classe: l'appartenenza a una nazione, a un gruppo etnico o ad una generazione può essere altrettanto determinante. Il modo in cui ciascuno di noi vede la realtà – ne seleziona gli elementi salienti, ne interpreta i fondamenti, ne giudica le caratteristiche – è dunque connesso alla nostra *situazione esistenziale*. Ciascuno di noi è *situato*: da ciò il nostro pensiero non può prescindere.

Dal problema del relativismo Mannheim arriva così alla proposta teorica di un *relazionismo*: un concetto che indica la relazione originaria che lega ogni prodotto della cultura all'esistenza concreta e determinata in cui sono posti i soggetti (specie nei momenti cruciali della loro formazione: per questo la formazione delle *generazioni* – cui Mannheim dedicò un magistrale saggio – è fondamentale).

Affermare il "relazionismo" non significa affermare che non esista più alcuna verità. Quest'ultima diventa però, più che una certezza che si può possedere, un "limite" a cui si può solo tendere. L'approssimazione a questo limite è tanto maggiore quanto più si è capaci di prendere atto delle diverse prospettive esistenti e di controllare, grazie al confronto e al dialogo, le tendenze ideologizzanti che sono presenti in ciascuno di noi. In questo processo di approssimazione alla verità è particolarmente rilevante il ruolo degli intellettuali. Nelle società moderne, secondo Mannheim, essi costituiscono infatti un gruppo relativamente svincolato dalle appartenenze sociali: la formazione e l'orientamento "avalutativo" degli intellettuali favorirebbero il loro impegno per un confronto disinteressato fra le diverse prospettive dal cui seno emergono idee concorrenti.

Questa valutazione del ruolo degli intellettuali è probabilmente un po' troppo enfatica. Deriva dalla lezione di Weber, ma anche dalla caratterizzazione simmeliana dello straniero come colui che può attingere a una superiore "oggettività" in virtù della pluralità delle sue appartenenze. (Allo *straniero* Simmel aveva dedicato un importante excursus nella sua *Sociologia*.) Tuttavia, alla fine di un secolo in cui la ricerca scientifica è stata sottoposta a straordinarie pressioni, appare più l'indicazione di un ideale che la descrizione di uno stato di fatto. Nel campo della lotta politica, resta valida però l'idea della verità come un "limite" a cui tende la molteplicità dei punti di vista: un'idea che, quanto meno, favorisce il sospetto nei confronti di ogni affermazione dogmatica. Ma il punto è in realtà più profondo: attraverso la sua sociologia della conoscenza Mannheim è il primo sociologo a prendere atto della crisi dei fondamenti epistemologici sui quali le scienze sociali sono sorte e cresciute, e a rispondervi trasformando sistematicamente la varietà stessa delle credenze in un oggetto della ricerca.

Con la sociologia della conoscenza di Mannheim la sociologia si avvia a diventare una scienza *autoriflessiva*: alla sua indagine non sfuggirà neanche l'immagine di se stessa che indaga. Una situazione non facile: è tuttavia la situazione in cui si ritrovano oggi necessariamente tutte le scienze, una volta che la crisi dei fondamenti riconosciuta dalla cultura europea degli inizi del secolo è giunta a maturazione.

Suggerimenti bibliografici

Per uno sguardo d'insieme sulla cultura viennese d'inizio secolo si veda A. Janik, S. Toulmin, *La grande Vienna* (1973). Per una breve introduzione alle ricerche del Circolo di Vienna si può vedere la voce omonima nel *Dizionario delle scienze sociali* (1997) a cui ci siamo già spesso riferiti. Interessante per una incursione nello spirito del tempo è l'*Autobiografia di un liberale* di Ludwig von Mises (1940).

Per un'introduzione al pensiero di Freud consiglio la *Storia della psicoanalisi* di S. Vegetti Finzi (1986).

Per una prima introduzione al pensiero di Wittgenstein suggerisco *Ludwig Wittgenstein* di N. Malcolm (1958). Il testo chiave per comprendere l'influenza di Wittgenstein sulle scienze sociali è *Il concetto di scienza sociale e le sue relazioni con la filosofia*, di P. Winch (1958).

Per quanto riguarda Mannheim e la sociologia della conoscenza rimando al *Manuale di sociologia della cultura* di F. Crespi (1996). Per una discussione del pensiero di Mannheim si può vedere A. Santambrogio, *Totalità e critica del totalitarismo in Karl Mannheim* (1990).

10

La scuola di Francoforte

Introduzione

La scuola di Francoforte costituisce una delle imprese collettive più rilevanti del pensiero sociale del XX secolo. Essa prende il nome dall'Istituto per la Ricerca sociale che venne fondato a Francoforte nel 1923. L'Istituto nacque grazie a un finanziamento privato, che ne garantì a lungo l'indipendenza dall'università. Il suo primo direttore fu Carl Grünberg, ma chi più contribuì al suo sviluppo fu Max Horkheimer (1895-1973), che ne assunse la direzione nel 1931.

Oltre a Horkheimer, i membri più noti della scuola furono Theodor Wiesengrund Adorno (1903-1969), Herbert Marcuse (1898-1979), Erich Fromm (1900-1980) e Walter Benjamin (1892-1940). Al nucleo dell'Istituto appartenevano anche Friedrich Pollock (l'economista del gruppo) e Leo Löwenthal (particolarmente interessato alla sociologia della letteratura); molti altri ricercatori collaborarono direttamente e indirettamente alle sue attività.

La formazione di questo gruppo di studiosi non è omogenea. Il riferimento al marxismo è, almeno all'inizio, un tratto comune, ma non si tratta di marxisti ortodossi. Nella formazione di Marcuse, ad esempio, fu importante l'influenza della fenomenologia di Husserl; Adorno era prima di tutto un filosofo estremamente interessato alla musica (un interesse che non abbandonò mai completamente); Fromm era uno psicoanalista. Ciò che li unì fu dapprincipio l'intento di promuovere un rinnovamento della ricerca sociale marxista: nella Germania della Repubblica di Weimar, segnata da violenti conflitti sociali, si trattava di rendere conto delle trasformazioni più recenti del capitalismo e delle nuove contraddizioni che vi emergevano.

Il marxismo a cui la scuola di Francoforte si riferiva era fortemente antidogmatico e non determinista: quella che Marx chiamava la "sovrastruttura" è intesa come tutt'altro che una mera derivazione della "struttura". Sotto la direzione di Horkheimer l'Istituto intraprese una vigorosa revisione del marxismo rivalutandone le origini nel pensiero hegeliano e integrandovi diversi elementi della psicoanalisi freudiana: l'approccio che ne derivò fu una *teoria critica* della società dai tratti fortemente originali.

Dopo la presa del potere in Germania da parte dei nazionalsocialisti, nel 1933, l'Istituto venne chiuso per «tendenze ostili allo Stato»; in previsione di ciò, i suoi membri avevano già trasferito all'estero i propri fondi e aperto una sede a Ginevra: dopo un'indecisione iniziale emigrarono negli Stati Uniti, a New York. Benjamin, che non aveva voluto lasciare l'Europa, morì suicida nel 1940 durante il tentativo di varcare il confine tra la Francia occupata e la Spagna.

Negli Stati Uniti Horkheimer e i suoi collaboratori allargarono i loro interessi allo studio della società di massa e dell'industria culturale; Horkheimer e Adorno si spinsero fino a elaborare una critica radicale della modernità occidentale: una critica del predominio della "razionalità strumentale" che riprende e radicalizza il pensiero di Weber sulla razionalizzazione (ma che riecheggia anche alcuni motivi di Nietzsche). Sono di questo periodo le opere più note, *Dialettica dell'illuminismo* di Horkheimer e Adorno (1947), *Eclisse della ragione* di Horkheimer (1947), *Minima Moralia* di Adorno (1951). Nel 1936 viene pubblicata la prima grande ricerca collettiva, gli *Studi sull'autorità e la famiglia*, basata su materiale empirico raccolto precedentemente in Europa; in America viene poi realizzata l'altra grande ricerca collettiva dell'Istituto: uno studio sul pregiudizio nelle società contemporanee la cui parte più nota è stata pubblicata con il titolo *La personalità autoritaria* (1950).

Nel 1950 l'Istituto venne riaperto a Francoforte. Horkheimer e Adorno lasciarono gli Stati Uniti. La loro fama fino a quel punto era stata circoscritta: nella Germania nazista i testi dell'Istituto non potevano circolare, e, quanto all'America, la loro circolazione era stata ostacolata dal fatto che quasi tutti erano scritti in tedesco (una scelta in cui si univano la difficoltà di trasferire in inglese l'apparato concettuale della scuola – molto legato al linguaggio filosofico tedesco – e la decisione di lottare affinché la cultura tedesca non venisse identificata *in toto* con il nazismo). Ma ora la notorietà dei membri dell'Istituto cresce progressivamente: la "teoria critica" diventa uno dei principali riferimenti intellettuali per tutti coloro che non intendono riconoscere al marxismo sovietico lo statuto di unico rappresentante di un'alternativa al sistema capitalistico, ma che non si riconoscono nemmeno nelle tendenze dominanti della cultura di questo. Più avanti, l'insegnamento dei membri dell'Istituto fu una delle fonti di ispirazione dei movimenti studenteschi del 1968.

Come Löwenthal e Fromm (che si era però allontanato definitivamente dall'Istituto durante la guerra), Marcuse era rimasto negli Stati Uniti. Qui pubblicò *Eros e civiltà* (1955) e, più tardi, *L'uomo a una dimensione* (1964), che fu uno dei libri più letti dai protagonisti delle lotte contro la guerra nel Vietnam e per i diritti civili nell'America degli anni sessanta.

Negli anni settanta, dopo la morte o il ritiro dall'insegnamento dei primi membri della scuola, la teoria critica è stata rivitalizzata da Jürgen Habermas: pur conservandone in gran parte lo spirito, la sua opera si muove però entro riferimenti concettuali abbastanza dissimili da quelli originari.

La teoria critica è caratterizzata da un forte intreccio di ricerca sociale, psicoanalisi e filosofia. Non è una sociologia in senso stretto: le categorie sociologiche si combinano con concetti mutuati da molti altri ambiti. Né è intesa come una mera osservazione della realtà: ricollegandosi all'insegnamento marxiano, la teoria critica è tanto una ricostruzione della *genesi storica* dei fenomeni sociali quanto una ricorrente esplicitazione delle *possibilità di emancipazione* che di volta in volta vi sono contenute.

Le origini marxiste

Nella prima pagina di *Minima Moralia* (il cui sottotitolo suona: *Meditazioni dalla vita offesa*), Adorno scrive:

> Quella che un tempo i filosofi chiamavano vita si è ridotta alla sfera del privato, e poi del puro e semplice consumo, che non è più se non un'appendice del processo materiale della produzione, senza autonomia e senza sostanza propria [...]. Ma il rapporto tra vita e produzione, che abbassa la prima, *nella realtà*, ad una manifestazione effimera della seconda, è perfettamente assurdo. Mezzo e fine sono invertiti. Il sospetto di questo assurdo *qui pro quo* non è ancora del tutto cancellato dalla vita (Adorno, 1951, trad. it. 1974, p. 3).

Nella società posta in essere dal modo di produzione capitalistico, il fine dell'esistenza degli uomini diventa *produrre*: la vita si riduce alla mera erogazione di forza-lavoro e, simmetricamente, al consumo dei beni prodotti, il cui scopo è quello di permettere di continuare a produrre. La vita degli uomini insomma è un'appendice della produzione, invece che il suo fine. Prendere atto di questo rovesciamento, riconoscendone la pervasività, ma conservando anche il "sospetto" che si tratti di un'assurdità, significa conservare il nucleo del pensiero di Marx, ed è anche il nucleo della *teoria critica* della società.

Marx è il primo dei grandi riferimenti della scuola di Francoforte. Fino all'inizio degli anni trenta, si tratta di un Marx letto in una chiave relativamente ortodossa. Il centro del discorso è la relazione tra lo sviluppo delle forze produttive e i rapporti sociali: si tratta di rendere esplicite le possibilità rivoluzionarie che si aprono nella fase contemporanea del capitalismo. Il problema è tuttavia che queste possibilità rimangono *latenti*: nonostante i sommovimenti operai suscitati nei primi anni venti dalla situazione postbellica e dall'esempio della rivoluzione sovietica, nei paesi europei più sviluppati i conflitti sociali si attenuano, e, soprattutto, la classe operaia sembra aver sostanzialmente abdicato alla vocazione rivoluzionaria che il marxismo le attribuiva. Scoprire perché la rivoluzione *non* avvenga è un compito che un pensiero marxista non può fare a meno di affrontare: ma necessariamente comporta un rinnovamento della teoria. Come vedremo fra poco, questo rinnovamento sarà compiuto in parte facendo ricorso alla psicoanalisi di Freud. Quanto a Marx, comporterà un privilegiamento della nozione dell'*alienazione* a scapito di altri aspetti del suo pensiero.

In questo, Horkheimer e i suoi collaboratori poterono trovare un precedente nei libri di Lukács e di Korsch pubblicati all'inizio degli anni venti, che riproponevano una lettura di Marx fortemente hegeliana opponendosi alla più corrente riduzione economicista del suo pensiero. Ma poterono appoggiarsi anche sull'edizione degli scritti giovanili di Marx, i *Manoscritti economico-filosofici del 1844*. Herbert Marcuse fu uno dei primi intellettuali europei a prendere atto della loro importanza. Nel riassumere i punti fondamentali della ricostruzione del pensiero di Marx che essi permettono, in un saggio del 1932 scriveva:

l'alienazione ed estraniazione dell'essere umano quali si esprimono nell'alienazione ed estraniazione del lavoro, e cioè la situazione dell'essere umano nelle condizioni fattuali e storiche del capitalismo, appaiono come il totale *stravolgimento* e *mascheramento* di ciò che la critica aveva determinato come essenza dell'uomo e del lavoro umano. Il lavoro non è più "attività libera", universale e libera autorealizzazione dell'uomo, ma è il suo asservimento e annullamento, il lavoratore non è l'uomo nella totalità delle sue manifestazioni di vita, ma è la "negazione dell'uomo" [...], gli oggetti del lavoro non sono estrinsecazione e conferma della realtà umana del lavoratore, ma cose estranee, che appartengono a una persona diversa dal lavoratore, "merci". Nel lavoro estraniato l'esistenza dell'uomo non diventa quindi mezzo della sua autorealizzazione, ma, viceversa, la personalità dell'uomo diventa mezzo per la sua mera esistenza: la pura sussistenza del lavoratore è lo scopo al servizio del quale è posta tutta la sua attività vitale [...]. Questa reificazione non è limitata al lavoratore (anche se in lui assume una forma del tutto particolare), ma colpisce anche il non-lavoratore, il capitalista. Quello che Marx chiamava il "dominio sugli uomini da parte della morta materia" si rivela per il capitalista nella situazione della proprietà privata, nel modo in cui egli ha, possiede: si tratta propriamente di un essere-posseduto, essere-avuto, di una schiavitù al servizio del possesso (Marcuse, 1932, trad. it. 1975, pp. 87-8, modificata).

Se lo stravolgimento della condizione dell'uomo operata dal capitalismo è così radicale, altrettanto radicale dovrà esserne l'abolizione. La rivoluzione che Marx preconizzava non dovrà essere solo politica e neppure riguardare la sola sfera della produzione: dovrà essere – come si esprime Marcuse – una *rivoluzione totale*.

Ma chi è il soggetto di questa rivoluzione? Nel corso degli anni trenta, la fiducia marxista dei membri dell'Istituto nella classe operaia scema drasticamente. Del resto (per quanto dapprima il tema sia affrontato solo implicitamente e con una certa reticenza) l'esperienza del totalitarismo stalinista rende sempre più difficile identificare la rivoluzione di cui parlava Marx con il "comunismo". La critica della scuola di Francoforte diventa d'ora in avanti una critica *senza soggetto*: allontanandosi sempre di più dal marxismo, non intende se stessa come espressione degli interessi di una classe, bensì come un richiamo costante – contemporaneamente e paradossalmente *disperato* e *fondato solo sulla speranza* – alle possibilità di emancipazione di cui si conserva il ricordo. Come scriveranno Adorno e Horkheimer, è «un messaggio nella bottiglia».

L'integrazione della psicoanalisi e le ricerche sulla famiglia e sulla personalità

La necessità di integrare il marxismo con una teoria capace di rendere conto dei meccanismi della psiche era stata dichiarata da Horkheimer nel suo intervento nel primo numero della "Zeitschrift für Sozialforschung", la rivista che l'Istituto pubblicò fra il 1933 e il 1941: si trattava di comprendere «in che modo si realizzano i meccanismi psichici per i quali è possibile che restino allo stato latente quelle tensioni sociali che la situazione economica spingerebbe al conflitto» (Horkheimer, 1932, trad. it. 1974, p. 22).

In altre parole, si trattava di comprendere l'*integrazione* della classe operaia nel capitalismo e, quanto alla Germania, la stessa adesione di massa su cui il nazionalsocialismo poteva contare. Appellarsi alla "falsa coscienza" non è sufficiente: si tratta di indagare come la coscienza si formi. A questo serve la psicologia, e in particolare la psicoanalisi.

L'integrazione della psicoanalisi all'interno della teoria critica è tuttavia molto complessa. Le posizioni dei membri della scuola sono diverse. La prima integrazione del pensiero di Freud con quello di Marx è comunque opera soprattutto di Fromm.

Sotto la sua influenza, il pensiero di Freud è usato negli *Studi sull'autorità e la famiglia* per spiegare i processi di socializzazione dell'individuo: la famiglia è la cerniera che collega la struttura sociale con la coscienza del singolo, il luogo dove questi impara ad "adattarsi".

La famiglia non è tuttavia sempre uguale a se stessa: nel corso del passaggio dall'epoca della borghesia "classica" all'epoca del tardo capitalismo, essa tende a indebolire la sua capacità di formare individui autoresponsabili e a favorire la genesi di persone dotate di un "carattere autoritario". Quest'ultimo è il carattere tipico di chi, reprimendo in se stesso la tensione a soddisfare i propri impulsi libidici e non riuscendo d'altro canto a darsi ragione di questa repressione, scarica aggressivamente sugli altri la frustrazione che accumula; incapace di sviluppare un "Io" in grado di assumersi la responsabilità di se stesso, è particolarmente incline ad affidarsi irrazionalmente all'autorità di un leader che promette di soddisfarne i bisogni.

L'interesse per questo tipo di costituzione psicologica, pronto ad accettare regimi autoritari e favorito dalle forme di socializzazione caratteristiche della società di massa, proseguirà negli studi sul pregiudizio realizzati in America. È qui che viene messo a punto il concetto del "capro espiatorio". Chi è incline ad una personalità autoritaria tende a sfuggire all'analisi razionale della realtà: in particolare, sfugge alla ricerca dei fattori sociali che, in un dato momento, possono provocare disagio (come nei periodi di inflazione, o di massiccia disoccupazione), teme di criticare il proprio governo e di mettere in discussione il sistema in cui vive, e tende a scaricare la "colpa" del disagio che avverte su gruppi minoritari e impotenti, come le minoranze etniche. Costituendo questi ultimi come "capri espiatori" (come gli animali che un tempo venivano sacrificati agli dei per suscitarne la benevolenza), chi è caratterizzato da questa personalità evita di affrontare i propri problemi e contemporaneamente scarica l'aggressività che il disagio – incompreso – genera in lui. Si tratta di meccanismi *inconsci*:

ma, come Freud aveva mostrato, ciò che non è conscio è tutt'altro che inerte.

Per questa via, come si vede, la ricerca sociale si arricchisce di dimensioni precedentemente inesplorate. Le forme della socializzazione e la costituzione del carattere spiegano ciò di cui una teoria economicista non riesce a rendere conto: come sia possibile che gli uomini non perseguano razionalmente i propri interessi, ma possano evitare di impegnarsi nei conflitti cui questi dovrebbero condurre affidandosi irrazionalmente all'autorità di leader carismatici e scaricando la propria aggressività su falsi obiettivi.

L'uso della psicoanalisi compreso in questa linea di ragionamenti corrisponde agli intenti iniziali di Horkheimer. Il ricorso a Freud ha assunto però nelle opere dei membri della scuola di Francoforte anche valenze più ampie. L'uso che ne fa Marcuse in *Eros e civiltà*, ad esempio, piuttosto che a ridosso della ricerca empirica si situa al livello di una critica del capitalismo molto generale. In modo semplificato, potremmo riassumere il suo pensiero nel modo seguente. Freud aveva giustamente osservato che il progresso della civilizzazione ha comportato un forte controllo degli impulsi libidici. La funzione di questo controllo è stata soprattutto quella di permettere lo sviluppo crescente del dominio degli uomini sulla natura. Con il capitalismo tuttavia lo sviluppo delle forze produttive è tale da permettere, almeno potenzialmente, di ridurre questo controllo e lasciare spazio allo sviluppo di un'umanità capace di entrare con la natura in un rapporto non più solo antagonistico, ma "conciliato": è l'"edonismo" – un termine che spesso viene stravolto, ma che per Marcuse rimanda essenzialmente a questo: la capacità degli uomini di godere della propria vita e di essere felici entro i limiti che la vita stessa pone, all'interno di un quadro sociale sgombrato dall'ingiustizia. (Si noti che l'edonismo marcusiano non corrisponde allo scatenamento della sessualità: a proposito dell'aumento della libertà dei costumi sessuali che caratterizza la società contemporanea, Marcuse parlerà anzi di una «desublimazione repressiva». La "sublimazione" era per Freud il processo con cui l'uomo devia la pulsione sessuale dalla sua meta originaria e la trasforma in energia creatrice di cultura: parlare di una desublimazione repressiva significa alludere ad un accesso socialmente legittimato alla sessualità che non corrisponde a nulla di creativo, bensì allo sviluppo di una logica della "prestazione" che riproduce anche in campo sessuale la morale repressiva dominante.)

Il rapporto di Adorno e Horkheimer con la teoria freudiana, infine, ha una sfumatura ancora diversa. Si combina con la critica della razionalità che essi svilupparono nelle loro opere più mature – soprattutto la *Dialettica dell'illuminismo* – che vanno esaminate in modo più dettagliato.

La critica della razionalizzazione

Per comprendere quanto segue, è opportuno ricordare alcuni concetti affrontati nei capitoli precedenti. Quando abbiamo parlato di Simmel, abbiamo ricordato la distinzione tipica del linguaggio filosofico tedesco tra *Vernunft*, la *ragione*, e *Verstand*, l'*intelletto*. Parlando di Weber, in seguito, abbiamo notato come il processo di *razionalizzazione* caratteristico del mondo moderno consistesse essenzialmente in uno sviluppo della *razionalità strumentale*: questo concetto corrisponde abbastanza esattamente a quello di *Verstand*, e la razionalizzazione è dunque soprattutto uno sviluppo dell'intelletto, cioè della capacità di commisurare logicamente i mezzi ai fini, di calcolare adeguatamente i costi e i benefici di ogni singola azione.

Ora, il processo di razionalizzazione descritto da Weber viene ricompreso dai membri della scuola di Francoforte come un processo di vero e proprio pervertimento della ragione, cioè come una *riduzione* della ragione a intelletto. Gli uomini moderni sono sempre più capaci di eseguire calcoli tecnici, ma sempre meno capaci di esercitare quelle facoltà critiche in cui si dispiega la ragione propriamente detta. Specialmente in *Eclisse della ragione*, Horkheimer situa il nucleo di questo processo nel passaggio dall'illuminismo al positivismo: il secondo consiste in un abbandono delle valenze critiche che il richiamo alla ragione aveva nel primo. Mentre i pionieri della società borghese avevano usato il richiamo alla ragione come strumento per opporre i principi della libertà, dell'uguaglianza e della tolleranza al sistema dei privilegi e delle superstizioni del feudalesimo, il pensiero positivista appiattisce l'idea di ragione sul modello della ricerca scientifica e tecnologica, e la riduce a strumento di descrizione dei "fatti". La ricerca scientifica si separa radicalmente da tutto ciò che riguarda i valori e i fini (una separazione che, come si ricorderà, lo stesso Weber riconosceva e, in fin dei conti, apprezzava e raccomandava): con ciò tuttavia l'idea della ragione come guida alla ricerca di un mondo più giusto e più libero svanisce – la ragione scompare, rimane solo la "razionalità" ridotta a criterio formale, la ragione è diventata mero "intelletto".

Nella *Dialettica dell'illuminismo* il discorso si fa ancora più radicale. È l'illuminismo stesso a divenire sospetto, nella misura in cui corrisponde a un progetto di "rischiaramento" assoluto del mondo che da un lato nega cittadinanza a tutto ciò che trascende le possibilità di una spiegazione razionale e, dall'altro, si esprime concretamente in una logica di dominio sulla natura.

Il primo aspetto di questa critica corrisponde a una certa rivalutazione della validità del pensiero magico e religioso. Già negli anni trenta Horkheimer aveva notato che nei movimenti religiosi popolari si esprime spesso una carica critica nei confronti delle istituzioni vigenti che rende la religione diversa da quell'"oppio dei popoli" a cui il pensiero marxista tradizionale l'aveva ridotta. Ma ora si dice di più: nel pensiero magico e in quello religioso si conserva il riconoscimento di qualcosa che il "disincantato" pensiero razionalistico tende a non riconoscere più, e cioè che non tutto è dominabile con la ragione (né nel mondo "esterno" né in quello "interno", cioè nell'*inconscio*).

Quanto al secondo aspetto della critica dell'illuminismo, corrisponde al riconoscimento di un nesso inestricabile tra la ragione (e questa volta si tratta di *tutta* la ragione, non solo della razionalità strumentale) con la logica del dominio. Il punto è complesso. Possiamo provare a comprenderlo a partire da un'espressione come la seguente, tratta dalle prime pagine della *Dialettica dell'illuminismo*, là dove si dice che

> gli uomini pagano l'accrescimento del loro potere con l'estraniazione da ciò su cui lo esercitano. L'illuminismo si rapporta alle cose come il dittatore agli uomini: che conosce in quanto è in grado di manipolarli (Horkheimer, Adorno, 1947, trad. it. 1974, p. 17).

Innanzitutto, osserviamo che ora la parola "illuminismo" non è più riferita a un movimento storico determinato (l'illuminismo di Voltaire e Montesquieu, per intenderci): diventa la denominazione di tutta la civiltà occidentale, ricompresa come un unico progetto di razionalizzazione che ha le sue radici fin nella Grecia di Omero. Questo progetto di razionalizzazione è un progetto di padroneggiamento del mondo: si tratta di comprenderlo per dominarlo, per piegare la natura alle manipolazioni dell'uomo. Ma nel compimento di questo progetto l'uomo si estrania dalla natura stessa: il pensiero razionale si separa dalla natura e vi si contrappone. Questo atteggiamento ha consentito uno sviluppo straordinario del sapere tecnico e, in fin dei conti, della signoria dell'uomo sulla natura: ma, contemporaneamente, si è espresso in una logica che annulla ogni senso della vita che non corrisponda al mero dominio tecnico sopra di essa.

Emblematica di questo processo è la storia di Ulisse e delle sirene narrata nell'Odissea, che Horkheimer e Adorno ripropongono nella prima parte della *Dialettica dell'illuminismo*. Come si ricorderà, Ulisse teme il fascino del canto delle sirene: per oltrepassarne lo scoglio, costringe i suoi compagni a remare con le orecchie tappate. Ma per sé riserva un comportamento diverso: vuole *conoscere* il canto, e resta a orecchie aperte; per non subirne il richiamo, si fa però legare all'albero maestro. In ciò sta il carattere emblematico dell'immagine: per conoscere ciò che lo affascina senza farsene coinvolgere, Ulisse lega se stesso, cioè *si reprime*. La conoscenza razionale si mostra inseparabile dal dominio su di sé – e serve a sua volta il soggiogamento delle forze ancestrali della natura, la cui complicità con il desiderio è negata.

Inteso così, il cammino del "progresso" dell'uomo resta indubbiamente un progresso della tecnica ma, quanto al resto, corrisponde a una ferita insanabile: qualcosa che evoca molto dappresso l'idea del "disagio della civiltà" che Freud aveva avanzato. La ragione comprende il mondo solo al prezzo di trasformarlo in un oggetto di dominio.

Se fino agli anni trenta la filosofia della storia della scuola di Francoforte era stata ancora contrassegnata da un certo ottimismo marxiano (la "rivoluzione" era pur sempre ciò di cui si parlava), adesso, come si vede, il quadro è mutato. Ogni progetto razionale sul mondo sembra in linea di principio condannato allo scacco o ha quanto meno dei costi tali da inficiarne ogni beneficio.

A questa visione è tutt'altro che estranea l'esperienza della persecuzione degli ebrei, della Seconda guerra mondiale e, soprattutto, dell'Olocausto. Che sei milioni di ebrei siano stati assassinati fra l'indifferenza generale e all'interno di uno dei paesi più "civili" del mondo non può essere inteso come un mero accidente: è piuttosto il segno di una ricorrente tendenza alla barbarie che, non superata a causa della rimozione del rapporto originario dell'uomo con la natura, rimane operante nel cuore della civiltà. Il mondo sociale moderno tende ad allontanare da sé l'idea stessa della barbarie ma, in realtà, l'amministra solo più efficacemente: già in *Minima Moralia* Adorno parlava dei bombardamenti mostrati dai documentari nei cinematografi come simili a «lavori di costruzione stradale», e quanto allo sterminio degli ebrei nelle camere a gas, cosa c'è di più "efficacemente amministrato"?

Non bisogna intendere però questo discorso come la negazione di ogni valore alla ragione. L'illuminismo non va sostituito con l'irrazionalismo: va piuttosto accompagnato da una critica permanente che ne mostri l'unilateralità e le contraddizioni. Questa critica è ancora razionale: ma di una razionalità che evita di feticizzare se stessa, che conosce la propria ambivalenza e che, soprattutto, è consapevole della permanente possibilità di una ricaduta nella barbarie.

La forza di questo tipo di critica sta nel confronto di ogni concetto non tanto con quello che esiste (cioè con i "fatti"), bensì con ciò che esso esprime quanto a *possibilità*. Così, ad esempio, i concetti borghesi di libertà o di uguaglianza non vengono annullati dal fatto che una libertà o un'uguaglianza universali non esistono nella realtà, ma vanno "posti al lavoro" – secondo un'espressione cara alla scuola di Francoforte – mostrandone tanto le determinazioni storiche quanto le possibilità per il futuro che indicano. Ma la sua forza sta anche nella *memoria*. Innanzitutto, la memoria dei crimini che accompagnano il cammino del "progresso" e ne mostrano – a chi non ne rimuova il ricordo – l'ambivalenza. Ma, più in fondo anche questo: il ricordo del sogno di una conciliazione con la natura che, per quanto contraddittoriamente, è sepolto negli strati più arcaici della cultura. È lo stesso sogno che emerge a tratti nelle grandi opere d'arte, nei miti e nelle fiabe, e che la stessa psicoanalisi di Freud riconosce nella nostalgia che ci lega ai desideri che, nell'infanzia, imparammo a negare.

Per quanto il processo di razionalizzazione si sia dispiegato fin dentro le nostre coscienze, e per quanto ci siamo sforzati di adattarci alle condizioni di una vita estraniata, permane entro ciascuno di noi il ricordo di qualcosa che resiste alla razionalizzazione e all'adattamento – è *il ricordo del desiderio della felicità*: a questo si richiama la speranza possibile.

L'industria culturale

L'aspirazione alla felicità è anche ciò a cui si riferisce l'*industria culturale*. Si tratta però secondo Horkheimer e Adorno di una parodia. Nel capitalismo maturo, l'industria culturale corrisponde all'*amministrazione dello svago*, che mira a fornire ai lavoratori una compensazione temporanea per i sacrifici cui si sottopongono: ma alla fine dello svago, ciò che attende il lavoratore è sempre la medesima routine produttiva, la cui necessità è costantemente riconfermata nella morale nascosta in ogni film di Hollywood e in ogni programma radiofonico commerciale.

Se nei lavori della scuola di Chicago avevamo incontrato una delle prime manifestazioni dell'interesse delle scienze sociali per la stampa e, in generale, per i mezzi di comunicazione, in quelli della scuola di Francoforte questo interesse diventa centrale. All'"industria culturale"

– che ora comprende il cinema, la radio, i rotocalchi, e che subito dopo la guerra comprenderà anche la televisione – Adorno e Horkheimer dedicano una delle tre sezioni in cui è suddivisa la *Dialettica dell'illuminismo*.

L'industria culturale porta la cultura alle masse: sotto questa apparenza, tuttavia, si nascondono uno svuotamento della nozione stessa di "cultura" e un progetto di manipolazione. Che la cultura si svuoti significa che essa non è più – come nell'epoca della borghesia in ascesa – luogo privilegiato dell'elaborazione del senso e veicolo di aspirazioni ideali che trascendono l'ordine dato, bensì luogo di intrattenimento e, soprattutto, meccanismo di promozione dell'adattamento di ciascuno all'ordine sociale esistente. Quanto alla manipolazione, essa è insita nella logica della "comunicazione di massa". Questa è una comunicazione in cui i messaggi sono unidirezionali. La democraticità apparentemente connessa al fatto che le stesse informazioni sono disponibili a ognuno è negata dal fatto che non è previsto che gli "utenti" siano anche "emittenti". Come scrivono Adorno e Horkheimer mettendo a confronto mezzi di comunicazione diversi:

> il passaggio dal telefono alla radio ha distinto nettamente le parti. Quello, liberale, lasciava ancora all'utente la parte di soggetto. Questa, democratica, rende tutti del pari ascoltatori, per consegnarli autoritariamente ai programmi tutti uguali delle varie stazioni. Non si è sviluppato alcun sistema di replica, e le trasmissioni private [...] si limitano al mondo eccentrico dei "radioamatori" (Horkheimer, Adorno, 1947, trad. it. 1974, pp. 131-2).

La "comunicazione di massa" è del resto analoga alla "produzione di massa": i prodotti vengono standardizzati e, come tutte le merci finiscono per somigliarsi l'una all'altra nella misura in cui sono equivalenti a denaro, così tutti i programmi forniti dall'industria della cultura tendono a uniformarsi. Ogni cosa ha «un'aria di somiglianza. Film, radio e settimanali costituiscono un sistema. Ogni settore è armonizzato in sé e tutti fra loro» (ivi, p. 131).

Il collante di questo sistema è dato dalla sua funzione: che è da un lato quella di promuovere un adattamento generalizzato al sistema sociale, e dall'altro quella di sostenere il mercato invitando ciascuno al consumo. La pubblicità, di cui i mass media diventano lo strumento privilegiato, è il cuore della comunicazione: tutto il mondo dei messaggi trasmessi tende a modellarsi sul modello della *réclame* – un *invito all'acquisto*.

In questo processo, la cultura si riduce a merce essa stessa, perdendo il suo significato:

Quello che si potrebbe chiamare il valore d'uso nella ricezione dei beni culturali è sostituito dal valore di scambio, al posto del godimento subentrano il "prender parte" e l'"essere al corrente", al posto della comprensione il guadagno in termini di prestigio [...]. Tutto ha valore solo in quanto si può scambiare, non in quanto è di per sé qualcosa (ivi, p. 170).

Crisi dell'esperienza e "semicultura"

Al di là della *Dialettica dell'illuminismo*, la critica della cultura di massa è stata sviluppata nell'ambito della scuola di Francoforte soprattutto da Löwenthal. In una serie di ricerche dedicate alla letteratura di largo consumo, egli ne sottolineerà soprattutto la funzione di promuovere la sottomissione del singolo alle gerarchie esistenti: scaricando nell'immaginario i propri desideri frustrati, il singolo rinuncia a prendere atto nella realtà della divergenza tra la libertà cui aspira e l'ordine sociale in cui è immerso.

Più complessi sono i contributi di Benjamin. Dotato di una formazione composita, in cui sono determinanti gli influssi della tradizione teologica dell'ebraismo, Benjamin si avvicinò solo tardi all'Istituto per la Ricerca sociale, conservandovi una posizione piuttosto marginale. Il suo lavoro del resto si interruppe tragicamente all'inizio della Seconda guerra mondiale. Benjamin fu, più di ogni altra cosa, un critico letterario: come tale, è uno dei massimi autori del secolo.

I contributi principali di Benjamin all'elaborazione teorica della scuola di Francoforte sono i saggi *L'opera d'arte nell'epoca della sua riproducibilità tecnica* (1936a) e *Di alcuni motivi in Baudelaire* (1939): il secondo è una parte di un lavoro molto più vasto sulla critica della modernità a cui Benjamin lavorò per anni (il cosiddetto *Passagenwerk*: studio sui *passages* di Parigi) e che, incompiuto, è stato pubblicato postumo solo negli anni ottanta con il titolo *Parigi, capitale del XIX secolo*.

Nel testo sull'*Opera d'arte* Benjamin propone quella che sarebbe diventata una delle sue tesi più note: la perdita di quell'"aura" di unicità dell'opera d'arte che consegue alla possibilità della sua riproduzione. La fotografia e il magnetofono permettono a ciascuno di ammirare un dipinto o di ascoltare una sinfonia senza spostarsi da casa: la fruizione dell'opera in questo modo si allarga, ma nel contempo si trasforma radicalmente. Recarsi davanti a una statua o ascoltare una sinfonia in un teatro pongono il soggetto di fronte alla sensazione di qualche cosa che è *unico*: vedere la statua in una fotografia o ascoltare il concerto sul registratore è invece fruire di eventi *riprodotti* e riproducibili all'infinito – ciascuno ne può fruire a ripetizione, e innumerevoli persone possono del resto fruire nello stesso momento delle innumerevoli copie che esistono.

Diversamente da Adorno e da altri membri della scuola, Benjamin non era del tutto ostile a queste trasformazioni: che la situazione descritta comporti una trasformazione radicale nella fruizione e forse nell'idea stessa dell'opera d'arte è in ogni caso difficilmente negabile. Le stesse idee di "originalità" e di "autenticità" cambiano senso: al limite, gli "originali" spariscono del tutto (ha senso parlare ad esempio dell'"originale" di un film, che è prodotto esattamente per essere distribuito in diverse copie che andranno vedute da milioni di spettatori?). Paradossalmente, del resto, è proprio nel tempo della riproducibilità che "originalità" e "autenticità" – concetti quasi incomprensibili quando non c'erano copie – diventano termini straordinariamente diffusi.

Quanto al saggio su Baudelaire, Benjamin vi presenta le formulazioni più esplicite di una teoria della "crisi dell'esperienza" nella modernità. La teoria dell'esperienza benjaminiana ha aspetti filosofici piuttosto complessi, ma, almeno per una prima approssimazione, possiamo esporla ricollegandoci al tema dell'"intellettualizzazione" della vita moderna che abbiamo incontrato nello studio di Simmel. Come si ricorderà, Simmel descriveva la vita quotidiana del cittadino metropolitano come una successione di stimoli che richiede, per essere padroneggiata, una forte accentuazione delle dimensioni intellettuali della vita psichica a scapito di quelle emotive. Ricollegandosi a questa descrizione, Benjamin osserva che «quanto più la coscienza deve essere continuamente all'erta nell'interesse della difesa dagli stimoli e quanto maggiore è il successo con cui essa opera, tanto meno le impressioni penetrano nell'esperienza» (Benjamin, 1939, trad. it. 1976, p. 94).

In altre parole, la crisi dell'esperienza è data innanzitutto dal fatto che le condizioni della vita moderna ci costringono a trattenere le impressioni ai margini della nostra vita psichica: le padroneggiamo intellettualmente, ma non le lasciamo sedimentare nel profondo. Ciò che non sedimenta, ed è trattato solo in modo intellettuale, è "sterilizzato": non può più essere elaborato dalla memoria. È come se ci limitassimo ai *segni* di ciò che potrebbe essere vissuto (come un viaggiatore che, invece di visitare i posti davvero, si limitasse a contemplarne le cartoline). La qualità dei vissuti diversi, le emozioni, le risonanze o gli apprendimenti che essi potrebbero generare, sono annullati o resi uniformi in una generale atrofia della sensibilità.

L'esperienza in senso proprio – scrive Benjamin – è una sorta di tradizione che il soggetto costruisce entro se stesso: è un accumulo e una ricorrente rivisitazione dei materiali della sua vita. È insomma l'espressione di una *continuità* del soggetto che, nel riappropriarsi di ciò che ha vissuto, diventa capace di raccontare a se stesso la propria storia. La "sterilizzazione" delle impressioni che è favorita dalla vita moderna corrisponde per converso all'incapacità di percepirsi come dotati di una continuità interiore: i materiali della nostra esistenza rimangono frammenti, elementi slegati di un vissuto che non riesce più a farsi storia.

Ma la crisi dell'esperienza ha aspetti che non riguardano solo la vita interiore. Anche nelle attività produttive, la dissoluzione degli antichi mestieri e la crescente parcellizzazione delle mansioni fa sì che il soggetto non vi possa percepire altro che una mera successione di frammenti di attività che si ripetono sempre uguali a se stessi, e in cui non sedimenta quasi più alcun sapere. L'operaio che lavora a una catena di montaggio non diventa "più esperto": dalla ripetizione coatta degli stessi gesti non impara nulla di più che l'abilità a trasformarsi in automa.

Quanto alla cultura nel suo complesso, infine, la crisi dell'esperienza corrisponde a una preferenza crescente per le "informazioni" a scapito di forme di comunicazione più antiche, come la narrazione. All'inizio di un saggio sulla figura del narratore (scritto nello stesso periodo di quello su Baudelaire), Benjamin scrive che

> l'arte di narrare si avvia al tramonto. Capita sempre più di rado d'incontrare persone che sappiano raccontare qualcosa come si deve: e l'imbarazzo si diffonde sempre più spesso quando, in una compagnia, c'è chi vorrebbe sentirsi raccontare una storia (Benjamin, 1936b, trad. it. 1976, p. 235).

Il motivo del tramonto della capacità di narrare non sta solo nel carattere frettoloso della vita moderna, che sottrae il tempo necessario a raccontare e ad ascoltare. Sta piuttosto nella difficoltà di porsi di fronte alla vita come qualcosa che abbia una "trama". Come la vita si è trasformata in una serie di stimoli slegati fra loro, così quello che vogliamo sapere non sono più storie ma *informazioni*: frammenti di sapere isolati gli uni dagli altri, immediatamente afferrabili ma incomponibili in un insieme. Vogliamo essere "al corrente" di ciò che accade nel mondo – e i mezzi di comunicazione ce ne danno la possibilità – ma ciò di cui siamo al corrente è un coacervo di frammenti che non ricomponiamo.

In un saggio degli anni cinquanta, Adorno ritornerà su questo tema parlando della cultura contemporanea come di una "semicultura". La semicultura è la cultura degradata a patrimonio di informazioni: per il "semicolto"

> l'esperienza, e cioè la continuità della coscienza, in cui perdura ciò che non è più presente e in cui l'esercizio e l'associazione creano, nel singolo, la tradizione, viene sostituita dall'informazione puntuale, slegata, sostituibile ed effimera, in ogni momento cancellata dalle informazioni successive (Adorno, 1959a, trad. it. 1976, p. 108).

La semicultura è una cultura che ha perduto le sue funzioni. Prodotti da un'industria specializzata, i beni simbolici di cui la cultura è costituita vengono consumati per svago o per essere usati come segni di prestigio sociale. Sganciati dall'esperienza, non servono più a illuminarla. È come se la vita scorresse senza essere compresa, senza che la cultura servisse agli uomini a rendersi conto di ciò che attraversano, a chiedersi il senso del proprio essere storico e del proprio posto nel mondo.

Alcune osservazioni

Della sociologia in quanto branca istituzionalizzata del sapere i membri della scuola di Francoforte – pur insegnandola – diffidavano tanto quanto di ogni altra disciplina accademica. Come scrivevano nelle *Lezioni di sociologia*, è vero che «non si può ignorare la divisione scientifica del lavoro senza cadere nel caos: ma è certo che le sue partizioni non si identificano con la cosa stessa» (Horkheimer, Adorno, 1956, trad. it. 1966, p. 23).

La «cosa stessa» – cioè la realtà degli uomini immersi nella natura e nella storia – è una *totalità*: per questo ogni branca del sapere scientifico è intimamente correlata con ogni altra. Ma il sospetto della scuola di Francoforte nei confronti della sociologia accademica è soprattutto un sospetto nei confronti della sociologia positivistica: della sociologia che assume la realtà come un insieme di "dati" che si tratterebbe meramente di "osservare" e di "registrare". Il positivismo sociologico – che deriva da Comte, ma che è tipico secondo Adorno e Horkheimer anche delle tendenze quantitative dominanti nella sociologia a loro contemporanea, specie in America – tende a risolversi in un'apologia dell'esistente. Non corrisponde che a un tentativo di "duplicare" la realtà: la scienza dovrebbe essere ben altro. Tuttavia essa «può essere qualcosa di più che mera duplicazione del reale nel pensiero solo se è pervasa dallo spirito della critica: spiegare la realtà significa sempre anche rompere il cerchio magico della duplicazione» (*ibid.*).

La scienza sociale a cui pensano i membri della scuola di Francoforte è un tipo di ricerca che da un lato si sforza di penetrare le *mediazioni* che collegano ogni singolo fenomeno al processo storico e alle tendenze della società nel suo insieme – e dunque rifiuta di considerare "fatti" isolati – ma dall'altro considera ogni suo oggetto non solo per quello che è nel momento attuale, ma per la carica di possibilità a cui fa segno.

Questa scienza sociale è intrisa di etica: nonostante i molti debiti che i membri della scuola di Francoforte hanno verso Weber, è quanto di meno weberiano si possa immaginare. Ma la separazione della scienza dall'etica corrisponde a una scissione tra ragione e valori a cui essi non intendono sottostare: corrisponde a loro parere alla negazione della responsabilità che *pensare* comporta.

Sembra però che pensare sia un po' fuori moda. L'organizzazione delle scienze nelle università – scrive Adorno – pare fondata sull'idea che «pensare sia antiscientifico», e il controllo delle carriere accademiche sembra far sì che «pensare non significhi ormai altro che sorvegliare – in ogni istante – la propria capacità di pensare» (Adorno, 1951, trad. it. 1974, p. 191).

Che i lavori della scuola di Francoforte abbiano suscitato reazioni feroci non dovrebbe sorprendere. Di fatto, sono stati sottoposti a molte critiche. Le più comuni riguardano l'atteggiamento "elitario" e il "soggettivismo" che li caratterizzerebbe. Ci sono entrambi, ma con qualche ragione. In società in cui le masse popolari hanno sottoscritto il fascismo, dichiarare di aspirare alla libertà è tener fermo al nocciolo della democrazia molto più di quanto non siano capaci di fare coloro che si appellano astrattamente al principio per cui la verità è sempre dalla parte della maggioranza. Quanto al soggettivismo, laddove l'amministrazione del dominio si serve dell'"oggettività" della scienza per rendere più efficiente la propria logica, è possibile che nella "soggettività" di chi non accetta di disgiungere sentimenti e ragione vi sia qualcosa di valido.

Altre critiche riguardano da un lato il vicolo cieco in cui gli autori della scuola di Francoforte si collocano a proposito della possibilità di una pratica politica concreta, e dall'altro il potere eccessivo che sembrano attribuire all'industria culturale e alle comunicazioni di massa.

La prima critica è stata fatta propria soprattutto dai membri della seconda generazione della scuola, guidati da Habermas (di cui diremo fra poco). Le tesi contenute nella prima parte della *Dialettica del-*

l'illuminismo sembrano escludere in linea di principio ogni possibilità di usare la ragione per costruire un'alternativa a ciò che la cultura occidentale ha edificato. Tutta la ragione sembra schiacciata sulla logica della razionalità strumentale. In realtà, non è esattamente così. Secondo Adorno e Horkheimer, alla ragione rimane la possibilità della critica, ma questa critica si può esercitare effettivamente solo in negativo: cercando di farsi affermativa, essa si condannerebbe in ogni caso a cadere in una logica di dominio. La conseguenza è comunque che davvero Adorno e Horkheimer non riescono più ad attribuire alcun ruolo alla lotta politica organizzata. Nel tentativo di riconquistare la possibilità di una pratica politica alternativa, gli studiosi della seconda generazione della scuola si rivolgono così, non a caso, all'opera di alcuni dei collaboratori che Adorno e Horkheimer emarginarono. A Neumann e a Kirchheimer, ad esempio: due dei membri originari dell'Istituto che fra gli anni trenta e gli anni quaranta elaborarono una teoria dello Stato e del capitalismo meno radicale di quella di Adorno e di Horkheimer. Questa teoria riconosceva il carattere eminentemente *plurale* della società moderna: in questa società gruppi diversi competono per il potere e per la possibilità di definire i valori che devono orientare l'azione, in un processo che vede più la formazione di compromessi e di situazioni di potere temporanee che non quella di un sistema di dominio monolitico.

La seconda critica proviene soprattutto dagli studiosi delle comunicazioni di massa. Già negli anni quaranta Paul Lazarsfeld – uno studioso tedesco che aveva inizialmente collaborato con l'Istituto per la Ricerca sociale, ma che divenne noto negli Stati Uniti soprattutto per i suoi contributi nel campo dei metodi di ricerca quantitativi – aveva elaborato una serie di ricerche i cui risultati contrastavano sia l'idea che la società contemporanea sia effettivamente una società "di massa", sia quella che i mezzi dell'industria culturale abbiano un potere assoluto. In realtà, il grado in cui la propaganda o la pubblicità hanno successo presso la coscienza delle persone dipende dal contesto in cui le persone stesse sono situate: chi è molto isolato è probabilmente influenzato dai contenuti trasmessi dai mezzi di comunicazione di massa in modo estremo, ma chi è inserito in reti comunitarie media questi contenuti con le convinzioni che elabora nel loro ambito, e ne è dunque meno direttamente dipendente. Queste ricerche – e molte altre successivamente – oppongono la propria accuratezza empirica a quelle che, nel confronto, appaiono delle mere intuizioni: il potere di persuasione e, in ultima analisi, di costruzione dell'adattamento che i membri della scuola di Francoforte attribuivano ai mezzi di comunicazione moderni ne viene ridimensionato.

Queste critiche sono pertinenti, anche se difficilmente questo sarebbe stato riconosciuto dai membri originari della scuola. Come scrisse Adorno:

La mancanza di omogeneità delle élite è una finzione, affine a quell'altra finzione di moda del caos che regnerebbe nel mondo dei valori e della distruzione di ogni stabile ordinamento. Chi non si adegua, in realtà viene tenuto fuori (Adorno, 1937, trad. it. 1972, p. 25).

Nonostante l'apparente pluralità delle sue espressioni, la società contemporanea è secondo Adorno e i suoi compagni estremamente compatta: nel suo nucleo, chiede l'adeguamento di ciascuno a un sistema di fini e di norme che non è disposta a mettere in discussione.

Ma, al di là di ciò, le critiche citate sono forse parzialmente inadeguate all'oggetto. Parlando di Freud, Adorno scrisse una volta che «in psicoanalisi niente è vero fuorché le esagerazioni»: si potrebbe riutilizzare la frase a proposito di molte delle formulazioni dei francofortesi. Che empiricamente il dominio non sia così totale come essi dicono, o che l'industria culturale non sia così onnipotente come essi affermano, scalfisce solo marginalmente il nocciolo del loro discorso: che consiste nell'esplicitazione delle *tendenze* esistenti e in una opposizione a tali tendenze. Il limite vero dei discorsi dei francofortesi è che le loro analisi spesso impediscono di vedere la complessa ricchezza e le potenzialità (anche emancipative) della cultura popolare, che non è sempre e solo riducibile alla nozione di una cultura di massa colonizzata dall'industria dell'intrattenimento: gli esempi più noti di questo limite sono l'incomprensione di Adorno per il jazz e la sua svalutazione del cinema (ma si rammenti che Benjamin, ad esempio, non condivideva lo stesso atteggiamento).

In ogni caso, i membri della scuola di Francoforte non intesero mai costruire un "sistema" teorico. I libri di Adorno, di Horkheimer e di Benjamin, in particolare, sono raccolte di saggi, strade abbozzate, raccolte di aforismi o di citazioni commentate. (Anche *Dialettica dell'illuminismo* ha per sottotitolo *Frammenti filosofici* – e così era intesa – e *Minima Moralia* è una raccolta di pensieri che non superano spesso una pagina.) Il metodo con cui più tipicamente procedono è quello di prendere le mosse da un dettaglio della vita quotidiana e di sciogliere l'"immediatezza" collocandolo da un lato in una prospettiva storica, e dall'altro nella luce che emana dalle potenzialità a cui esso rimanda. In questo movimento il dettaglio è afferrato e in qualche modo trasceso: è attraverso la mediazione del pensiero che la vita diviene finalmente *esperienza* – un vissuto compreso che invita ad agire per modificare lo stato di cose esistente.

Jürgen Habermas

Questo capitolo è dedicato soprattutto all'opera degli autori che appartengono al primo periodo della scuola di Francoforte. Ma è necessario dire almeno qualche parola sull'opera dell'autore principale di quella che è stata chiamata la "seconda generazione" della scuola: Jürgen Habermas.

Nato nel 1929 e dotato di una formazione parzialmente dissimile da quella dei primi membri della scuola (è Kant, piuttosto che Hegel, il suo principale riferimento filosofico), Habermas giunge a Francoforte nel 1956. La notorietà arriva con *Storia e critica dell'opinione pubblica*, pubblicato nel 1962. Il libro riguarda il concetto di "sfera pubblica", dalla sua nascita fino alle sue trasformazioni recenti.

La sfera pubblica è uno spazio di discorsi e di pratiche discorsive pubblicamente accessibili. Non si riferisce a ciò che è "pubblico" in senso istituzionale, bensì a uno spazio in cui sono i privati cittadini a incontrarsi, a informarsi e a discutere di ciò che li concerne collettivamente. In questo spazio, almeno idealmente, i cittadini discutono di politica liberamente, razionalmente e tra pari, affiancando e controllando in tal modo le azioni dei propri governi. Le argomentazioni di ciascuno si confrontano sulla base della necessità di legittimare la propria validità: in linea di principio, si affermano così le argomentazioni migliori. La sfera pubblica è dunque il luogo in cui si forma l'opinione pubblica (non tanto come somma delle opinioni private, quanto come risultato di discussioni aperte, razionali e informate), e in quanto tale è cruciale per il funzionamento di una società democratica.

Si tratta di uno spazio critico sorto grazie alla borghesia nei circoli e nei caffè del Settecento. Successivamente però lo sviluppo dei mezzi di comunicazione di massa lo ha trasformato: invasa da interessi economici e politici, attraverso il controllo che questi esercitano sui mezzi di comunicazione, secondo Habermas la sfera pubblica ne viene colonizzata e perde le sue caratteristiche.

Gli aspetti storico-descrittivi del ragionamento di Habermas sono stati sottoposti ad alcune critiche (la sfera pubblica borghese ha a lungo escluso le donne; classi diverse dalla borghesia hanno sviluppato proprie forme di discorso pubblico; i mass media non impediscono necessariamente il dialogo). Parte di queste critiche è stata accolta da Habermas. Ma va osservato che la descrizione delle forme concrete della sfera pubblica tocca solo relativamente il suo discorso: quello di sfera pubblica è un concetto normativo, rappresenta un ideale che la borghesia ha offerto alla società e che vive a prescindere dalle sue mancate realizzazioni.

In *Storia e critica dell'opinione pubblica* sono già contenuti diversi dei temi che caratterizzeranno il pensiero di Habermas nella sua fase seguente. Tra i lavori successivi vanno citati almeno *La crisi della razionalità nel capitalismo maturo* (1973), *Teoria dell'agire comunicativo* (1981) e *Fatti e norme* (1992).

Qui il pensiero di Habermas si allontana abbastanza sensibilmente da quello degli autori della prima scuola di Francoforte. Ora Habermas tiene conto dei risultati delle ricerche di molte correnti scientifiche: in particolare, di quelli della linguistica e della filosofia del linguaggio. Basandosi soprattutto sull'opera di studiosi che si ispirano a Wittgenstein, Habermas riconosce che gli uomini sono sempre legati gli uni agli altri dalla ricerca di una comprensione reciproca che si realizza mediante la lingua: quest'ultima è un prerequisito ineliminabile della riproduzione della vita sociale.

Quest'assunzione, che corrisponde al riconoscimento di una vera e propria "svolta linguistica" che caratterizzerebbe tutte le scienze umane nella seconda metà del secolo, lo conduce fra l'altro a una critica del "riduzionismo" in cui sarebbe caduto il marxismo. Se la forma di vita caratteristica dell'essere umano è contraddistinta dalla presenza del linguaggio e dalla ricerca di una comprensione reciproca, la società non può essere analizzata basandosi esclusivamente sulla dimensione del lavoro: a fianco delle attività produttive, e altrettanto fondamentali, vanno considerate le pratiche dell'interazione mediate dal linguaggio.

In *Teoria dell'agire comunicativo* Habermas associa così al lavoro e all'interazione linguistica due diverse forme di razionalità: sviluppando la teoria dell'azione di Weber, afferma che la razionalità strumentale ha a che fare con il primo, mentre nella seconda si dispiega un tipo di razionalità differente: la *razionalità comunicativa*. Mentre la razionalità strumentale si evolve accumulando saperi di tipo tecnico, la razionalità comunicativa si evolve attraverso l'emancipazione progressiva dai vincoli che impediscono la comunicazione libera, autoconsapevole e responsabile fra gli uomini. La contraddizione della società moderna consiste nel fatto che essa ha prodotto le condizioni per lo sviluppo delle forme dell'agire orientato alla comprensione reciproca a un livello mai prima intravisto, ma nel contempo ha bloccato queste potenzialità tramite un'estensione straordinaria delle forme dell'agire strumentale e attraverso la manipolazione dei processi comunicativi da parte dei poteri politici, economici e militari.

La modernità è in effetti per Habermas un progetto incompiuto. È l'ideale di una società libera dalla penuria e dalla discriminazione, in cui l'autorità sia trasparente e in cui ogni cittadino abbia il diritto, la capacità e la possibilità di partecipare al confronto pubblico su ciò che è bene per la collettività. Nonostante che la realizzazione di tale progetto sia impedita da forme di sopraffazione, resta un ideale cui i soggetti possono ancora richiamarsi criticamente. Ispirandosi a questo ideale e sviluppando ulteriormente il suo pensiero, quella di Habermas è a tutt'oggi una delle voci più autorevoli delle scienze sociali.

Norbert Elias

Norbert Elias non appartiene affatto alla scuola di Francoforte, ma in un volume di dimensioni relativamente ridotte come il nostro è necessario spesso comprimere la storia e avvicinare autori la cui trattazione, a rigore, richiederebbe capitoli diversi.

Nato in Germania nel 1897, Elias studiò in ogni caso anche a Francoforte, dove entrò in contatto con Karl Mannheim (e solo marginalmente con l'Istituto per la Ricerca sociale, con la cui riflessione ha però qualche affinità, almeno per l'attenzione che riserva al pensiero di Freud). Costretto all'emigrazione nel 1933, si trasferì in Inghilterra e, nell'ultima parte della sua vita, in Olanda, dove è morto nel 1994. La sua opera più importante è *Il processo di civilizzazione*: pubblicata nel 1939 in Svizzera, restò a lungo praticamente sconosciuta. La fama di Elias si è consolidata solo negli anni settanta, con la riedizione del *Processo di civilizzazione* e con la pubblicazione di numerosi altri studi.

Ispirandosi a Weber, a Simmel e a Freud, Elias intende ricostruire i processi di lunga durata che hanno dato luogo alla formazione della peculiare configurazione sociale costituita dal mondo moderno.

Nello studio di questi processi Elias non teme di avventurarsi in un fitto dibattito con gli storici. Gran parte di *Il processo di civilizzazione* è un esame delle trasformazioni più tarde della società feudale. Nel corso del suo confronto con gli strati borghesi in ascesa, la nobiltà europea avrebbe sviluppato a partire dal XV secolo un raffinamento dei propri costumi i cui risultati sarebbero entrati a pieno titolo nella formazione della cultura moderna. Pur dipendendo da Weber per l'impostazione della sua problematica, Elias sviluppa in questo contesto interessanti contrappunti alle sue teorie: richiamando la classica distinzione weberiana tra la razionalità di scopo e la razionalità di valore, osserva ad esempio che la società di corte sviluppò di fatto una forma di razionalità che non ricade in nessuno di questi due tipi. Nella condotta dei cortigiani si mescolano infatti comportamenti legati all'onore e comportamenti orientati allo scopo: le spese superiori alle possibilità del proprio patrimonio, ad esempio, si basano sull'idea del "prestigio" che è connesso all'ostentazione del lusso, ma servono anche alla conquista o alla difesa di uno status sociale che può trasformarsi in potere e di qui in nuove possibilità di acquisizione di beni. Si tratta di una "strumentalizzazione" del prestigio che costituisce di fatto un passaggio intermedio fra la razionalità orientata al valore e quella orientata allo scopo. A fianco della condotta metodica dei protestanti borghesi individuata da Weber, appare qui dunque un'altra via per la quale il processo di razionalizzazione si è imposto come caratteristica dominante del mondo moderno.

Il nucleo fondamentale del pensiero di Elias è però un altro. Esso riguarda i rapporti tra civilizzazione e violenza. La formazione degli Stati dinastici realizzatasi in Europa alla fine del Medio Evo corrisponde alla creazione degli Stati stessi come detentori del monopolio della violenza legittima. Dopo la fase delle guerre di religione che insanguinarono l'Europa nel XVI e nel XVII secolo, ciò ha portato a una progressiva pacificazione della vita sociale. La violenza estromessa dalla vita esteriore corrisponde però ad una interiorizzazione della violenza: per conformarsi agli standard di una vita "civile" gli individui devono imparare a controllare i propri impulsi come mai prima.

In quanto creazione di spazi sociali pacificati, il processo di civilizzazione riguarda sia il mondo esterno – la formazione degli Stati e la stabilizzazione di un diritto formale – sia il mondo interno: la costituzione psichica degli individui. È nel corso di questo processo che sedimentano le moderne "buone maniere": lo spettacolo delle passioni diventa oggetto di disgusto, la soglia del pudore si innalza, gli individui imparano ad autocontrollarsi in un modo molto più intenso di quanto non si solesse fare in età premoderna.

Si tratta di un processo che ha molte facce. In quanto esseri "civilizzati" noi siamo capaci oggi di identificarci con gli altri molto più chiaramente dei nostri antenati (il dolore altrui non può più essere uno spettacolo di cui godere, come poteva avvenire nella Roma dei circhi o ancora durante l'Inquisizione); ma contemporaneamente tendiamo ad allontanare dalla coscienza molti dei tratti più naturali della nostra esistenza. La morte stessa è socialmente rimossa. Come Elias osserva in uno dei suoi ultimi scritti: «il processo di civilizzazione [...] relega dietro le quinte della società la morte e l'agonia, circondandole con un sentimento di imbarazzo fisico e verbale difficilmente superabile» (Elias, 1982, trad. it. 1985, p. 68).

La rimozione della rappresentazione della morte corrisponde a un isolamento del moribondo: nello stesso momento in cui allungano la durata della vita grazie ai progressi della scienza e della medicina, le società moderne relegano l'esperienza dell'invecchiare e morire ai propri margini, lasciando i singoli soli in uno dei momenti in cui esserlo è più penoso. Nel Medio Evo morire era più frequente e più doloroso, ma la solitudine di chi si trovava ad affrontare questo passaggio naturale dell'esistenza era meno marcata. La stessa *deritualizzazione* della vita sociale moderna – che Elias chiama anche «informalizzazione», e che si accompagna al processo di civilizzazione – aumenta le difficoltà di ciascuno (sia del morente, sia dei suoi cari), nella misura in cui abbandona alla creatività individuale la messa in atto dei gesti necessari all'elaborazione del lutto, cioè alla gestione della *crisi di senso* che inevitabilmente accompagna la percezione della nostra mortalità:

> La tendenza all'informalizzazione [...] ha fatto apparire assai sospetta e in parte imbarazzante un'intera serie di convenzioni comportamentali tradizionali (tra le quali c'è da annoverare anche la retorica rituale), applicate alle grandi situazioni di crisi della vita umana. Come abbiamo già detto, trovare la parola e il gesto giusto dipenderà dal singolo individuo. Lo sforzo compiuto nel tentativo d'evitare rituali e forme socialmente prescritte aumenta l'aspettativa nella forza creativa ed espressiva individuale. Tuttavia, gli uomini giunti all'attuale stadio di civilizzazione spesso non sono all'altezza di tale compito (ivi, p. 46).

Nella più alta tradizione della sociologia classica tedesca, il pensiero di Elias sulla modernità ne registra, come si vede, l'ambivalenza. Alla stessa tradizione rimanda del resto lo scarso interesse che Elias ha per concetti come "sistema" o "funzione", preferendo loro nozioni come "processo" o come "figurazione", un concetto, quest'ultimo, che intende la stretta interdipendenza dei fenomeni all'interno di ogni situazione storica data. Ricollegandosi in questo soprattutto alla lezione di Weber, Elias è un sociologo che non concepisce la sociologia separata dalla storia, dallo studio attento del passato e dei processi che da questo hanno portato al presente.

Suggerimenti bibliografici

Per un'introduzione alla teoria critica è naturale partire dalle *Lezioni di sociologia* curate da Horkheimer e Adorno (1956). Personalmente, suggerirei tuttavia di leggere *Minima Moralia* di Adorno (1951), oppure, dello stesso, *Che cosa significa elaborazione del passato* (1959b).

Per la storia dell'Istituto per la Ricerca sociale di Francoforte si veda M. Jay, *L'immaginazione dialettica* (1973). Per un'analisi dei rapporti fra la modernità, l'antisemitismo e i campi di sterminio in una prospettiva non lontana da quella francofortese rimando all'esemplare volume di Z. Bauman, *Modernità ed Olocausto* (1989). Su Benjamin mi permetto di rimandare a P. Jedlowski, *Vita quotidiana e crisi dell'esperienza. Per una rilettura sociologica di Walter Benjamin* (2002).

Per un'introduzione al pensiero di Habermas rinvio a W. Privitera, *Il luogo della critica* (1996). Per un'introduzione a Elias si veda S. Tabboni, *Norbert Elias. Un ritratto intellettuale* (1993).

11

La sociologia americana negli anni dello struttural-funzionalismo

La sociologia americana dopo Chicago

Negli anni venti e trenta la sociologia americana era stata caratterizzata dall'impronta della scuola di Chicago. Fra il 1930 e il 1960 la figura dominante è quella di Parsons. Tuttavia, il panorama della sociologia americana è molto variegato e ricco. Per certi versi, potremmo dire che in questi anni gli Stati Uniti sono la fucina mondiale della sociologia del XX secolo. La maggior parte dei temi di ricerca empirica e delle sottodiscipline che contraddistinguono oggi la sociologia hanno avuto qui il loro primo sviluppo. Per motivi di spazio, possiamo renderne conto solo con brevissimi cenni. Non si tratterà di un elenco nemmeno lontanamente esaustivo: potrà dare tuttavia un'idea della ricchezza delle questioni affrontate.

Sul piano della ricerca empirica, la sociologia americana ha prodotto innanzitutto alcuni studi di comunità di grande rilievo. Il più celebre è *Middletown*, scritto dai coniugi Robert Lynd ed Helen Merrell Lynd (1929). Si tratta di uno studio che si concentra su una cittadina americana di medie dimensioni analizzando stratificazione sociale, stili di vita e comportamenti sociali con una pluralità di metodi d'indagine. Nel 1937 i Lynd pubblicarono un seguito alla loro ricerca: *Ritorno a Middletown*.

Lo studio del lavoro e delle organizzazioni fu uno dei campi in cui, grazie anche ai finanziamenti di diverse imprese, la ricerca empirica si sviluppò particolarmente. La Western Electric Company – una delle principali imprese degli Stati Uniti – commissionò ad esempio negli anni trenta a Elton Mayo, dell'Università di Harvard, una ricerca sui fattori che influenzavano l'efficienza dei suoi lavoratori. I risultati evidenziarono in generale l'importanza delle "relazioni umane" all'interno di un'azienda per favorire la buona produttività dei suoi addetti ma, più in particolare, mostrarono come al fianco di ogni organizzazione formale tenda a svilupparsi un'organizzazione "informale" del personale, in cui si deposita gran parte del sapere dell'azienda e che rende conto dell'efficienza reale e del coordinamento concreto delle varie mansioni.

Contemporaneamente, le tecniche di ricerca quantitative conobbero sviluppi notevolissimi. Il cosiddetto "positivismo strumentale" di William Ogburn concepiva la sociologia scientifica come la messa a punto di strumenti di misurazione sempre più sofisticati, capaci di affrontare le variabili sociali con procedure di tipo statistico. (Come dichiarò nel suo discorso di saluto all'American Sociological Society, di cui venne eletto presidente nel 1929, Ogburn si aspettava che tutta la sociologia, un giorno, si sarebbe trasformata in una scienza statistica.) Dopo la guerra queste tecniche si arricchirono di diverse innovazioni (come l'analisi multivariata) e furono sistematizzate in un corpus di metodi e strumenti imponente che trovò ampie applicazioni nelle ricerche di mercato. Uno degli artefici principali di questo sviluppo fu Paul Lazarsfeld (1901-1976).

Lazarsfeld in Germania aveva realizzato nel 1932 con M. Jahoda e H. Zeisel una ricerca, *I disoccupati di Marienthal* (una interessantissima indagine sugli effetti psicologici della disoccupazione), e aveva collaborato ad alcune fasi della ricerca sull'autorità e la famiglia dell'Istituto per la Ricerca sociale di Francoforte. Trasferitosi ad insegnare negli Stati Uniti, si adoperò per agevolare l'inserimento dei membri dell'Istituto nelle istituzioni americane: come abbiamo già avuto modo di notare, si distanziò tuttavia molto nettamente dal loro approccio. Lazarsfeld è diventato successivamente uno dei principali rappresentanti della ricerca scientifica sulle comunicazioni di massa e sull'opinione pubblica.

Il tema dell'"opinione pubblica" era stato affrontato del resto abbastanza precocemente negli Stati Uniti. Walter Lippmann aveva pubblicato uno studio sistematico dal titolo *L'opinione pubblica* già nel 1922. L'utilizzo di mezzi di propaganda si era affermato nel corso di diverse campagne presidenziali (celebre soprattutto quella che nel 1928 portò all'elezione del presidente Hoover, in cui per la prima volta gran parte del budget destinato alla propaganda elettorale fu utilizzato per la pubblicità radiofonica). La grande attenzione rivolta dagli uomini politici e dalle imprese commerciali alla pubblicità ha fornito alla ricerca stimoli importanti e non minori finanziamenti: gli scienziati sociali americani sono stati e sono tuttora all'avanguardia in questo tipo di studi.

Negli Stati Uniti si è realizzato un intreccio singolarmente fecondo tra le scienze sociali e le istituzioni politiche, economiche e anche militari. Il Reparto Informazione ed Educazione dell'Esercito finanziò ad esempio durante la Seconda guerra mondiale un'imponente serie di ricerche, parte dei cui risultati sono stati raccolti nel 1949 nel volume collettivo *The American Soldier*, curato da S. A. Stouffer. Si tratta di uno studio su motivazioni, atteggiamenti e comportamenti dei soldati e dei reduci, nel corso del quale sono stati messi a punto molti metodi di indagine poi ampiamente diffusi. Da un ente privato, la Carnegie Corporation, fu finanziata invece la prima grande ricerca americana sul problema del razzismo dei bianchi nei confronti dei neri: *An American Dilemma* (1944). La ricerca fu diretta da uno studioso svedese, G. Myrdal (i finanziatori desideravano che se ne occupasse una persona che non fosse coinvolta in prima persona nel problema) ma vi prese parte un gran numero di ricercatori americani (anche di colore, il che non è irrilevante). Il "dilemma" cui il titolo si riferisce rimanda al conflitto presente nella società americana fra i valori universalistici che vi sono affermati e i pregiudizi che discriminano una categoria particolare di cittadini, quelli di pelle nera.

Su di un versante diverso e, questa volta, slegato da istituzioni esterne all'università si collocano le ricerche di Charles Wright Mills, uno degli esponenti di quella che potrebbe essere chiamata la "sociologia critica" americana degli anni cinquanta. Il suo *Colletti bianchi* (1951) fu uno dei primi studi sui nuovi ceti medi in America. L'altro suo celebre libro, *L'élite del potere* (1956), è uno studio inteso a mostrare come, nonostante l'apparenza di una grande mobilità sociale, la società americana sia sostanzialmente dominata da una élite ristretta di persone, legate tra loro, che operano nei settori della politica, dell'industria e delle forze armate. A Mills può essere infine avvicinato David Riesman, autore di *La folla solitaria* (1950), una critica dell'atomizzazione dei membri nella società di massa e della loro incapacità di essere davvero "individui" (cioè soggetti capaci di compiere autonomamente le proprie scelte) che ebbe a suo tempo una grande notorietà.

Talcott Parsons

Talcott Parsons nacque a Colorado Springs nel 1902; morì nel 1979. Dopo gli studi universitari in un college del Massachusetts ed un periodo di perfezionamento in Europa nel corso del quale studiò a Londra e a Heidelberg, nel 1927 fu chiamato a insegnare a Harvard. Da qui esercitò per trent'anni un'influenza enorme sulla sociologia americana e su gran parte di quella europea successiva alla Seconda guerra mondiale.

Fra le sue opere principali ricordiamo *La struttura dell'azione sociale* (1937), *Il sistema sociale* (1951), *Famiglia e socializzazione* (scritto con R. F. Bales nel 1955) e *Sistemi di società* (1966-1971). Questi libri si stagliano su di una produzione vastissima, che non esclude l'esistenza di fasi diverse e di numerosi ripensamenti. Tradizionalmente l'approccio di Parsons viene chiamato "struttural-funzionalista". Ma forse più adeguatamente può essere definito un approccio sistemico: il concetto di *sistema* – che Parsons mutua inizialmente da Pareto, ma che affina poi in relazione a contributi diversi – è, come vedremo, quello cruciale. Il riferimento alla "struttura" compreso nello struttural-funzionalismo, in ogni caso, non va inteso nel senso della "struttura" marxiana; si tratta piuttosto dell'idea di struttura proposta dalla linguistica strutturale e mutuata dall'antropologia di Radcliffe-Brown e Malinowski: la struttura di una società è l'insieme delle relazioni che collegano fra loro i diversi elementi della società, in modo tale che il significato di ciascuno di questi elementi non è comprensibile isolatamente, poiché è determinato dai rapporti che intrattiene con gli altri e dalla funzione che svolge per l'insieme.

Il problema da cui Parsons prende le mosse è quello di integrare le prospettive di Weber e di Durkheim: da un lato si tratta di comprendere in cosa consista l'azione degli individui, dall'altro di vedere come l'azione si inserisca in un quadro di vincoli sovraindividuale. Nella fase più matura del suo pensiero è soprattutto la seconda prospettiva a prendere il sopravvento: affascinato dai modelli delle scienze naturali (e infine anche dalla cibernetica) e da quelli dell'economia neoclassica (soprattutto dalla ricerca di quest'ultima di un modello di "equilibrio generale" del sistema economico) Parsons è sempre più interessato all'idea di sistema. Nelle ultime opere, infine, vengono in primo piano gli interessi per una teoria generale dell'evoluzione e per la comparazione fra sistemi sociali diversi.

Azione sociale e sistema

In *La struttura dell'azione sociale* Parsons propone di considerare l'azione (o meglio l'"atto") come l'unità elementare di cui si occupa la sociologia. La descrizione di ogni azione richiede che si individuino un attore, un fine, una situazione e un orientamento normativo. Come scrive egli stesso:

un "atto" richiede necessariamente i seguenti elementi: 1. colui che compie l'atto, l'"attore"; 2. l'atto deve avere, per definizione, un "fine", ovvero una situazione futura verso la quale è orientato il processo dell'azione; 3. esso ha inizio in una "situazione", le cui linee di sviluppo differiscono, in misura maggiore o minore, dalla situazione verso la quale è orientata l'azione, cioè il fine. Questa situazione di partenza è a sua volta analizzabile in base a due elementi: quelli nei confronti dei quali l'attore non ha possibilità di controllo [...] e quelli sopra i quali egli ha tale possibilità di controllo. I primi possono essere definiti le "condizioni" dell'azione, i secondi i "mezzi"; 4. è implicita nella concezione stessa di questa unità, nel suo uso analitico, una determinata forma di rapporto tra questi elementi. Cioè, nella scelta di mezzi alternativi per un dato fine, in quanto la situazione consenta delle alternative, si ha un "orientamento normativo" dell'azione. Nel raggio di controllo dell'attore i mezzi usati non possono in generale essere concepiti come scelti a caso o dipendenti esclusivamente dalle condizioni dell'azione, ma devono in un certo senso essere soggetti all'influenza di un fattore indipendente, selettivo, la conoscenza del quale è necessaria per la comprensione dell'andamento dell'azione (Parsons, 1937, trad. it. 1962, pp. 65-9).

Questo insieme di definizioni è solo all'apparenza neutrale: in realtà, nel contesto della cultura americana contemporanea, Parsons lottava da un lato contro il comportamentismo di alcuni psicologi (che tende a ridurre l'azione umana a un mero meccanismo di risposta agli stimoli, riducendo così il ruolo della volontà) e dall'altro contro l'utilitarismo implicito nell'economia neoclassica (che riconduce ogni azione a un interesse e sottovaluta l'orientamento normativo). L'importanza delle definizioni di Parsons sta così, quanto al primo lato, nel tentativo di rendere conto della relativa libertà di scelta che ha l'attore nei confronti della situazione in cui è immerso, e, quanto al secondo, nell'accentuazione del peso che hanno le norme nel vincolare e governare l'azione.

Le *norme* sono il nesso che collega la personalità di ogni individuo all'insieme sociale di cui è parte. Ognuno di noi non agisce come se fosse solo a decidere, ma in base a un insieme di regole di origine sociale, che a loro volta sono solidali con un insieme di valori e di credenze, cioè con una "cultura".

Secondo una suddivisione che – di nuovo – è tipica della tradizione delle scienze sociali americane, Parsons distinguc dunque *personalità*, *sistema sociale* e *cultura*: perché un sistema sociale funzioni in modo coerente è necessario che i suoi membri siano dotati di personalità che abbiano fatto proprie le norme in cui si esprime una cultura comune.

Nel volume *Il sistema sociale* Parsons elabora tutto ciò in un modo estremamente articolato. In generale, un sistema è un insieme interrelato di parti che interagisce con l'ambiente ed è capace di autoregolazione; ogni parte svolge una funzione necessaria alla riproduzione dell'intero sistema. Elaborando un'intuizione proposta inizialmente dal suo collega R. Bales, che l'aveva utilizzata nello studio del funzionamento dei piccoli gruppi, Parsons osserva che ogni sistema deve essere in grado di svolgere almeno quattro funzioni: quelle di adattarsi all'ambiente, di definire i propri obiettivi, di conservare la propria organizzazione e di garantire l'integrazione delle proprie parti. Nel caso del sistema sociale, ognuna di queste funzioni è svolta da un sottosistema specifico: l'adattamento all'ambiente è il compito del sottosistema economico; la definizione degli obiettivi è compito del sottosistema politico; la trasmissione e la conservazione dei modelli di organizzazione sono compiti svolti dal sottosistema educativo; l'integrazione delle varie parti di cui è costituito il sistema e il controllo dei suoi membri sono compiti del sottosistema giuridico. (Si tratta di uno schema dei "requisiti funzionali" del sistema sociale a volte denominato AGIL, dalle iniziali dei termini inglesi usati da Parsons: *Adaptation*, *Goal attainment*, *Integration*, *Latent pattern maintenance*.)

Il sistema sociale mette in relazione fra loro individui che agiscono: ma per intendere la prospettiva di Parsons è importante comprendere che ciò di cui si parla non sono gli individui in quanto tali, bensì gli individui in quanto sono dotati di personalità che permettono loro di ricoprire dei *ruoli*. I ruoli sono insiemi di modelli di comportamento orientati all'espletamento di una funzione (per intenderci, pensiamo al ruolo di madre, di insegnante, di giudice e così via). Il sistema sociale è essenzialmente *un sistema di ruoli*.

Esercitando il proprio ruolo conformemente alle norme, ciascun individuo entra in relazione con gli altri e contribuisce alla riproduzione dell'intero sistema. Questo funziona grazie alle norme (e ai meccanismi del sottosistema giuridico che si occupano di controllare la loro osservanza), ma non bisogna dimenticare che vi è un continuo *feed-back* tra le parti: agendo in base alle norme noi ci comportiamo come gli altri si aspettano che facciamo, e a nostra volta contribuiamo a rinforzare queste aspettative (e le norme stesse) proprio con il fatto che vi aderiamo.

Famiglia e socializzazione

La congruenza tra le nostre azioni e le aspettative degli altri è possibile essenzialmente per il fatto che sia noi che gli altri abbiamo interiorizzato i principi di una cultura comune. Il concetto di "interiorizzazione" è dunque fondamentale. Parsons lo riprende da Freud: ciascuno di noi impara a seguire certe norme e a rispettare determinati valori attraverso la formazione di un'istanza psichica – il "Super-Io" – che riproduce al suo interno l'autorità che gli si impone dapprima come un vincolo esterno. Il processo di interiorizzazione delle norme e dei valori coincide con la *socializzazione*: e questa si realizza prioritariamente nella prima infanzia, in seno alla famiglia.

La famiglia è dunque un'istituzione cruciale del sottosistema educativo. E nella prefazione a *Famiglia e socializzazione*, Parsons e Bales possono suggerire così che la funzione più importante della famiglia «sta nel suo contributo alla socializzazione dei figli» (Parsons, Bales, 1955, trad. it. 1974, p. 3).

Però, non è sempre stato così. O almeno, non esattamente così. In tutte le epoche e le società premoderne, l'istituzione familiare non svolgeva soltanto la funzione di socializzare i figli, ma anche funzioni assistenziali, religiose, e soprattutto economiche. Ma l'evoluzione delle società comporta di norma, secondo Parsons, un processo di *differenziazione* e di *specializzazione* delle istituzioni. La differenziazione corrisponde in generale a un processo di moltiplicazione dei ruoli che un sistema sociale permette: nell'evoluzione, rappresenta una risposta adattiva all'ambiente. La specializzazione vi corrisponde: i ruoli differenziati si rapportano a compiti sempre più circoscritti, e ciò permette una loro maggiore efficacia. Insieme, differenziazione e specializzazione comportano una *complessità* sempre crescente del sistema sociale.

Rispetto alla famiglia, questi processi significano da un lato che essa perde via via alcune funzioni tradizionali (la cura della salute è delegata alle istituzioni sanitarie, la produzione per l'autoconsumo è sostituita dall'acquisto di beni e servizi forniti da altri e così via) e dall'altro che essa si specializza nello svolgimento di un compito più specifico: diventa la fondamentale agenzia di socializzazione dei bambini e di stabilizzazione della personalità degli adulti.

Nel corso dei medesimi processi, la famiglia tende inoltre a conformarsi ad alcune caratteristiche, che nel loro insieme permettono di distinguere la famiglia "moderna" da ogni altra forma di famiglia nella storia. Innanzitutto, essa tende oggi a presentarsi come famiglia "nucleare", composta esclusivamente dalla coppia dei genitori e dai figli; parallelamente, tende a separare i suoi membri dal resto della parentela e a comportare la loro residenza in una abitazione indipendente. Al suo interno, le funzioni dei genitori si differenziano ulteriormente: alla moglie/madre spetta il ruolo di casalinga (colei che bada ai bisogni materiali primari dei figli e del coniuge) e di «leader espressiva» (colei che meglio esprime e dirige la dimensione affettiva dei rapporti familiari); al marito/padre spetta il ruolo di *bread-winner* (colui che procura il denaro necessario al sostentamento della famiglia) e di «leader strumentale» (colui che dirige strategicamente i rapporti della famiglia con l'ambiente esterno). Stante questa divisione dei ruoli, la posizione della famiglia nel sistema sociale dipende in misura preponderante dalla professione del padre. I ruoli della madre e del padre sono tuttavia complementari: l'uno non può esistere senza l'altro, e ciascuno sostiene la personalità dell'altro attribuendo valore alle sue prestazioni e vincolandolo ad aderire alle norme che regolano la convivenza. Nel rispetto di queste norme e della loro reciprocità, i genitori cooperano alla socializzazione dei figli essenzialmente attraverso l'esempio che forniscono loro: i figli e le figlie svilupperanno la propria personalità facendo propri i valori cui i genitori si ispirano e imparando ciascuno a svolgere i compiti connessi ai ruoli che sarà chiamato ad assumere.

Secondo Parsons e Bales, questa descrizione è adeguata alla famiglia americana contemporanea; ma, poiché la società americana è considerata come una delle più evolute del mondo, la descrizione è intesa essere valida per la famiglia "moderna" in quanto tale. Vedremo fra poco come queste supposizioni siano dubbie. In ogni caso, è innegabile che ogni bambino apprende le norme e i valori fondamentali della cultura in cui cresce attraverso il confronto con ciò che dicono e fanno gli adulti con cui è in contatto: in ciò consiste la sua socializzazione.

La famiglia è un'istituzione che media fra il sistema sociale e la personalità. Non è l'unica, ma è probabilmente la più importante. Questa definizione oggi è più vera di ieri: ogni forma famigliare nella storia ha svolto il compito di socializzare i bambini (e, in un modo o nell'altro, ha comportato divisioni dei ruoli e complementarità) ma la specializzazione nella cura dei figli e nel sostegno reciproco della personalità dei due coniugi – per quanto sia meno esclusiva di quanto Parsons non pensi – è caratteristica peculiare della famiglia moderna.

Alcune categorie analitiche

Nelle sue opere Parsons ha rielaborato e ridefinito un gran numero di termini sociologici: alcuni li abbiamo già richiamati ma, nella misura in cui sono entrati nel linguaggio corrente della disciplina, è bene precisarne la definizione.

Le *norme*, innanzitutto, sono dei modelli di condotta: in generale sono intese da Parsons come delle prescrizioni (esplicite o implicite) riconoscibili dal fatto che chi non vi si adegui è sottoposto a sanzioni.

I *valori* sono ciò a cui le norme si ispirano: sono degli atteggiamenti culturali di fondo, degli orientamenti diffusi che contribuiscono a definire il significato dell'esistenza, gli scopi che gli individui possono proporsi di raggiungere e i mezzi che è lecito usare.

I *ruoli* sono insiemi di comportamenti regolati da norme, attraverso cui l'individuo interagisce con gli altri. Tipicamente i ruoli sono complementari: al ruolo del marito corrisponde quello della moglie, a quello dell'insegnante quello dello studente, a quello del medico quello del paziente e così via.

Ciascun individuo svolge tuttavia una pluralità di ruoli (un uomo adulto ad esempio può essere simultaneamente marito, padre, impiegato, rappresentante sindacale e così via; e inoltre può essere anche successivamente, e senza contraddire nessuno di questi ruoli, paziente di un medico, cliente di un supermercato, utente di un servizio pubblico ecc.). L'insieme dei ruoli principali che un individuo ricopre è ciò che gli conferisce il suo *status*, cioè la posizione che egli occupa complessivamente all'interno della sua società.

Le *istituzioni* sono sottounità del sistema sociale che implicano più ruoli interagenti fra loro: è un'istituzione la famiglia, come si è visto, così come lo è ad esempio la scuola, al cui interno interagiscono insegnanti e studenti.

La *socializzazione* è il processo con cui un individuo interiorizza i valori e le norme, diventando capace via via di svolgere i ruoli che le istituzioni gli richiederanno e di accedere così al proprio status.

Sistemi sociali diversi hanno valori, norme, istituzioni, ruoli, status e pratiche di socializzazione diversi: ma ad ogni sistema sociale secondo Parsons è possibile – fino a prova contraria – applicare tutti questi concetti.

Particolarmente interessante per gli sviluppi che ha avuto successivamente è il tentativo di Parsons di definire alcuni parametri in base ai quali sia possibile distinguere società e culture diverse. Si tratta di ciò che egli ha definito le «variabili strutturali» (*pattern variables*).

Le «variabili strutturali» sono scelte binarie riguardanti alcuni atteggiamenti culturali di fondo, che sarebbero riscontrabili analiticamente al di sotto di ogni sistema di azione. Queste scelte binarie riguardano: particolarismo/universalismo; diffusione/specificità; ascrizione/acquisizione; affettività/neutralità affettiva; orientamento agli interessi collettivi/orientamento agli interessi privati.

Spieghiamole brevemente. La differenza tra "particolarismo" e "universalismo" è quella che distingue il comportamento di un amico da quello – poniamo – del giudice di un tribunale nei confronti della stessa persona: il primo è ispirato a un criterio secondo cui ciò che si fa per una persona particolare non si fa necessariamente per un'altra; il secondo è ispirato al contrario al principio secondo cui la medesima regola deve valere per tutti.

La differenza tra "diffusione" e "specificità" rimanda al fatto che in certe forme di relazioni l'azione può essere orientata alla considerazione di una pluralità di aspetti della propria e dell'altrui personalità (come nell'amicizia, ad esempio), e in altre è viceversa orientata ad un singolo aspetto (come nel caso del funzionario di un servizio, ad esempio, che prende in considerazione solo ciò che pertiene al suo ruolo e a quello dell'altro inteso esclusivamente come "utente").

La differenza tra "ascrizione" e "acquisizione" rimanda invece all'importanza relativa che, nel nostro comportamento nei confronti di una persona, attribuiamo ai tratti che la caratterizzano per nascita (ad esempio il colore della pelle, l'appartenenza a una certa etnia, l'essere proveniente da una famiglia dotata di uno status particolare), o per converso a ciò che essa è stata o è capace di realizzare (ha raggiunto un certo status professionale, possiede certe abilità specifiche ecc.).

La differenza fra "affettività" e "neutralità affettiva" è quella che passa tra sistemi d'azione nei quali vi è una gratificazione affettiva dei partecipanti (come all'interno di una famiglia, ad esempio) e sistemi in cui questa non è prevista (come nel rapporto tra un avvocato e il suo cliente, ad esempio) e il significato dell'azione è puramente strumentale.

Infine, gli attori possono essere orientati verso "interessi collettivi" o verso "interessi privati": un medico ad esempio è orientato secondo Parsons verso interessi collettivi, mentre un imprenditore lo è verso il proprio interesse privato (ma questa distinzione è la più incerta fra tutte quelle proposte, e non a caso Parsons la ha successivamente poco sviluppata).

Riconoscere i modi in cui gli individui si dispongono per lo più rispetto a questi atteggiamenti di fondo permette secondo Parsons di descrivere i caratteri fondamentali di un sistema sociale. Utilizzando soprattutto la prima e la terza delle variabili esposte, nei suoi studi sui *Sistemi di società* egli osserva così che le società "moderne" sarebbero diverse da tutte quelle "tradizionali" nella misura in cui privilegerebbero tipi d'azione orientati in senso universalistico e ispirati al principio dell'acquisizione; le società "tradizionali" tenderebbero invece a presentare tipi d'azione particolaristici e orientati a prendere in considerazione soprattutto gli elementi ascrittivi di ogni persona.

Nei suoi ultimi studi, Parsons sviluppa in effetti l'idea che i diversi sistemi sociali apparsi via via nella storia possano essere disposti lungo un *continuum*. Nel saggio *Universali evolutivi della società*, compreso nel volume *Teoria sociologica e società moderna*, del 1967, l'evoluzione delle società è descritta come il susseguirsi di diversi stadi o "livelli", corrispondenti ciascuno all'emersione di un nuovo modello organizzativo che comporta il successo delle società che lo adottano. Tali modelli sono "universali" nel senso che si incontrano in tutte le società che si situano allo stesso livello, e sono "evolutivi" nel senso che promuovono un adattamento all'ambiente migliore di quello che era possibile prima del loro avvento. Come Parsons scrive,

> un universale evolutivo è un complesso di strutture e processi collegati il cui sviluppo aumenta a tal punto le capacità di adattamento a lunga scadenza di sistemi viventi di una determinata classe, che solo i sistemi che sviluppano quel complesso possono raggiungere certi livelli superiori della capacità generale di adattamento (1967, trad. it. 1979, p. 209).

Ad un primo livello, che corrisponde allo stadio di sviluppo delle società primitive ma che è prerequisito anche per ogni successivo sviluppo, sono "universali evolutivi" lo sviluppo del linguaggio (come capacità di comunicare), della religione (come forma elementare della cultura), della parentela (come forma primordiale dell'organizzazione sociale) e della tecnologia (come sintesi di conoscenze empiriche e di tecniche pratiche atte a controllare e a potenziare l'interscambio fra uomo e natura). Le forme concrete che tutto ciò assume sono variabili, ma la loro presenza è universale.

A un secondo livello, che corrisponde grosso modo alla rivoluzione neolitica, con la nascita della città e dell'agricoltura, sono "universali evolutvi" lo sviluppo di un sistema di stratificazione sociale e quello di un sistema specificamente deputato alla legittimazione dell'assetto politico. Lo sviluppo della stratificazione sociale corrisponde per Parsons a un miglioramento delle prestazioni della società nel suo insieme: il fatto di riservare ad alcuni individui certi privilegi costituisce un incentivo affinché tali individui si assumano responsabilità che trascendono il loro tornaconto immediato. Lo sviluppo di una legittimazione esplicita dell'assetto politico della società corrisponde alla necessità di tenere coesa una società stratificata: la cultura deve cioè esplicitamente creare ed affermare credenze tali per cui la società possa essere intesa da tutti i suoi membri come referente del pronome "noi". L'autonomizzazione della sfera culturale, d'altro canto, costituisce in se stessa un vantaggio evolutivo, dal momento che la società viene a disporre così di élite del sapere specificamente orientate alla crescita delle conoscenze.

Il livello successivo è caratterizzato da quattro nuovi universali evolutivi: lo sviluppo della burocrazia, del mercato, di norme universalistiche generalizzate e della democrazia. Burocrazia e mercato rendono il sistema sociale sempre più efficiente sul piano organizzativo e su quello economico; lo sviluppo di norme universalistiche generalizzate libera l'azione di ciascun individuo dalle restrizioni imposte da appartenenze ascrittive, e l'ordinamento democratico basato su leadership elettive e a suffragio esteso a tutti i membri della società consente di mediare pacificamente gli interessi dei membri favorendo il preservarsi di un consenso diffuso.

Lo sviluppo di questi ultimi "universali evolutivi" corrisponde alla formazione della società moderna. Come scrive Parsons in conclusione del saggio, è vero che essi appaiono istituzionalizzati in modo molto ineguale; tuttavia,

> in uno schema di riferimento più ampio, essi segnano nel loro insieme le linee principali dei fondamenti strutturali della società moderna. È chiaro che una tale combinazione [...] conferisce alle società che la possiedono un vantaggio adattivo di gran lunga superiore al potenziale strutturale di quelle che ne sono sprovviste (1967, trad. it. 1979, p. 236).

Osservazioni

Il giudizio sull'opera di Parsons è controverso. La chiave del suo successo sta nell'alto grado di formalizzazione del pensiero sociale che consente. Alla sociologia Parsons forniva una grande teoria, che si richiamava ai contributi di alcuni dei classici e dava un quadro di riferimento unitario alle ricerche empiriche. Importante è stato anche il fascino esercitato dall'adozione di una prospettiva sistemica: dopo gli anni del declino dell'influenza di Parsons – di cui parleremo nel prossimo capitolo – questa prospettiva è stata rivitalizzata da autori diversi.

La sociologia di Parsons è stata sottoposta però a notevoli critiche, tanto più veementi in quanto si è posta per diversi decenni come l'"ortodossia" del pensiero sociale. Per alcuni, l'idea stessa di una teoria sociale onnicomprensiva è sbagliata; per altri, richiede presupposti diversi. Le critiche principali riguardano i limiti del suo funzionalismo: concentrandosi su ciò che è funzionale al sistema, Parsons si vieta di comprendere i conflitti sociali. Da questa debolezza deriva anche la sua difficoltà a concettualizzare il mutamento sociale, che riduce entro una prospettiva evoluzionistica. In particolare, non si capisce che cosa per Parsons generi e faccia mutare i valori. Quanto all'utilizzo della teoria dei sistemi, questa è monca: Parsons non tematizza il rapporto fra osservatore e osservato.

Molti rimproverano a Parsons di aver prodotto un rispecchiamento acritico degli ideali della società americana del tempo. Indubbiamente, vi è nel suo pensiero una vena etnocentrica. La sua teoria si appoggia spesso su osservazioni riguardanti la società americana a lui contemporanea, ma così finisce per universalizzarla indebitamente. L'esempio della famiglia è istruttivo. Qui i punti validi dell'argomentazione di Parsons sono la constatazione che le forme famigliari mutano nella storia e la sottolineatura del processo di interiorizzazione delle norme. Ma gli altri punti sono contestabili. La chiusura del nucleo di genitori e figli rispetto al resto della parentela è rara nel mondo e anche in America, in realtà, non è la norma (le famiglie dei neri, ad esempio, non somigliano affatto al modello descritto). Che la famiglia oggi in molte parti del mondo non abbia più le funzioni economiche che aveva un tempo è vero, ma ciò non significa che le abbia integralmente perdute né che necessariamente le perderà in futuro. La complementarità dei ruoli dei coniugi comporta una subordinazione di fatto della donna (chi non ha indipendenza economica è meno libero di chi ce l'ha): la ratificazione di questo stato di fatto da parte di Parsons gli ha attirato le critiche veementi del femminismo. In realtà, le forme della famiglia nel mondo non sono solo estremamente varie, ma sono anche in mutamento costante e non sembrano affatto lasciarsi ordinare secondo un modello evolutivo. Parsons ha in mente la famiglia nordamericana, bianca, anglosassone e di ceto medio: questa famiglia è per lui paradigmatica. Ma non descrive neppure la realtà di questa famiglia (più complessa e variegata di quanto il suo modello non veda) bensì la sua immagine ideale: quello che i suoi membri (soprattutto i maschi, probabilmente) vorrebbero che essa fosse. Confondendo l'ideale con la realtà empirica, Parsons finisce per attribuire all'ideale stesso il valore di una norma sociale: chi non vi si adegua è considerato "anormale" e la teoria raddoppia così il giudizio della morale dominante.

Altre critiche si situano a un livello diverso. Qui è in gioco il concetto di "azione". Parsons afferma di richiamarsi a Weber, ma la sua nozione è diversa. In primo luogo, rispetto alla tipologia delle forme di agire proposta da Weber, si limita al solo agire razionale rispetto allo scopo. In secondo luogo, va osservato che Weber, una volta stabilito che l'agire è un comportamento "dotato di senso", ne affrontava la discussione a partire dal punto di vista posto dal problema di come sia possibile rendere questo comportamento intelligibile allo scienziato sociale. Il problema cruciale era insomma come *interpretare* l'agire. Parsons ha un problema diverso: intende *descrivere* l'azione scomponendola nei suoi elementi. Con ciò da un lato fa passare in secondo piano il problema dell'interpretazione, e dall'altro tende a sostanzializzare il concetto di azione come se l'azione fosse una "cosa", un fenomeno delimitato. E ciò è dubbio. Si provi a pensare quando comincia e quando finisce un'"azione": probabilmente, si farà molta fatica a trovare un esempio di azione che permetta di rispondere in modo univoco. Il punto è che in realtà noi raramente compiamo singole azioni, ma siamo piuttosto immersi in catene di azioni difficilmente separabili: il che spiega perché Weber non parlasse usualmente di "azione" ma di "agire" (*handeln*) – un concetto idealtipico che non implica necessariamente il riferimento a una singola azione determinata. Del resto, nel rapporto tra Parsons e Weber su questo punto è in gioco una traduzione sviante. Quando usava il termine "azione", Weber usava la parola *Handlung*, e non *Aktion*: il tedesco le ha entrambe, ma solo il secondo intende l'azione come un atto volontario; il primo rimanda piuttosto ad una condotta, ad un insieme composito di atti difficilmente separabili tra loro e in cui l'elemento finalistico e riflessivo non è necessariamente presente. Dimenticando che Weber parla più spesso di *handeln* che di *Handlung*, traducendo sia *handeln* che *Handlung* con *action*, e schiacciando ulteriormente quest'ultima sulla nozione di *act*, Parsons perde delle sfumature che in Weber sono importanti: e si ritrova con un concetto che privilegia in modo eccessivo la dimensione volontaria, finalistica ed esplicitamente cognitiva dell'agire sociale.

In ogni caso, nonostante le critiche, Parsons è un autore da studiare. Il suo sforzo teorico si situa a un livello estremamente ambizioso e cerca costantemente la coerenza: il confronto con il suo tentativo di ricostruire la logica del "sistema sociale" e l'identificazione dei suoi fallimenti sono esercizi importanti per lo sviluppo del pensiero sociologico. Dalle critiche a Parsons sono nati molti degli orientamenti più interessanti della sociologia contemporanea.

Le "teorie della modernizzazione" nordamericane

La distinzione parsonsiana tra culture "moderne" e "tradizionali" ha ispirato fra l'altro le cosiddette "teorie della modernizzazione", un insieme di studi americani che negli anni cinquanta e sessanta si sono occupati dei processi di mutamento in corso nei paesi extra-occidentali.

Naturalmente, gran parte della storia della sociologia fin qui esaminata può essere considerata un tentativo di descrivere i mutamenti che avvicinano una determinata società alle caratteristiche proprie della modernità, ma l'espressione "teorie della modernizzazione" entra in circolazione soltanto nel secondo dopoguerra. Rispetto ai lavori dei classici, queste teorie si caratterizzano per l'abbandono degli aspetti della nozione di modernità riguardanti la sua intrinseca ambivalenza: la modernità viene assunta come un modello normativo, come lo stato più avanzato dell'evoluzione sociale, che è stato raggiunto dai paesi occidentali e in particolare dagli Stati Uniti, e a cui ogni paese del mondo non può che desiderare di accedere e a cui presumibilmente finirà per omologarsi.

Lo sfondo di queste teorie è costituito dai processi di acquisizione dell'indipendenza e di decolonizzazione in atto in Africa e in Asia, con la contemporanea competizione tra USA e URSS per attrarre i nuovi paesi nella propria orbita. È in questo contesto che nasce l'espressione "Terzo mondo", per intendere l'insieme dei paesi che non appartengono all'area dei paesi occidentali economicamente avanzati ("primo mondo") ma che non appartengono neppure all'area egemonizzata dal modello sovietico ("secondo mondo"). I paesi del "Terzo mondo" configurano una sorta di posta in gioco nell'arena mondiale. Il problema cui sono interessati i teorici della modernizzazione è così quello di come aiutare tali paesi a entrare nell'orbita dello sviluppo trainato dall'Occidente. Le analisi che essi forniscono si basano su un modello di sviluppo graduale e non rivoluzionario (alternativo a quello proposto dal comunismo nelle sue varie forme) fondato sulla fiducia nei caratteri universali del progresso occidentale. La modernità è intesa come una miscela coerente di elementi che sono considerati solidali fra loro: industrialismo, democratizzazione della vita politica, razionalizzazione, secolarizzazione e individualismo.

Fra i più celebri lavori di questi studiosi ricordiamo *Sociological Aspects of Economic Growth* di Bert Hoselitz (1960) e *Modernization and the Structure of Societies* di Marion Levy (1966). L'apparato concettuale è vicino a quello fornito dall'economista Walt W. Rostow in

Gli stadi dello sviluppo economico (1960), dove si proponeva uno schema della modernizzazione a quattro stadi, inteso come modello valido per ogni paese e in ogni contesto. Ma per questi autori, ispirati allo struttural-funzionalismo, gli ostacoli allo sviluppo sono spesso di tipo culturale, più che economico: non consistono tanto in una mancanza di risorse materiali, quanto nell'assenza di uno spirito adeguato, di una mentalità favorevole allo sviluppo. In particolare, pare un ostacolo alla modernizzazione l'orientamento ascrittivo: sfavorisce infatti l'enfasi sull'importanza dell'individuo e del suo agire in prima persona e contando sulle proprie forze. Ma è rilevante anche il particolarismo, poiché tende a generare una sostanziale imprevedibilità delle norme, che a sua volta si ripercuote sulla possibilità di instaurare efficienti processi economici. In generale, è comunque l'atteggiamento "tradizionalistico" in sé che è inteso come un ostacolo allo sviluppo, nella misura in cui tende a generare personalità poco inclini all'innovazione. I rapporti fra i paesi "tradizionali" e quelli più avanzati favoriranno però la rimozione di questi ostacoli. Innanzitutto, conterà la diffusione dell'impiego di macchine e di fonti inanimate di energia, la cui superiorità produttiva si imporrà con evidenza. In secondo luogo, conteranno l'istruzione e i media. Infine, sarà decisivo il sostegno dato dall'Occidente ad élite locali animate da spirito imprenditoriale.

Queste teorie hanno mostrato presto i loro limiti. Innanzitutto, nelle società del "Terzo mondo" vi è un problema di tempi: più i processi di modernizzazione sono repentini, più si manifestano tensioni e conflitti. Come ha notato Gino Germani (uno studioso italiano emigrato in Argentina durante il fascismo) in *Sociologia della modernizzazione* (1971), queste società si trovano tipicamente ad affrontare aspettative di benessere che si fanno pressanti prima che vi siano possibilità di soddisfarle, e a sollecitare una partecipazione politica che non sono ancora in grado di incanalare in istituzioni adeguate. È un po' come se le sfide che le società occidentali hanno affrontato una dopo l'altra si sovrappongano, affacciandosi tutte insieme.

In secondo luogo, la contrapposizione fra società "tradizionali" e "moderne" è grossolana. Considerare quasi tutte le società extra-occidentali come uniformemente "tradizionali" e intrinsecamente statiche corrisponde a una notevole disattenzione tanto nei confronti delle immense diversità locali quanto nei confronti della storia. Del resto, come le società "tradizionali" non sono esenti da storia, quelle "moderne" non sono prive di tradizioni. Elementi culturali tradizionali e moderni convivono ovunque: legami parentali e credenze religiose persistono anche nelle società moderne, mentre valori orientati all'imprenditorialità o strutture burocratiche che funzionano secondo criteri universalistici possono riscontrarsi anche in società tradizionali.

Va osservato peraltro che una certa problematizzazione di questa opposizione idealtipica si sviluppa successivamente anche in autori originariamente vicini a Parsons. È il caso di Edward Shils, ad esempio (che con Parsons aveva collaborato strettamente negli anni cinquanta e sessanta). Nel volume *Tradition* (1981) Shils distinguerà infatti "tradizionalismo" e "tradizione": mentre il primo corrisponde effettivamente a un orientamento culturale che tende a caricare il passato di valenze positive e a legittimare norme e comportamenti sulla base del passato in se stesso, il secondo ha a che fare con il trasmettersi di certi elementi della cultura da una generazione all'altra: ciò che, pur in misure diverse, avviene comunemente. Per quanto la modernità ami rappresentare se stessa come l'antitesi delle tradizioni, essa è effettivamente ostile al tradizionalismo, ma non pone fine drasticamente all'esistenza delle tradizioni.

La modernità è meno omogenea di quanto non pensassero i teorici della modernizzazione. La stessa differenziazione funzionale – che per i seguaci di Parsons è un contrassegno indiscusso della modernità – non è sempre vantaggiosa, e comunque non procede ovunque secondo lo stesso passo. La modernità si può sviluppare in modo selettivo: può affermarsi nei campi dei mezzi di comunicazione o dei consumi, e non riguardare le strutture produttive; può toccare gli apparati militari e non le istituzioni politiche e così via. In particolare, il nesso fra modernizzazione economica e democratizzazione della vita politica non è universale: come mostrano molti esempi in varie aree del mondo una certa modernizzazione economica si sposa frequentemente con regimi autoritari. Gli stessi paesi europei hanno conosciuto del resto percorsi di modernizzazione diversi: un punto che, negli stessi anni in cui i parsonsiani insistevano su una prospettiva unilineare, veniva sottolineato in Europa da studiosi come A. Gerschenkron (*Il problema storico dell'arretratezza economica*, 1962) e R. Bendix (*Stato nazionale e integrazione di classe*, 1964).

Le teorie della modernizzazione implicano il presupposto che i rapporti fra i paesi sviluppati e quelli che si avviano oggi allo sviluppo siano infallibilmente positivi, e che i secondi abbiano in linea di principio le stesse chance di quelli che si sono sviluppati per primi. Ciò è negato con forza dalle *teorie della dipendenza*, la cui espressione esemplare è in *Capitalismo e sottosviluppo in America Latina*, di

Gunder Frank (1967) e *Dipendenza e sviluppo in America Latina*, di Cardoso e Faletto (1969). Qui ci allontaniamo dallo struttural-funzionalismo, ma il riferimento è importante per finire il discorso. L'idea di questi autori è che l'integrazione dei paesi "in via di sviluppo" nel mercato mondiale comporti usualmente una distorsione: i paesi sviluppati esportano infatti manufatti industriali, e gli altri materiali grezzi, ma i prezzi relativi sono determinati dai primi, che hanno maggiore potere contrattuale. Inoltre, la produzione di materie prime comporta un basso sviluppo delle tecnologie e ha pochi effetti indotti sull'economia restante. La specializzazione in questo tipo di produzione promuove dunque poco la modernizzazione complessiva. A ciò si aggiunge che gli investimenti di imprese di paesi sviluppati nel Terzo mondo provoca il drenaggio di gran parte dei profitti a vantaggio dei primi, e lo stesso avviene attraverso il meccanismo dei prestiti internazionali. Tutto ciò configura non un aiuto, ma quello che viene chiamato uno "sviluppo del sotto-sviluppo". Si tratta come si vede di una critica radicale delle teorie della modernizzazione ispirate da Parsons.

L'analisi funzionale di Robert K. Merton

Ritornando allo struttural-funzionalismo, a gran parte delle critiche che abbiamo rivolto a Parsons sfugge il pensiero di Robert K. Merton (1910-2003), che pure gli è avvicinato usualmente in nome del comune orientamento funzionalista (ma che non condivide lo stesso orientamento sistemico).

Dal 1941 fino al suo ritiro, Merton insegnò alla Columbia University, a New York. Uomo di grande cultura e scrittore brillante, ha avuto nella sociologia americana una posizione di rilievo inferiore a quella di Parsons, ma è un maestro da cui c'è ancora molto da imparare. Era relativamente poco interessato alla "grande teoria", ma non era neppure incline a privilegiare la ricerca empirica circoscritta. Secondo Merton gli scienziati sociali tendono a dividersi fra quelli che potrebbero sottoscrivere l'affermazione «non so se quello che dico è vero, ma so che è importante», e quelli che potrebbero sottoscrivere invece che «non so se quello che dico è importante, ma so almeno che è vero»: il risultato è una divaricazione tra grandi teorie inverificabili e ricerche accurate ma irrilevanti. In questa situazione Merton propone una strada intermedia, quella delle "teorie a medio raggio": una serie di concetti logicamente collegati fra loro ma che non pretendono di essere universali, limitandosi così a illuminare ricerche parziali e contribuendo a costruire dei ponti fra ricerche diverse.

Il concetto di *funzione* resta centrale nell'impianto concettuale di Merton. Rispetto a Parsons esistono però differenze cruciali. Più che il funzionalismo come approccio globale, Merton sostiene un'*analisi funzionale*: il concetto di funzione è uno strumento utile alla ricerca, ma non è la chiave di volta di una teoria onnicomprensiva della società.

La critica del funzionalismo come teoria onnicomprensiva comporta innanzitutto, secondo Merton, il rifiuto del postulato dell'«unità funzionale» della società, cioè l'idea che ogni elemento del sistema sociale debba essere inteso come funzionale al sistema nel suo complesso. In realtà, ciò che è funzionale dal punto di vista di certi attori può non essere affatto funzionale per altri: il mondo sociale è conflittuale, ed è quanto meno dubbio che sia possibile identificare un punto di vista al di sopra delle parti in grado di decidere per tutti che cosa è funzionale e che cosa non lo è.

In secondo luogo, Merton rifiuta sia l'idea che *tutti* gli elementi di un sistema sociale debbano avere una funzione, sia quella secondo cui ci sarebbero certe istituzioni che svolgono delle funzioni *indispensabili*. In realtà, la società è ricca di fenomeni che hanno perso la propria funzione, che non l'hanno ancora trovata, che non l'hanno per nulla o che ne hanno più d'una; e le stesse funzioni – o funzioni in qualche modo equivalenti – possono essere svolte nel corso della storia da istituzioni diverse.

In terzo luogo, Merton distingue tra le *funzioni manifeste* e le *funzioni latenti* di ogni fenomeno. Questa precisazione è importante, ed è opportuno esaminarla.

Merton la introduce in molti modi diversi: uno dei più semplici fa riferimento alla nozione di «consumo vistoso» di Veblen. Nella sua *Teoria della classe agiata* (1899) Veblen aveva mostrato che il consumo può assumere un significato diverso da quello apparente. Dal punto di vista più ovvio, consumare qualcosa serve a soddisfare certi bisogni:

> lo scopo manifesto di comprare beni di consumo è naturalmente la soddisfazione dei bisogni ai quali questi beni sono esplicitamente destinati. Così, le automobili hanno evidentemente lo scopo di provvedere a un certo tipo di trasporto, le lampade di provvedere la luce, i generi alimentari di fornire il sostentamento (Merton, 1968, trad. it. 1970, p. 98).

Ma, come Veblen spiegava, il consumo può anche servire a scopi del tutto diversi: può avere infatti a che fare con il prestigio sociale:

una meticolosa discriminazione nella qualità del cibo, delle bevande, delle abitazioni, dei servizi, degli ornamenti e dei divertimenti non porta semplicemente a soddisfazioni dirette, derivate dal consumo degli articoli [...], ma, e secondo Veblen questo è il fatto più importante, porta pure ad un *innalzamento o rafforzamento dello status sociale* (ivi, p. 100).

Lo status si innalza attraverso l'ostentazione della capacità di acquistare merci costose. Ma acquistare qualcosa per mostrare ai vicini di essere in grado di consumare beni costosi non è la stessa cosa di acquistarla semplicemente perché è utile a soddisfare il bisogno per cui è stata creata: il fenomeno è lo stesso – il consumo – ma si tratta di funzioni diverse. Soltanto una funzione – la seconda – è *manifesta*; la prima invece è *latente*: non solo non appare immediatamente allo sguardo, ma – ciò che è più importante – può non essere percepita come tale neppure dagli attori coinvolti.

Questo tipo di analisi può essere ripetuto per altri fenomeni. Il punto è che gli uomini non sono sempre coscienti degli scopi che stanno perseguendo, e dunque delle funzioni che assolvono i loro comportamenti. Allo stesso modo dei singoli attori, anche le istituzioni del resto possono avere funzioni che non coincidono con quelle che svolgono apparentemente. Le funzioni latenti possono a volte contraddire quelle manifeste; più spesso vi si affiancano, rendendo il quadro comunque assai più complesso di quanto non sia in grado di vedere un funzionalismo che si accontenti di rilevare ciò che l'attore o l'istituzione dichiara di stare facendo. (La scuola, ad esempio, in certe condizioni può avere la funzione di alleggerire la pressione sul mercato del lavoro costituendo una specie di "parcheggio" per i giovani: una funzione "latente" che non coincide con ciò che la scuola dichiara di essere e che, senza negarla del tutto, accompagna la funzione "manifesta" della scuola stessa – l'istruzione dei giovani – caricandola di nuove determinazioni.)

Alcuni dei contributi di Merton

Merton ha scritto molto. I suoi saggi più noti sono raccolti in *Teoria e struttura sociale*, un'opera in più volumi pubblicata la prima volta nel 1949 e poi ampliata nel 1957 e nel 1968. Molti di questi saggi presentano idee e direzioni di ricerca innovative.

Le innovazioni di Merton, tuttavia, di rado sono di un'originalità assoluta: consapevole dell'importanza dell'eredità e della tradizione nello sviluppo del pensiero scientifico, Merton opera piuttosto estraendo da autori a lui precedenti concetti che poi amplia, rendendone esplicita la produttività. Così è per esempio per il concetto di «deprivazione relativa», ripreso dalla ricerca *The American Soldier* diretta da Stouffer.

In questa ricerca, la nozione di deprivazione relativa veniva introdotta per descrivere l'insoddisfazione provata nei confronti della propria carriera da parte di militari che, in realtà, si trovavano in una posizione privilegiata. Il punto era che il sentimento di essere "privati" di qualcosa non ha a che fare con la realtà oggettiva, ma con le percezioni soggettive: se ci si abitua a coltivare certe aspettative, anche una realtà positiva può apparire frustrante. Allargando la portata di questa scoperta, Merton mostra che ogni individuo si rapporta ad almeno due gruppi: da un lato vi è il *gruppo di appartenenza* – quello di cui egli fa parte nella sua vita – e dall'altro il *gruppo di riferimento* – quello a cui aspira e ai cui valori si riferisce idealmente. Se il gruppo di riferimento possiede opportunità e suggerisce bisogni che l'individuo non può soddisfare nel gruppo in cui vive, egli si sente soggettivamente frustrato, a prescindere da quanto bene o male stia nella realtà. È un concetto importante: molte delle rivendicazioni presenti nelle società contemporanee non sono comprensibili senza questa nozione.

Almeno altrettanto interessante è la rielaborazione mertoniana dei concetti di devianza e di anomia. A questo proposito Merton osserva che la *devianza* può riferirsi a cose diverse: si può essere devianti rispetto agli scopi che ci si prefigge (ispirandosi a valori che suggeriscono obiettivi diversi da quelli "normali"), oppure rispetto ai mezzi che si scelgono per raggiungerli (usando mezzi che le norme sanzionano). Tenendo conto di ciò, vi sono almeno quattro tipi di devianti diversi: Merton chiama «innovatori» coloro che, pur conformandosi agli scopi dominanti, sono devianti rispetto ai mezzi che usano per raggiungerli; chiama «ritualisti» coloro che rimangono fedeli ai mezzi consueti, pur non condividendo gli scopi a cui questi dovrebbero servire; sono «rinunciatari» quelli che rifiutano sia i valori e gli scopi comuni, sia le norme che riguardano i mezzi per raggiungere questi ultimi; sono infine «ribelli» coloro che, mettendo in discussione obiettivi e mezzi comuni, non si ritirano però dalla scena sociale, ma lottano per affermare obiettivi e mezzi diversi.

Posto questo quadro, l'*anomia* viene riconcettualizzata in un modo diverso da quello a cui pensava Durkheim nella sua prima formulazione del concetto. Piuttosto che un'incertezza o un'assenza di norme, l'anomia descrive una situazione in cui vi è una disgiunzione tra gli scopi dell'esistenza che la cultura propone e le possibilità concrete di raggiungerli attraverso comportamenti "normali": quando una gran parte dei membri della società non ha i mezzi per raggiungere in modo lecito gli obiettivi che pur condivide (ad esempio: il successo personale in termini di ricchezza e prestigio), gli stessi obiettivi vengono perseguiti in modi non leciti. L'anomia tipica di molte società contemporanee starebbe dunque in ciò: laddove il successo personale (o un altro obiettivo del genere) è inteso come un obiettivo che ciascuno dovrebbe perseguire, ma contemporaneamente la struttura sociale comporta barriere tali da mettere sistematicamente molti nella condizione di non poter raggiungere questo obiettivo con i mezzi ritenuti normali (ad esempio perché il lavoro, l'istruzione o l'abilità personale non sono sufficienti a permettere di superare ineguaglianze che hanno origine in una struttura di classe o di ceto che ostacola la mobilità), avviene che si diffondano comportamenti intesi a raggiungere questo stesso successo attraverso atteggiamenti devianti, e spesso illegali.

Infine, non va dimenticata la nozione di "profezia che si autoadempie" (*self-fullfilling prophecy*). Valorizzando in questo caso un'intuizione di Thomas (si ricordi il cosiddetto "teorema di Thomas", che fu Merton stesso a battezzare così), Merton sottolinea che

> gli uomini non rispondono solo agli elementi oggettivi di una situazione, ma anche, ed a volte in primo luogo, al significato che questa situazione ha per loro. E una volta che essi hanno attribuito un qualunque significato ad una situazione, questo significato è causa determinante del loro comportamento (1968, trad. it. 1970, p. 766).

L'esempio più tipico che Merton fornisce è quello di una diceria che afferma che una banca è insolvente; la diceria può essere falsa, ma una volta che la situazione della banca è definita così, diventa reale: i clienti infatti si presentano tutti insieme agli sportelli per ritirare i propri soldi, generando una richiesta di denaro a cui nessuna banca può far fronte immediatamente. Qualcosa di analogo avviene quando qualcuno si convince che un altro gli vuol muovere guerra: la convinzione può essere errata, ma genera un comportamento ostile che di fatto favorirà la guerra che si paventava. In generale, gli esseri umani hanno dunque la facoltà di determinare almeno in parte il corso degli eventi attraverso le proprie credenze a riguardo.

Per una sociologia della scienza

Merton si è occupato di molti temi diversi fra loro. Fra gli interessi che lo hanno accompagnato per tutta la vita ve n'è uno che merita un'attenzione particolare: si tratta della sociologia della scienza, un ramo della sociologia di cui egli può essere considerato l'iniziatore.

Come Merton scrive nell'*Introduzione* alla parte di *Teoria e struttura sociale* dedicata a questo argomento, la scienza è

quel tipo di conoscenza che, sviluppandosi dall'esperimento o dall'osservazione controllata, ad essi si riconduce. Nei suoi lineamenti più generali, l'oggetto della sociologia della scienza è l'*interdipendenza dinamica* fra la scienza, intesa come un'attività sociale in progresso che dà origine a prodotti culturali e di civiltà, e la circostante struttura sociale. Le *reciproche* relazioni fra scienza e società costituiscono l'oggetto di studio [...]. Fino a poco tempo fa non si era dedicata molta attenzione alla reciprocità di queste relazioni: l'influenza della scienza sulla società aveva sempre destato molto interesse, ma la relazione contraria era stata trascurata (Merton, 1968, trad. it. 1970, p. 939).

L'aspetto più evidente della relazione fra la società e la scienza consiste nell'esistenza di un insieme di "domande" che – esplicitamente o implicitamente – la prima pone alla seconda: la scelta dei temi di cui gli scienziati si occupano è solo in parte determinata dalle logiche interne alla ricerca scientifica, in gran parte è definita dagli interessi del mondo circostante. (La richiesta di tecnologie che rendano il lavoro sempre più produttivo, ad esempio, suggerisce e premia certi interessi scientifici piuttosto che altri; lo stesso vale per le esigenze poste dai militari – che sono fra l'altro tra i più potenti finanziatori della ricerca scientifica.)

Ma vi è molto di più. L'idea che la verità sia qualcosa di accertabile razionalmente mediante l'osservazione sistematica e l'esperimento (e non, ad esempio, mediante l'intuizione mistica o grazie a una rivelazione divina) è l'idea senza cui la scienza stessa non esisterebbe: ma questa idea non nasce dalla scienza stessa, bensì all'interno della cultura più vasta in cui essa è inserita. In realtà è un'idea sorta solo con l'epoca moderna. È un'intuizione che era già stata presente nell'*Etica protestante e lo spirito del capitalismo* di Weber: e nei suoi primi saggi sull'argomento Merton si dedica al tentativo di rintracciare le origini della nozione di scienza nei primi secoli dell'età moderna ponendole in relazione con la mentalità metodica e con l'atteggiamento di rifiuto dell'autorità ecclesiastica che caratterizzavano i puritani. Al di là della correttezza di questa analisi (forse le origini della scienza moderna sono molteplici, e si tratterebbe di investigare la convergenza di una pluralità di spinte diverse) il punto centrale del ragionamento di Merton è giusto: il fatto è che, perché la scienza si sviluppi, è necessario innanzitutto che la cultura formuli l'idea che essa possa esistere, che attribuisca agli scienziati uno status, che concepisca le domande a cui essi possono cercare risposta. I presupposti della scienza stanno nella cultura, in una "concezione del mondo" che la rende plausibile e la legittima.

La scienza è dunque un'istituzione sociale: come ogni istituzione trae il proprio significato dalla cultura della società in cui è immersa. Ciò non vuol dire che non abbia una propria autonomia. Uno dei principali interessi di Merton riguarda anzi le tensioni che possono manifestarsi in certe situazioni fra la logica propria della comunità scientifica e il resto della società.

La logica della comunità scientifica è infatti peculiare. Da un lato si basa su una serie di *procedure* caratteristiche (l'esperimento e l'osservazione sistematica, la tendenziale formalizzazione del linguaggio teorico, la ricerca di costanti nei fenomeni studiati e così via), ma dall'altro si fonda anche su un *ethos* specifico. Questo ethos attribuisce un valore chiave al *dubbio sistematico*, comporta che ogni affermazione sia *verificabile intersoggettivamente* e dunque impone il *dialogo aperto* fra gli scienziati, implica la *disponibilità universale* dei risultati di ogni ricerca, e infine pretende che ogni scienziato sia valutato in relazione esclusiva ai *meriti* del proprio lavoro. Nella misura in cui la comunità scientifica si conforma a questi principi, può entrare in collisione con la società che la circonda: è ciò che avviene in tutte le dittature, ma può anche accadere all'interno di una società democratica, laddove prevalgano interessi particolaristici (come nel caso in cui, ad esempio, un'azienda sia committente di una ricerca e pretenda il segreto sui suoi risultati, oppure nel caso in cui un'agenzia pubblica – come un ente di governo o un partito – non accetti di sottolineare il carattere sistematicamente incerto dei risultati che una ricerca scientifica raggiunge). Del resto, non è detto neppure che i membri della comunità scientifica si conformino sempre al suo ethos (ad esempio, che le carriere scientifiche siano basate esclusivamente sul merito è in realtà raro).

Che la scienza sia tale in virtù dell'ethos che le è proprio è tuttavia fondamentale: fino a che questo resta vitale come punto di riferimento, la scienza ha lo strumento per criticarsi, e può progredire. Detto altrimenti, la scienza è scienza solo se ha un'organizzazione che consente al dubbio di esprimersi: finché questo imperativo etico rimane in vita, essa può svilupparsi senza trasformarsi in qualcosa che scienza non è.

Rispetto a ciascuno degli elementi del discorso che abbiamo citato, la sociologia della scienza di Merton si articola in un programma di ricerca empirica: nelle diverse situazioni storiche e nei diversi contesti sociali, si tratta di verificare il tipo di richieste che – esplicitamente o implicitamente – i vari gruppi rivolgono agli scienziati, la forma e il peso delle committenze, le influenze politiche, l'organizzazione interna della comunità scientifica, le modalità di reclutamento degli scienziati, la strutturazione delle loro carriere e così via.

Parzialmente sviluppati da Merton, questi programmi di ricerca sono stati successivamente al centro dell'attenzione di un gran numero di studiosi: i rapporti tra la scienza, le tecnologie e la società costituiscono oggi uno dei campi di ricerca interdisciplinare più praticati e fecondi. La sociologia della scienza di Merton è stata tuttavia anche discussa. Merton, ad esempio, è poco sensibile alle differenze fra scienze naturali e scienze sociali; e soprattutto comporta un'idea della cumulabilità dei risultati della ricerca scientifica che non tutti condividono.

È vero che Merton sa bene che ogni conoscenza è un'interpretazione del mondo, la costruzione di un modello la cui congruenza con la realtà ultima è necessariamente precaria. Ma ritiene che la logica dell'osservazione e dell'esperimento possa pur sempre permettere un adeguamento crescente dei modelli alla realtà ultima. Negli anni sessanta, questa idea è stata discussa radicalmente da un libro molto famoso, *La struttura delle rivoluzioni scientifiche* di Thomas Kuhn (1962). Rifacendosi a Wittgenstein – per il quale la scienza è, in ultima analisi, un *gioco linguistico* fra gli altri, e ha la stessa natura convenzionale di ogni altro linguaggio – Kuhn nega la cumulabilità del sapere scientifico mostrando che la storia della scienza è fatta di ricorrenti passaggi da un *paradigma* ad un altro, e che questi paradigmi sono tendenzialmente incommensurabili. (La logica della fisica classica, ad esempio, non è la stessa della fisica atomica, e i risultati raggiunti dalle ricerche che adottano i due diversi paradigmi non possono essere posti sullo stesso piano: l'uno non può né verificare né confutare l'altro, e dunque la conoscenza prodotta non è cumulabile.)

In un differente contesto teorico, in Francia, il filosofo Michel Foucault negli stessi anni ha proposto una visione della storia del sapere parzialmente analoga: il divenire della conoscenza gli appare il prodotto di una serie di «fratture epistemiche» che impediscono di pensarlo come un'evoluzione lineare (si veda ad esempio *Le parole e le cose*, del 1966). Foucault non si è occupato tanto della scienza quanto, più in generale, di tutte le istituzioni che producono il sapere che circola in una società come *sapere legittimo* (come sapere "vero", certificato da esperti). Alla scienza in quanto tale si affiancano così le scuole e le università, ma anche le corporazioni professionali, le cliniche o i tribunali: un insieme di istituzioni che, più che perseguire una verità il cui senso è fuori discussione, producono la verità esattamente come un *effetto* delle proprie pratiche (è "vero" ciò che l'istituzione deputata a definirlo sancisce).

Entrambe queste posizioni tendono all'affermazione di un relativismo piuttosto radicale e spingono a vedere più le dinamiche di conflitti e poteri interne al discorso scientifico che non la possibilità di un'evoluzione progressiva della conoscenza. Di fronte a queste posizioni, Merton ha conservato un atteggiamento scettico e, soprattutto, è restato ancorato al suo progetto di un pensiero che coniughi teoria e ricerca senza eccedere nella direzione di grandi visioni difficilmente sottoponibili a verifiche empiriche. Oggi, la sociologia della scienza contemporanea è andata molto oltre le prime osservazioni di Merton, ma chi fa studi empirici in questo campo trova ancora ispirazioni importanti nel suo programma di ricerca.

Suggerimenti bibliografici

Per un'introduzione al pensiero di Parsons rimando a G. Rochet, *Talcott Parsons e la sociologia americana* (1972), o a P. Hamilton, *Talcott Parsons* (1983); si veda anche l'introduzione di L. Gallino all'edizione italiana di *Il sistema sociale*. Per la collocazione di Parsons all'interno della storia della cultura americana suggerisco A. W. Gouldner, *La crisi della sociologia* (1970). Per una discussione più recente si vedano i saggi raccolti col titolo *La modernità di Talcott Parsons*, a cura di M. Bortolini, in "Quaderni di Teoria Sociale", n. 2 (2002).

La discussione e la critica dell'opera di Parsons sono ricorrenti nei testi di chi ha lavorato successivamente sull'uno o l'altro dei temi che egli ha affrontato: per quanto riguarda gli sviluppi della sociologia della famiglia si veda C. Saraceno, *Sociologia della famiglia* (1988); sul tema dell'azione sociale rimando alla prima parte del volume di F. Crespi, *Azione sociale e potere* (1989).

Sulle teorie della modernizzazione vedi A. Martinelli, *La modernizzazione* (2004); più sintetica la voce *Modernizzazione* di C. Trigilia in *Enciclopedia delle scienze sociali* (1991).

Per quanto riguarda Merton, rimando al volume curato da C. Mongardini e S. Tabboni, *L'opera di R. K. Merton e la sociologia contemporanea* (1989). Sugli sviluppi della sociologia della scienza vedi E. G. Parini, *Sapere scientifico e modernità* (2006).

12

Vita quotidiana e costruzione sociale della realtà

Il panorama globale

Dopo la Seconda guerra mondiale e fino agli anni settanta i paesi occidentali hanno conosciuto una fase di crescita economica senza precedenti.

Tale crescita ha coinciso con intense trasformazioni del lavoro e della vita quotidiana. Nel mondo del lavoro il modello fordista è diventato dominante, in una fusione di tecnica e burocratizzazione che caratterizza imprese sempre più vaste. Quanto alla vita quotidiana nel suo complesso, è trasformata da nuovi consumi e dall'inserimento delle attività di ciascuno in un ambiente sempre più tecnologico.

Dopo le esperienze fasciste e nazionalsocialiste, in Occidente si sono consolidate quasi dovunque delle democrazie liberali. Lo sviluppo dei consumi privati e la percezione di ampie possibilità di mobilità sociale contribuiscono a generare la percezione di una libertà personale senza precedenti, anche più dell'effettiva partecipazione politica e forse persino più della reale capacità di queste democrazie di garantire i diritti dei cittadini.

Nonostante i disastri di due guerre mondiali e il ricordo della crisi economica degli anni trenta, la nozione di progresso non ha perso il suo fascino. Sempre più identificato con lo sviluppo delle tecnologie, il progresso è ciò che porta il *benessere*: quest'ultima è la parola chiave dei discorsi che legittimano il sistema sociale vigente. Le disuguaglianze, che pure permangono, sono parzialmente compensate dallo sviluppo di sistemi assistenziali resi possibili dalla cresciuta ricchezza sociale. Le politiche economiche di stampo keynesiano, messe a punto negli Stati Uniti all'indomani della crisi del 1929 e poi diffuse un po' in tutto l'Occidente, sostengono l'economia ma suggeriscono anche un notevole impegno degli Stati sul fronte dei servizi sociali, imposto peraltro anche dal forte peso dei sindacati e dei partiti socialdemocratici.

Di fronte all'Occidente, egemonizzato dalla potenza economica, militare e ora anche culturale degli Stati Uniti, si erge il blocco dei paesi guidati dall'Unione Sovietica. Sono gli anni della cosiddetta "guerra fredda". Alla lunga, l'incapacità di questi paesi di generare una miscela di benessere e di libertà individuale analoga a quella dei paesi occidentali sarà però la causa principale della sconfitta del comunismo.

In una prospettiva planetaria, si assiste a un processo di decolonizzazione del Terzo mondo. A mano a mano che conquistano l'indipendenza politica, i paesi del Terzo mondo scoprono però difficoltà sociali ed economiche inaspettate: sono i problemi intorno a cui fioriscono le teorie della modernizzazione e i loro sviluppi cui abbiamo fatto cenno nel capitolo precedente.

Venendo al panorama delle scienze sociali, esse sono ormai pienamente istituzionalizzate in tutti i paesi occidentali e in molti dei paesi "in via di sviluppo": a fianco della storia, del diritto e dell'economia, consolidati da tempo, ogni sistema universitario nazionale prevede corsi di antropologia, psicologia sociale, scienza politica e sociologia, e ogni materia si suddivide in un gran numero di sottodiscipline. Negli anni immediatamente successivi alla guerra, la sociologia è dominata dallo struttural-funzionalismo americano: l'Europa ne è in parte influenzata, anche se correnti marcatamente weberiane, durkheimiane e marxiste sono tutt'altro che scomparse.

Ma la sociologia cresce soprattutto nell'analisi delle problematiche poste dai nuovi sviluppi della società. In Francia, ad esempio, le trasformazioni del lavoro, gli effetti dell'automazione e, più in generale, i problemi della società industriale sono analizzati da G. Friedmann in studi come *Problemi umani del macchinismo industriale* (1946). La stratificazione sociale è oggetto ovunque di una grande attenzione: il declino delle occupazioni legate all'agricoltura, la crescita dei lavoratori industriali e, infine, la crescita ancora maggiore degli impiegati e degli addetti ai servizi provocano una trasformazione considerevole del panorama complessivo. Apparentemente vi è una grande mobilità sociale: è però una mobilità che non diminuisce le disuguaglianze. I contadini si trasformano in operai e gli operai in impiegati, l'istruzione e il reddito aumentano un po' per tutti, ma le gerarchie rimangono marcate e i destini restano segnati in gran parte dall'origine familiare di ognuno. Sono temi affrontati un po' in tutti i paesi: il quadro teorico era stato disegnato da P. Sorokin negli Stati Uniti già negli anni venti (*La mobilità sociale*, 1927), ma l'impulso alla ricerca empirica viene soprattutto dall'Inghilterra, dove D. V. Glass e i suoi collaboratori della London School of Economics pubblicano nel 1954 uno studio dal titolo *Social Mobility in Britain* che è tuttora un riferimento obbligato sull'argomento. Per quanto in modo limitato, si affaccia anche una riflessione sulla stratificazione sociale nei paesi dell'Est: il libro dello jugoslavo Milovan Djilas, *The New Class: An Analysis of the Communist System* (1957), mostra come, invece della conclamata abolizione delle classi, i regimi del blocco sovietico diano luogo alla formazione di una nuova stratificazione basata sull'accesso diseguale alle risorse distribuite dal sistema politico.

Sarebbe interessante ricordare gli sviluppi della ricerca sociologica nei diversi campi di indagine o esaminare in dettaglio i vari contesti nazionali (dando spazio così anche alla sociologia italiana, che a partire dalla fine degli anni cinquanta entra in una fase molto dinamica): ma in questa sede è impossibile. Pur rammentando che l'opera di ciascun autore è solo la punta di un iceberg costituito da altre innumerevoli opere, questo volume si concentra solo sui momenti di innovazione teorica più significativi della storia della nostra disciplina. Il rispetto di questo criterio ci deve sospingere di nuovo verso gli Stati Uniti.

Lo sfaldamento del paradigma di Parsons ha qui diverse radici. Quella principale affonda nel mutamento del clima intellettuale che si verifica agli inizi degli anni sessanta. È innanzitutto un mutamento morale. I movimenti dei neri e degli studenti, le mobilitazioni per i diritti civili e quelle contro la guerra nel Vietnam, un disincanto – almeno parziale – nei confronti dell'*american way of life*, una nuova sensibilità per le problematiche della diseguaglianza e della povertà: tutto ciò rende sempre meno plausibile in questi anni un sistema teorico che ratifica lo *status quo* ed è poco capace di comprendere i conflitti.

Altre radici hanno carattere teorico. Si è già detto che l'approccio funzionalista di Parsons non sembra in grado di spiegare il mutamento sociale: soprattutto, è un approccio che tende a reificare le strutture sociali. La vita quotidiana e concreta delle persone ne risulta chiusa in un quadro deterministico: la soggettività è espunta dal quadro. Ed è proprio nel segno di una riscoperta della vita quotidiana e delle dinamiche intersoggettive che vi si dispiegano che potremmo racchiudere – sia pure in modo schematico – le teorie che esporremo nelle prossime pagine.

Alfred Schutz e la sociologia fenomenologica

La prima teoria a cui ci riferiremo è la *sociologia fenomenologica*, la cui elaborazione originale è legata al nome di Alfred Schutz.

Schutz nacque a Vienna nel 1899; dopo una formazione complessa – che lo portò a studiare economia e filosofia, sviluppando contatti con molti dei principali esponenti del pensiero sociale austriaco e tedesco del tempo – nel 1939 emigrò a New York; qui insegnò alla New School for Social Research fino all'anno della morte, avvenuta nel 1959.

La sociologia fenomenologica è un indirizzo di pensiero che muove da una fusione della sociologia weberiana con la filosofia fenomenologica di Edmund Husserl. Le sue basi teoriche sono poste nel libro che Schutz pubblicò nel 1932, *La fenomenologia del mondo sociale*. In America Schutz scrisse poi una serie di saggi, ripubblicati in tre volumi tra il 1962 e il 1966 con il titolo *Collected Papers* (parzialmente tradotti in italiano come *Saggi sociologici*). Altri due libri incompiuti sono stati pubblicati postumi: *Il problema della rilevanza* (curato da R. Zaner nel 1970) e *Die Strukturen der Lebenswelt* (curato e di fatto riscritto da T. Luckmann in due volumi negli anni settanta).

Da Weber, Schutz trae l'interesse per i problemi fondamentali della teoria sociologica: azione, senso, comprensione. Quanto a Husserl, Schutz ne mutua diversi concetti, ma ne trae soprattutto l'idea stessa di *fenomenologia*. Nell'accezione husserliana, la fenomenologia è lo studio di ciò che "appare" (dal greco *fàinomai*: apparire, mostrarsi). In modo molto schematico, potremmo dire che l'idea fondamentale della fenomenologia è che il soggetto non è semplicemente *nel* mondo, ma *costituisce* il mondo: inconoscibile nella sua realtà ultima, questo si mostra alla coscienza unicamente all'interno delle categorie in cui essa lo inquadra.

In *La fenomenologia del mondo sociale* Schutz utilizza la fenomenologia di Husserl per una discussione estremamente articolata dei concetti fondamentali di Weber. È nei saggi successivi tuttavia che emergono gli aspetti più fecondi della fusione di fenomenologia e sociologia che egli propone. Sulla scorta dell'apparato teorico husserliano, Schutz mostra che quella costruzione di "tipi ideali" che Weber intendeva come il metodo proprio dello scienziato sociale è in realtà qualcosa che noi tutti facciamo costantemente: ciò che accade nel mondo è sempre compreso da ciascuno secondo delle categorie che non sono altro che "tipi ideali". Comprendere è sempre, in realtà, collocare ciò che si comprende entro un "tipo".

Quello della tipizzazione è un concetto fondamentale, e dobbiamo intenderlo bene. Tipizzare significa compiere un'astrazione, cioè ridurre la complessità del reale a un insieme di "tipi di cose" che possono succedere, di "tipi di persone" che si possono incontrare, di "tipi di situazioni" in cui ci si può imbattere. I "tipi" sono delle *rappresentazioni* della realtà, ne costituiscono una sorta di classificazione.

In linea di principio, ciascuno di noi potrebbe definire delle tipologie di fenomeni come gli pare e piace ma, concretamente, ciascuno li definisce in accordo al modo in cui essi sono definiti nel mondo sociale al quale appartiene. È così non solo perché ciascuno impara a tipizzare la realtà nel corso dei suoi processi di socializzazione, ma soprattutto perché l'utilità dei tipi consiste esattamente nel fatto che essi siano condivisi con gli altri. La loro funzione è quella di permettere l'interazione sociale. Se io dovessi, ad ogni piè sospinto, chiedermi «ma cosa sta facendo questa persona?», oppure «come devo agire per fare questo, o quest'altro?», le attività quotidiane con gli altri sarebbero praticamente impossibili. La vita di ciascuno di noi è fatta in buona parte di *routine*, cioè di corsi d'azione abitualizzati sui quali non ci fermiamo a riflettere, e costruire tipi di cose che accadono significa facilitarne il riconoscimento e permettere dunque alle routine di scivolare via senza intoppi.

Ogni sfera della vita sociale comporta la costruzione di tipologie riguardanti i fenomeni che vi rientrano. La sfera che a Schutz più interessa è quella della vita quotidiana, ma è importante ricordare che non è l'unica sfera in cui trascorriamo la nostra esistenza. Riallacciandosi al filosofo William James (secondo una strategia tipica dei saggi in cui mira a trasferire la fenomenologia in un linguaggio più accessibile al pubblico americano), Schutz ricorda che

> vi sono diversi e vari ordini di realtà, probabilmente un numero infinito, ognuno con il suo specifico e distinto modo di esistenza. James li chiama "sottouniversi" e porta come esempi il mondo dei sensi o delle cose fisiche (che intende come la realtà per eccellenza), il mondo della scienza, il mondo dei cosiddetti "idoli della tribù", i vari mondi soprannaturali della mitologia e della religione, i diversi mondi dell'opinione individuale, i mondi della pura follia e della stravaganza. La mente comune concepisce tutti questi sottomondi in modo più o meno sconnesso, e quando considera uno tra essi dimentica momentaneamente i suoi rapporti con il resto. Ma, in ogni caso, tutti gli oggetti che possiamo pensare si riferiscono in ultima analisi a uno di questi sottomondi. Ogni mondo mentre si partecipa a esso è reale a proprio modo; solo che la realtà scompare insieme con l'attenzione (Schutz, 1945, trad. it. 1979, p. 181, modificata).

A seconda della nostra attenzione, noi viviamo dunque in diverse realtà. La "realtà" per eccellenza è tuttavia quella "dei sensi o delle cose fisiche", cioè la *vita quotidiana*: questa è il nostro ambiente ordinario, il tessuto di abitudini familiari all'interno delle quali noi agiamo e alle quali pensiamo per la maggior parte del tempo.

Ogni ordine di realtà ha le sue proprie caratteristiche, ma la caratteristica propria della vita quotidiana è questa: che al suo interno noi *sospendiamo il dubbio* che le cose possano essere diverse da come ci appaiono in relazione alle nostre routine. Nel mondo quotidiano – in altre parole – noi agiamo *dando per scontato* tutto ciò in cui siamo immersi: gli oggetti che ci circondano, i fini rispetto a cui agiamo e i mezzi che adoperiamo.

La ragione di ciò, come abbiamo già accennato, è pragmatica: se dovessimo interrogarci continuamente su tutto quanto facciamo, l'esercizio delle nostre attività quotidiane sarebbe impossibile. Certo, noi sospendiamo ogni dubbio solo fino al momento in cui qualche problema inusitato o una crisi non ci costringa a rivedere quello che fin lì davamo per scontato: ma con ciò usciamo da quello che per Schutz è propriamente il "quotidiano".

Il senso comune

Il pensiero in cui siamo immersi nel quotidiano è il *senso comune*. Il senso comune è il pensiero dell'ovvio: funziona come una sorta di automatismo che preserva ciascuno dal dover continuamente risolvere di nuovo problemi che si sono già affacciati e hanno già trovato una risposta soddisfacente. Come scrive Schutz, pensare secondo il senso comune è «pensare come al solito», senza farsi domande non strettamente necessarie alla continuità della nostra esistenza.

Abbiamo detto che nella vita quotidiana noi sospendiamo ogni dubbio: ebbene, il senso comune è una specie di meccanismo finalizzato a tenere i dubbi fuori della porta. Tenere lontani i dubbi significa dare per scontate le tipizzazioni di cui facciamo uso. Significa che le intendiamo come "naturali" (come quando, a proposito di qualcosa che ci pare ovvio, diciamo: «ma è naturale!»): e tuttavia non sono naturali, sono modi di interpretare la realtà che abbiamo appreso nella nostra esperienza e nella nostra socializzazione.

La socializzazione – un concetto che abbiamo già ormai incontrato più volte – è particolarmente importante. Infatti, come osserva Schutz,

> solo una piccola parte della mia conoscenza del mondo ha origine nell'ambito della mia esperienza personale. La maggior parte è derivata socialmente,

trasmessa a me dai miei amici, dai miei genitori, dai miei insegnanti e dagli insegnanti dei miei insegnanti. Mi è insegnato non solo come definire l'ambiente [...], ma anche come i costrutti tipici devono essere formati [...]. Ciò include modi di vita, metodi per venire a patti con l'ambiente, ricette efficaci per l'uso di mezzi tipici per adattare fini tipici a situazioni tipiche. Il mezzo tipificato per eccellenza attraverso cui la conoscenza socialmente derivata viene trasmessa è il vocabolario e la sintassi del linguaggio quotidiano. Il gergo della vita quotidiana è anzitutto un linguaggio di oggetti ed eventi indicati con nomi, e ogni nome include una tipificazione e una generalizzazione (Schutz, 1953, trad. it. 1979, p. 14).

Il senso comune è dunque un insieme di "ricette" per vivere: fini, mezzi e situazioni ricorrenti della vita quotidiana vengono compresi in un modo che li ritrae come "ovvi".

Naturalmente, non sempre le ricette bastano. In un saggio dedicato alla figura dello *straniero*, Schutz ha mostrato come a volte si sia costretti ad affrontare problemi per i quali affidarsi al senso comune non è sufficiente. Lo straniero – l'immigrato, ad esempio, o comunque colui che entra in un gruppo a lui sconosciuto – è qualcuno che si trova in una situazione in cui niente è più "ovvio": il quadro di cose che egli dava per scontate all'interno del gruppo da cui proviene non vale più, per definizione, nel nuovo mondo a cui accede. Lo stesso linguaggio – e con ciò il mezzo più "naturale" con cui ciascuno si rapporta al mondo – può essere un altro. Ciò comporta una crisi: lo straniero deve abbandonare un senso comune e imparare a condividerne un altro.

Nelle situazioni di crisi, il senso comune non tiene. Ma, nelle situazioni normali, come avviene che noi siamo certi che quello che il senso comune ci fa dare per scontato sia *vero*? Non è un problema di poco conto, dal momento che in realtà sono possibili *diversi* sensi comuni, all'interno di gruppi o di società differenti.

Certo, nella vita che trascorriamo quotidianamente nel nostro ambiente usuale questa sicurezza ha una base pragmatica: i contenuti del senso comune sono veri almeno perché "funzionano" (cioè: tipizzando le cose così e così, riesco ad interagire efficacemente con chi mi circonda). Ma funzionano solo perché ciascuno li condivide, cioè perché – e solo fino a che – anche chi mi circonda condivide con me la stessa interpretazione della realtà. Se, per esempio, mi trovassi catapultato all'improvviso in un mondo dove si crede alle fate, e si spiegano in base alla loro attività fenomeni che io interpreto invece sulla base di un razionalismo disincantato, sarei evidentemente in difficoltà ad interagire con gli altri (è un problema che Schutz ha affrontato in un bellissimo saggio del 1954 su *Don Chisciotte e il problema della realtà*).

Come funziona dunque il senso comune? Funziona come un sistema condiviso di *credenze*. Il senso comune è – per paradossale che possa sembrare questa definizione – *quello che ciascuno crede che tutti gli altri credano*. In altre parole, è il risultato di una sorta di accordo: un accordo tacito, non esplicito, che si basa in parte sulla tradizione di ogni gruppo sociale e in parte è costantemente riprodotto e confermato dall'attività di ciascuno, ma è un accordo fondamentale. Senza questo accordo che permette di dare per scontata, all'interno di una cerchia sociale determinata, una certa interpretazione della realtà, il nostro mondo quotidiano precipiterebbe nel caos.

Ma se il senso comune è un insieme di credenze, lo stesso vale per la realtà: ciò che intendiamo per realtà nella nostra vita quotidiana – ma, in generale, in qualunque sfera della nostra esistenza – è ciò che noi *crediamo* reale. Questa credenza è possibile e funzionante nella misura in cui è convalidata intersoggettivamente. (Se io soltanto credo che i mulini a vento sono giganti, ad esempio, avrò delle interessanti avventure: ma applicando questa credenza nella mia vita quotidiana con altri che non condividono questa credenza e comportandomi di conseguenza sarò semplicemente preso per pazzo.)

La conseguenza teorica di tutto ciò è la seguente: la realtà – cioè il senso della realtà, la definizione di ciò in cui la realtà consiste – è una *costruzione sociale*. Reale è ciò che intersoggettivamente viene chiamato reale.

Il pensiero quotidiano e la scienza

Vedremo fra poco come questa prospettiva sarà sviluppata. Prima, è opportuno sottolineare che, data la sua attenzione per la vita quotidiana, Schutz viene spesso inteso come un esponente della "microsociologia", cioè della sociologia che si occupa in modo specifico della dimensione quotidiana della vita sociale, ma che questa interpretazione è riduttiva. Schutz ha inteso il proprio lavoro come un contributo alla chiarificazione dei concetti fondamentali delle scienze sociali attraverso uno studio delle forme di costituzione intersoggettiva della realtà: confinarlo alla microsociologia corrisponde a limitarne la portata.

Specie se posto a confronto con l'approccio di diversi autori a lui precedenti, il pensiero di Schutz rappresenta un momento cruciale della storia della sociologia, che corrisponde a una messa in questione radicale del realismo ingenuo di chi dimentica che il mondo umano è un mondo interpretato, e che nessuna teoria è il semplice rispecchiamento di una realtà le cui caratteristiche sono "date" una volta per tutte. Come Schutz scrive:

> non vi sono puri e semplici fatti: [...] vi sono sempre fatti interpretati [...]. Ciò non significa che, nella vita quotidiana o nella scienza, noi non siamo capaci di afferrare la realtà del mondo. Significa che afferriamo solamente certi aspetti di essa, cioè quelli che sono rilevanti per noi (Schutz, 1953, trad. it. 1979, p. 5).

Ciò non toglie che nella sociologia della vita quotidiana i contributi di Schutz risultino particolarmente fecondi. Ma il punto è che Schutz si occupa della vita quotidiana perché, in qualche modo, non può farne a meno. Il suo problema di partenza è infatti – weberianamente – come sia possibile che le scienze sociali forniscano interpretazioni adeguate del senso delle azioni degli individui: e la soluzione passa per il riconoscimento del fatto che interpretare il significato delle azioni degli altri è un problema che gli individui risolvono di continuo nelle proprie interazioni ordinarie.

Per capire l'interpretazione scientifica dell'azione, si tratta così di investigare prima di tutto l'interpretazione spontanea che gli attori svolgono reciprocamente nel corso della propria vita quotidiana al fine di coordinare tra loro le proprie condotte. È solo dopo aver riconosciuto le modalità di questa interpretazione che il metodo delle scienze sociali viene chiarito. Di fatto, non si tratta di un metodo radicalmente diverso: in entrambi i casi, l'interpretazione del senso dell'agire si risolve in un insieme di tipizzazioni.

La differenza tra il pensiero delle scienze sociali e quello quotidiano riguarda innanzitutto i criteri con cui nei due casi è costruito il sapere: mentre il pensiero quotidiano è orientato in senso pragmatico e non teme dunque né l'incoerenza né l'approssimazione, quello scientifico cerca la coerenza logica e si interroga sistematicamente a proposito dell'adeguatezza delle sue affermazioni.

Ma la differenza principale fra il pensiero delle scienze sociali e quello quotidiano consiste in questo: che le tipizzazioni delle scienze sociali sono "tipi di tipi", cioè costruzioni idealtipiche edificate sopra le costruzioni che i soggetti già operano nel corso della propria vita ordinaria. Come Schutz scrive:

> gli oggetti di pensiero costruiti dagli scienziati sociali si riferiscono agli oggetti di pensiero costruiti dal pensiero del senso comune dell'uomo che vive

la sua vita quotidiana tra i suoi compagni e sono fondati su di essi. I costrutti usati dallo scienziato sociale, pertanto, sono, per così dire, costrutti di secondo grado, cioè costrutti dei costrutti fatti dagli attori sulla scena sociale (ivi, p. 6).

Tra scienza sociale e pensiero quotidiano non vi è dunque tanto una differenza di sostanza, quanto di metodo e, soprattutto, di "grado".

Pur con una terminologia parzialmente modificata, si noti infine che Schutz torna qui implicitamente anche alla distinzione che già Weber operava fra le scienze sociali e quelle della natura: le prime sono diverse dalle seconde perché hanno a che fare con un mondo di *senso*, cioè con un mondo che sarebbe incomprensibile senza far riferimento ai modi con cui gli attori lo interpretano. La sociologia di Schutz è una scienza sociale "comprendente" esattamente come quella di Weber. Non a caso i suoi risultati, nella sociologia contemporanea, finiranno per combinarsi con quelli dell'ermeneutica (cioè della filosofia che si occupa specificamente delle modalità del *comprendere*, o *interpretare*).

Peter Berger e Thomas Luckmann: la realtà come costruzione sociale

I due continuatori più noti dell'opera di Schutz sono Peter L. Berger e Thomas Luckmann. Berger è nato a Vienna nel 1929; Luckmann a Jesenice (ora in Slovenia) nel 1927. Entrambi emigrati negli Stati Uniti, hanno collaborato con Schutz alla New School di New York; oggi il primo lavora negli USA e il secondo in Germania. Particolarmente interessati entrambi alla sociologia delle religioni (Luckmann ha scritto *La religione invisibile* nel 1963, Berger diversi altri libri, tra cui *La sacra volta* nel 1967) i due hanno per il resto una produzione differenziata: Luckmann si è interessato a questioni concernenti la comunicazione e l'intersoggettività, Berger ha sviluppato col tempo un'importante serie di ricerche sulla modernizzazione e sui rapporti tra cultura ed economia (in cui fra l'altro l'influenza di Schutz lascia il passo ad un ritorno marcato alle problematiche e ai concetti di Weber). Ma il libro che ha reso entrambi famosi è un lavoro a quattro mani: si tratta di *La realtà come costruzione sociale*, pubblicato nel 1966 – uno dei libri più diffusi e citati della sociologia contemporanea.

Per quanto vi siano presenti anche altri riferimenti teorici, il libro è sostanzialmente uno sviluppo sistematico della prospettiva schutziana. L'argomentazione che vi è contenuta prende l'avvio da tre mosse teoriche. La prima è una lettura del pensiero di Schutz essenzialmente come una sociologia della conoscenza quotidiana (cioè come uno studio del modo in cui ciascuno interpreta la realtà nel corso delle proprie attività ordinarie). La seconda è l'affermazione che la sociologia della conoscenza quotidiana è la pietra fondante dell'intero edificio della sociologia. La terza è la tesi secondo cui questo approccio consente di combinare le due prospettive fondamentali della sociologia, cioè quella durkheimiana riguardante l'apparente oggettività dei fatti sociali e quella weberiana riguardante la priorità del senso che gli individui attribuiscono soggettivamente all'agire.

Quando parlano di sociologia della conoscenza quotidiana, Berger e Luckmann pensano a un'applicazione propriamente sociologica delle riflessioni di Schutz: il libro è una rivendicazione del posto centrale che dovrebbe assumere il pensiero di Schutz per una ricostruzione dell'intera teoria sociologica.

Per quanto sia scritto con un linguaggio di una chiarezza esemplare, *La realtà come costruzione sociale* è un libro complesso. Dopo le mosse d'apertura che abbiamo richiamato, l'argomentazione comporta due momenti distinti: da un lato si tratta di vedere come la realtà sia prodotta dagli individui in interazione fra loro come una *realtà oggettiva*; dall'altro come questa realtà sia *interiorizzata soggettivamente* dagli stessi individui. Si tratta dunque da un lato dell'analisi dei processi di *oggettivazione*, dall'altro di quella dei processi di *socializzazione*.

Il concetto di oggettivazione è quello che conosciamo (si veda il secondo paragrafo del CAP. 3). Il modo in cui Berger e Luckmann lo elaborano è però particolare. Per comprenderlo faremo uso di una specie di storia esemplare.

Cominciamo costruendo una "situazione originaria" fittizia: immaginiamo un "primo uomo" solo all'interno di un certo ambiente. Ovviamente, dovrà risolvere alcuni problemi fondamentali per la sua sopravvivenza: procurarsi il cibo, proteggersi. Attraverso diverse prove, giungerà a riconoscere nel suo ambiente ciò che gli serve, e ad imparare come farne un uso efficace. Ogni volta che un dato problema è risolto, cesserà di essere un problema: le soluzioni che si saranno mostrate efficaci diventeranno modi tipici di comportarsi rispetto a tipici problemi con tipici mezzi, diverranno dunque *abitudini*, e con ciò si trasformeranno in un comportamento semi-automatico. Questa trasformazione dell'azione in abitudine è il primo passo nel cammino dell'oggettivazione: il comportamento soggettivo si solidifica, acquista una sua propria inerzia.

Ma immaginiamo ora che il nostro primo uomo ne incontri un secondo. Dapprincipio, il comportamento dell'altro gli apparirà problematico. Si tratta di interpretarlo, di chiedersi: «chi è costui?» e «cosa sta facendo?». L'interpretazione è una questione di comunicazione: anche qui il processo comporterà prove ed errori (e rischi, probabilmente), ma infine la comunicazione potrà dirsi stabilita quando entrambi avranno imparato a tipizzarsi reciprocamente e a riconoscere cosa ciascuno può aspettarsi dall'altro almeno nelle situazioni più tipiche. Quando ciascuno, di fronte a un'azione dell'altro, sarà in grado di dirsi qualcosa come «ah, ecco cosa sta facendo!», i nostri due personaggi saranno capaci di interagire efficacemente.

Per interagire hanno tipizzato reciprocamente il loro comportamento: l'insieme delle tipizzazioni che i due ora condividono costituisce un insieme di *routine*. La routine è un corso d'azione che si ripete, è un'abitudine condivisa il cui significato viene dato per scontato: è il secondo passo del processo di oggettivazione.

Immaginiamo ora che, dopo un certo tempo, compaia un terzo personaggio. Anche lui avrà problemi di comunicazione e di interpretazione: potrà però basarsi sul fatto che i due hanno già consolidato una struttura di interazioni fra loro. Questa gli apparirà come qualcosa di *già dato*: una volta che sia stato accolto nel gruppo, ciò che potrà dirsi riconoscendo questa struttura è qualcosa come «ah, ecco come si fa!». Ai suoi occhi, le routine che trova già costituite non saranno più l'esito di un processo, ma qualcosa di esistente di per sé, di già istituito: un'*istituzione*. Questo è il terzo passaggio.

La storia che abbiamo immaginato è un esperimento mentale: è un modello, una semplificazione della realtà (che, rispetto al libro di Berger e Luckmann, noi abbiamo ulteriormente semplificato). Ma rende evidente il processo con cui la costruzione comune della realtà corrisponde a un processo di oggettivazione: la formazione successiva di abitudini, routine e istituzioni ne sono i passaggi fondamentali. Il risultato di questo processo è che le forme della vita sociale appaiono infine come realtà date, come "fatti" dotati di una sorta di esistenza propria. Hanno davvero una propria esistenza: ma solo nel senso che sono il prodotto (o la *sedimentazione*, come dicono Berger e Luckmann) dell'interazione di molti, non nel senso che abbiano origine diversa dall'interazione sociale. Quando ciò venga perso di vista, e quando le strutture sociali vengano prese davvero per esistenti di per sé, e dunque autonome e immutabili, si trapassa nella *reificazione*: nei termini di Berger e Luckmann, una perversione dell'oggettivazione, l'oblio delle sue origini.

Per il processo di socializzazione possiamo essere più succinti. Nel momento in cui veniamo al mondo, tutti noi siamo nella situazione di quel terzo individuo che abbiamo immaginato più sopra: la realtà è già stata codificata per noi, si tratta di imparare come comportarsi a partire da un mondo già istituzionalizzato. La socializzazione primaria corrisponde alla prima acquisizione di ciò che è necessario sapere per muoverci in questo mondo. Ciò che impareremo lo assumeremo come "naturale": il senso comune (l'insieme delle "ricette" necessarie per vivere) di coloro fra i quali cresciamo diventa anche per noi naturale, un insieme di modi del tutto ovvi di interpretare la realtà e di muoversi al suo interno. I vari processi di socializzazione secondaria, corrispondenti ai successivi passaggi della nostra vita e all'ingresso in mondi sociali specifici e circoscritti, articolerà questo bagaglio iniziale senza – di norma – metterne in discussione il carattere di fondamento naturale del nostro senso della realtà.

Tenendo conto simultaneamente dei processi di oggettivazione e di socializzazione, dunque, è vero che le prospettive di Durkheim e di Weber sembrano integrarsi: la realtà è una costruzione sociale che appare effettivamente dotata di un'esistenza sua propria, ma si riproduce soltanto nella misura in cui ciascuno di noi impara ad attribuirle lo stesso senso che le attribuiscono gli altri.

L'esposizione completa del modello teorico proposto comporta nel libro di Berger e Luckmann molti altri passaggi. Fra questi sono particolarmente brillanti le trattazioni dei problemi concernenti l'origine del linguaggio, la costituzione delle identità degli individui e lo sviluppo delle forme di legittimazione della realtà così costruita. Affrontarle richiederebbe però troppo spazio. Ci soffermeremo soltanto ancora su un punto. Come si verifica il *mutamento sociale*? Il modello teorico esposto lo indica. La realtà è una costruzione sociale che noi usualmente diamo per scontata, ma è pur sempre una costruzione. In linea di principio, ciò che è stato istituzionalizzato può sempre essere deistituzionalizzato. Ciò avviene quando si generano dei *movimenti sociali*, quando cioè alcuni membri della società avvertono il bisogno di interpretare il mondo in un modo diverso da quello fin lì ritenuto ovvio. Non è un'idea nuova: quando Weber parlava della potenza innovatrice del carisma e Durkheim dell'effervescenza collettiva che è all'origine della fissazione dei valori e delle norme comuni, pensavano entrambi a qualcosa di analogo.

Naturalmente, resta da chiedersi cosa è in grado di produrre dei movimenti sociali. In realtà i fattori possono essere molti: le tecnologie possono porre nuovi problemi o generare inedite aspettative, certi gruppi possono avvertire una frustrazione che li spinge a mobilitarsi e ad elaborare prospettive a loro più convenienti, le dinamiche della cultura possono generare visioni profetiche. In ogni caso, si tratta di situazioni in cui qualcuno, per un motivo o per l'altro, non dà più il mondo per scontato: la realtà viene decostruita e sottoposta a un'opera di ricostruzione.

Ma vi è anche un'altra strada che conduce al mutamento. Il mondo moderno – già lo sappiamo – comporta l'intersecarsi di cerchie sociali molteplici e differenziate, comporta intensi fenomeni di mobilità, e comporta il confronto e l'intreccio di tradizioni diverse. Nel corso delle molteplici socializzazioni secondarie cui è sottoposto, il soggetto moderno si trova così molto spesso a dover combinare elementi di sensi comuni diversi: ma ciò, necessariamente, genera ogni volta un nuovo senso comune. In altre parole: dovendo comporre nella nostra biografia gli esiti di costruzioni della realtà differenti, corrispondenti alle tradizioni specifiche dei vari gruppi a cui via via facciamo riferimento, tendiamo a produrre continuamente delle costruzioni della realtà sempre nuove, che mescolano e ricompongono elementi di quelle che esistevano già.

Questo processo tuttavia non è indolore. La percezione del fatto che la definizione della realtà è una costruzione sociale – ed è dunque qualcosa di contingente, in una certa misura arbitrario – finisce per indebolire la possibilità di dare davvero per scontato qualcosa: la "naturalezza" di ciò che abbiamo appreso nel corso della nostra socializzazione primaria tende a scomparire. Dopotutto, scopriamo che non si trattava di niente di "naturale": era soltanto la definizione della realtà corrente nel nostro primo ambiente. Ma la sensazione che niente possa essere dato per scontato – né le norme insegnateci dai genitori, né i valori che le sorreggevano, né infine il modo stesso di descrivere la realtà mediante un linguaggio che scopriamo essere solo uno dei molti linguaggi possibili – è fonte di disorientamento: è come se non avessimo più la garanzia di una bussola chiara, di una dimora dello spirito stabile e certa. È ciò di cui Berger ha parlato in un libro scritto con Brigitte Berger e Hansfried Kellner nel 1973, dal titolo *The Homeless Mind*, cioè "la mente senza dimora". La perdita della "dimora" – cioè dell'ancoraggio a una visione della realtà che possa essere considerata l'unica e quella naturale – rappresenta la principale fonte di disagio della modernità. In un piccolo saggio sulla rappresentazione della modernità fornita da *L'uomo senza qualità*, il celebre romanzo dell'austriaco Robert Musil, coevo di Simmel (*Robert Musil e il salvataggio del sé*, pubblicato nel 1984), Berger torna sulla questione con grande chiarezza. La consapevolezza che la realtà è una costruzione sociale può corrispondere alla diffusione di uno scettico relativismo, che a sua volta facilita il mutamento poiché rende evidente l'arbitrarietà di ogni ordinamento sociale. Sapendo che siamo noi a costruire il nostro mondo siamo tutti, in un certo senso, più responsabili e liberi: ma – come Musil e Simmel sapevano – la responsabilità e la libertà non sono facili a sostenersi.

L'etnometodologia

L'opera di Berger e Luckmann rappresenta lo sviluppo sociologico più coerente del pensiero di Schutz. Ma Schutz è anche una delle principali fonti di ispirazione dell'*etnometodologia*, la corrente di pensiero sociologico che fa capo a Harold Garfinkel (nato nel 1917). Piuttosto che di uno sviluppo del pensiero di Schutz si tratta, in questo caso, di una sua radicalizzazione.

Il termine "etnometodologia" venne coniato da Garfinkel per intendere lo studio (*logos*) dei modi ("metodi") con i quali i soggetti, situati in contesti culturali di volta in volta diversi ("etnici", o comunque locali), danno senso alla propria esperienza e cooperano alla costruzione dell'universo sociale in cui interagiscono. L'etnometodologia è dunque lo studio dei modi nei quali si organizza la conoscenza che i soggetti adoperano nel corso delle proprie attività, e soprattutto dei propri corsi di azione più consueti, degli innumerevoli incontri, scambi e conversazioni che punteggiano la vita quotidiana.

Come si ricorderà, secondo Schutz il pensiero di senso comune – cioè il pensiero in cui siamo immersi nella quotidianità – è un pensiero che sospende ogni dubbio. Ma se il dubbio è "sospeso" significa che, da qualche parte, esso esiste: il pensiero quotidiano ne è costantemente minacciato. La radicalità della riflessione di Garfinkel sta nel procedere da qui in due direzioni: da un lato, si tratta di mostrare davvero come il dubbio sia costantemente in agguato; dall'altro, di analizzare in quali modi esso è di volta in volta concretamente fugato.

Per quanto riguarda il primo punto, Garfinkel era solito proporre ai suoi studenti all'Università della California, negli anni sessanta, esercizi di questo genere: provate ad andare in giro e parlare a tutti quelli che incontrate mettendovi a cinque centimetri dal loro naso; oppure: provate a interrompere il discorso di qualcuno chiedendogli ripetutamente di spiegarvi esattamente cosa intende dire (ad esempio: «hai *bucato la gomma*? cosa significa *esattamente* "ho bucato"?» e così via). Sono esercizi riportati in *Studies in Ethnometodology*, il lavoro principale di Garfinkel, pubblicato nel 1967. I risultati che gli studenti ottenevano negli interlocutori erano invariabilmente fastidio, disagio o addirittura panico. Si tratta di esercizi apparentemente innocui: il disagio che provocano è però direttamente proporzionale alla forza con cui ciascuno di noi si sforza di pensare che il modo in cui "normalmente" sta al mondo e si spiega le cose sia l'*unico* modo possibile. Il disagio è la spia della paura che il dubbio riemerga: è la percezione di una minaccia all'ordine del nostro universo – ma la minaccia è sempre vicina: come si vede, basta poco a evocarla.

Il secondo degli esercizi riportati – quello in cui si chiede cosa significa *esattamente* qualcosa – è particolarmente interessante. Esso porta infatti ad affrontare il secondo dei punti che a Garfinkel stanno a cuore: come si fugano i dubbi? Come si stabilisce la credenza che quello che pensiamo e diciamo sia condivisibile e certo? L'esercizio mostra che, anche quando vogliamo spiegarci, una spiegazione davvero esaustiva è fuori di discussione: per spiegarci dobbiamo fare ricorso a delle parole o a dei segni, ma cosa garantisce che il significato di questi sia inteso da un altro proprio nello stesso modo in cui noi lo intendiamo? Certo, possiamo affannarci a spiegare la spiegazione, e a spiegare poi la spiegazione della spiegazione, ma ci ritroviamo continuamente nello stesso dilemma: non c'è garanzia che il significato inteso sia certo. Se riusciamo a comunicare, a intenderci e ad interagire, è perché a un certo punto decidiamo che ci siamo spiegati abbastanza: facciamo *come se* ci capissimo – si tratta, come indicava già Schutz, di un accordo tacito. Questo tipo di accordo è ricorrente, ed è necessario a permettere l'interazione. Ma non è esplicito (né potrebbe esserlo): viene stabilito di volta in volta in ogni situazione non nel "testo" della comunicazione ma in un "infratesto", nei gesti del corpo, in metamessaggi. È il risultato di procedure contingenti: Garfinkel le chiama procedure *ad hoc*, per intendere che si tratta di procedure legate ogni volta al contesto determinato, e non all'applicazione di norme generali valide una volta per tutte.

Le "norme", del resto, per Garfinkel non esistono. Allievo di Parsons negli anni della sua formazione, Garfinkel è qui – come in molti altri punti – radicalmente opposto al maestro. È la ricorrenza dei nostri accordi a generare l'apparenza di norme consolidate.

Anche quando esistono norme esplicite, la loro applicazione comporta sempre del resto delle "istruzioni per l'uso" che variano a seconda dei diversi contesti. Si immagini, per fare un esempio, un teatro sulla cui parete sia affisso il cartello "Non fumare". La norma in questo caso è dichiarata. Ma immaginate che sul palco salga un illusionista e, nel corso del numero, si accenda una sigaretta: vi alzereste a ricordargli che non si può fumare? Se lo faceste, con ogni probabilità sarebbe il vostro comportamento, e non quello dell'illusionista, ad essere ritenuto fuori luogo da tutti. Il fatto è che le regole, anche quando sembrano dichiarate senza alcuna possibile ambiguità, vanno sapute usare: come usarle è qualcosa che varia da contesto a contesto, e non lo si può dire a priori (un elenco di tutti i contesti possibili, con le relative istruzioni, sarebbe evidentemente impossibile).

La relativa stabilità della realtà e delle interazioni sociali non è dunque garantita da nessun sistema di regole universalizzabili: Parsons poteva pensare che le norme fossero universali entro una data cultura solo perché le reificava. La realtà e le sue norme apparenti sono per Garfinkel una costruzione che si riproduce costantemente, ma, in fin dei conti, anche piuttosto precariamente. Il compito dell'etnometodologia è la descrizione dei modi in cui questa costruzione è riprodotta.

Negli anni settanta, l'etnometodologia ha avuto un ruolo notevole: non ha solo contribuito alla messa in crisi del paradigma funzionalista, ma ha rappresentato anche una sfida alla sociologia nel suo complesso. Nella sua prospettiva, anche la sociologia non è che una costruzione fra le altre, il prodotto di procedure di accordo che non possono ambire a nessuno statuto diverso da quello delle procedure con cui i soggetti si accordano nel corso delle proprie attività quotidiane. In seguito, questo filone di studi si è sempre più chiuso su se stesso. Ma tra i suoi frutti fecondi vanno annoverati almeno gli studi sulla conversazione di Harvey Sacks (1935-1975). Pubblicate postume col titolo *Lectures on Conversation* (1995), le sue lezioni sull'argomento rappresentano un eccellente resoconto della ricchezza e della complessità degli usi ordinari del nostro linguaggio.

L'interazionismo simbolico e la teoria dell'etichettamento

Nel capitolo settimo avevamo presentato la figura di George H. Mead. La sua influenza non ha mai cessato di essere presente nella sociologia americana, soprattutto attraverso gli sviluppi che ha conosciuto nel cosiddetto *interazionismo simbolico*. Il termine "interazionismo simbolico" è stato coniato da un sociologo di Chicago, Herbert Blumer, negli anni trenta, ma si è diffuso in particolare negli anni sessanta venendo a indicare un approccio teorico che si concentra sull'*interazione* (cioè sull'azione sociale reciprocamente orientata di due o più individui in contatto fra loro) e sul suo carattere *simbolicamente mediato* (comprensibile cioè solo attraverso il riferimento all'interpretazione che gli attori stessi danno della situazione in cui sono coinvolti).

L'approccio teorico e gli interessi di ricerca dell'interazionismo simbolico hanno una notevole affinità con quelli della sociologia fenomenologica e dell'etnometodologia, ma tendono a concentrarsi soprattutto sui processi di formazione dell'identità degli individui. Come già Mead indicava, l'identità è il prodotto di un processo autoriflessivo nel quale il soggetto si confronta con le definizioni di se stesso che trova presenti nei discorsi degli altri, che interiorizza ed elabora. L'interazionismo simbolico sviluppa questa prospettiva enfatizzando il ruolo che le parole che usiamo quotidianamente hanno nel dar forma alla nostra realtà e nell'influenzare la percezione che abbiamo di noi stessi ed il nostro comportamento.

Per questa via, l'interazionismo simbolico perviene fra l'altro a quella che è stata chiamata la "teoria dell'etichettamento", una teoria utilizzata soprattutto negli studi sulla devianza compiuti negli anni sessanta da diversi ricercatori (come H. Becker nel suo *Outsiders*, del 1963). L'idea chiave di questa teoria è che la "devianza" sia, piuttosto che un fenomeno dotato di una sua indiscutibile oggettività, un processo di interpretazione di determinati comportamenti: il *nome* che si attribuisce, in certe situazioni, a chi si comporta in un certo modo (o a chi ci si aspetta che si comporti in un certo modo).

L'idea è chiarita bene da Becker:

I gruppi sociali creano la devianza istituendo norme la cui infrazione costituisce la devianza stessa, applicando queste norme a persone determinate e attribuendo loro l'etichetta di *outsiders*. Da questo punto di vista, la devianza *non* è una qualità dell'atto commesso da una persona, ma piuttosto la conseguenza dell'applicazione di norme e sanzioni su chi è ritenuto "colpevole". Il deviante è uno a cui questa etichetta è stata applicata con successo; un comportamento deviante è un comportamento che la gente etichetta così (Becker, 1963, trad. it. 1987, p. 22).

A chi ricordi la discussione della devianza proposta da Merton (cfr. CAP. 11) è chiaro naturalmente che Becker qui pensa ai devianti in un senso più ristretto di Merton: non tutti coloro che deviano in un modo o nell'altro dai comportamenti standard, ma coloro che sono posti ai margini della società perché si ritiene che il loro comportamento offenda le regole basilari della vita in comune. Pensa dunque agli omicidi, ai ladri, ai vagabondi, ai drogati... Ma proprio guardando un elenco di nomi come quello appena composto risulta evidente come la devianza, in questa accezione, sia più un'interpretazione del comportamento che il comportamento in se stesso. L'omicida è deviante solo se non uccide nel corso di una guerra legittima, ad esempio, ma definire una guerra legittima o meno è una questione di interpretazione (i ribelli di un popolo che lotta contro un invasore sono criminali per la polizia dell'invasore, ma eroi per la popolazione...). Il furto è di regola sanzionato, ma vi è chi a volte ha pensato che «rubare ai ricchi per dare ai poveri» non sia da riprovare. Il vagabondaggio e l'uso di droghe sono comportamenti sanzionati solo in alcune società e, nella stessa società, possono essere tollerati in alcuni e condannati in altri. E via dicendo.

Questo discorso ha almeno due implicazioni. La prima è che il processo di costruzione sociale della realtà va inteso essenzialmente come un processo di *interpretazione* della realtà stessa, e che questo processo ha degli *aspetti conflittuali* che mettono in gioco il potere che i diversi soggetti hanno di imporre la propria interpretazione. Se uno studente, ad esempio, in una manifestazione chiama «criminali» i poliziotti, avrà una certa difficoltà a rendere davvero efficace l'etichetta; al contrario, se è la polizia a etichettare come «criminale» l'atteggiamento di uno studente, l'etichetta avrà molto probabilmente (e sfortunatamente per lo studente) una ben diversa efficacia. In ogni società esistono infatti istituzioni specifiche dotate del potere di attribuire etichette che trasformano concretamente la vita di un uomo: la polizia e il sistema giudiziario, per l'appunto, sono tra queste. Ma non esistono soltanto le istituzioni formali: la possibilità di rendere le etichette efficaci è una risorsa distribuita in gradi diversi e in modo ineguale fra tutti i membri della società. Già il pettegolezzo, in fondo, è una forma di etichettamento: e, come si sa, c'è chi ha maggiore o minore potere di diffondere voci. Al di là del pettegolezzo, se i giornalisti chiamano "mostro" qualcuno, ad esempio, l'etichetta avrà efficacia quanto meno sull'opinione pubblica, un'efficacia che chi è così etichettato potrà contrastare solo con grande difficoltà, disponendo di norma di mezzi di persuasione diversi e inferiori a quelli dei giornalisti.

Ma – e questa è la seconda implicazione del nostro discorso – l'etichetta è anche la *proiezione di un'aspettativa* e, in qualche modo, la costruzione di ciò che pretende di descrivere. Quando un ragazzo, ad esempio, viene definito dai propri insegnanti un vagabondo o un delinquente, saranno considerati espressione di questo carattere anche comportamenti che, in altri ragazzi, sarebbero guardati con indulgenza e considerati normali. Allo stesso modo, su di un piano diverso, chi sia stato giudicato colpevole di un reato in passato, e sia stato dunque già etichettato con successo come un «criminale», sarà il primo ad essere sospettato quando si verificheranno nuovi reati. Quando un'etichetta è stata applicata con efficacia, trasforma la vita di chi è etichettato perché dà forma ad un sistema di aspettative nei suoi confronti: trasforma la sua identità – egli *è* e *sarà* per tutti colui che viene detto che sia.

In genere, l'etichetta viene del resto interiorizzata: se mi chiamano criminale, è probabile che io sia spinto a comportarmi di conseguenza. A posteriori, l'etichetta può diventare così veritiera: come una profezia che si avvera da sola, rinforza e costruisce con la propria esistenza la realtà che all'inizio dichiarava di stare descrivendo.

La teoria dell'etichettamento è di grande interesse. Non è tuttavia una teoria complessiva della devianza. La possibilità di produrre etichette efficaci rimanda in ultima analisi alla distribuzione del potere all'interno della società, ma sulle origini e sulla distribuzione del potere questa teoria in sé non è in grado di dire nulla. La stessa obiezione può essere rivolta del resto a tutto l'interazionismo simbolico: la stratificazione sociale, il potere, l'esistenza stessa delle strutture economiche e politiche della società vengono presupposti, ma non sono spiegati nei termini del tipo di analisi proposto. Ciò non toglie che l'interazionismo simbolico svolga un ruolo importante: sottolineando l'importanza e la conflittualità dei processi con i quali definiamo la nostra realtà, contribuisce a sottrarre quest'ultima alla reificazione.

Erving Goffman

Nel quadro che stiamo disegnando merita un posto particolare l'opera di Erving Goffman. Nato in Canada nel 1922, Goffman ha studiato sociologia all'università di Chicago e negli Stati Uniti ha passato quasi tutta la sua vita accademica; nel 1981, l'anno prima della morte, fu eletto presidente dell'Associazione Americana di Sociologia.

L'opera di Goffman è uno dei contributi più interessanti della sociologia nordamericana allo studio della vita quotidiana. Il suo originale approccio è detto "drammaturgico". In che senso lo sia, diviene chiaro se osserviamo che la parola "attore" – che i sociologi usano per designare chi compie un'azione – ha un evidente doppio senso: attore è chi agisce, ma attore è anche chi recita. Goffman ragiona come se questo doppio senso fosse tutt'altro che casuale: il teatro è per lui la metafora che permette di capire come ciascuno di noi agisca nella vita quotidiana.

Nel teatro vi sono una "ribalta" e un "retroscena": sulla ribalta l'attore recita una parte e si sforza di produrre nel pubblico certe impressioni; nel retroscena abbandona il personaggio che recitava sul palco, fa esercizi, discute con il regista e con i collaboratori più stretti. Allo stesso modo, nelle interazioni con gli altri ciascuno di noi si sforza di produrre certe impressioni: di sostenere un ruolo, di suscitare negli altri un atteggiamento favorevole nei suoi confronti, di "salvare la faccia" – cioè di garantire che la sua identità venga presa sul serio – e così via. Ma vi è anche il retroscena: la sfera privata, i momenti di abbandono, quelli in cui dimentichiamo lo sforzo di presentarci in pubblico o prepariamo le nostre nuove performance.

Nel teatro si finge, naturalmente. Ma fra l'attore e gli spettatori si stabilisce un accordo che inquadra ciò che sta avvenendo: entro i limiti definiti dal fatto che sappiamo tutti che siamo a teatro, ciò che è recitato è preso sul serio. Nella vita quotidiana avviene qualcosa di simile. In ogni situazione, si realizza qualcosa come un accordo implicito tra le persone coinvolte che definisce "di che cosa si tratta". È un concetto che abbiamo già incontrato: qui questo accordo è inteso come la produzione di una *cornice cognitiva* che delimita ciò che, nella situazione così definita, può avere luogo e con quale senso. È la produzione di un *frame*: *frame* in inglese significa per l'appunto "cornice" (o "intelaiatura", ciò che inquadra e sorregge un disegno) e l'analisi di Goffman è un'analisi di come quotidianamente siamo impegnati a incorniciare e reincorniciare le situazioni in cui siamo coinvolti, definendo "di che cosa si tratta" e ritagliando dunque, dai contesti in cui ci troviamo, gli elementi che intendiamo considerare come significativi.

I messaggi attraverso cui ci intendiamo a proposito del *frame* delle situazioni – attraverso cui insomma definiamo le situazioni stesse – sono dei *metamessaggi*: di solito non stanno nel contenuto di ciò che diciamo, ma in qualche modo a lato, nella comunicazione non verbale, in qualche segnale implicito. Si pensi a un ragazzo che, per gioco, allunga un pugno a un altro: se questi non reagisce al pugno come a una minaccia reale è appunto perché capisce che il primo stava giocando. Capisce cioè che il messaggio (il "pugno") non andava preso alla lettera, ma secondo le istruzioni di un metamessaggio («questo è un gioco»). O pensiamo di dire a un amico «ma come sei stupido!»: se l'altro non si offende è perché, anche in questo caso, comprende il metamessaggio (la frase non va presa esattamente per quello che dice). Come intendiamo e facciamo intendere i metamessaggi? Allo stesso modo in cui un attore comunica sulla scena: grazie a un accordo implicito condiviso con altri riguardo alla definizione della situazione, che è veicolato da elementi che affiancano il testo esplicito di ciò che comunichiamo. È qualcosa che tutti siamo capaci di fare. Ma senza di ciò, l'interazione più ordinaria sarebbe impossibile.

Non siamo molto lontani dall'etnometodologia: il mondo sociale è retto da un insieme reiterato di accordi che possono difficilmente essere esplicitati, ma che sono fondamentali per la vita in comune. Per quanto esista qualcosa come un repertorio convenzionale delle definizioni delle situazioni possibili (che, in fondo, corrisponde ancora all'idea del "senso comune"), non si tratta di norme fissate una volta per tutte. È qualcosa che tutti noi siamo costantemente impegnati a rigenerare.

Lo sforzo di accordare reciprocamente i nostri comportamenti può essere descritto con una certa ironia. In *La vita quotidiana come rappresentazione* Goffman propone un esempio del genere:

> Le studentesse universitarie americane avevano l'abitudine, e certamente l'hanno tuttora, di sminuire la propria intelligenza, capacità e forza di carattere quando erano alla presenza di giovanotti "papabili" [...]. Si dice che esse permettano ai propri corteggiatori di spiegare tediosamente cose loro già note; che nascondano ai loro compagni meno capaci la propria abilità in matematica; e che si lascino battere a ping-pong proprio alla fine della partita. Inoltre, come racconta un'intervistata, una delle tecniche più raffinate è quella di scrivere talvolta in modo errato le parole lunghe: «Il mio ragazzo sembra proprio divertircisi e mi risponde: "Tesoro, non sai proprio scrivere!"» (Goffman, 1959, trad. it. 1969, p. 51).

L'esempio suggerisce una certa subordinazione femminile. Effettivamente, nella costruzione di questi accordi non si negozia sempre fra pari: poche pagine prima di questo esempio, Goffman aveva citato «le maniere da ignoranti, incapaci e buontemponi che i Negri degli Stati Uniti a volte si sentivano obbligati a mostrare al cospetto dei bianchi», dove l'asimmetria di potere conta ovviamente. Ma Goffman, pur rilevandole, raramente si concentra sulle asimmetrie di potere. (Quanto all'esempio delle ragazze, non è difficile immaginare del resto che anche i ragazzi cerchino più o meno consapevolmente di adattarsi a quelle che pensano siano le aspettative femminili nei loro confronti.)

L'importanza e insieme la fragilità di tutti questi accordi sono mostrate tutte le volte che la scena si incrina: quando qualcuno fa qualcosa di imbarazzante, quando ci si espone al ridicolo, quando ciò che si vorrebbe dare per scontato non lo è più. In questi casi mettiamo in atto delle strategie volte a ripristinare una situazione "normale". Ma le analisi di Goffman suggeriscono comunque la consapevolezza che la normalità è una finzione (nel doppio senso di una maschera e di una costruzione, proprio come era inteso nel verbo latino *fingere*, che significava insieme "far finta" e "plasmare"). Come ha notato Alvin Gouldner ripercorrendo le tappe della sociologia americana, l'ordine sociale per Goffman in fin dei conti è garantito dalla «reciproca accettazione di un'illusione» (Gouldner, 1970, trad. it. 1972, p. 579).

Il soggetto stesso per Goffman ha qualcosa di una maschera. Non è tanto un'entità che governi le interazioni, quanto un effetto generato dalle interazioni. È l'insieme dei personaggi che ciascuno è in grado di mettere in scena. Naturalmente è sempre possibile distanziarsi dal personaggio (mettere in atto una "distanza dal ruolo"): ciò è frequente e probabilmente è anche sano; ma anche questa distanza non porta alla scoperta di un'entità riconoscibile in modo autonomo: qualunque percezione di sé dipende, secondo Goffman, da immagini che hanno senso solo in riferimento a una potenziale messa in scena davanti ad altri. Anche qui, come per l'interazionismo simbolico, è evidente un certo legame con il pensiero di Mead.

Il centro dell'attenzione di Goffman è l'interazione sociale: in particolare, quella che si realizza negli incontri faccia a faccia tra due o più persone. Le interazioni possiedono una logica propria, ed è questa in fin dei conti l'oggetto delle riflessioni di Goffman. Tale logica implica una certa ripetitività, o addirittura certi elementi di ritualità. I "rituali" sono forme di azione che comportano la presenza di elementi ripetitivi e codificati (e dunque somigliano alle *routines*), ma l'uso goffmaniano di questa parola intende che essi implicano anche una certa valenza simbolica. Sono "rituali", ad esempio, i modi con cui ci salutiamo o quelli con cui apriamo una conversazione. Sono forme di azione standardizzate e diverse per ogni cultura, naturalmente, ma sono anche qualcosa in cui ci impegniamo quasi con un atteggiamento morale: poiché l'ordine della società è costituzionalmente precario, essi hanno infatti – pur al di qua di qualsiasi significato religioso – qualche cosa di sacro: attuandoli in fondo noi ci impegniamo a preservare quest'ordine, a riconoscerne il valore prezioso per la salvaguardia della convivenza e della nostra stessa percezione del sé.

La metafora drammaturgica è presentata per la prima volta in *La vita quotidiana come rappresentazione*, scritto nel 1959, dove compare la maggior parte dei concetti qui esposti. È il libro di Goffman più semplice, di lettura molto gradevole. Ma vi sono molti altri libri.

Asylums, scritto nel 1961, è stato per un certo tempo il suo libro più noto. È basato su una ricerca empirica. Goffman si fece assumere per un anno come infermiere in un ospedale psichiatrico per studiarne dall'interno il funzionamento (si rammenti il metodo dell'"osservazione partecipante" caratteristico della scuola di Chicago). Il manicomio è un'*istituzione totale*, cioè un'istituzione in cui chi è internato è segregato dal resto del mondo (sono istituzioni totali allo stesso modo un convento di clausura, un campo di concentramento o il carcere). In situazioni del genere, la percezione che gli internati hanno di sé è sottoposta a vincoli molto violenti: l'identità è disgregata e poi riorganizzata secondo definizioni imposte dall'istituzione stessa (per restare agli esempi accennati, il monaco cambia il suo nome, l'internato di un campo di concentramento diventa un numero ecc.). Nel caso del manicomio, chi vi è internato non può fare a meno di finire per pensare a se stesso esattamente e solo come un "malato di mente". Ma il risultato è così devastante: invece di curare, il manicomio produce la fissazione del paziente esattamente nell'identità patologica che si pretenderebbe di modificare.

Questa critica del manicomio ha avuto grande risonanza. Il lettore potrebbe verificarne personalmente l'impatto tornando a vedere un film come *Qualcuno volò sul nido del cuculo*, dove un Jack Nicholson internato per sbaglio finisce per diventare un "malato di mente" a tutti gli effetti (il che farà ripensare, giustamente, anche alle teorie dell'etichettamento che abbiamo discusso nel paragrafo precedente). Su un altro piano, potrebbe tornare a leggere scritti come quelli dello psichiatra italiano Franco Basaglia, animatore negli anni settanta di un movimento antipsichiatrico e di denuncia delle istituzioni totali ispirato fra l'altro al pensiero di Goffman.

Dopo *Asylums* Goffman ha pubblicato diversi altri volumi e molti saggi. Fra gli altri *Espressione e identità* (1961b), *Relazioni in pubblico* (1971) e *Frame Analysis* (1974). Due altri testi (*Interaction Ritual*, del 1967, e *Strategic Interaction*, del 1969) sono stati raccolti in italiano in unico volume dal titolo *Modelli di interazione*.

Le teorie della vita quotidiana e il costruzionismo sociale: alcune osservazioni

A Goffman è stato rimproverato di sottovalutare la dimensione strutturale della società (i rapporti economici, la stratificazione e così via), risolvendo tutta la sua analisi in una descrizione di fenomeni tutto sommato poco importanti. Non credo sia esatto. Goffman sa benissimo che il suo paradigma drammaturgico non spiega ogni cosa:

Non tutto il mondo è un palcoscenico – certamente il teatro non lo è del tutto (sia che organizziate un teatro o una fabbrica di aeroplani sarà necessario trovare posti per parcheggiare le macchine e custodire i cappotti e sarà meglio che questi spazi siano reali e, detto per inciso, coperti da una vera assicurazione contro i furti) (Goffman, 1974, trad. it. 2001, p. 47).

Concentrarsi sulle dinamiche dell'interazione e sui concetti della drammaturgia è dunque il frutto della scelta di un oggetto d'indagine che non implica affatto l'irrilevanza di tutto il resto.

Lo stesso rimprovero sopra citato è stato rivolto un po' a tutte le teorie della vita quotidiana, e la difesa di Goffman potrebbe dunque essere estesa anche a loro. Ma qual è esattamente l'importanza di queste teorie?

Indubbiamente, le teorie della vita quotidiana hanno rinnovato il panorama della sociologia. Ma più che sostituire o aggiungere altri temi a quelli tradizionalmente affrontati, ciò che hanno proposto è un approccio diverso. Come abbiamo visto, si tratta di teorie dotate di concetti, ambizioni e portata differenti. Nel loro complesso, hanno tuttavia alcuni punti in comune.

Il primo e il più ovvio è la valorizzazione della vita quotidiana. Le teorie classiche tendono nel loro complesso – pur con significative eccezioni: si pensi a Simmel, ad esempio – a considerare la vita di ogni giorno come il luogo di emersione di tendenze che chiedono, per essere adeguatamente comprese, uno sguardo che trascenda l'esperienza quotidiana degli attori sociali. La vita di ogni giorno è determinata da fattori (strutture, norme, cultura) che quotidiani non sono. Di conseguenza, la vita quotidiana in se stessa non merita particolare attenzione. Le teorie che abbiamo discusso in questo capitolo muovono da un assunto diverso. La vita quotidiana è per loro il terreno più proprio della *riproduzione della società*. Se il mondo sociale si riproduce, è perché il suo ordine pratico e cognitivo viene sorretto un giorno dopo l'altro dagli attori con le loro attività, le loro interazioni, i gesti minuti e i discorsi che incessantemente costruiscono e ricostruiscono il tessuto della vita in comune. La conseguenza di questa idea non è di negare l'importanza e la relativa autonomia delle strutture sociali, delle norme o della cultura, ma di contribuire a una loro *dereificazione*: se tutto ciò esiste è perché gli attori lo riproducono. Agli attori sociali è restituita così la responsabilità che essi hanno nel dar forma al mondo in cui vivono.

Non si tratta di una conseguenza di poco conto. È vero però che il passaggio dallo studio della vita quotidiana a quello dei fenomeni più macroscopici e delle strutture più generali della società non è facile. Questo è effettivamente il punto debole di alcune delle teorie che abbiamo esposto in questo capitolo. Non è necessariamente però un limite connesso allo studio della vita quotidiana. Grosso modo negli stessi anni, autori marxisti come l'ungherese Agnés Heller (*Sociologia della vita quotidiana*, 1970) e soprattutto il francese Henri Lefebvre (*Critica della vita quotidiana*, 1946 e 1961; *La vita quotidiana nel mondo moderno*, 1968) hanno mostrato come l'analisi del quotidiano possa combinarsi con quella delle strutture sociali più vaste.

Restando alle teorie che abbiamo esposto, in ogni caso, vi è un'altra osservazione da fare. La riproduzione della società è una questione di pratiche – le pratiche che ripetutamente svolgiamo – ma le pratiche non sono disgiunte da interpretazioni: ogni volta che ci comportiamo in un certo modo, implicitamente presupponiamo una definizione della realtà che rende il comportamento dotato di senso, cioè plausibile o "ragionevole" agli occhi nostri e a quelli degli altri con cui interagiamo. Queste interpretazioni sono essenziali per comprendere ogni fenomeno sociale: la sociologia non può dunque non tenerne conto. A ciò invitano le teorie della vita quotidiana.

Per questa via esse pervengono a una posizione che le avvicina a diversi esiti della filosofia contemporanea. Il riconoscimento del fatto che la vita di ciascuno di noi è compresa quotidianamente entro la cornice di un senso comune coincide con la teoria dell'ermeneutica filosofica secondo cui ogni comprensione della realtà muove innanzitutto da una "precomprensione" – cioè da una comprensione implicita di ciò che ci circonda, costituita dal fatto che ciascuno di noi, fin dalla nascita, si trova immerso in una cultura che ci preesiste e che dà l'impronta iniziale alla nostra conoscenza del mondo. (L'ermeneutica filosofica è stata elaborata soprattutto da Hans Georg Gadamer in *Verità e metodo*, un testo del 1960 che, ricollegandosi all'insegnamento di Heidegger, ha profondamente influenzato tutto il panorama della filosofia delle scienze sociali.) Ma l'importanza accordata all'interpretazione e dunque al linguaggio – veicolo fondamentale delle nostre definizioni del mondo – avvicina le teorie della vita quotidiana anche a Wittgenstein.

Le teorie della vita quotidiana invitano la sociologia tutta a sviluppare un'attenzione sistematica per i modi in cui gli attori sociali interpretano la propria realtà. Non esiste alcuna realtà di cui i sociologi possano occuparsi che non sia già preinterpretata dal senso comune. Non solo: il sociologo stesso, in quanto è necessariamente situato in un contesto culturale determinato, non può muovere che dalla iniziale precomprensione del mondo che gli è fornita dalla cultura in cui è immerso.

Fare scienza sociale è dunque muovere dagli assunti del senso comune e porli in questione. La garanzia della validità del lavoro scientifico non sta nel riferimento ad una "oggettività" del reale che possa essere considerata assoluta: sta, più modestamente, nell'accuratezza dei procedimenti di indagine, nella disciplina del ricercatore, e soprattutto nella sua consapevolezza a proposito dei meccanismi di interpretazione che usa.

Un'ultima osservazione deve riguardare il concetto di *costruzione sociale della realtà*. Tutte le teorie esposte in questo capitolo rimandano a quello che si può chiamare un approccio *costruzionista*. È importante però non equivocare in proposito. Se vogliamo nuotare, non ci zavorriamo con un quintale di sassi: andremmo a fondo, a prescindere da qualunque credenza coltiviamo in proposito. Voglio dire che la realtà materiale resiste alle nostre credenze e non si trasforma in base a ciò che crediamo. Il costruzionismo non si sogna di metterlo in discussione.

Ciò che costruiamo sono le nostre rappresentazioni a riguardo. Queste si sovraimpongono alla realtà materiale, in modo tale che vi accediamo solo in modo mediato. Ma le rappresentazioni sono anch'esse "reali": come spiegava già Merton – che pure non era un costruzionista – i modi in cui noi definiamo la realtà hanno effetti del tutto concreti. Se crediamo, ad esempio, che il mondo sia piatto, non partiamo per scoprire gli antipodi. Lo faremo quando certe esperienze o i discorsi di qualcuno ci convinceranno che la rappresentazione non era adeguata. Se crediamo che i neri o i membri di qualunque altro gruppo siano "inferiori", ci comportiamo di conseguenza: cambieremo idea quando un movimento sociale ci imporrà nuove rappresentazioni o quando i rapporti di potere saranno mutati.

E, soprattutto, *ciò che costruiamo sono le istituzioni* che sorreggono la vita sociale. Cose come il matrimonio o il denaro non esistono in quanto tali in natura: esistono nella misura in cui noi le costruiamo e sosteniamo socialmente la loro esistenza. E questo è in fondo il punto più importante del costruzionismo: ci ricorda che delle forme che assume la società siamo noi i responsabili.

Sviluppando il costruzionismo degli autori citati, negli anni successivi l'idea che la realtà sia una costruzione sociale è stata applicata utilmente a molteplici campi: dalla costruzione delle tecnologie fino a quella delle differenze di genere o "etniche"; dalla costruzione delle nostre idee riguardo alla salute fino a quelle che riguardano il nostro passato. In tutti questi campi, le analisi costruzioniste mostrano all'opera gruppi sociali diversi che competono per imporre alla società le proprie interpretazioni e le forme istituzionali che ad essi convengono, sulla base delle posizioni di potere che occupano e delle risorse delle quali dispongono.

La scuola di Palo Alto

Del tutto indipendente, ma vicino alle teorie così esposte, è il contributo della cosiddetta scuola di Palo Alto. Il nome deriva da quello della cittadina della California dove ha sede l'Istituto di ricerca in cui la scuola si è costituita. I primi studiosi al cui gruppo è stato attribuito questo nome hanno collaborato strettamente fra loro a Palo Alto tra il 1959 e i primi anni sessanta; in seguito la scuola ha conservato una certa continuità pur cambiando in parte i suoi membri.

Tra i membri originari del gruppo vi sono John D. Jackson, Jay Haley, John Weakland. Più avanti farà riferimento alla scuola Paul Watzlawick. L'autore più importante è Gregory Bateson (che a partire dal 1962 si è però allontanato dal gruppo). Si tratta di un insieme di studiosi dalla formazione pluridisciplinare. Sono soprattutto psichiatri, ma anche psicologi sociali, filosofi e antropologi. I loro contributi sono legati in modo particolare al campo della psicoterapia ma sono rilevanti anche per la sociologia, nella misura in cui la spiegazione delle malattie mentali viene ricondotta ai contesti relazionali in cui gli individui si muovono.

Specialmente nell'opera di Bateson (1904-1980), del resto, l'interesse per le malattie mentali non è quello fondamentale. Esso si iscrive in un vasto quadro teorico che riprende temi e concetti dell'evoluzionismo e della teoria dei sistemi, e si esprime in un'attenzione di ampio respiro per tutti i processi comunicativi. Vorrei riportare il passo di un testo che può dare un'idea di che tipi di interessi muovano Bateson:

Lavoravo con Ruesch alla Langley-Porter Clinic e incominciammo una conversazione che ci avrebbe portato a chiederci se gli animali che si scambiano vari tipi di segnali (tutti allora avevamo letto *L'anello di Re Salomone* di Lorenz) sanno che i loro segnali *sono* segnali [...]. E così [...] ci recammo al Fleishhacker Zoo per cercare la risposta a questa domanda. Ovviamente non puoi entrare in un animale per sapere se "sa" qualcosa, ma puoi chiederti: «Dispone dell'informazione che i suoi segnali sono segnali?». Se non disponesse di questa informazione non potrebbe, per esempio, ingannare. Il mentire è un'operazione altamente sofisticata, e dipende dal sapere che i tuoi segnali sono segnali. Non potrebbe correggere i suoi messaggi, non potrebbe emettere un messaggio che dica «sto per emettere un messaggio» [...]. Allo zoo scoprimmo qualcosa che tutti già sapevano – dopo tutto, non possiamo rivendicarne la "scoperta" – e cioè che gli animali giocano. Immersi in quel contesto, intenti a interrogarci su livelli, messaggi su messaggi (e io avevo in mente, come sfondo, le idee di Russell sui paradossi e i pasticci in cui ti trovi con messaggi su messaggi e classi di classi, e altre faccende simili) a un certo momento vedemmo il *gioco* – ma certo! Chiaro! È ovvio, gli animali giocano – oddio! – questo significa che sono in grado di classificare le componenti dei loro messaggi. Non siamo noi i soli a fare classificazioni, anche loro fanno classificazioni. Siamo in sintonia con la struttura innata (Bateson, 1977, trad. it. 1995, pp. 35-7).

Il fatto che gli animali giochino significa che sono in grado di metacomunicare, cioè di accompagnare un messaggio con le sue istruzioni per l'uso: «attenzione, questo morso è per gioco». Le "istruzioni per l'uso" sono componenti del messaggio che appartengono a una classe logica diversa da quella delle componenti dello stesso messaggio a cui fanno riferimento: nei termini a cui pensa Bateson, è una questione affrontata dal filosofo inglese Bertrand Russell ma, quanto a noi, avevamo già incontrato questo tema in Goffman e nell'etnometodologia. In Bateson è cruciale. Da un lato affrontare il problema della metacomunicazione gli permette di interrogarsi sulle affinità tra gli uomini e gli altri animali, dall'altro gli consente di investigare con rigore il sistema della comunicazione interpersonale, sia per quanto riguarda la comunicazione verbale sia per quanto riguarda quella non verbale – importante, quest'ultima, proprio perché è quella al cui livello si situa di norma la metacomunicazione.

Nella collaborazione fra Bateson e gli altri membri del gruppo di Palo Alto, i temi della comunicazione e della metacomunicazione trovano applicazione nello studio delle dinamiche familiari. Secondo l'approccio di Palo Alto, la famiglia è un *sistema*: l'identità di ciascuno dei suoi membri si costituisce e si mantiene nelle interazioni comunicative che si stabiliscono fra tutti i suoi componenti. Rielaborando e in una certa misura rovesciando le teorie della psicoanalisi, gli studiosi di Palo Alto rintracciano la genesi delle malattie mentali in queste dinamiche comunicative.

In particolare la schizofrenia – cioè quel disturbo mentale che comporta una scissione della personalità – sembra spiegabile in riferimento allo stabilirsi di una comunicazione patogena nella famiglia. Si tratta di una comunicazione in cui almeno uno dei membri della famiglia rivolge sistematicamente a un altro messaggi contraddittori.

È il cosiddetto *doppio legame*. Pensiamo, ad esempio, a una madre che ripeta continuamente a suo figlio quanto gli vuole bene, ma contraddica altrettanto continuamente questo messaggio con la sua comunicazione non verbale (con la mimica facciale, con i gesti, con certi comportamenti). A prescindere dai motivi che possono spingere la madre a questa comunicazione contraddittoria, i suoi effetti sul figlio sono comunque devastanti. Per credere a ciò che dice sua madre, il figlio deve negare ciò che vede; per credere a ciò che vede deve negare che sua madre dica la verità. In queste condizioni, non può sviluppare una personalità coerente. Naturalmente, comunicazioni contraddittorie di questo tipo si verificano molto spesso nella nostra vita, ma ciò che, nell'esempio che abbiamo proposto, produce conseguenze patologiche è che la comunicazione avviene entro un gruppo chiuso, e i soggetti sono vincolati da un rapporto affettivo tale per cui il figlio non può né delegittimare apertamente ciò che afferma la madre né abbandonare il campo della comunicazione. In una situazione del genere, è possibile che l'unica soluzione per il figlio, che non può ricomporre in modo coerente i messaggi a cui è esposto, sia elaborare dei comportamenti altrettanto sconnessi, sviluppando dei disturbi della personalità.

L'esempio che abbiamo ricostruito è rozzo, ma dovrebbe far intendere di che si tratta. La nostra comunicazione è costantemente intessuta di messaggi e di metamessaggi: quando gli uni contraddicono gli altri la comunicazione è *distorta*. Se chi la riceve è in una situazione di dipendenza tale da non poter metterci di fronte alla consapevolezza della nostra contraddittorietà, si trova in una situazione estremamente difficile.

L'analisi delle psicopatologie sviluppata dalla scuola di Palo Alto è molto più sofisticata di quanto non possa apparire dalla nostra esposizione. Utilizza un apparato teorico che fa ricorso alla teoria dei sistemi e alla logica. È una teoria della comunicazione interpersonale: ma in quanto tale contribuisce in modo assai rilevante allo studio dei processi di interazione quotidiani che abbiamo visto interessare a molti sociologi. Del resto, la comunicazione è un aspetto essenziale delle relazioni sociali: comprendere in quali situazioni essa possa venire distorta e in quali possa invece favorire lo sviluppo di personalità mature e autoresponsabili non è una questione di poco conto. Infine, l'elaborazione di un approccio alla malattia mentale che riconduce la sua genesi a dinamiche relazionali contribuisce in modo determinante allo sviluppo dei rapporti tra sociologia e psicologia: specie negli anni sessanta e settanta questi rapporti sono stati molto fecondi sul piano teorico, e sono tuttora determinanti nella formazione di chi lavora, ad esempio, nel campo dei servizi sociali.

Quanto a Bateson, va osservato però che i suoi contributi si spingono molto oltre questi temi. Nei saggi raccolti in *Verso un'ecologia della mente* (1972) e in *Mente e natura* (1979) getta le basi per il passaggio da un approccio costruzionista a un approccio ecologico capace di fornire un terreno comune a tutte le scienze della vita, ivi compresa la sociologia. Bateson è più vicino ad altre scienze che alla sociologia, ma dal nostro punto di vista possiamo riconoscere una certa continuità con la tradizione di pensiero che risale a Simmel: tanto la realtà quanto il nostro modo di conoscerla si basano su reti di nessi; la vita è per Bateson «una danza di parti interagenti» (1979, trad. it. 1984, p. 27).

Società e comunicazione

Come abbiamo visto in più parti di questo capitolo, con gli anni sessanta le tematiche della comunicazione hanno acquistato un ruolo sempre più rilevante nel pensiero sociale. Ciò è vero non solo per quanto riguarda la comunicazione interpersonale ma anche, e in misura crescente, per quanto riguarda l'analisi dei mezzi di comunicazione e del loro impatto sulla società.

Per quanto sporadicamente, in diversi dei capitoli precedenti abbiamo fatto riferimento alla storia dei mezzi di comunicazione (o *media*, secondo l'espressione inglese che riprende il plurale neutro del latino *medium*): si è accennato ai giornali, al telefono, alla radio o alla televisione. Alcuni di questi media sono media di massa (*mass media*): permettono cioè una comunicazione del tipo uno-molti, diffondono contenuti che sono fruiti in modo pressoché identico da numeri elevati e indeterminati di persone. (Non tutti i media comunicativi sono media di massa: non lo è il telefono, ad esempio.)

Il primo mezzo di comunicazione di massa nella storia dell'umanità è stato il libro stampato. Come è noto, il procedimento della stampa in Occidente è stato messo a punto da Gutenberg e da altri artigiani nel XV secolo. Al libro redatto copia per copia dall'amanuense si sostituiva un prodotto nuovo: il libro prodotto in molteplici copie identiche fra loro.

L'impatto sociale della stampa si è dispiegato con una certa lentezza: esso presuppone la diffusione della capacità e dell'interesse per la lettura. Questo impatto è cresciuto però notevolmente a partire dal XVIII e soprattutto nel XIX secolo: parallelamente alla crescita di un pubblico di cittadini interessati alla discussione della cosa pubblica e parallelamente alla crescente diffusione dell'istruzione, libri e giornali sono diventati elementi comuni della vita quotidiana.

La radio, messa a punto tecnicamente alla fine dell'Ottocento e utilizzata regolarmente grosso modo a partire dal 1920, è un mezzo di comunicazione di massa diverso: non presuppone la capacità di leggere, basta ascoltare. E ascoltare e vedere sono i presupposti dell'altro mezzo di comunicazione di massa che fa la sua comparsa alla fine degli anni quaranta: la televisione.

Nonostante diverse eccezioni (alcune delle quali sono state osservate nel corso del libro) gli studiosi di scienze sociali si sono occupati relativamente poco dei mezzi di comunicazione fino agli anni cinquanta. A questo punto però il panorama cambia. Innanzitutto, ovviamente, cambia il panorama sociale: dopo gli usi della radio prima e durante la Seconda guerra mondiale e soprattutto dopo il successo straordinario della televisione, comincia a diventare difficile proporre analisi della società che non ne tengano conto. Ma cambia anche il panorama teorico. All'interno di quest'ultimo, uno spartiacque importante è costituito dall'opera di due studiosi canadesi: Harold Innis (1894-1952) e Marshall McLuhan (1911-1981).

Innis mutuò la nozione dell'importanza sociale dei mezzi di comunicazione da Robert E. Park, con il quale studiò all'Università di Chicago negli anni venti, ma fu influenzato anche dalle opere dello storico Lewis Mumford (di cui è ancora utile leggere *Tecnica e cultura*, del 1934). In *Le tendenze della comunicazione* (1951) Innis avanzò l'idea che le epoche della storia dell'umanità siano caratterizzate da una successione non tanto di "modi di produzione" differenti, quanto di "modi di comunicazione" basati su mezzi diversi. Comunicare solo verbalmente, o mediante iscrizioni su pietra, o scrivendo su fogli di carta, o con i libri o infine con la radio e la televisione favorisce di volta in volta certe strutture sociali piuttosto che altre; le forme della produzione e del commercio ne sono influenzate, così come lo sono i modi di gestire il potere; la stessa percezione dello spazio e del tempo – e così la "mentalità" degli uomini nelle varie epoche – viene modellata dai mezzi di comunicazione più usati.

McLuhan ha proseguito sulla strada indicata da Innis in diversi lavori, fra cui *La galassia Gutenberg* (1962) e *Gli strumenti del comunicare* (1964). Si tratta di libri che gli scienziati sociali maneggiano con una certa cautela: piuttosto che analisi documentate, McLuhan propone intuizioni e affermazioni dal tono più o meno profetico. Ma sono libri che hanno goduto di una notorietà straordinaria. Al di là del loro tono, che può dispiacere o piacere, si tratta del tentativo di descrivere gli effetti che il passaggio da una cultura basata sulla stampa ad una basata sui media audiovisivi hanno sull'intera struttura della percezione, sulla sensibilità e sulla mentalità degli uomini contemporanei.

Il tema è estremamente importante, così come lo è il rovesciamento di prospettiva che – sulla scorta di Innis – McLuhan propone: invece di guardare esclusivamente ai contenuti dei messaggi che sono veicolati dai diversi media, si tratta di guardare ai caratteri del *medium* in se stesso. Come suona una celebre frase di McLuhan, «il medium è il messaggio»: il mezzo di comunicazione in altre parole non è affatto un mero "veicolo", ma contribuisce a costruire il messaggio di cui appare il portatore e ha, per le sue caratteristiche, degli effetti che sono autonomi rispetto al contenuto trasmesso.

È di McLuhan anche un'altra espressione assai celebre, quella del «villaggio globale»: con questa si intende la forza con cui i media "istantanei" come la radio e soprattutto la televisione mettono in contatto quotidianamente le parti più distanti del globo, configurandolo così come una sorta di nuovo e planetario villaggio. Il mondo somiglia tanto più ad un villaggio, del resto, quanto più la comunicazione permessa dai media audiovisivi è di nuovo una comunicazione prevalentemente orale: dopo il predominio della scrittura e dei suoi effetti specifici sulla struttura sociale e su quella mentale degli individui, il mondo starebbe avviandosi oggi a una fase in cui prevale una «oralità secondaria» – un'oralità di ritorno, per così dire, secondo un'espressione diffusa dall'antropologo Walter J. Ong (di cui suggerisco di leggere *Oralità e scrittura*, del 1982).

Questo filone di studi sottolinea che l'esperienza di ciascuno di noi si modella anche in relazione all'ambiente tecnologico nel quale viviamo: il tipo di mezzi di comunicazione che usiamo o a cui siamo esposti quotidianamente non può non influenzare alla lunga la nostra percezione del mondo, la nostra sensibilità, la struttura dei nostri pensieri. È una constatazione che oggi riceve nuovo impulso dalla comparsa di nuovi media e dalle straordinarie prospettive aperte dall'informatica. È un terreno di ricerca affascinante, ma scivoloso. Non solo per il fatto che è difficile individuare sintomi empiricamente documentabili di cose come la "sensibilità", ma anche perché la cultura e la coscienza degli uomini non rispondono ai mutamenti dell'ambiente tecnologico in modo immediato. Lo sviluppo degli studi qui è legato alla capacità dei ricercatori di mettere a punto concetti e procedure di indagine ad un tempo raffinati e di largo respiro: alla valorizzazione del patrimonio del pensiero sociale vanno affiancate tanto un'estrema duttilità dello sguardo quanto la capacità di discernere ciò che è più rilevante nel mare delle novità che ci si affollano intorno.

Più sicuri sono i risultati delle indagini sugli effetti della comunicazione di massa che sono state realizzate negli anni sessanta e settanta alla luce dell'idea che la realtà sia una costruzione sociale. Questa idea si applica bene allo studio della comunicazione perché la costruzione della realtà è *sociale* soprattutto in quanto si realizza attraverso interazioni comunicative: nell'uso di un linguaggio, nei discorsi, nelle conversazioni. Nella misura in cui il campo della comunicazione è caratterizzato in modo crescente dalla presenza di mezzi di comunicazione di massa, questi ultimi possono essere osservati dal punto di vista del contributo che forniscono a tale costruzione.

Già negli anni venti in America Walter Lippmann aveva notato nel suo pionieristico *L'opinione pubblica* (1922) che i mezzi di comunicazione di massa contribuiscono alla creazione di quello che egli chiamava lo "pseudoambiente" entro cui ci muoviamo. Lo pseudoambiente è la rappresentazione dell'ambiente di cui disponiamo: poiché non di tutto l'ambiente noi possiamo avere esperienza diretta, questa rappresentazione dipende in gran parte da ciò che gli altri ci dicono. E, nel mondo moderno, la voce degli altri è in gran parte la voce dei media.

Negli anni successivi la ricerca sugli effetti delle comunicazioni di massa aveva però posto l'accento soprattutto sul fatto che i mass media in proposito non sono onnipotenti: i loro effetti sono limitati dal fatto che l'individuo è immerso in reti di relazioni famigliari, amicali, professionali e così via che fanno da filtro a ciò che dicono i media. A riguardo si ricorderà quanto scritto su Lazarsfeld nelle *Osservazioni* al termine del CAP. 10. Gli effetti studiati da Lazarsfeld erano tuttavia quelli di singoli gruppi di messaggi (una campagna pubblicitaria, ad esempio), e non quelli che derivano dal loro insieme, accumulandosi per di più lungo il tempo. Nella misura in cui i mass media si fanno sempre più pervasivi, è a questi effetti cumulativi che dagli anni sessanta si comincia a prestare attenzione. E tali effetti hanno a che fare effettivamente con le immagini della realtà che vengono così costruite.

La più nota delle teorie di questi anni è quella dell'*agenda-setting*, proposta fra gli altri da McCombs e Shaw (di cui si può vedere il sintetico *La funzione di agenda-setting dei mass media*, del 1972). Elaborata a partire da attente ricerche empiriche, questa teoria evidenzia come gli attori sociali tendano a considerare rilevanti le stesse cose che appaiono rilevanti nei discorsi dei media. Che questi ultimi riescano davvero a influenzare le opinioni delle persone può essere dubbio, ma è indubbio che essi riescono a influenzare la percezione dei temi attorno ai quali bisogna avere opinioni. Insomma, forse i media non sanno dire alla gente "cosa pensare", ma sicuramente sanno dire "*su* cosa pensare". In questo modo, essi agiscono sul senso comune e dunque sui modi in cui la realtà è interpretata dai soggetti coinvolti.

Lievemente diversa, ma in fondo consonante, è la nozione proposta da Elisabeth von Noelle-Neumann in *La spirale del silenzio* (1980). Noelle-Neumann ha diretto a lungo un importante istituto di ricerca sociale in Germania. Sul piano empirico, le sue ricerche riguardavano soprattutto il comportamento elettorale. A questo proposito, ella notava come spesso i sondaggi pre-elettorali si rivelino sbagliati, dal momento che alcuni elettori modificano il proprio orientamento poco prima del voto. Tali modificazioni, a suo parere, sono comprensibili in riferimento all'azione dei media. Questi ultimi infatti hanno il potere di diffondere certe rappresentazioni del clima d'opinione prevalente, e così di influire su certi comportamenti. Se suggeriscono ad esempio che un certo partito avrà la maggioranza o quanto meno è in crescita, e danno così uno spazio preponderante ai suoi rappresentanti, i militanti di questo partito saranno particolarmente propensi a dar voce alle proprie convinzioni; i militanti avversari, al contrario, saranno meno propensi ad esporsi. E molti degli indecisi, per paura di restare isolati, tenderanno a spostare le proprie preferenze sul partito che appare montante. Si tratta di un meccanismo a spirale: i media forniscono una certa rappresentazione delle tendenze in atto; sulla base di questa rappresentazione alcuni tendono al silenzio; questo silenzio rafforza la tendenza rappresentata.

Il limite di questo meccanismo sta nel fatto che, una volta riconosciutolo, tutti i partiti cercano di diffondere l'impressione di essere i futuri vincitori occupando i media a disposizione, e gli elettori imparano a diffidare di ciò che i media trasmettono. Resta tuttavia efficace sui cittadini meno consapevoli e su quelli che limitano la propria informazione alle fonti monopolizzate da un solo partito. In ogni caso, si tratta di un meccanismo di costruzione sociale della realtà in cui i mass media giocano una parte importante.

Suggerimenti bibliografici

Per una valutazione generale delle teorie della vita quotidiana si veda A. W. Gouldner, *La sociologia e la vita quotidiana* (1975). Si veda anche il capitolo di S. Floriani sulla vita quotidiana in T. Grande, E. G. Parini (a cura di), *Studiare la società* (2007).

Per una prima discussione sulla sociologia fenomenologica il lettore può rifarsi alle introduzioni che diversi studiosi hanno scritto per le edizioni italiane dei volumi di Schutz e di Berger e Luckman. Su Schutz, in particolare, rimando anche a L. Muzzetto, *Il soggetto e il sociale* (2006). Per quanto riguarda l'etnometodologia si veda l'antologia curata da P. P. Giglioli e A. Dal Lago, *Etnometodologia* (1983). Per l'interazionismo simbolico rimando al volume curato da M. Ciacci, *Interazionismo simbolico* (1984); per un'introduzione a Goffman si veda R. Trifiletti, *L'identità controversa* (1991).

Per un'introduzione alla scuola di Palo Alto rimando all'antologia curata da F. Pizzini, *Famiglia e comunicazione* (1980); su Bateson suggerisco M. Deriu, *Gregory Bateson* (2000). Per una storia critica dei media e delle idee sui media si veda A. Mattelart, *La comunicazione mondo* (1991); sui modi in cui i media modificano le forme dell'interazione vedi J. B. Thompson, *Mezzi di comunicazione e modernità* (1994); per una rassegna delle teorie sociologiche sulla comunicazione rimando a C. Grassi, *Sociologia della comunicazione* (2002).

13

Verso la sociologia contemporanea

Il Sessantotto e la scoperta dei movimenti sociali

Nel capitolo precedente abbiamo citato i movimenti giovanili degli anni sessanta, il cui culmine si colloca nel 1968. La data è convenzionale: per certi versi attraversarono tutti gli anni sessanta, e in alcuni paesi continuarono fino a metà degli anni settanta. Ma il Sessantotto è l'anno del "maggio" di Parigi: una ribellione di studenti che, grazie anche all'aiuto inintenzionale dei media che ne diffusero le immagini, contagiò mezzo mondo.

Il Sessantotto fu prevalentemente un movimento antiautoritario di studenti e di giovani. Fu internazionale, ma articolato e differenziato localmente. Per quanto i suoi echi si siano avvertiti ovunque, è stato caratteristico soprattutto dei paesi più ricchi del mondo. Negli Stati Uniti si saldò con il movimento per i diritti civili dei neri e con l'opposizione alla guerra nel Vietnam; in Europa (soprattutto in Italia, ma anche in Francia e in Inghilterra) si fuse con una stagione di lotte operaie e inclinò, almeno in parte, verso l'incorporazione di teorie ispirate al marxismo. In Germania attivò criticamente la memoria del nazismo e dell'Olocausto, opponendosi alla sua rimozione e promuovendo un'idea di civiltà capace di far sì che tali eventi non si ripetano. Nei paesi dell'Europa centro-orientale si espresse come dissidenza nei confronti dell'autoritarismo del regime sovietico.

In Italia e in Germania (e altrove in misura minore), minuscole frange del movimento ispirate al marxismo-leninismo si avviarono negli anni settanta verso la lotta armata: l'idea che questi paesi fossero disponibili a una rivoluzione comunista era clamorosamente inesatta, e i risultati furono disastrosi per l'insieme del movimento, di cui tali derive militaristiche accelerarono la fine e la cui immagine è rimasta, per alcuni, legata nella memoria proprio a questi ultimi esiti.

In termini generali, il Sessantotto rappresentò contemporaneamente una spinta modernizzatrice e un'autocritica della modernità. Non rigettava l'idea del progresso: però la radicalizzava e la piegava a nuovi significati, di fatto sovrapponendola all'idea di utopia. Se la modernità si era realizzata prevalentemente nel segno dello sviluppo di una razionalità strumentale, i giovani del Sessantotto proponevano una ragione che fosse capace di coniugarsi con la fantasia e il desiderio, in cui persone tese a realizzare pienamente la propria umanità individuale fossero in grado anche di creare nuove forme di vita solidale.

Fu un movimento fortemente generazionale, animato dai figli di coloro che avevano gestito la ricostruzione post-bellica: se questi ultimi dichiaravano di aver lottato per la democrazia, i loro figli ne presero in parola le dichiarazioni criticandone le realizzazioni. In diversi paesi il Sessantotto mise capo a un ampliamento dei diritti civili e a un maggiore impegno democratico delle istituzioni. Ovunque rappresentò un'esplosione di creatività. Cambiò il costume promuovendo fra l'altro rapporti sessuali più liberi, una certa parità fra donne e uomini, la sperimentazione di nuove forme di convivenza e di lavoro. Per quanto vi convivessero pensieri a volte contraddittori fra loro, fu un tentativo collettivo di cambiare il mondo sociale e di costruire un nuovo senso di appartenenza globale: come ha scritto un filosofo e psicoanalista, fu un tentativo visionario di «rivoluzione antropologica» (Màdera, 1999, p. 69). Coloro che vi parteciparono hanno conservato un'identità generazionale marcata.

Si osserva a volte che il Sessantotto non conseguì risultati politici di rilievo. Ma va rammentato che la sua influenza sull'opinione pubblica contribuì a far cadere le ultime dittature fasciste in Europa. D'altro canto, contribuì in tutti i paesi occidentali alla crescita di servizi pubblici, ad aumenti salariali dei lavoratori e a riforme legislative orientate alla difesa dei loro diritti e all'uguaglianza delle opportunità.

La sociologia ne è stata influenzata. Fino ad allora, l'emergere di movimenti collettivi era stato spiegato come espressione di conflitti di classe o di condizioni di particolare deprivazione, oppure come prodotto di disfunzioni del sistema sociale: in qualche modo, dunque, come un fenomeno "eccezionale". Ora appare piuttosto come un elemento endemico di tutte le formazioni sociali moderne, uno dei fattori più potenti e ricorrenti del mutamento sociale. Nella misura in cui la modernità afferma diritti di carattere universale, pone infatti le basi per la rivendicazione dell'inclusione in questi diritti da parte di ogni gruppo sociale; d'altro canto, poiché nega in linea di principio ogni posizione acquisita, permette e favorisce l'insorgere di movimenti che ciclicamente propongono nuove forme di vita o nuovi orizzonti di significato.

In *Movimento e istituzione* (1977), l'italiano Francesco Alberoni propose così un paradigma ciclico o "pendolare" della vita sociale, secondo cui questa oscilla periodicamente tra fasi in cui prevalgono forme di vita istituzionalizzate (dotate di una certa stabilità di valori, di regole indiscusse, di modelli di condotta consolidati) e fasi di contestazione e di esplorazione. A sua volta, lo studioso di origini rumene Serge Moscovici sottolineava in *Psicologia delle minoranze attive* (1979) che la modernità comporta la costante presenza di minoranze che si impegnano nel tentativo di mobilitare la società al cambiamento, criticandone e riformulandone costantemente il senso comune.

Ma i movimenti sono anche organizzazioni e luoghi di formazione delle identità. Numerosi sociologi (fra cui Alain Touraine in Francia e Alessandro Pizzorno in Italia) studiarono dunque tanto le forme organizzative dei movimenti, le loro differenti risorse e i diversi modi di mobilitare e stringere a sé i propri membri, quanto i modi in cui, nell'azione collettiva, l'esigenza di creare nuove forme di identità si affianca al perseguimento degli obiettivi dichiarati, diventandone spesso la molla più profonda.

Quest'ultimo è un punto che diventerà sempre più rilevante negli anni seguenti. Come osservava l'italiano Alberto Melucci in diversi lavori degli anni ottanta (fra cui *L'invenzione del presente*, 1982), i movimenti successivi a quelli del Sessantotto hanno avuto un carattere meno diffuso e meno unitario, concentrandosi di volta in volta su temi diversi (la pace, il rispetto per l'ambiente, i diritti di minoranze specifiche) e configurandosi più come aggregazioni temporanee che come un movimento compatto e continuativo, ma soprattutto hanno dato un peso sempre maggiore a tematiche culturali e identitarie.

Gli studi delle donne

In questo quadro hanno un ruolo di particolare rilevanza i movimenti delle donne. Nato nei primi anni settanta e molto attivo almeno per tutto il decennio successivo, il neofemminismo (così chiamato per distinguerlo dal primo femminismo delle "suffragiste" di fine Ottocento) si interseca con i movimenti fin qui citati proponendo una radicale messa in questione della subordinazione femminile. Riprendendo il lavoro pionieristico di Simone de Beauvoir, *Il secondo sesso* (1949), e impegnandosi a parlare in prima persona, le neofemministe "de-naturalizzano" la figura femminile modificandone l'immagine, mostrandone la storicità e promuovendo l'emancipazione delle donne in ogni ambito della vita sociale.

I successi del neofemminismo nella sfera politica sono stati differenti nei diversi paesi: ma in generale, dando luogo a importanti modificazioni nella condizione materiale delle donne, nei loro diritti e nella percezione della propria identità, hanno contribuito a trasformare i contesti in cui si sono trovate a vivere le generazioni successive.

Il pensiero femminista è stato ed è tuttora molto articolato. Nei paesi anglosassoni esistono da tempo corsi universitari di *women studies*. Ma anche dove l'istituzionalizzazione non è stata così marcata, come in Italia, le studiose che vi si riferiscono hanno conseguito risultati importanti. Non si tratta solo di introdurre ricerche e riflessioni sul genere, ma di proporre uno *sguardo di genere* che apre prospettive inedite. Come ha riconosciuto Joan Scott in un celebre saggio (*Il genere: un'utile categoria di analisi storica*, del 1986), una volta introdotta la nozione di genere sono da ripensare molte categorie analitiche delle scienze sociali. (Innanzitutto, è la stessa idea di "soggetto" che, sessuandosi, si pluralizza.)

Questi studi hanno rivoluzionato la sociologia della famiglia, hanno promosso una viva attenzione per la quotidianità, hanno sviluppato metodi di indagine adatti a cogliere la soggettività delle persone. Hanno tematizzato le disuguaglianze basate sul sesso e hanno teorizzato la costruzione sociale dei ruoli di genere. Ma hanno rovesciato anche i modi di intendere alcuni temi tradizionali. L'esempio del lavoro è illuminante: mettendo in luce lo scarto fra le definizioni di lavoro correnti (che lo intendono per lo più come attività retribuita) e la realtà di tutte quelle mansioni di cura, svolte ancora soprattutto da donne, che sono cruciali per la riproduzione della forza-lavoro ma che spesso non sono retribuite, hanno modificato tutto il campo della sociologia economica. Tematizzando inoltre la "doppia presenza" femminile, sia nel lavoro retribuito che in quello domestico o di servizio, hanno contribuito a scardinare molte delle dicotomie su cui si basava la sociologia, come quella tra famiglia e mercato o tra sfera pubblica e sfera privata.

Nel loro complesso, gli studi delle donne hanno reso visibili per il pensiero sociale oggetti e problemi cui fin qui quasi non si prestava attenzione.

Fra individui e sistemi

Da qui in avanti non è facile scegliere di quali autori e di quali scuole parlare. Per il periodo che arriva fino agli anni sessanta del Novecento esiste ormai una sorta di "canone": una certa selezione degli autori e delle scuole più significativi si è consolidata nel tempo. Per autori recenti, spesso ancora al lavoro, la scelta ha inevitabilmente un carattere più soggettivo.

Uno dei modi per disegnare un profilo della sociologia più recente è quello di indicare innanzitutto i due poli estremi fra i quali gli approcci correnti si situano. Il primo è costituito da un rinnovamento dell'*individualismo metodologico*. Il secondo corrisponde al progetto di sviluppare un *approccio sistemico*.

Iniziamo dall'individualismo metodologico. All'interno del nostro manuale, questa espressione richiama alla mente la prospettiva di Weber. Ed effettivamente, tra i classici della sociologia, Weber è quello a cui gli autori che vi si riconoscono si richiamano più frequentemente. Le questioni di cui trattano sono però abbastanza diverse. In modo estremamente schematico, direi che le correnti che si ispirano oggi all'individualismo metodologico hanno almeno due versioni.

La prima, diffusa specialmente negli Stati Uniti, si presenta come "teoria della scelta razionale". L'idea basilare di questa teoria (o piuttosto dell'insieme di contributi che si possono indicare con questa etichetta) è che la realtà sociale sia composta dall'aggregazione di azioni individuali, che si intrecciano fra di loro con esiti spesso imprevedibili e a volte non coincidenti con le intenzioni di nessuno, ma che in ogni caso sono dipendenti da decisioni che i soggetti compiono razionalmente in vista del conseguimento di certi fini o, per esprimersi con i termini propri di questa teoria, in vista della massimizzazione di una "utilità", cioè della capacità di soddisfare determinate preferenze riguardanti beni potenzialmente raggiungibili (materiali o immateriali che siano) attraverso mezzi adeguati e con costi che ritengono sopportabili.

Più che a Weber, queste idee rimandano a opere come *Scienza e comportamento* di B. F. Skinner (1953) e *Le forme elementari del comportamento sociale* di G. Homans (1961). Secondo Skinner l'essere umano, come ogni altro organismo vivente, è mosso essenzialmente dalla ricerca del proprio utile, e reagisce a ogni stimolo dell'ambiente a seconda delle ricompense che incontra. Il comportamento confermato da ripetute ricompense positive tende a stabilizzarsi; quello in cui invece ai costi affrontati per agire non corrisponde un beneficio adeguato viene abbandonato. L'idea che Homans mutuava a sua volta da questa visione della natura umana è che ogni interazione sia riconducibile a uno scambio nel quale ciascuno cerca di massimizzare il proprio utile e minimizzare i suoi costi.

Ma, al di là dei riferimenti al comportamentismo americano, la teoria della scelta razionale è una ripresa dell'assunto fondamentale dell'economia neoclassica: gli individui sono esseri razionali che agiscono in vista del proprio tornaconto, e il loro comportamento in linea di massima può sempre essere inteso come il frutto di una scelta razionale fra le opzioni possibili. Effettivamente questa linea di pensiero rappresenta un tentativo di mettere a confronto, e possibilmente di conciliare in una prospettiva unitaria, l'economia e la sociologia.

Specie grazie all'incorporazione di modelli matematici come quelli della cosiddetta "teoria dei giochi", che esamina come le decisioni di più attori si possano influenzare reciprocamente, questo modo di procedere ha conseguito risultati utili a riconoscere, in casi diversi, le strategie più efficaci per raggiungere scopi dati. Sul piano teorico generale però, nonostante tentativi di grande spessore (il più importante dei quali è probabilmente il libro di James S. Coleman, *Fondamenti di teoria sociale*, pubblicato nel 1990), questo approccio presenta seri limiti.

Innanzitutto, gli assunti sulla natura umana da cui muove sono poco realistici. Condividerli significa rimuovere gran parte della storia del pensiero sociale del Novecento (si pensi, per fare solo un esempio, a Pareto, che proprio dal riconoscimento di azioni "non logiche" muoveva per rivendicare la necessità di andare oltre le spiegazioni economiche dei comportamenti umani). Di fatto, poi, tali assunti sono stati criticati via via dai più avvertiti fra gli stessi autori che a queste teorie si rifanno, spingendoli a restringere sempre di più i campi di applicazione dei propri modelli. Si riconosce infatti che la razionalità degli attori è costitutivamente *limitata* sia dalla situazione contestuale in cui gli attori si trovano, dalla frequente necessità di decidere in tempi stretti, dalla incompletezza delle informazioni e dal tipo di conoscenze disponibili, sia dalla presenza di motivi di ordine extrarazionale (da sentimenti come l'invidia, la gelosia o la generosità, ad esempio, o dall'incapacità caratteriale di affrontare certi aspetti della realtà e così via).

Ma il punto debole di questa teoria è soprattutto che, anche ammettendo che gli esseri umani si comportino come esseri razionali rispetto a fini dati, non spiega come questi fini vengano scelti. La formazione delle preferenze non è spiegabile infatti a sua volta come effetto di una scelta razionale: si tratta di qualcosa che ha a che fare con le risorse culturali a disposizione del soggetto, con i suoi orientamenti etici ed estetici, con le idee che egli o ella ha di quale sia una vita degna di essere vissuta, con le cerchie sociali presso cui ambisce a un riconoscimento, o infine con la sua autorappresentazione di sé o con la sua identità. Poiché l'idea che gli esseri umani abbiano delle preferenze è un presupposto essenziale di questa teoria ma esula da ciò che essa riesce a spiegare, la pretesa di fondare una teoria generale del comportamento sociale su queste basi è mal posta.

La seconda versione in cui l'individualismo metodologico oggi si manifesta può essere esemplificata dalle posizioni del sociologo francese Raymond Boudon. Per Boudon il presupposto della razionalità dell'attore si riduce a questo: all'idea che ciascuno ha delle "buone ragioni" per fare quello che fa. Tali ragioni possono essere di tipi diversi: per l'uno si può trattare effettivamente dell'intenzione di massimizzare un'utilità o di conseguire un certo risultato, per l'altro si può trattare dell'adesione a una norma, per un altro ancora di essere fedele a un certo ideale e così via.

L'individualismo si riduce così effettivamente a una questione di metodo, tralasciando qualunque presupposto sulla "natura umana": ciò che si afferma è solo che il ragionamento sociologico deve partire dalla considerazione degli individui. Ciò non significa negare che esistano collettività, istituzioni ed altre entità sovraindividuali, che influenzano e vincolano in vari modi gli individui. Ma tutto ciò è originato, riprodotto e a volte modificato dalle azioni di individui concreti, attraverso la composizione dei loro effetti. Questi effetti a loro volta si combinano fra loro generando altri effetti (i cosiddetti "effetti emergenti") e producendo così l'apparenza – ma in un certo senso anche la realtà – di processi estranei a qualunque azione soggettiva.

Che gli effetti delle azioni di individui molteplici si compongano fra loro rende conto del fatto che i risultati finali non corrispondono alle intenzioni di nessuno degli attori coinvolti. A volte, si può parlare di veri e propri "effetti perversi" (come suona il titolo di un'opera di Boudon: *Effetti perversi dell'azione sociale*, del 1977): di effetti cioè imprevisti o addirittura contrari alle intenzioni iniziali.

Veniamo ora agli approcci sistemici. Nei decenni di cui stiamo parlando, il rappresentante più noto di un approccio sistemico alla sociologia è stato Niklas Luhmann (1927-1998).

La sua teoria può essere considerata un raffinamento e una radicalizzazione della prospettiva di Parsons. Si giova però intensamente dei contributi più recenti alle teorie dei sistemi proposte nello studio degli organismi viventi e nelle scienze dell'informazione, anche se il suo oggetto proprio sono i sistemi specificamente "sociali".

Come ricordiamo, un sistema è un insieme interrelato di parti, al cui interno ogni parte svolge certi compiti necessari alla riproduzione del sistema stesso. Il discorso di Luhmann è però più articolato. Può essere introdotto presentando tre nozioni: *mondo*, *ambiente* e *sistema*. Il "mondo" è l'insieme di tutto ciò che esiste, dei modi in cui può essere percepito o compreso, e delle possibilità che offre all'azione: esso possiede una complessità illimitata. Al suo interno, la costituzione di un "sistema" consiste nella selezione di alcune di queste possibilità, con l'esclusione di tutte le altre, e, simmetricamente, corrisponde alla costituzione di un "ambiente", cioè alla definizione di ciò che è esterno al sistema e a cui il sistema è in grado di rapportarsi. Ogni sistema si edifica dunque come costruzione di certi confini fra sé e il proprio ambiente, ma, simultaneamente, è anche un meccanismo di *riduzione della complessità* del mondo.

Poiché è esso stesso a definire che cosa è "ambiente" per lui, un sistema è sempre, in una certa misura, *autoreferenziale*: la sua capacità di rapportarsi con il mondo è limitata dalle sue proprietà (dai suoi organi sensori, dai propri modi di intendere la realtà circostante). D'altro canto, è anche *autopoietico*: i suoi sviluppi o la sua costruzione (*poiesis*, in greco) sono il risultato delle sue caratteristiche e delle sue capacità.

Fra i molti libri di Luhmann, il più organico è *Sistemi sociali: fondamenti di una teoria generale* (1984). La realtà in cui viviamo è, secondo il suo approccio, costituita da una molteplicità di sistemi. Non è dunque costituita tanto da entità, quanto da *insiemi di relazioni*. La nozione stessa di "sistema", in verità, non ha uno statuto ontologico, non intende cioè l'esistenza di una "cosa", ma è il modo in cui, in virtù del nostro sapere (che è un sistema a sua volta, e quindi corrisponde a una selezione delle infinite possibilità di comprendere il mondo), noi siamo in grado di descrivere la realtà.

L'opera di Luhmann è sofisticata, ma utilizza un vocabolario molto specifico ed esprime una teoria molto rigida. Come quella di Parsons, vorrebbe essere una teoria onnicomprensiva, ma le sfugge molto, e soprattutto le dinamiche del mutamento sociale.

L'attenzione alle reti di interdipendenza che legano i diversi aspetti della vita sociale è però diffusa nella sociologia più recente, anche a prescindere dal ricorso a un approccio come quello di Luhmann. In questo senso, dalle sue opere molti possono trarre spunti. Infatti, in un modo o nell'altro, con l'idea di sistema bisogna fare i conti, tanto quanto bisogna farli con quella della capacità degli individui di agire. La realtà sociale è fatta sia di individui, sia di insiemi regolati di possibilità che si offrono al loro agire e lo condizionano. Le teorie di cui ora ci occuperemo cercano di tenere conto simultaneamente di entrambi i corni del problema.

Anthony Giddens: una modernità radicale

La maggior parte delle ricerche sociologiche sviluppate negli ultimi decenni non si richiamano in effetti alle teorie esposte nel precedente paragrafo. Se da un lato tendono a un certo eclettismo nei confronti delle teorie disponibili (ne utilizzano cioè elementi diversi in relazione ai vari temi affrontati), dall'altro, quando manifestano un legame più stretto con la riflessione teorica, prediligono posizioni che si collocano più o meno a mezza strada fra i due poli citati. Si tratta di posizioni che possono bene essere esemplificate dai lavori di Anthony Giddens e di Pierre Bourdieu.

Anthony Giddens, nato nel 1938 nei pressi di Londra, è il sociologo inglese che ha acquistato la maggior fama e influenza internazionale negli ultimi decenni. È probabilmente l'autore che ha meglio saputo raccogliere e ricomporre le istanze volte al rinnovamento della sociologia che erano nell'aria, per così dire, a partire dagli anni settanta. Se gli dedicherò diverse pagine, non è tanto per la sua originalità, quanto per il carattere esemplare che ha il suo lavoro: al di là della sua importanza specifica, esporlo permette di sintetizzare le idee più correnti di questo periodo.

Dopo i primi studi dedicati alla stratificazione sociale nelle società avanzate e alla discussione critica dei classici della sociologia, Giddens si impegna in una proposta teorica complessiva che trova la sua espressione più compiuta in *La costituzione della società* (1984). I lavori successivi sono dedicati alla chiarificazione delle caratteristiche della modernità e delle sue trasformazioni recenti, alla divulgazione della sociologia e, specie nel momento in cui diviene direttore della London School of Economics and Political Science, alla proposta di una revisione del programma politico socialdemocratico sintetizzata nella formula di una "terza via" fra socialismo e neoliberismo. In queste pagine ci concentreremo sulla teoria complessiva di Giddens e sul modo in cui affronta la tematica della modernità.

La costituzione della società è un libro di teoria sociale. Come lo stesso Giddens si premura di spiegare, la teoria sociale non è la stessa cosa della sociologia: mentre quest'ultima è una disciplina specifica, prevalentemente rivolta allo studio delle formazioni sociali moderne, la teoria sociale riguarda argomenti che toccano tutte le scienze sociali, impegnandosi nella formulazione di concetti riguardanti la natura dell'uomo e della società e i modi più plausibili per indagarla. Situata a mezza strada fra le scienze sociali e la filosofia, la teoria sociale è al servizio della ricerca empirica e da questa può essere influenzata, ma, in quanto tale, non è verificabile o falsificabile empiricamente: è l'insieme dei presupposti che, debitamente esplicitati, rendono la ricerca empirica consapevole dei propri limiti e delle proprie condizioni, costituendone l'intelaiatura concettuale.

Giustamente, Giddens avverte che i sociologi classici avevano ben presenti le esigenze di una teoria soggiacente la ricerca empirica. Si tratta tuttavia di procedere oltre, arricchendo le loro prospettive con ciò che il pensiero sociale del Novecento ha elaborato. In particolare, si tratta a suo avviso di superare la contrapposizione fra le teorie dell'azione e quelle strutturaliste e sistemiche, o, nei termini in cui il problema si pone frequentemente, fra lo studio degli aspetti "micro" e quello degli aspetti "macro" della vita sociale.

L'esito cui Giddens perviene è una *teoria della strutturazione*. L'idea chiave è che le forme della vita sociale sono *sia* qualcosa che si impone agli individui come un dato, *sia* qualcosa che gli individui stessi costituiscono agendo. Il punto di giunzione fra le strutture e l'azione sono le *pratiche*: forme di condotta parzialmente routinizzate attraverso cui gli esseri umani riproducono incessantemente e ricorsivamente gli assetti istituzionali entro cui si trovano collocati, conservando tuttavia ad ogni passo la possibilità di mutarli – intenzionalmente o meno – attraverso nuove interpretazioni dei loro significati o nuovi modi di agire.

Tali assetti istituzionali sono da un lato dei vincoli all'azione (si impongono cioè sia come abitudini e significati dati per scontati, sia come norme sostenute da forme di controllo sociale), ma dall'altro sono anche le risorse grazie a cui si dispiega l'agire. In ciò consiste quella che Giddens chiama la "dualità della struttura". E ciò spiega anche come il mutamento sociale non sia qualcosa che proviene dall'esterno delle società, ma qualcosa la cui possibilità è inerente al fatto che la struttura esiste solo in quanto è costantemente riprodotta dagli uomini stessi: questi sono responsabili della sua riproduzione così come della sua modificazione nel corso del tempo.

Per chiarire l'idea della "dualità delle strutture" possiamo ricorrere a un esempio. Pensiamo a un muro, oppure a un ponte. Dapprima, potrebbero essere collocati in un posto o in un altro. Ma poi, sulla base di certe caratteristiche dei luoghi, di certe esigenze specifiche o anche solo in virtù del caso, vengono costruiti in un luogo e in una forma determinati. A questo punto diventano una condizione delle azioni successive. Il muro protegge una proprietà, sostiene qualcosa, difende dalle intemperie: ma anche limita lo sguardo, impedisce il passaggio. Il ponte connette le rive di un fiume, ma costringe o almeno invita a passare esattamente da lì. Le "strutture" somigliano a tutto ciò. In principio, possono assumere le forme più varie. Ma una volta che esistono (cioè che certe pratiche si sono consolidate, che certe norme sono state definite), diventano condizione dei gesti successivi: sia risorse che organizzano l'azione e l'interazione, sia vincoli.

L'idea che Giddens ha delle "strutture" è quella di insiemi di istituzioni, cioè di forme organizzate di regole e ruoli; sono in un certo senso l'ossatura della società, ma non sono del tutto rigide, poiché dipendono dalla disponibilità degli uomini ad aderirvi. D'altro canto, hanno qualcosa dell'idea di "sistema", ma non nel senso di una loro indipendenza dai soggetti concreti e soprattutto non nel senso di qualcosa di chiuso: il carattere sistemico delle strutture e di tutte le forme della vita associata è molto variabile, e queste conseguono raramente una effettiva stabilità dei propri confini.

È vero che, su questo piano, Giddens è stato successivamente criticato da alcuni per non essere riuscito a concettualizzare adeguatamente la relativa autonomia delle strutture: di fatto, una volta che la vita assume aspetti strutturati, si generano effetti situati a un livello che non è riducibile direttamente alle pratiche che li riproducono. La questione è delicata, ma non mi sembra inficiare l'idea che, in ultima istanza, fra strutture e soggetti vi è un rapporto di determinazione reciproca.

In ogni caso, il fatto che gli esseri umani siano "attori" significa sia che sono in grado di trasformare le cose, sia che possono astenersi dal farlo o farlo altrimenti da come ci si aspetta. La capacità di agire corrisponde sempre a una certa dose di potere (anche se questa è raramente uguale per tutti). D'altro canto, significa anche che gli uomini sono dotati di intelligenza: conoscono cioè la realtà entro cui operano, e tale conoscenza, per imperfetta che sia, non può essere bandita dalle considerazioni che i sociologi fanno in proposito. Contrapponendosi alle teorie che descrivono il comportamento ricorrendo a spiegazioni di cui gli uomini non sono ordinariamente al corrente (come nella nozione marxiana della "falsa coscienza", o in quella delle "funzioni" che i sistemi svolgono indipendentemente dalla coscienza che ne hanno i soggetti), Giddens sottolinea che gli esseri umani dispongono di conoscenza e di capacità riflessiva: tali risorse sono spesso implicite (non si esprimono cioè discorsivamente, ma, tacitamente, come capacità pratica di muoversi nel proprio ambiente materiale e sociale), ma non di meno esistono, e fanno parte di ciò che uno scienziato sociale è tenuto a indagare. I modi in cui le persone interpretano la propria realtà producono infatti conseguenze concrete.

Tali conseguenze sono però molto spesso inintenzionali: cioè non corrispondono a quello che gli attori intendono ottenere. Ciò (come abbiamo visto anche nel paragrafo precedente) dipende da molti fattori: secondo Giddens, dipende innanzitutto dal fatto che il soggetto umano non è pienamente trasparente a se stesso (esiste l'inconscio; esiste la possibilità di autoingannarsi rispetto alle proprie ragioni e ai propri obiettivi); in secondo luogo, dal fatto che la conoscenza dei contesti in cui si agisce è raramente perfetta; infine dal fatto che le conseguenze delle azioni di ognuno si combinano con quelle degli altri, generando processi il cui disegno complessivo sfugge al singolo attore.

Tutto questo definisce il campo della sociologia (e più in generale delle scienze sociali) come un'interpretazione di interpretazioni: il ricercatore ha il compito di indagare come gli attori interpretino il proprio mondo e lo riproducano mediante le proprie pratiche nei contesti in cui agiscono, ma anche quello di proporre interpretazioni dell'agire che si combinano a loro volta con le conoscenze (esplicite e implicite) già in possesso degli attori rendendoli edotti delle proprie responsabilità e delle conseguenze più ampie cui le azioni conducono. Le nuove conoscenze che i ricercatori producono contribuiscono così alla riflessività collettiva, entrando, uscendo ed entrando di nuovo nel tessuto della vita sociale in una sorta di processo a spirale.

Sulla base di queste premesse, il discorso di Giddens è articolato. Gran parte di ciò che sostiene è rinvenibile nelle opere di altri autori. Fra gli approcci esaminati nel nostro manuale, quello a cui la teoria della strutturazione più si avvicina è il paradigma della costruzione sociale della realtà elaborato da Berger e Luckmann. Per quanto non lo citi spesso, molto di ciò che Giddens dice è stato anticipato da Simmel. Per altri versi vi sono affinità con il pensiero di Bourdieu, che esamineremo fra poco. Nel suo approccio vi sono però alcuni aspetti da sottolineare. Fra questi, la rivendicazione dell'importanza dello studio dello spazio e del tempo per la sociologia e l'idea che la fase attuale consista in una "modernità radicale".

Per quanto riguarda il primo punto, la divisione del lavoro che ha lasciato lo studio del tempo agli storici e quello dello spazio ai geografi è secondo Giddens deleteria per la sociologia. La riproduzione e il cambiamento delle strutture sociali si dipanano nel corso del tempo, così che farne astrazione conduce a un'irrealistica visione acronica delle società e dell'agire. E le strutture si dispiegano altresì nello spazio, configurandolo e riconfigurandolo incessantemente e fornendo così contesti via via differenti alle interazioni.

La modernità, in particolare, ha operato sullo spazio e sul tempo in modi caratteristici. Nelle società pre-moderne infatti spazio e tempo erano solidali fra loro in modo tale che le interazioni e le relazioni sociali erano necessariamente incassate in contesti spazio-temporali ristretti. La modernità, invece, comporta la possibilità di interazioni e relazioni che si dispiegano al di là dei limiti posti dalla compresenza fisica dei soggetti coinvolti.

In ciò lo sviluppo dei mezzi di trasporto e di comunicazione è stato di fondamentale importanza. I mezzi di trasporto e di comunicazione moderni permettono infatti lo stabilirsi di interazioni fra soggetti collocati fisicamente in contesti indeterminati, riconfigurando lo spazio molto più come una rete sociale che come un aspetto della realtà materiale. È possibile insomma agire e interagire "a distanza", a prescindere dai luoghi nei quali ci si trova. Quanto al tempo, si emancipa anch'esso dal luogo, permettendo l'inedita percezione del carattere "contemporaneo" di eventi che accadono in contesti fisici senza alcun contatto fra loro.

Per quanto riguarda l'idea di una "modernità radicale" (o "seconda modernità"), questa è affrontata in una serie di testi, fra cui il più noto è *Le conseguenze della modernità* (1990). L'avvento della modernità ha corrisposto secondo Giddens a una discontinuità nella storia che non ha precedenti. E ciò è stato vero sia su di un piano, per così dire, estensionale, con la creazione di forme di connessione sociale che hanno abbracciato via via tutto il pianeta, sia su di un piano intensionale, nel senso che a essere trasformate sono state le forme stesse dell'agire e dell'interagire, e persino gli aspetti più intimi e personali dell'esistenza di ognuno.

Ma alla fine del XX secolo la modernità sembra entrare in una fase specifica, che rappresenta la radicalizzazione delle sue premesse. Tali premesse, fondate sul progetto di un dominio razionale dell'uomo sulla natura, conducono infatti da un lato a una problematizzazione della razionalità alla luce di se stessa (alla scoperta cioè, propria in verità già di alcuni dei classici, che la fiducia nella razionalità è per l'appunto *fiducia*, cioè di fatto credenza extra-razionale, e che difficilmente dunque si può pensare a un dominio esaustivo della ragione sulla natura e sulle umane vicende), e dall'altro a una serie di conseguenze inintenzionali che rendono dubbia la stessa idea del progresso. Tali conseguenze hanno soprattutto a che fare con la generazione dei nuovi rischi a cui lo sviluppo economico e tecnologico porta. L'azione umana ha cambiato difatti il pianeta in modo tale che la sopravvivenza della nostra specie non può più essere data per scontata. Non si tratta dei pericoli cui l'esistenza umana è sottoposta da sempre, ma di *rischi artificiali*, cioè condizioni di vulnerabilità e di incertezza che sono state prodotte dagli stessi meccanismi che hanno fin qui garantito il progresso.

Già molti autori avevano notato che la comparsa della bomba atomica (il cui primo esemplare fu sganciato nel 1945 a Hiroshima) ha costituito una novità epocale nella storia: d'ora innanzi il genere umano è in grado di autodistruggersi grazie alle proprie tecnologie. Giddens non pensa però alla guerra, ma ad esempi di catastrofi inintenzionali come gli incidenti alle centrali nucleari o il surriscaldamento del globo. Argomenti analoghi sono sviluppati dal sociologo tedesco Ulrich Beck in *La società del rischio* (1986). Il punto è riconoscere che la nostra vita si svolge oggi nelle condizioni di un'incertezza inedita, generata dai successi stessi che la modernità ha conseguito. In verità, i rischi in questione non potrebbero neppure essere definiti "rischi": non è possibile infatti valutarne le condizioni di probabilità. Si tratta di effetti dello sviluppo che non controlliamo e che non conosciamo nella loro portata. A tale incertezza, quotidianamente, non possiamo che rispondere proiettando fiducia nei confronti dei "sistemi esperti" che governano la nostra esistenza (come quando, salendo su un aeroplano, ci fidiamo delle capacità e dell'addestramento del pilota, del funzionamento della torre di controllo e così via, pur senza poterne verificare di persona alcun aspetto). Ma, per altri versi e collettivamente, possiamo rispondere con un ulteriore aumento della riflessività, cioè della capacità di ponderare le nostre scelte e di assumercene la responsabilità.

L'incertezza in questione non deriva del resto soltanto dall'economia o dalle tecnologie. Poiché, nei termini di Giddens, la società contemporanea è definitivamente post-tradizionale, essa mette potenzialmente in discussione ogni cosa: dai rapporti fra i sessi e le forme famigliari fino alle traiettorie biografiche o la definizione di ciò che è "normale" fare alle diverse età della vita. Anche grazie all'azione dei media sull'immaginario, grazie alla molteplicità di vite e di mondi possibili che questi permettono di contemplare, quella che si affaccia è per così dire una condizione di eccedenza (almeno virtuale) delle possibilità, ovvero di incertezza fra opzioni molteplici.

Rispetto a tutto ciò, Giddens ritaglia tuttavia una posizione sostanzialmente ottimista. Rischio e incertezza sono in fondo l'altra faccia della libertà. La società contemporanea produce se stessa e sa di farlo. La conoscenza prodotta dalle scienze sociali le è utile in quanto generatrice di riflessività e di responsabilità, necessario complemento della libertà: il futuro non è interamente nelle nostre mani, ma la conoscenza può aiutare l'azione di individui e collettività a scegliere mano a mano le alternative capaci di conservare e sviluppare la vita.

Pierre Bourdieu: campi, habitus e pratiche

Ho sottolineato più sopra che la scelta degli autori da trattare ora è difficile. In questa difficoltà rientra il fatto che la lettura dei testi di questi autori si è intrecciata con la biografia di chi scrive in modo diverso da quanto non sia avvenuto coi "classici". Ciò mi è particolarmente evidente accingendomi a scrivere di Pierre Bourdieu (1930-2002).

Il primo libro di Bourdieu che personalmente ho incontrato nel corso degli studi è *La riproduzione. Elementi per una teoria del sistema scolastico* (1970, con Jean-Claude Passeron). Scritto e letto a ridosso delle contestazioni studentesche del Sessantotto, questo libro confermava qualcosa che i movimenti di allora affermavano: le istituzioni scolastiche sono solo in parte veicolo di mobilità sociale. Gli studenti delle classi superiori hanno un cammino privilegiato rispetto a quelli provenienti dalle classi inferiori: non solo perché scelgono tipicamente corsi di studi più qualificanti, ma perché la loro formazione è più idonea a permettere loro di superare il tipo di selezione che le scuole operano. Le istituzioni scolastiche infatti non sono neutrali: incorporano un tipo di istruzione solidale con la cultura delle classi superiori, e funzionano come un meccanismo che legittima l'esclusione di chi proviene dal basso certificandone l'insuccesso attraverso criteri che appaiono meritocratici, ma dove il "merito", in realtà, consiste soprattutto nella capacità degli studenti di adattarsi ai canoni della cultura proposta.

Bourdieu non era interessato a fornire argomenti ai movimenti studenteschi. E ciò che questi ritrovavano nel suo libro non è tutta la verità sulla scuola, né tutto ciò che Bourdieu aveva da dire: nella misura in cui idealmente si riferisce a un principio democratico di estensione universale del diritto all'istruzione, la scuola è anche un luogo di tensione fra ciò che la società moderna dice di essere e ciò che è. Ma il suo libro confermava che le disuguaglianze sociali hanno la tendenza a riprodursi: a meno di cambiamenti radicali dell'istruzione o della società intera, chi ha poche carte da giocare all'inizio del proprio cammino difficilmente cambierà la propria posizione nel corso della vita.

Ma quali sono le "carte" importanti? Quali sono le risorse che contano? La domanda porta al cuore delle proposte teoriche complessive di Bourdieu. Usualmente, per quanto riguarda le società moderne, si pensa che le risorse decisive consistano nella ricchezza economica, nel "capitale". Questo è indubbiamente importante, come è importante la stratificazione economica che ne consegue. Ma Bourdieu suggerisce che esistano tipi diversi di capitale: *economico*, *culturale* e *sociale*. La nozione di capitale economico ci è ovvia; il capitale culturale corrisponde all'educazione famigliare, all'istruzione e alle credenziali educative di cui un soggetto è in possesso; il capitale sociale consiste nelle relazioni di cui un soggetto dispone. L'effettiva collocazione di una persona nella stratificazione sociale complessiva dipende dalla miscela di questi capitali.

A parità di altre condizioni, il capitale sociale è probabilmente quello più rilevante. Con le parole di Bourdieu, questo corrisponde alla

> somma delle risorse, attuali e virtuali, che fanno capo a un individuo o ad un gruppo in quanto questo possiede una rete durevole di relazioni, conoscenze e reciproche riconoscenze più o meno istituzionalizzate (1992, trad. it. 1992, p. 87).

Il capitale sociale è insomma la capacità di aver credito (in tutti i sensi della parola): la possibilità di suscitare fiducia, di mobilitare l'aiuto di altri. L'interesse della sociologia contemporanea per questa nozione (in parte legato all'influenza di Bourdieu, in parte proveniente da fonti diverse) dipende dal riconoscimento dell'importanza che rivestono le dimensioni informali, tacite, scarsamente istituzionalizzate e difficilmente passibili di razionalizzazione che attraversano la vita sociale e le organizzazioni. L'attenzione per queste dimensioni è in effetti una caratteristica rilevante della sociologia che in questi anni si forma.

Ma va notato che il "capitale", per Bourdieu, è comunque multiforme. Il capitale sociale è importante, così come lo sono il capitale economico e quello culturale, ma vi sono "capitali" diversi per ogni campo o sottocampo della vita sociale. La nozione di capitale, difatti, ha sempre per Bourdieu una dimensione simbolica: la materialità dei suoi effetti dipende dal fatto che sia riconosciuto e che sia "spendibile" come tale. Per capire questo punto, bisogna collegare l'idea di "capitale" a quella di *campo*.

Il "campo" è un'area della vita sociale caratterizzata dalla condivisione fra un certo numero di attori di determinati interessi, dalla presenza di certe posizioni reciproche, certe pratiche, certe regole e certi rapporti di forza. Vi sono innumerevoli campi nella vita sociale (il campo economico, il campo artistico, quello del giornalismo, o lo sport e così via), ognuno caratterizzato da una parziale autonomia, e ciascuno di essi dà forma a un particolare tipo di capitale, cioè il tipo di risorsa il cui possesso corrisponde alle posizioni dominanti e per il cui possesso si lotta.

L'idea che la vita sociale sia scomponibile in una molteplicità di aree distinte accompagna la sociologia fin dalle sue origini. Ma la nozione di "campo" va oltre ciò che i ragionamenti sulla differenziazione sociale hanno detto fin qui. Un "campo" non è definibile a priori, e non necessariamente ha un nome nel linguaggio ordinario. I suoi limiti sono i limiti della rete di effetti di influenza reciproca che lega certi elementi della vita sociale fra loro. È la ricerca empirica che lo porta alla luce.

Si tratta di un'idea dalle molte conseguenze. La prima è che spinge vigorosamente a pensare in termini relazionali: le caratteristiche rilevanti di ogni attore sociale, le sue strategie, le sue *chances* dipendono dal campo entro cui la sua azione si situa. (In proposito si può rammentare ancora Simmel: l'invito a pensare in modo relazionale è un'articolazione a livello operativo del principio di *Wechselwirkung*, un tentativo di riconoscere di volta in volta quali siano le influenze reciproche che legano i fenomeni osservati tra loro.)

La seconda è che si pone il problema del coordinamento fra i campi: nella prospettiva di Bourdieu, il "campo dei campi" è costituito dallo Stato, ovvero, in senso lato, dal campo in cui si coopera e si lotta al fine di stabilire le regole che debbono valere in ogni altro campo.

La terza è che la scienza stessa è un campo fra gli altri, e la comprensione delle sue caratteristiche è essenziale ai fini di un corretto lavoro scientifico. Quest'ultimo punto merita particolare attenzione. Esso mette capo alla raccomandazione di una peculiare *auto-riflessività* come elemento essenziale della sociologia e di ogni altra scienza sociale.

Ragionando su Giddens, poco sopra, abbiamo notato che le scienze sociali contribuiscono alla riflessività degli attori. Ma la riflessività deve coinvolgere anche lo scienziato. Per certi versi si tratta di un'idea che può essere fatta risalire almeno a Mannheim (e forse già a Weber). Lo scienziato è situato tanto quanto lo sono gli attori su cui fa ricerca: anch'egli (o ella) è determinato da un corpo, da un'appartenenza nazionale, linguistica, di classe, di genere, di generazione, dal riferimento a certi valori e così via; e tali determinazioni devono essere prese in considerazione nel suo lavoro, poiché influenzano il suo rapporto con l'oggetto che studia. Ma Bourdieu spinge questa raccomandazione più avanti. A dover essere tenuta sotto controllo è anche l'influenza che hanno sul lavoro scientifico le regole dei campi entro cui questo lavoro si situa: i principi della competizione accademica, ad esempio, i ruoli che giocano lc aspettative del pubblico o quelle degli eventuali committenti, le posizioni di autorità e le lotte a riguardo, i precetti metodologici, le convenzioni linguistiche che governano l'esposizione dei risultati, e infine la stessa specificità dell'atteggiamento che caratterizza lo scienziato, che è diverso dall'atteggiamento ordinario in cui si trovano gli attori impegnati nelle pratiche che lo studioso intende descrivere.

Tenere conto di tutto ciò corrisponde ad un'"autoanalisi" dello scienziato: non nei termini di una autocoscienza soggettiva, ma in quelli del riconoscimento dei propri condizionamenti oggettivi. Tale riconoscimento non è un "di più" rispetto al lavoro scientifico: ne è parte integrante. Ciò di cui non siamo coscienti ci influenza infatti tanto più efficacemente in quanto è protetto dalla nostra disattenzione.

D'altro canto, questa auto-riflessività non conduce ad alcun tipo di solipsismo o di relativismo: mira piuttosto a far sì che si dispieghino nel modo più compiuto possibile le regole di un autentico campo scientifico, i cui principi ispiratori sono (o dovrebbero essere) la trasparenza e la discussione libera e razionale degli stili di costituzione degli oggetti di ricerca, di indagine e di argomentazione, in modo tale da costituire uno spazio in cui i ricercatori si possano accordare «sui terreni di disaccordo e sugli strumenti mediante i quali possono essere in grado di risolvere questi disaccordi, e nient'altro» (Bourdieu, 1992, trad. it. 1992, p. 138).

Tornando alla nozione di "campo", va osservato che la permanenza entro determinati campi della vita sociale ingenera nei soggetti particolari tipi di *habitus*. L'*habitus* è un modo di porsi nei confronti del mondo, è la disposizione ad agire in un certo modo, che ogni soggetto apprende nel corso delle proprie esperienze e nei contesti in cui vive. Dipende dalla struttura del campo o dei campi entro cui ci si forma e in cui si trascorre la vita, ma a sua volta struttura la percezione che il soggetto ha del mondo ed i modi in cui agisce.

Il concetto di *habitus*, presente in svariati saggi di Bourdieu, è forse quello che della sua opera è stato più discusso. Ad alcuni pare eccessivamente deterministico: una sorta di riedizione dell'idea parsonsiana dell'interiorizzazione delle norme, quasi un mero riflesso delle strutture. Ma non è quello che Bourdieu intende. L'*habitus* è il versante sociale di quello che chiamiamo il "carattere" o la "personalità" di qualcuno: a chi lo osservi dall'esterno, rende in qualche modo prevedibile ciò che il soggetto farà, dal momento che corrisponde a una certa comprensione di come lui (o lei) vede il mondo, di quali sono le sue gerarchie di preferenze, di cosa sente alla sua portata e a che cosa si sente portato in virtù della sua educazione e delle esperienze di formazione che ha vissuto in certi settori della società; ma tutto ciò non vuol dire che si possa essere sicuri *esattamente* di quel che farà. Potrà avere uno scatto d'orgoglio o attraversare un momento di debolezza, potrà incontrare qualcuno che lo influenzi o apprendere qualcosa che lo trasformi, potrà imbattersi in situazioni in cui le sue disposizioni appariranno inadeguate e così via. Come spiega la filosofia, di cui Bourdieu è tutt'altro che digiuno, essere un "soggetto" è avere la capacità di *dire di no*, cioè di opporsi al corso degli eventi, ai significati già dati e, in certi casi, anche a se stessi. È vero che Bourdieu dedica relativamente poca attenzione alla descrizione di ciò che rende un soggetto libero dai suoi condizionamenti, ma è evidente che l'idea di *habitus* non è quella di una gabbia che neghi ogni libertà.

L'*habitus* è un atteggiamento che il soggetto sviluppa adeguandosi ai campi in cui è immerso: può mutare nel tempo (anche se è raro che si trasformi dopo le prime e più importanti esperienze di socializzazione: e questo in fondo spiega gran parte delle inerzie sociali) e, in contesti diversi o in situazioni mutate, può dar luogo a comportamenti variabili. In ogni caso, anch'esso non si lascia comprendere isolatamente: si lega infatti alla nozione di campo e a quella di *pratica*.

Quest'ultima è affrontata specificamente in *Per una teoria della pratica* (1972). Ne abbiamo visto l'importanza anche in Giddens. Il punto è che nella realtà esistono raramente "azioni" singole, chiaramente isolabili da altre: esistono corsi di azioni, condotte. Ma le condotte tendono ad assumere col tempo, per ciascuno e in ciascun campo, una forma che si consolida, cioè si standardizza e si ripete. Schutz parlava in proposito di *routine*. Ma il termine "pratiche" è più ampio: è meno ancorato all'idea di un comportamento irriflesso, e permette di riconoscere che, agendo, i soggetti mettono in gioco anche conoscenze e riflessività, imparando dall'esperienza ed essendo capaci di innovazioni. Più che espressione di un "senso comune" (come le *routines* per Schutz), le pratiche sono manifestazione di quello che Bourdieu chiama un "senso pratico". Sono modi di fare a cui è legata una certa comprensione della realtà, che includono conoscenze esplicite e implicite, collegate a un certo *habitus* e relative al campo entro cui il soggetto si muove.

Va osservato però che, nonostante un'indubbia passione per la teoria, Bourdieu non si esercita prevalentemente nella costruzione di un sistema teorico. I suoi concetti nascono nel corso della ricerca e si propongono come programmi di ricerche ulteriori. Come si esprime in un'intervista: «La vera teoria è quella che si compie e scompare nel lavoro scientifico che essa ha consentito di produrre» (1992, trad. it. 1992, p. 122).

Bourdieu è stato un animatore della ricerca sociale, fondando riviste e collaborando con numerosi allievi. Le sue prime ricerche si svolsero in Algeria, dove abitò fra il 1955 e il 1960. L'esperienza algerina fu rilevante; tra l'altro, Bourdieu stabilì una duratura collaborazione con Abdelmalek Sayad (1933-1998), del quale curerà postuma una collezione di scritti (*La doppia assenza*, 1999) che è oggi un riferimento obbligato degli studi sui processi migratori. Dopo alcune ricerche sulla Francia rurale, Bourdieu ha realizzato ricerche sul sistema scolastico e sul sistema accademico in Francia, sull'arte e sulla storia sociale della fotografia, sui consumi culturali e sul gusto, sui rapporti fra i sessi e sulle migrazioni, sulla televisione e altro ancora. Ha influenzato le scienze sociali ben al di là della Francia; i suoi lavori sono tra i più citati nella sociologia contemporanea.

Verso una sociologia dei consumi

Se non è possibile rendere conto di tutte le ricerche di Bourdieu, voglio dedicare però almeno un cenno alla ricerca su *La distinzione* (1979), che permette di nominare un tema che in questi anni acquista una rilevanza crescente, quello dei consumi.

La base empirica di *La distinzione* è costituita da due inchieste condotte da Bourdieu negli anni sessanta intervistando in Francia 1.200 persone appartenenti a gruppi sociali diversi. Le domande proposte riguardavano argomenti come i gusti musicali, le preferenze alimentari o l'arredamento. Il primo risultato è l'evidenza di una differenziazione del gusto sulla base dell'appartenenza dei soggetti a classi diverse e, all'interno della medesima classe, a ceti diversi. Nonostante appaia così "soggettivo", il gusto possiede dunque un versante socialmente determinato. Ma vi è di più. Le preferenze di gusto e le scelte di consumo in cui queste corrispondono non si limitano a "esprimere" certe posizioni sociali, ma contribuiscono ad articolarle e, in certi casi, a crearle. L'affermazione dei gusti risponde infatti a un'esigenza di distinzione: classificando i gusti altrui come negativi (manifestando "disgusto" per ciò che ad altri pare apprezzabile), ciascuno afferma cioè e costruisce la propria differenza, ovvero la propria *identità* come distinta da quella di altri.

Lo studente di sociologia avvertirà qui un'eco della teoria del "consumo vistoso" di Veblen e delle idee sulla moda di Simmel. Ma chiunque oggi riconoscerà qualche tratto della propria esperienza. I consumi non si limitano infatti a rispondere a esigenze materiali: ogni bene è dotato di un valore simbolico, e sceglierlo corrisponde a marcare, più o meno intenzionalmente, l'identità del consumatore.

Il marketing e la pubblicità contemporanei conoscono bene tutto ciò: se da un lato si premurano di studiare i potenziali consumatori, dall'altro enfatizzano il carattere simbolico dei prodotti in modo tale che consumarli sia la soddisfazione di una sorta di sogno a occhi aperti, l'identificazione cioè del consumatore stesso con un modello di identità che egli desidera comunicare a se stesso e agli altri.

La centralità del consumo è del resto riconosciuta in questi anni da un numero crescente di ricerche sociali. In un celebre studio del 1977, *La rivoluzione silenziosa*, Ronald F. Ingelhart notava come questi, al crescere della ricchezza, tendano a farsi sempre più "immateriali". Ma il consumo ha comunque in sé una valenza simbolica. Come notava Jean Baudrillard (1929-2007) in *Per una critica dell'economia politica del segno* (1972), riflettendo sulla classica distinzione marxiana fra "valore d'uso" e "valore di scambio", le merci posseggono infatti anche un terzo "valore": che è per l'appunto quello simbolico. Tale valore pertiene in verità ad ogni oggetto, il cui significato non si risolve mai nelle sue mere funzioni di utilità e neppure nella sua possibilità di essere scambiato, ma coincide con la sua facoltà di significare altro da sé: uno status, una relazione, o il richiamo a un mito a cui viene associato. I significati degli oggetti non sono però arbitrari: dipendono dalla cultura in cui sono inseriti, al cui interno costituiscono una sorta di sistema linguistico che i soggetti condividono, riconoscono e usano per mediare le proprie interazioni e per marcare tanto le proprie differenze quanto le proprie appartenenze.

Incomprensibili ricorrendo alla nozione di un mero "bisogno", i consumi rimandano piuttosto alle logiche della seduzione e del desiderio. E la società contemporanea pare a Baudrillard caratterizzata da un crescente desiderio di desiderare. Una caratteristica che è forse particolarmente evidente nel consumo dei prodotti dell'industria culturale. Come aveva scritto già negli anni sessanta Edgar Morin (in *Lo spirito del tempo*, del 1962), prodotti come quelli del cinema vanno considerati alla luce del concetto di "immaginario". Questo è luogo virtuale di una moltiplicazione dell'esistenza, e dunque sede di una certa soddisfazione del desiderio. Ma si insinua in ogni piega della vita, arricchendola dei suoi contenuti e venendo a costituire un filtro rispetto ai modi in cui la percepiamo.

Società e cultura nei *cultural studies*

I lavori di Giddens e di Bourdieu suggeriscono, come si è visto, che fra soggetti e strutture vi sia un rapporto circolare, di determinazione reciproca e di interdipendenza. In entrambi i casi, va anche osservato che si tratta di autori poco inclini al rispetto di steccati disciplinari. Bourdieu riteneva che le rigide separazioni fra sociologia, storia, antropologia o linguistica non abbiano alcun fondamento epistemologico e corrispondano meramente alla difesa di certe posizioni accademiche. Orientamenti analoghi sono caratteristici di gran parte delle più recenti correnti di studio. Fra queste è degna di nota quella dei cosiddetti *cultural studies*.

Con questa espressione si intende, in senso stretto, una corrente di studiosi sorta negli anni sessanta che ha fatto capo a lungo al Center for Contemporary Cultural Studies dell'Università di Birmingham, in Inghilterra.

Ovviamente non si tratta della prima corrente di studiosi che si occupino della cultura. Specie nella tradizione tedesca, le scienze sociali sono state sempre e complessivamente intese come "scienze della cultura". Ma nel suo insieme e soprattutto negli Stati Uniti la sociologia del Novecento ha teso a una certa separazione analitica fra "società" e "cultura", intendendo quest'ultima come un insieme di credenze, norme, simboli e valori che gli attori "interiorizzano", ma che restano apparentemente indipendenti dalle pratiche concrete in cui si manifestano. La prospettiva dei *cultural studies*, più vicina al modo in cui gli antropologi e gli storici hanno concettualizzato la cultura, intende invece quest'ultima come qualcosa di indissolubilmente intrecciato con le pratiche degli attori sociali. La cultura non esiste se non come una "forma di vita": studiarla è studiare come le persone danno senso alla realtà e alle cose che fanno, studiare gli oggetti che li circondano e i modi in cui vivono quotidianamente. La cultura si riproduce nella vita dei soggetti concreti e da questi viene costantemente riformulata e innovata.

Così intesa, la cultura è patrimonio di ogni gruppo sociale, e si apre la possibilità di considerare oggetti propri di una sociologia della cultura non solo le visioni del mondo espresse dalla filosofia, dalle religioni o da certi insiemi di norme o valori, e neppure soltanto le opere della letteratura o della pittura canonizzate dalle élite istruite, ma anche ciò che si esprime negli stili di convivialità o nei gusti alimentari, in film popolari e in riviste, nel giocare a calcio o nell'ascoltare musica insieme.

Il Center for Contemporary Cultural Studies venne fondato a Birmingham nel 1964. Il suo primo direttore fu Richard Hoggart. Al suo fianco, vanno ricordati Raymond Williams, Edward P. Thompson e, di poco più giovane, Stuart Hall. La formazione di questo gruppo di studiosi è composita (diversi di loro provenivano dal settore dell'educazione degli adulti; Williams aveva una formazione storico-letteraria; Thompson era propriamente uno storico; tutti hanno scritto su una grande varietà di temi diversi). Ad accomunarli è per l'appunto l'idea che la cultura sia, secondo l'espressione proposta da Williams, «a whole way of life»: sia cioè il modo in cui diamo forma alle nostre esperienze e alle nostre pratiche.

Una cultura è tale se è socialmente condivisa, ma è difficile stabilire i limiti di questa condivisione; d'altro canto, una medesima società può ospitare al suo interno orientamenti culturali differenti e in conflitto tra loro: in questo senso, come sottolineava soprattutto Thompson ragionando sulla sottocultura operaia in *The Making of the English Working Class* (1963), la cultura è anche un campo di tensioni, compromessi e conflitti permanenti fra diversi gruppi sociali.

Un'osservazione, quest'ultima, che rende conto dell'interesse manifestato dai *cultural studies* per il lavoro di Gramsci. Orientati politicamente a sinistra, questi autori ritrovano infatti in Gramsci la possibilità di appoggiarsi a un marxismo non determinista e non economicista, attento al ruolo di istituzioni popolari come la chiesa e a quello degli intellettuali, capace di tematizzare la cultura come il campo di lotte per l'egemonia fra le classi. Una prospettiva insomma che riesce a vedere come le classi subalterne siano contemporaneamente influenzate da quelle superiori ma anche capaci di resistere a questa influenza, e come la cultura sia un campo di orientamenti in divenire costante, dove al venir meno di certe "sottoculture" (come quella della classe operaia, di cui questi studiosi descrivono la scomparsa attorno agli anni sessanta) corrisponde il sorgere di altre (come quelle giovanili, di cui molte ricerche nei medesimi anni osservano il dispiegarsi).

Interessati a studiare fenomeni che difficilmente le statistiche ufficiali censiscono, gli studiosi di Birmingham sono innovativi nei propri metodi di ricerca. Riallacciandosi in questo alla scuola di Chicago, prediligono strumenti come l'osservazione partecipante o il resoconto etnografico. Ciò è evidente soprattutto a partire dagli inizi degli anni ottanta, quando l'interesse di questi autori si concentra sul ruolo dei media nella vita quotidiana e sugli stili di consumo che ad essi sono associati.

Media e consumi sembrerebbero in effetti gli strumenti più efficaci in mano alle classi dominanti per imporre la propria egemonia sulla società. Secondo alcuni, sarebbe proprio la loro diffusione che tende a distruggere le preesistenti differenziazioni culturali e a generare una indifferenziata omogeneizzazione dei gusti e degli orientamenti. Ma l'idea che quella attuale sia una società omogenea e "di massa" è contestata dai *cultural studies*: sia nel senso che le differenziazioni permangono (o se ne creano di nuove), sia e soprattutto nel senso che i destinatari della pubblicità, dell'informazione e di ogni altro prodotto dell'industria culturale non costituiscono "masse" passive, ma "pubblici" attivi e capaci di interpretare in modi diversi i messaggi a cui sono esposti.

Questa affermazione si giova dell'incorporazione nella teoria sociale di contributi provenienti dalla semiotica, particolarmente nel modo in cui questa integrazione è proposta da Stuart Hall. In un celebre saggio del 1980, *Codifica e decodifica nel discorso televisivo*, Hall suggerisce infatti di ragionare sul rapporto fra i testi diffusi dai media ed il pubblico nei termini di un processo interpretativo i cui esiti non sono scontati. Il pubblico può interpretare (o "decodificare") i messaggi che riceve in modo coerente con il significato che gli autori originariamente gli attribuivano; ma può anche interpretarli criticamente (ad esempio dicendosi qualcosa come "sì, ma..."); può interpretarli travisandone il senso o applicandovi codici di lettura imprevisti (badando prioritariamente ad esempio a certi elementi del testo che per gli autori erano marginali); o, infine, può non comprenderli affatto, perché ne rifiuta la fonte o perché non dispone di strumenti culturali adeguati (come, ad esempio, rifiutando di seguire i programmi di un'emittente per ragioni politiche, o, nel secondo caso, confondendo un notiziario con un programma di *fiction*).

Questo approccio non postula una libertà assoluta del soggetto che fruisce dei media. Dopo tutto, questi ha a che fare con un'offerta che non è lui a determinare. Ma suggerisce che i media non sono onnipotenti: l'influenza che esercitano è filtrata dalle competenze e dagli atteggiamenti interpretativi dei pubblici.

Numerose ricerche empiriche, negli anni successivi, hanno confermato la validità di questo modo di ragionare. Variabili come l'istruzione, il genere, l'età, l'appartenenza etnica, la collocazione professionale e quella geografica dei soggetti determinano in modo sostanziale la maniera in cui i testi mediali sono accolti e compresi. Varia di conseguenza anche il tipo di influenza che i media esercitano.

D'altro canto, non si tratta soltanto dell'interpretazione dei testi. Caratteristica dei *cultural studies* è anche l'attenzione per un'altra dimensione: quella dell'*uso*. Leggere, andare al cinema o guardare la televisione sono infatti pratiche sociali che non si esauriscono nella mera fruizione di un testo. Limitandoci per brevità all'esempio del televisore, quest'ultimo si colloca in casa in spazi e in modi storicamente variabili; è acceso in orari determinati; è visto ora dall'uno, ora dall'altro, ora da tutti i componenti di uno stesso nucleo secondo logiche sociali riconoscibili; ha il valore di un mero sottofondo delle altre attività o è guardato con attenzione focalizzata; i suoi contenuti si offrono a discorsi in comune e così via. Il punto è che il consumo dei media è un processo attraverso cui individui e gruppi trasformano determinate offerte in risorse per la propria vita. È una parte della vita quotidiana. L'ambiente complessivo dei soggetti ne è modificato, ma i media stessi acquistano un senso che va al di là del mero significato dei testi che veicolano.

Se lo studio delle culture quotidiane ha dunque caratterizzato le prime fasi del lavoro collettivo dei *cultural studies*, quello dei media ne rappresenta la prosecuzione naturale, in un mondo dove i consumi mediali sono sempre più pervasivi. In questo contesto la televisione è in effetti oggetto di studio privilegiato. In *Televisione: tecnologia e forma culturale* (1974), Raymond Williams ne propone un esame che si concentra sulle sue forme discorsive e sui suoi rapporti con l'insieme della cultura contemporanea. Se da un lato il formato della sua programmazione favorisce un'esperienza sempre più "fluida" (cioè sempre meno sensibile alla "punteggiatura" della realtà, più incline a confonderne piani diversi), dall'altro la televisione si iscrive entro una modificazione generale della vita sociale, sempre più orientata verso consumi privati, ma contemporaneamente aperta e tendente a sfumare la distinzione fra privato e pubblico.

Tale modificazione è descritta da Williams nei termini della tendenza a una "privatizzazione mobile". L'espressione coglie il dispiegarsi solidale di due tendenze apparentemente contraddittorie, ma in realtà strettamente intrecciate: quella alla formazione di unità domestiche sempre più autosufficienti grazie allo sviluppo di consumi privati, da un lato, e quella alla crescente mobilità degli individui e alla loro sempre maggiore interconnessione, dall'altro. Nel dispiegamento di questa tendenza contano simultaneamente la televisione e altri mezzi, come l'automobile: sono beni acquistati privatamente e fanno capo all'unità famigliare, ma con loro l'unità famigliare si apre a spazi e a flussi di comunicazione sempre più ampi. Ciascuno si sente ed è, in un certo senso, sempre più autonomo; contemporaneamente è connesso con altri e con reti socio-tecnologiche sempre più capillari.

La spinta verso la "privatizzazione mobile" si radica in bisogni sociali che nelle nuove tecnologie trovano modo di soddisfarsi; d'altro canto, queste stesse tecnologie permettono che tali bisogni si manifestino. Si tratta di una circolarità fra cultura e tecnologia che è, per Williams e per tutti i *cultural studies*, caratteristica generale dei processi di mutamento. Rifiutando tanto il determinismo economico quanto quello tecnologico, questi autori non cadono per questo in un determinismo culturale: il mutamento sociale è piuttosto il risultato, sempre instabile, dell'interazione di fattori diversi.

Suggerimenti bibliografici

Per un'introduzione alla storia del Sessantotto segnalo P. Ortoleva, *Saggio sui movimenti del 1968 in Europa e in America* (1988). Per una panoramica internazionale sui rapporti fra il Sessantotto e la formazione di una nuova generazione di sociologi si può vedere, a cura di A. Sica e S. Turner, *The Disobedient Generation* (2005); per una rassegna dei contributi del neofemminismo alla ricerca sociale si può consultare P. Di Cori, D. Barazzetti, *Gli studi delle donne in Italia* (2001). Per una valutazione attuale della sua storia e del suo impatto sulla sociologia suggerisco L. Balbo, *Il lavoro e la cura* (2008).

Per un'introduzione più ampia agli autori e alle correnti trattati rimando agli ultimi due capitoli di F. Crespi, P. Jedlowski, R. Rauty, *La sociologia. Contesti storici e modelli culturali* (2000). Sugli stessi temi sono ricchi di informazioni gli ultimi capitoli di A. Milanaccio e F. Gamba, *Sociologia* (2005); per approfondimenti più specifici si può vedere *La teoria sociale contemporanea* di P. Baert (1998). Una delle discussioni più intelligenti sulla razionalità dell'agire è quella dell'economista H. A. Simon, *La ragione nelle vicende umane* (1983); per leggere Luhmann si può cominciare da uno dei suoi ultimi saggi: *Globalizzazione o società-mondo: come pensare la società moderna?* (1997).

Per una discussione critica dell'opera di Giddens è utile M. Di Meglio, *Teoria sociale e modernità* (2002); per Bourdieu si può vedere A. Boschetti, *La rivoluzione simbolica di Pierre Bourdieu* (2003); suggerisco anche l'intervista da Bourdieu rilasciata a Löic Wacquant nel volume *Risposte* (1992). Sulla sociologia dei consumi si può vedere R. Sassatelli, *Consumo, cultura e società* (2004); per un'introduzione alla nozione di immaginario – appena citata nel testo ma di importanza crescente nella sociologia contemporanea – suggerisco A. Abruzzese, *L'immaginario* (2005).

Quanto ai *cultural studies*, la migliore introduzione complessiva è attualmente disponibile in francese: A. Mattelart, E. Neveu, *Introduction aux Cultural Studies* (2003).

14
Oltre i margini

Nuovi scenari

La storia raccontata in questo manuale intende fermarsi intorno al 1990.

All'inizio degli anni novanta si avvierà una rivoluzione destinata a mutare rapidamente molti aspetti della società. Abbiamo notato nel capitolo precedente come i mezzi di comunicazione modifichino le forme di interazione: la comparsa del World Wide Net – cioè di un insieme di tecnologie dell'informazione incorporate in computer collegati fra loro su scala mondiale – toccherà in modi più o meno intensi tutti gli ambiti della vita: aspetti della vita economica, di quella politica, del tempo libero. D'altro canto, genererà nuove forme di potere, di inclusione/esclusione e di stratificazione sociale.

Nel 1991 cesserà inoltre di esistere l'Unione Sovietica. Scomparirà così l'ordine bipolare del mondo che aveva retto per tutti gli anni della "guerra fredda". Nello stesso anno la prima Guerra del Golfo, avviata dagli Stati Uniti in seguito all'invasione del Kuwait da parte dell'Iraq, segnerà la comparsa di nuovi conflitti, legati soprattutto alla disputa per il controllo delle fonti energetiche. Fino al 1991, l'equilibrio è stato mantenuto dalla pace armata fra i due colossi del globo. In seguito il panorama diventa più incerto.

Ma questa è la fase in cui siamo ora coinvolti, e non è opportuno che un manuale come questo si occupi dell'attualità. Possiamo però rendere conto di come alcuni elementi dello scenario attuale si siano andati formando.

Per cominciare, va notato che già da tempo si erano avviati processi di ristrutturazione dell'ordine economico e politico del mondo che, dapprima inavvertiti, progressivamente modificavano molti aspetti della vita sociale. Tra questi, va ricordata una nuova trasformazione del sistema economico, tale per cui la proprietà del capitale tende a separarsi dalla gestione diretta delle imprese. È la nascita di un capitalismo azionario, quello delle multinazionali e delle *corporations*, che possiamo considerare realizzata, almeno nei settori di punta dell'economia mondiale, già negli anni sessanta e settanta. Ciò prelude a nuove possibilità di movimento dei capitali; d'altro canto, rende più stringente per ogni impresa l'esigenza di generare profitti.

Se l'assetto precedente del modo di produzione capitalistico aveva potuto essere detto "fordista", quello che ora è in formazione può essere chiamato "post-fordista". Il termine è entrato in uso nei primi anni ottanta. Si tratta di un regime di accumulazione del capitale che tende alla "flessibilità". Il capitale tende cioè a spostarsi rapidamente là dove è più redditizio: le grandi fabbriche attorno a cui si era organizzata la vita sociale dei paesi occidentali negli anni della crescita economica successiva alle due guerre mondiali vengono snellite e in parte smantellate, e la produzione viene dapprima decentralizzata, per poi spostarsi sempre più spesso nei paesi dove il lavoro è più a buon mercato. La stessa flessibilità è richiesta progressivamente al lavoro: non solo nel senso che è necessario adattarsi frequentemente a nuove mansioni, ma in quello che il legame di un lavoratore con un'azienda per tutta la vita diventa meno ordinario. Sempre più spesso, il lavoro del resto diventa o ridiventa "informale" (non regolato cioè da contratti precisi, o parzialmente sconnesso da una retribuzione in denaro).

Sulle trasformazioni del lavoro si avviano in effetti molte ricerche. Alcuni (come André Gorz in *Addio al proletariato*, un libro del 1980) ritengono che lo sviluppo tecnico stia tendendo a una sostituzione sempre più diffusa del lavoro umano con le macchine, tale da portare a una vera e propria "fine del lavoro". È vero che quando aumenta il tempo libero la centralità del lavoro per l'autorappresentazione degli individui si attenua. Ma da qui a parlare di una fine del lavoro il passo è lungo. Per quanto possa sembrare paradossale, negli ultimi decenni nei paesi occidentali sono cresciute in realtà sia l'occupazione che la disoccupazione: la prima in virtù della comparsa di nuove professioni e in larga misura in forme precarie; la seconda a causa della crescente offerta di lavoro da parte delle donne. È innegabile che i cambiamenti in corso modificano progressivamente l'organizzazione delle imprese e riducono i posti di lavoro a tempo indeterminato; erodono inoltre la centralità e l'omogeneità delle carriere lavorative dei maschi adulti, e indeboliscono le associazioni che rappresentano i lavoratori. Ma, come hanno sintetizzato recentemente i termini della questione due sociologi italiani, non ci troviamo nella fase della fine del lavoro [...]; i rapporti tra lavoro e società stanno diventando se mai più articolati e complicati anche se il lavoro non scompare e continua a costituire un riferimento centrale per le prospettive di vita di chi si affaccia ora o si affaccerà nel prossimo futuro all'età adulta (Mingione, Pugliese, 2002, p. 135).

È vero tuttavia che la produzione in se stessa diventa economicamente sempre meno rilevante, almeno in senso relativo: a creare profitti è in misura crescente il rapido e accorto spostare il denaro sulle piazze finanziarie internazionali. Ma soprattutto, più che produrre, ora conta vendere: è qui, almeno in Occidente, che si crea la maggior parte delle nuove occupazioni. I prodotti sono sempre più differenziati, e il ruolo della distribuzione diventa centrale; a ciò corrispondono sia nuovi assetti delle grandi imprese (sempre più fuse tra loro, transnazionalizzate, e sempre più capaci di riunire in singole società catene complessive di produzione, distribuzione e promozione delle proprie merci), sia un ruolo crescente della pubblicità e delle attività di marketing. Il consumo, come si è già osservato, diventa insomma cruciale: per il sistema economico si tratta di promuovere un atteggiamento sociale che permetta la circolazione incessante di nuove merci.

Altrettanto cruciale diviene la capacità delle imprese di innovare rapidamente e di continuo i propri prodotti e le proprie tecniche. A questo riguardo, la rivoluzione informatica, che negli anni ottanta muove i primi passi, prima di confluire nella più generale nascita di una "società in rete", fornisce sia nuove opportunità di mercato, sia nuove tecnologie. Queste ultime consentono di rendere la comunicazione, il lavoro e la circolazione di merci e denaro sempre più celeri.

Una pleiade di ricerche è dedicata allo studio delle condizioni che favoriscono l'innovazione, considerata elemento decisivo della capacità delle imprese di competere sui diversi mercati. Altre studiano i processi di adozione delle innovazioni da parte dei consumatori. Ma emerge anche qualche controindicazione: ogni innovazione costringe a disapprendere modi di fare consolidati e squalifica competenze acquisite, il che ha costi sociali e psicologici ingenti.

Dal punto di vista politico, dopo un periodo contrassegnato da un orientamento socialdemocratico e dal corrispettivo ampliamento delle garanzie offerte dai sistemi di *welfare*, nei paesi occidentali si avvia con gli anni ottanta una fase improntata a politiche "neo-liberiste". Ciò significa da un lato che i servizi di assistenza e previdenza pubblica smettono di crescere (e in qualche caso iniziano a diminuire), e dall'altro che gli Stati lasciano le imprese private più libere di agire sui mercati.

Fra le conseguenze, vi sono alcuni cambiamenti nella stratificazione sociale. In generale e lungo tutti i decenni succeduti alla Seconda guerra mondiale, la quota dei ceti intermedi occupati nel settore terziario (cioè fuori dall'agricoltura e l'industria), rispetto al totale degli occupati, è aumentata. Ma questi stessi ceti medi e coloro che appartengono ancora alla classe operaia ora sono minacciati dai nuovi assetti del mercato del lavoro e dalla riduzione delle garanzie pubbliche; di fatto, le società occidentali tendono a una nuova polarizzazione che separa quelli che restano inclusi nel godimento del benessere, e che in qualche caso si giovano anzi di nuove opportunità, da coloro che sono esclusi o che sono minacciati di esserlo.

A partire dagli anni ottanta, e più marcatamente in seguito, questa situazione è uno dei fattori che provocano il sorgere di nuovi movimenti (o "contromovimenti", dal momento che il loro orientamento è diametralmente opposto a quello dei movimenti sociali precedenti) di taglio conservatore, che si mobilitano in difesa delle proprie posizioni di relativo privilegio.

Nel contempo, specialmente in Europa, nuovi flussi migratori provenienti da aree del mondo più povere o politicamente instabili alimentano la creazione di una nuova classe subalterna costituita da persone che forniscono lavoro a basso costo e che restano escluse da gran parte dei diritti civili. Forse obbedendo al meccanismo del "capro espiatorio" che abbiamo menzionato nel CAP. 10, alcuni "contromovimenti" di stampo regionalistico, etnico o neonazionalista svilupperanno a riguardo una marcata xenofobia.

Il pensiero neoconservatore

Almeno brevemente va osservato che tali movimenti hanno un corrispettivo, se non propriamente nella sociologia, quanto meno in un tipo di riflessioni che riguardano la società. Si tratta dell'insieme di posizioni che si suole designare come pensiero "neo-conservatore". Tale pensiero è stato sviluppato negli ultimi decenni in modo particolare negli Stati Uniti, soprattutto ad opera di autori che non lavorano tanto nelle università, quanto in fondazioni private. Parte delle basi teoriche di questi autori può essere rintracciata nell'opera di Leo Strauss (1899-1973).

Filosofo tedesco emigrato negli USA nel 1937, Strauss aveva vissuto il crollo della Repubblica di Weimar traendone la conclusione che la democrazia non può permettersi la debolezza, e che la vita sociale abbisogna di una chiara definizione di ciò che è "bene". Tale chiara definizione sarebbe tuttavia ciò che la storia della modernità ha progressivamente eluso, ispirandosi all'illuminismo e consentendo lo sviluppo di scienze sociali inclini ad assumere posizioni avalutative e, a suo parere, a legittimare il relativismo. In campo morale, il dubbio appare a Strauss estremamente pericoloso. Conseguenza di questa impostazione è un invito a contrapporre radicalmente il "bene", incarnato nei valori della cultura occidentale, al "male", che corrisponde a tutto ciò che da questa cultura si differenzia e a cui, più o meno esplicitamente, si contrappone. Ricollegandosi al pensiero di Machiavelli, Strauss ritiene d'altra parte che le "masse" abbiano tipicamente un'idea poco chiara del bene, e siano facilmente sedotte da demagoghi; di conseguenza, autorizza la possibilità da parte dei governanti di ricorrere alla menzogna di fronte all'opinione pubblica, in nome della loro capacità di vedere meglio dei governati il bene sovrano.

L'opera di Strauss è in verità piuttosto complessa e difficilmente classificabile. I neoconservatori la utilizzano selettivamente, mettendo capo a posizioni piuttosto contraddittorie: la democrazia è parte della cultura occidentale che si vuole difendere, ma ai governanti si suggeriscono pratiche come la disinformazione, che con la democrazia hanno poco a che fare. Hanno qualche consonanza con le teorie delle élite elaborate in Italia agli inizi del Novecento, e sono condivise da tutti coloro che ritengono implausibile o indesiderabile un'emancipazione generalizzata. Ciò che viene eluso però in queste teorie è la discussione di quali siano i valori specifici e meritevoli di sviluppo dell'Occidente. Nel merito, evidentemente, si possono avere idee diametralmente opposte. In effetti, il campo di influenza cui ambiscono gli studiosi neo-conservatori è soprattutto quello delle relazioni internazionali (ispirandosi a queste posizioni, le amministrazioni repubblicane degli Stati Uniti hanno sposato in effetti politiche estere molto aggressive). Ma il loro atteggiamento è in sintonia con tutti quei movimenti che, nei paesi più ricchi, tendono a concepire il resto del mondo come un luogo minaccioso rispetto a cui è necessario costruire barriere.

Fra globalizzazione e deperimento delle risorse ambientali

Questi movimenti, in ogni caso, sono più complessi delle teorie cui corrispondono, e non di rado ambivalenti. Ciò di cui sembrano in cerca è una difesa dall'incertezza generata dalla fine del tradizionalismo. Costituiscono cioè una reazione, prima che ai nuovi scenari, ai disagi connessi con la modernità in se stessa. Come scriveva l'italiano

Franco Rositi in un saggio del 1982, la condizione moderna comporta una sorta di eccedenza degli orizzonti possibili: ma questa, specie in soggetti dotati di poco potere o di ridotte risorse culturali, genera tanto una frustrazione specifica (il senso di una privazione relativa rispetto alle possibilità di vita che si possono immaginare), quanto una vera e propria inquietudine, che può rovesciarsi nella «nostalgia di un reale necessario e costrittivo» (Rositi, 1982, p. 164), cioè di forme di vita indiscusse, meno libere certo, ma anche più rassicuranti.

D'altro canto, questi movimenti rivendicano una certa autonomia politica regionale e a volte manifestano un certo interesse per l'ambiente, seppure in chiave locale. Si tratta davvero di temi ambivalenti: per quanto le soluzioni proposte siano diametralmente opposte, almeno rispetto a queste preoccupazioni tali movimenti si trovano infatti vicini ai movimenti ecologisti e ostili al neo-liberismo che si pongono in continuità con il Sessantotto.

Tutti questi movimenti hanno comunque a che fare con gli sviluppi della "globalizzazione". Questo termine ha iniziato a diffondersi negli anni ottanta e da allora, nonostante la sua genericità, ha un incontrastato successo. Allude a un insieme di processi molto composito, che comporta una riconfigurazione delle attività economiche, sociali, culturali e politiche che collegano gli Stati e le società costituenti la comunità mondiale, con l'effetto di intensificare sia la loro interdipendenza, sia la diffusione di una consapevolezza a riguardo.

Tali processi di interconnessione fra le diverse parti del globo sono in corso da secoli, ma ora assumono dimensioni imponenti. Sono più marcati in certi ambiti della vita sociale, in altri meno; si combinano inoltre con nuovi processi di accentuazione di identità o di problematiche locali. Gli ambiti in cui sono più evidenti sono da un lato il sistema finanziario (e più in generale tutto ciò che ricade nell'orbita dei mercati) e dall'altro quello dell'informazione e dell'intrattenimento garantiti dalle industrie della comunicazione. Dove la globalizzazione è indiscutibile è soprattutto riguardo agli effetti della produzione e degli stili di vita sull'ambiente naturale: l'inquinamento non conosce frontiere. Vi è accordo generalizzato sul carattere globale, massiccio e pericoloso di questi effetti; ma vi è conflitto sulle misure da adottare per contenerli e su chi debba pagarne i costi.

In effetti, la questione dei rapporti fra sviluppo economico e deperimento delle risorse ambientali si affaccia in questi anni molto seriamente. Ne possiamo collocare la comparsa all'uscita del primo rapporto di Donella H. Meadows e altri su *I limiti dello sviluppo*, nel 1972. Si tratta di un rapporto realizzato da alcuni ricercatori del Massachusetts Institute of Technology lavorando su simulazioni matematiche di futuri possibili. Conservando le tendenze attuali di crescita demografica e l'attuale andamento della crescita economica in termini di attività produttive, di consumi e di scorie, il rapporto osservava che si generano effetti di esaurimento delle risorse naturali e di inquinamento tali da rendere impossibile ogni sviluppo ulteriore entro pochi decenni. In successivi aggiornamenti dello stesso rapporto, i ricercatori hanno notato che è ipotizzabile che nuove tecnologie e certe regolazioni del mercato migliorino la situazione, ma ciò sarà possibile solo in presenza di un consapevole sforzo teso a modificare le tendenze in atto e ad impedire eccessive disequità nella distribuzione delle risorse, che sarebbero tali da generare conflitti insostenibili.

I problemi indicati sono stati inizialmente presi in carico solo da alcune minoranze attive nella sfera pubblica internazionale come organizzazioni volontarie. In seguito, entreranno nell'agenda di movimenti che rivendicano la necessità di elaborare modelli di sviluppo radicalmente alternativi. Più timidamente, la consapevolezza di questi problemi verrà assunta da alcune imprese e da alcuni Stati (e in particolare dall'Unione europea). Attualmente si tratta di questioni vivissime.

La globalizzazione, in ogni caso, è difficile da gestire. Il suo dispiegamento genera una miriade di nuovi attori sociali e riduce l'importanza e l'autonomia degli Stati nazionali, ma questi restano pressoché gli unici organismi legittimati a definire e ad imporre le regole della vita in comune. L'equilibrio del mondo che si va disegnando è di conseguenza precario. (Non per ultimo a causa di una crescita consistente di organizzazioni criminali transnazionali, che fra le opportunità offerte dai processi di globalizzazione si muovono con un certo agio.)

Il pensiero postmoderno

Di fronte all'ampiezza dei mutamenti in corso, sono state proposte diverse nuove definizioni. Fra queste, espressioni come "società post-industriale" o "società dell'informazione", per quanto di portata parziale, hanno circolato per un certo tempo. Le due espressioni sono collegate: la società attuale sarebbe "post-industriale" perché le risorse cruciali ora non sono quelle materiali, ma quelle immateriali come conoscenze e informazioni. Fra i promotori più noti di queste espressioni va annoverato l'americano Daniel Bell (il suo *La società post-industriale* è del 1973). Ci sono però in questa idea alcune ambiguità di fondo: da un lato, anche l'informazione può essere gestita in modo industriale; dall'altro, quanto alla produzione industriale propriamente detta – la produzione di beni materiali come acciaio, automobili o televisori – non scompare: si limita a venire spostata in paesi diversi da quelli in cui era collocata precedentemente.

Altri hanno suggerito che la situazione che si delinea sia "postmoderna". L'espressione ha conosciuto ampia diffusione. Il suo successo forse è connesso alla sua vaghezza: è difficile definire che cosa si debba intendere precisamente con queste parole. A usarle è una galassia di teorie a volte eterogenee, ma in cui è opportuno che lo studente si sappia orientare.

Il postmodernismo è stato innanzitutto, a partire dagli anni sessanta, una corrente dell'architettura. In quest'ambito consiste in una reazione al modernismo razionalista che, specialmente nel secondo dopoguerra, si era imposto come una sorta di stile internazionale, improntato al funzionalismo, a un disinteresse per le tradizioni abitative locali e a una sostanziale somiglianza di tutti gli edifici fra loro. Al contrario, il postmodernismo invita a stili variegati e ibridi, capaci di "citare" le tradizioni locali e di interagire con queste, prestando spesso attenzione ai modi concreti in cui le persone abitano le costruzioni e senza dimenticare un certo gusto per la decorazione. Trasferito in altri campi artistici, come il cinema o la letteratura, questo atteggiamento corrisponde a una "democratizzazione" nei confronti della produzione e della fruizione della cultura: alla legittimazione cioè di eclettismi e contaminazioni, all'invito a rifiutare ogni "autoritarismo" della cultura d'élite, a dismettere insomma definitivamente la distinzione fra cultura "alta" e "bassa"; ma si sviluppa anche nell'esercizio dell'ironia e nell'invito a rinunciare, in buona sostanza, a ogni pretesa da parte degli autori di produrre qualcosa di più vero di una illusione.

Nelle scienze sociali, la diffusione del termine deve molto alla pubblicazione di *La condizione postmoderna* (1979) del filosofo francese Jean-François Lyotard. Qui l'idea è che la società e la cultura contemporanee siano entrate in una fase che non può più essere descritta secondo le categorie proprie della modernità. Il punto è soprattutto che perdono di efficacia e di plausibilità tutte le "grandi narrazioni" unitarie entro cui il mondo sociale si era fino ad oggi compreso: rovesciandosi su se stessi, il pensiero sociale e quello scientifico riconoscono che non esiste alcun linguaggio unificante in grado di fondare in modo inequivoco le nostre affermazioni sulla realtà; in altre parole, nessun sapere è "universale" o "assoluto".

A un lettore attento, ciò richiama la questione della "crisi dei fondamenti" che caratterizzò la grande stagione viennese degli inizi del Novecento. Ma mentre quella stagione era confinata a circoli intellettuali d'élite e ad avanguardie filosofiche e artistiche, la crisi sembra oggi percepita più diffusamente. A perdere plausibilità sono innanzitutto le grandi narrazioni del progresso: se da un lato le derive finali del regime sovietico tolgono *appeal* alle visioni socialiste del futuro, dall'altro anche lo stesso progresso scientifico, tecnologico e industriale si svela solidale con la generazione di rischi di catastrofe inediti.

Quella che si affaccia al pensiero è una prospettiva plurale e incomponibile. E così appare ai postmodernisti lo stesso mondo sociale. La differenziazione interna che caratterizza le società non pare integrata in base ad alcun ordine: si tratta piuttosto di frammenti variamente interconnessi, dove tutto muta incessantemente e in modo largamente casuale, e dove a volte i processi fin qui riconosciuti si rovesciano nel loro contrario.

A svanire sembra del resto non soltanto l'ordine della realtà, ma la "realtà" in se stessa. Colpiti dall'invasività dei testi televisivi e dalle potenzialità dei nuovi media elettronici, i postmodernisti hanno infatti l'impressione che diventi sempre più difficile distinguere fra realtà e simulazione. Come ha suggerito Baudrillard in testi successivi a quelli citati nel precedente capitolo (come *Simulacres et simulations*, del 1981), il mondo in cui viviamo è ora un mondo di simulacri: immagini che non sono copia di nessun originale, e la cui forza, piuttosto che alla capacità di "rappresentare" qualcosa, corrisponde alla loro capacità di sedurre. O quanto meno, è un mondo in cui la realtà è costantemente oggetto di processi comunicativi così pervasivi che diventa evidente che nulla può essere identificato "in se stesso", ma solo attraverso i modi e le forme in cui è comunicato.

Per il pensiero postmoderno, il mondo è oggetto di infinite interpretazioni ugualmente plausibili, e la storia stessa si scompone in una molteplicità infinita di racconti possibili. Che racconti e interpretazioni siano sempre molteplici è vero; in ciascuna si esprime una relazione fra chi osserva e ciò che viene osservato, ciascuna espone dunque un determinato punto di vista. Ma qui si nasconde un possibile equivoco. Le storie e le interpretazioni non hanno infatti tutte lo stesso valore. Non solo riguardo a considerazioni morali od estetiche, ma propriamente quanto al loro valore conoscitivo. In *I limiti dell'interpretazione* (1990) lo ha rimarcato bene il semiologo Umberto Eco: ogni testo, spiegava, pone certi limiti alle interpretazioni possibili, nella misura in cui contiene certi elementi e non altri. Posso affiancare un'interpretazione psicoanalitica di *Cappuccetto Rosso* ad una intesa come storia del folklore, ma in nessun caso posso dire che il cappuccio era verde, o tacere della presenza del lupo. Lo stesso vale per il mondo sociale: posso interpretarlo e raccontarlo in molti modi, e questi modi corrisponderanno a diversi punti di vista; ma non posso reinventarlo a mio piacimento: se l'accordo fra me e i miei interlocutori intende che sto parlando del mondo empiricamente osservabile, le mie affermazioni sono limitate dalla necessità di un confronto con i riscontri che il mondo stesso mi offre. Naturalmente è possibile ingannare deliberatamente; ma questa è una faccenda del tutto diversa da quella posta dal postmodernismo: la nozione stessa di inganno presuppone infatti che vi sia una versione dei fatti non ingannevole. Resta vero che il mondo attuale consente di giocare indefinitamente con i processi comunicativi: ma non c'è motivo di rinunciare all'idea che certe affermazioni – se non "vere" in senso assoluto – siano quanto meno più vere di altre.

Ma stiamo effettivamente entrando in una società "post-moderna", distinguibile come tale da quella "moderna"? Molto dipende da come definiamo la modernità. Se, come abbiamo fatto nel nostro manuale, la consideriamo come l'epoca del mutamento incessante, e se pensiamo che la presenza di un sistema economico capitalistico ne sia una caratteristica rilevante, è difficile dire che ne siamo usciti. Come ha scritto Fredrich Jameson (1984), il postmoderno è forse soltanto la «logica culturale del tardo capitalismo».

D'altro canto, diversi elementi della condizione attuale sono inediti. Le trasformazioni del capitalismo cui abbiamo accennato in apertura del capitolo, una certa frantumazione dei tradizionali confini fra le classi, l'importanza che assumono le reti di comunicazione e i contraddittori processi di globalizzazione in corso disegnano scenari originali. Alcuni processi che sembravano assodati si arrestano o sembrano rovesciarsi: la secolarizzazione segna il passo, la razionalizzazione in diversi ambiti della vita lascia spazio a forme di agire improntate all'emotività, la differenziazione della società a volte presenta momenti di de-differenziazione e così via. Che la società contemporanea appaia contrassegnata dalla coesistenza di esperienze e di campi di interazione molteplici, che si intersecano e si sovrappongono senza che sia possibile discernere un principio ordinatore, è probabilmente vero: appare così nuovo però solo a chi aveva riposto eccessiva fiducia in rigide prospettive funzional-strutturaliste e in una visione unilineare della "modernizzazione".

È difficile comunque dare un nome alla società che si sta delineando. Il sorgere del postmodernismo è soprattutto un sintomo: esprime la percezione di una situazione-limite, di un passaggio d'epoca che è però ancora da interpretare.

Modernità multiple e sistema-mondo

Ciò che invita di più all'idea che effettivamente stiamo entrando in una condizione post-moderna è, in verità, che la nozione stessa di modernità è stata elaborata in seno all'Occidente. Nessuna scienza sociale oggi può limitare la sua attenzione ai soli paesi occidentali e prescindere sia dalle differenze esistenti, sia dai rapporti che legano questi agli altri paesi. Siamo consapevoli di essere immersi in un mondo più ampio di quello a cui guardavano i teorici della modernità.

Questa consapevolezza si fa sempre più marcata nelle scienze sociali. Più che in passato, si avverte così l'esigenza di sviluppare sia la comparazione sia l'attenzione per l'interdipendenza tra i fenomeni che vengono osservati nelle diverse parti del mondo.

La constatazione di questa esigenza mi spinge a presentare due imprese intellettuali che ritengo esemplari, legate ai nomi di Shmuel N. Eisenstadt e di Immanuel Wallerstein. Eisenstadt è un campione della sociologia comparata; Wallerstein il promotore di una prospettiva che evidenzia soprattutto le interdipendenze.

Nato a Varsavia nel 1923 e successivamente trasferitosi in Israele, Eisenstadt ha lavorato a lungo negli Stati Uniti. I suoi primi lavori si erano sviluppati nell'ottica dello struttural-funzionalismo: più di altri autori della stessa corrente, Eisenstadt era attento però a evitare una netta contrapposizione fra società "tradizionali" e "moderne" e ad attribuire un peso rilevante alle capacità specifiche delle élite locali di gestire il processo di modernizzazione: tale processo gli appariva di norma più l'esito contingente dell'intreccio di fattori diversi che l'espressione di un percorso automatico.

Spostatosi definitivamente a Gerusalemme negli anni settanta, Eisenstadt ha coordinato e realizzato con diversi collaboratori una notevole mole di ricerche comparate. Coerentemente con l'impostazione di Weber – al quale è vicino più che a qualunque altro autore – Eisenstadt ragiona su tempi storici lunghi e attribuisce grande rilievo al peso della cultura.

Il capitalismo moderno ha potuto sorgere e svilupparsi infatti solo in quanto sono esistiti nella civiltà europea presupposti di senso che hanno reso plausibile il tipo di agire economico in cui esso si realizza. Le civiltà però non sono statiche. Se è vero che i presupposti della civiltà occidentale sono radicati nella tradizione religiosa giudaico-cristiana, e dunque in una visione del mondo orientata al problema della "salvezza", è vero anche che fra i secoli XVI e XVIII questa civiltà ha attraversato un processo di radicale rinnovamento, tale per cui il teatro della salvezza si è spostato dal mondo trascendente al mondo immanente. Il luogo di germinazione di questo rinnovamento è stato il protestantesimo, ma l'illuminismo è stato l'alveo in cui si è cristallizzato. È qui infatti che la rivoluzione culturale operata dal protestantesimo ha trovato il suo compimento, che è consistito nell'idea di progresso: l'azione degli individui trova nella storia la sua direzione e il suo senso. La modernità occidentale emerge in questa prospettiva come un "programma". In seguito alla sua radicale secolarizzazione, questo programma si è articolato nella direzione di un controllo sempre più razionale ed efficace delle forze della natura, di un'emancipazione crescente dell'individuo da ciò che ne vincoli l'autonomia, e dell'affermazione del principio di un uguale diritto di ciascuno a partecipare alla realizzazione di questo progetto.

Tale programma contiene in sé tuttavia diverse spinte contraddittorie. In particolare, vi sono tensioni fra l'accento sulla libertà, l'autonomia e il diritto all'autorealizzazione degli individui e le esigenze di controllo e coordinamento della società; e soprattutto fra la spinta alla mobilitazione generalizzata e le tendenze dei centri a chiudersi e a controllare le periferie. Queste tensioni sono l'anima delle trasformazioni cui la civiltà occidentale moderna è perpetuamente sottoposta, dando luogo a varie e ricorrenti "eterodossie", cioè interpretazioni del programma della modernità alternative a quelle via via più consolidate, e fatte proprie da individui e da gruppi in competizione fra loro. Tutto ciò rende conto del fatto che la modernità è stata molto meno omogenea al suo interno di quanto si pensi usualmente.

L'osservazione della varietà di forme in cui il programma della modernità si è via via realizzato è di per sé molto importante. Ma parte dell'evoluzione della civiltà moderna ha avuto luogo fuori dall'Occidente. Ciò porta al secondo aspetto della riflessione di Eisenstadt. Sul piano mondiale, lo sviluppo degli ultimi secoli ha corrisposto a una diffusione della civiltà occidentale al di là dei suoi originari confini. I vettori di questa diffusione sono stati il mercato (non disgiunto dall'uso delle armi), le tecnologie, i mezzi e i flussi della comunicazione. La modernità occidentale si è posta così come una proposta, un'imposizione o una "sfida" (come Eisenstadt preferisce dire) per tutti.

Ma questa sfida viene recepita in modi diversi. Ed è qui che si affaccia l'idea centrale di Eisenstadt: quella delle *modernità multiple*. Diffondendosi nel globo, il modello occidentale non dà luogo a uno sviluppo identico ovunque, ma a processi che incorporano selettivamente i tratti della modernità, accettandone alcuni e rifiutandone altri. L'analisi comparata mostra che tale selezione dipende dal momento storico in cui la sfida si pone, dallo stato delle relazioni internazionali, dalle caratteristiche economiche e politiche delle diverse società, delle loro istituzioni e delle loro élite; ma in parte dipende anche dalle caratteristiche proprie delle visioni del mondo di ogni differente civiltà, che rendono più o meno plausibili e desiderabili gli elementi del modello occidentale agli occhi di coloro ai quali è proposto. Quella a cui assistiamo non è così una pura e semplice "diffusione" della modernità, bensì lo sviluppo di molteplici modernità.

Non va sottaciuto che la nozione di "civiltà", cui Eisenstadt attribuisce un gran peso, è problematica: data la sua ampiezza e data l'intensità dei contatti che si sono avuti nella storia fra le diverse parti del mondo, la definizione dei tratti e dei confini propri di ciascuna civiltà ha molto di arbitrario, e – nonostante le intenzioni di Eisenstadt – si presta a volte a manipolazioni interessate. Su questo piano, la comparazione è dunque difficile (anche se va ricordato che Eisenstadt intreccia i fattori culturali con molti altri, sui quali la comparazione è più agevole). Ma Eisenstadt ha comunque il merito di avere promosso ricerche improntate a una prospettiva storica e comparativa su larga scala. Queste spaziano dall'India alla Cina, dagli Stati Uniti alla Russia; studiano fenomeni come il clientelismo o come i movimenti di protesta; in tutti i casi prestano attenzione simultaneamente a fattori storici e culturali, alle forme che assumono le istituzioni e ai modi in cui gruppi sociali diversi vi si rapportano.

Il problema principale che si pone alla ricerca comparata è però che oggi più che mai le diverse parti del globo sono interconnesse. Ciò è sottolineato in modo particolare da Wallerstein.

Anche Immanuel Wallerstein (nato a New York nel 1930) si è formato nell'ambito dello struttural-funzionalismo, da cui riprende la nozione di "sistema". Nel suo pensiero, l'idea di sistema non riguarda però tanto l'interconnessione funzionale delle parti che compongono una società, bensì i rapporti che sussistono fra le diverse aree del globo.

Nei suoi lavori, Wallerstein riprende e articola le analisi storiche di Fernand Braudel (1902-1985) e l'antropologia economica di Karl Polanyi (1889-1964). Il suo lavoro più ampio è *The Modern World-System* (tradotto in italiano col titolo *Il sistema mondiale dell'economia moderna*), uscito in tre volumi fra il 1974 e il 1989.

Il punto di partenza di Wallerstein è la critica delle teorie della modernizzazione di stampo struttural-funzionalista che abbiamo richiamato nel CAP. 11. In parte, riprende del resto le critiche che a queste erano state mosse dalla teoria della dipendenza (assieme ad altri, fra cui Giovanni Arrighi e Terence Hopkins, Gunder Frank è stato in effetti per un certo tempo tra i più stretti collaboratori di Wallerstein). La sua prima obiezione a quelle teorie riguarda la questione dell'unità di analisi: nessuno stato nazionale è un'unità adeguata per comprendere lo sviluppo, dal momento che gli Stati sono tutti legati in un'unica economia-mondo.

Ciò è vero da molti secoli, e quelle che appaiono società "tradizionali" corrispondono in gran parte ad assetti sociali connessi all'eredità coloniale e al modo in cui queste aree del mondo sono state incluse nel sistema. I paesi ex coloniali e in generale del Terzo mondo sono integrati infatti nel sistema dell'economia mondiale in quanto "periferie".

La distinzione fra centri e periferie è concettualmente cruciale. Il "centro" del sistema corrisponde alle aree del mondo in cui si concentrano le attività che comportano il potere decisionale strategico, il controllo e l'amministrazione dell'economia, la ricerca finalizzata all'innovazione, e dove soprattutto si producono in regime oligopolistico i beni che generano i profitti maggiori; la "periferia" per converso corrisponde a situazioni di sostanziale subordinazione, e dove si producono beni che generano profitti minori. Fra le aree centrali e quelle periferiche esistono infine aree "semiperiferiche" caratterizzate da scambi svantaggiosi con le prime e vantaggiosi con le seconde.

I sistemi naturalmente si evolvono nel tempo, così che all'interno del sistema-mondo le posizioni relative dei diversi paesi possono a volte mutare. In certi momenti della storia mondiale, si verificano poi crisi che preludono a variazioni più ampie: è questo il caso dei decenni che stiamo vivendo. Ma si tratta comunque di processi di lunga durata. In ogni caso, la storia di nessun paese è avulsa da quella delle relazioni che intrattiene con altri. Lo stesso successo dei processi di industrializzazione in diverse aree periferiche del globo può non significare nulla quanto ai rapporti di potere effettivi: i centri possono affidare alle periferie la produzione di beni industriali che ormai generano limitati profitti, riservando a sé tuttavia la produzione di beni tecnologicamente avanzati o di servizi che garantiscono i guadagni maggiori, servendosi del potere militare e politico dei propri Stati per mantenere la propria posizione egemonica.

Come si vede, si tratta di una critica radicale alle teorie della modernizzazione. Queste vengono reinterpretate come "ideologiche" nel senso prettamente marxiano del termine: tendevano infatti a legittimare i rapporti di forza presenti sul piano mondiale attribuendo ai subordinati la responsabilità del loro sottosviluppo, e nascondendo così o deformando il carattere delle relazioni esistenti.

Ma è anche un modo originale di intendere tanto la modernità quanto la situazione attuale. Le radici della modernità affondano in una storia che precede la rivoluzione industriale e si sviluppano in un modo che non può venire compreso considerando soltanto i paesi dell'Occidente. La situazione attuale, più che a una "post-modernità", corrisponde a una crisi dell'economia-mondo moderna, all'emergere di contraddizioni e conflitti che preludono a nuove forme di organizzazione mondiale.

Eredità coloniali, migrazioni, ibridazioni

È vero che, nelle proprie indagini empiriche, la sociologia in passato ha utilizzato come unità di analisi soprattutto gli Stati nazionali: si sono studiati cioè la stratificazione, la mobilità sociale, i consumi e così via all'interno di entità dotate di certi confini e, fino a un certo punto, di una certa autonomia. Ma la globalizzazione rende gli Stati nazionali unità d'analisi obsolete, dal momento che molti processi si dispiegano in modo trasversale rispetto ai loro confini. Ciò è evidente anche a chi non condivida l'impostazione di Wallerstein: fenomeni come l'organizzazione delle imprese multinazionali, il lavoro transfrontaliero o la formazione della sfera pubblica richiedono oggi strumenti analitici capaci di muoversi su reti spaziali di volta in volta da ridefinire.

Questo studio richiede spesso competenze multidisciplinari. Wallerstein è netto in proposito: come altri autori che abbiamo richiamato, ritiene la divisione fra le scienze sociali controproducente. Ma, come ha notato recentemente anche Neil Smelser, una delle massime autorità della sociologia accademica contemporanea, è caratteristico degli studi sui fenomeni globali far sì che scienziati appartenenti a discipline diverse affrontino problemi che si sovrappongono:

> Il processo di internazionalizzazione, che sta rendendo confusi i confini del mondo che ci erano familiari, sta anche costringendo gli scienziati sociali ad abbattere le proprie barriere reciproche (Smelser, 1997, p. 76).

Non che queste barriere scompaiano, ma è caratteristica della situazione che si va delineando la presenza di molteplici contaminazioni fra approcci diversi e di frequenti rapporti tra discipline limitrofe.

Quanto all'universo delle teorie e delle pratiche propriamente sociologiche, non è diventato in ogni caso più omogeneo. A ciò contribuisce la suddivisione accademica sempre più spinta della sociologia in sottodiscipline (dalla sociologia economica a quella politica, dalla sociologia della cultura a quella della criminalità e così via). Questa specializzazione ha qualche vantaggio e diversi svantaggi; del resto è uno dei motivi che rendono problematica la storia della disciplina in questo capitolo: è difficile individuare contributi che siano rilevanti per tutti.

Ma, dal punto di vista di una storia generale del pensiero sociologico, credo che uno degli aspetti più interessanti dei processi di globalizzazione sia costituito dall'intrecciarsi di sguardi e voci provenienti dall'intero pianeta. Per certi versi, è l'intera questione dell'integrazione sociale a dover essere ripensata, in relazione a un'idea di società che si avvia a comprendere l'intera popolazione mondiale. Ma pensare la nuova situazione all'altezza delle consapevolezze attuali comporta anche il tentativo di riconsiderare l'intera storia del pensiero sociale in un'ottica che riconosca il fatto che, fino ad oggi, si è trattato di un'impresa quasi esclusivamente occidentale.

A questo invitano i cosiddetti *postcolonial studies*, con i quali scelgo di concludere provvisoriamente la storia raccontata in questo manuale. Non si tratta esattamente di una corrente sociologica: sono studi, piuttosto, decisamente trans-disciplinari. Ma ritengo esprimano quanto meno una istruttiva sensibilità.

Nelle università anglosassoni, l'espressione *postcolonial studies* ha avuto la prima diffusione in ambito letterario, come sviluppo di quelli che precedentemente erano detti *Commonwealth studies*, cioè studi sulle letterature di ex colonie della Gran Bretagna. Diffondendosi nell'ambito delle scienze sociali, il termine è venuto a riferirsi a una galassia di studi la cui principale caratteristica sta nell'intendere il passato coloniale come un'eredità che contribuisce in modo sostanziale a dar forma al presente. Non è un modo neutro di guardare né alla storia passata né al presente: è un modo critico, o piuttosto autocritico. Il prefisso "post-" qui si appoggia non alla modernità, ma a ciò che le teorie della modernità hanno più spesso rimosso, e che senza eufemismi può essere descritto come una storia di aggressioni.

Il colonialismo però non è mai stato soltanto un insieme di processi di espansione territoriale e di pratiche di dominio militari e amministrative. È stato sostenuto da ideologie che lo hanno reso plausibile e lo hanno legittimato. Si tratta di rappresentazioni dell'"alterità" culturale dei paesi extraoccidentali che hanno contribuito a dar forma alla stessa autorappresentazione dell'Occidente e ne hanno permeato i discorsi, ivi compresi quelli degli scienziati sociali. Prenderne atto significa così decostruire almeno in parte tali discorsi, riscrivendo la storia stessa dell'Occidente.

Questo è il compito che si prefiggono gli studi postcoloniali. Realizzarlo è tutt'altro che semplice. Ciò perché le categorie con cui l'Occidente ha interpretato il mondo e se stesso sono al tempo stesso necessarie e insufficienti. Sono necessarie perché sono all'origine di molte delle istituzioni stesse che hanno dato ai paesi extra-occidentali la forma che hanno adesso, e del resto costituiscono l'unico patrimonio concettuale consolidato che sia condiviso internazionalmente. Ma sono insufficienti perché inadeguate a descrivere ciò che nella storia e nelle pratiche di vita di questi paesi non rientra in tali contorni istituzionali e sfugge a concetti elaborati sulla base dell'esperienza dell'Occidente, o da questi stessi concetti è deformato.

Del resto, sono inadeguate anche per la descrizione dello stesso Occidente, nella misura in cui sono state elaborate escludendo, o comunque minimizzando, il ruolo svolto da attori e processi non occidentali (come il ruolo della forza-lavoro schiavizzata, ad esempio, o quello dei commerci con le colonie). Come ha scritto recentemente uno degli autori che si riconoscono in questa corrente,

> la modernità ha sempre litigato con se stessa, e la sua superficiale affermazione del "progresso" è sempre stata accompagnata da una serie di eventi che parlano d'altro e hanno altra origine [...]. C'è sempre qualcosa in più, che sfugge alla cornice che vorremmo imporre (Chambers, 2001, trad. it. 2003, pp. 8-9).

Ciò a cui concretamente è possibile dar luogo è così una moltiplicazione delle storie e degli approcci teorici, nel tentativo di dar voce a soggetti e a processi che sono caduti all'esterno delle narrazioni e delle teorie che l'Occidente ha fornito.

Non vi è modo qui di dar conto della varietà degli studi postcoloniali, ma è utile fornire qualche punto di riferimento. Innanzitutto, la riflessione postcoloniale deve molto all'opera dello scrittore anglo-palestinese Edward Said (1935-2003), e in particolare al suo *Orientalismo* (1978).

In questo volume Said proponeva una decostruzione dell'immagine dell'Oriente diffusa nella cultura e nelle scienze sociali europee, mostrando come tale immaginc sia stata solidale con le pratiche imperialiste e abbia contribuito a legittimarle. Nel suo lavoro utilizzava tanto la nozione gramsciana di *egemonia* (sottolineando come il dominio materiale corrisponda di regola alla diffusione di un'ideologia che lo sostiene, e come tale ideologia finisca spesso per configurare l'orizzonte culturale entro cui i dominati stessi si rappresentano il mondo), quanto alcuni spunti tratti dalle opere del filosofo francese Michel Foucault (a cui abbiamo già accennato, in altro contesto, nel CAP. 11).

Il centro del pensiero di Foucault sta infatti nella nozione di *discorso*. Nei suoi termini, il "discorso" è un insieme di enunciati, di pratiche linguistiche e di significati attraverso cui gruppi determinati di individui percepiscono e ordinano la realtà. Esso è un modo di parlare dei fatti (cose, persone, processi) in cui si incarnano i valori e le credenze del gruppo, ma in cui questi stessi valori e queste stesse credenze si trasformano in criteri di verità.

La sintesi delle nozioni di Gramsci e di Foucault permetteva a Said di mostrare come il discorso coloniale crei dunque la realtà stessa che pretende di descrivere, e lo faccia esprimendo valori e credenze che legittimano la dominazione. È un atteggiamento coerente con la nozione di costruzione sociale della realtà che abbiamo discusso più sopra (cfr. CAP. 12). Qui assume una valenza dichiaratamente critica. Non vale solo per i discorsi relativi all'"Oriente", ma per tutti i discorsi riguardanti i paesi che l'Occidente ha considerato "altri" e ha sottomesso.

Al di là di Said, gli studi postcoloniali costruiscono a ritroso una propria tradizione rivalutando autori che la cultura dominante e la stessa storia accademica hanno spesso considerato marginali. Esemplare è il caso di Frantz Fanon (1925-1962). Nato nella Martinica francese e attivo soprattutto in Algeria, dove partecipò con funzioni di responsabilità politica alla lotta di liberazione, psichiatra e scienziato sociale, amico e allievo di Sartre, Fanon scrisse negli anni cinquanta una serie di testi (fra cui *Pelle nera, maschere bianche*, del 1952) in cui sottolineava come per comprendere la realtà del colonialismo non fossero sufficienti le categorie tradizionali, ma fosse necessario analizzare le rappresentazioni delle differenze razziali che, irriducibili a mere questioni politiche ed economiche, contribuiscono a legittimare il dominio dei bianchi. Una legittimazione che vale innanzitutto agli occhi dei bianchi, ovviamente, ma che ha la tendenza a trasferirsi nella coscienza degli stessi neri, interiorizzandosi come un principio di inferiorità.

La fine politica del colonialismo non ha coinciso con la fine dell'egemonia occidentale. Ha complicato tuttavia ulteriormente il quadro. Dove da un lato il discorso razzista continua a persistere, ma dove emergono anche diverse forme di resistenza all'egemonia. E dove soprattutto i nuovi movimenti di merci, la circolazione internazionale di immagini e le reti diasporiche costituite da popolazioni migranti provocano intensi processi di ibridazione culturale reciproca.

Le nozioni di "diaspora" (cioè di disseminazione, di migrazione a raggiera) e di "ibridazione" (o "creolizzazione" delle culture, "meticciato") sono cruciali negli studi postcoloniali. Ma sono usate progressivamente anche da altri studiosi. I processi migratori nelle scienze sociali tradizionali sono stati studiati soprattutto come processi di immigrazione, ma ad uno sguardo globale non possono apparire che *double-faced*: ogni immigrazione è anche un'emigrazione, corrisponde a insiemi di motivi, a reti di rapporti e a costruzioni di identità originali.

Quanto ai processi di ibridazione fra le differenti culture, sono oggetto privilegiato d'analisi fin da uno dei primi testi a cui è possibile applicare l'etichetta di studi postcoloniali, il volume collettivo *The Empire Writes Back* curato nel 1982 dai membri del Center for Cultural Studies di Birmingham (a cui parte dei *postcolonial studies* si collega direttamente). Qui la considerazione della storia coloniale e dei processi migratori provoca una ritematizzazione di tutto l'orizzonte degli studi sulla cultura, suggerendone una concettualizzazione in termini molto più fluidi di quanto non si sia fatto finora: a quale "cultura" appartiene infatti un romanziere indiano che scrive in inglese?

Ma emergono anche oggetti d'analisi inediti. Come avverrà ad esempio in *The Black Atlantic* (1993) di Paul Gilroy, in cui le rotte atlantiche divengono mappe di traffici di schiavi e insieme luoghi mobili di formazione di nuove identità, capaci ora di interrogare la coscienza bianca a proposito di processi storici e fenomeni che essa ha rimosso dalla propria rappresentazione della modernità.

Nel loro insieme, i *postcolonial studies* sono una galassia variegata. Personalmente, tendo a ritenerli più l'espressione di una prospettiva e di un insieme di problematiche emergenti che una vera e propria corrente. Negli Stati Uniti, tendono a fondersi col postmodernismo e a generare sofisticate discussioni teoriche. Ma il loro interesse sta soprattutto negli interrogativi che suscitano. Il punto è che i concetti attraverso cui le scienze sociali che abbiamo studiato fin qui hanno descritto, compreso e spiegato il mondo sono modellate sull'esperienza occidentale. Abbiamo spesso proposto questi concetti come universali, ma agli sguardi che ora emergono da più parti del globo appaiono relativi a un mondo e ad un modo di pensare particolari. Non si tratta per questo di rinunciare alle tradizioni teoriche di cui disponiamo, né di dichiarare che saperi universali siano necessariamente impossibili. Ma si tratta di costruire le nostre teorie con la consapevolezza che le differenze esistono, che si modificano incessantemente, ed evitare di espandere incautamente la portata di esperienze locali.

Insomma, non possiamo permetterci di essere ingenui. Dopo aver messo il mondo in questione, dobbiamo mettere in questione anche la nostra sociologia.

Per terminare

La sociologia, in verità, è in questione da sempre: in un certo senso è in crisi perpetua, perché è il sapere di un'epoca la cui sostanza è il mutamento. Ma la necessità di auto-riflessione oggi è più marcata che mai.

Sintetizzando i punti emersi negli ultimi capitoli, potremmo dire che la sociologia che la storia fin qui raccontata ci lascia in eredità è una disciplina dai margini mobili e permeabili, capace di rinnovare i propri oggetti di studio e aperta al confronto con altre discipline. È orientata all'osservazione empirica, ma è consapevole del fatto che ogni osservazione deve comportare anche l'auto-osservazione dell'osservatore. È una disciplina con una forte vocazione teorica, ma è conscia dei complessi rapporti che sussistono fra la teoria e i discorsi entro cui è formulata.

Nella prima pagina di questo manuale ci eravamo chiesti: che cos'è la sociologia? Giunti al termine, possiamo dire che il modo sociologicamente più corretto di rispondere è dire che la sociologia è quello che i sociologi definiscono via via come tale. Non è un paradosso: significa che non vi è una "essenza" della sociologia. Intorno alla sua definizione i sociologi hanno posizioni diverse e in parte competono a riguardo; e tale definizione è inoltre in rapporto di influenza reciproca (in termini a volte cooperativi e altre volte conflittuali) con le definizioni della sociologia fornite da diversi altri attori (le istituzioni accademiche, le professioni impegnate nel lavoro sociale, i pubblici, i committenti) e con le definizioni che danno di sé le altre discipline.

La sociologia è insomma un campo dell'universo scientifico contemporaneo. È un sapere organizzato, sorto storicamente all'interno di questo universo nel tentativo di coprire aree di indagine o di sviluppare uno sguardo che sembravano garantiti in modo insoddisfacente da altri. Mutate condizioni storiche o diverse configurazioni dell'universo scientifico trasformano anche la sociologia.

Per il momento, essa possiede una certa sua specificità istituzionale. I sociologi, come si è detto, non condividono tutti esattamente la stessa idea di cosa la sociologia sia o debba essere. Ma nel corso della storia di questo campo scientifico si è prodotto un certo accordo su quali siano le teorie, i metodi e le pratiche fondamentali. Coloro che svolgono la professione di sociologi o che insegnano sociologia non sono tenuti a condividere le stesse idee sulla validità delle singole teorie, dei metodi e delle pratiche che sono oggetto di questo accordo, ma sono tenuti a riconoscerne l'importanza in quanto punti di riferimento con i quali il loro lavoro – se vuole essere inteso come "sociologico" – deve confrontarsi. I contenuti di questo accordo corrispondono alla sociologia come tradizione scientifica, e questa tradizione – ovvero un certo bagaglio di problemi, di concetti e di metodi – è ciò che la distingue dalle discipline limitrofe e ciò che una "introduzione alla storia del pensiero sociologico" come quella contenuta in questo volume è chiamata a insegnare.

Si tratta di un insieme di conoscenze dai confini fluidi, esposti a ridefinizioni continue. Ma né la fluidità né l'incertezza dei contorni devono sorprendere. Poiché si tratta di conoscenze iscritte nella logica scientifica, esse comprendono il principio basilare di ogni scienza: il passato di per sé non è un criterio di verità, e il dubbio metodico deve essere sempre presente, garantendo la possibilità costante di produrre nuove affermazioni più conformi all'esperienza ed ai risultati della discussione libera e razionalmente argomentata fra i ricercatori, nel confronto continuo con il mutare della realtà nella storia.

Ci si può chiedere, per terminare, se la sociologia serva a qualcosa. Forse è una domanda mal posta. In quanto fa parte dell'universo scientifico, la sociologia corrisponde innanzitutto allo stesso *télos* che ispira ogni altra impresa consimile: esprime un desiderio di conoscenza. La conoscenza può servire scopi pratici, ma è anche un fine in se stessa: uno dei fini che l'essere umano è in grado di concepire, una passione, una forma del suo modo di essere al mondo.

Ma la conoscenza che la sociologia si sforza di conseguire ha a che fare con la dimensione sociale dell'esistenza, e da ciò discende la sua specifica possibilità di usarla praticamente. Questo uso può forse essere espresso con una frase che Bertolt Brecht metteva in bocca a Galileo Galilei nell'opera teatrale che gli dedicò, nell'Europa dei bui anni trenta del Novecento: «Scopo della scienza non è tanto quello di aprire una porta all'infinito sapere, quanto quello di porre una barriera all'infinita ignoranza».

Una conoscenza esaustiva è infatti impossibile. Ma sapere qualcosa è meglio di non sapere niente. Il sapere relativo alla dimensione sociale della nostra esistenza permette di chiarire, almeno in parte, i condizionamenti a cui siamo sottoposti, e dunque amplia i nostri margini di libertà. D'altro canto, permette di controllare, almeno in una certa misura, le conseguenze dei nostri atteggiamenti e delle nostre azioni. In entrambi i sensi significa prendere atto, fin dove è possibile, della rete di connessioni entro cui siamo immersi. Ciò permette di definire e di coordinare al meglio i nostri sforzi collettivi, ma, in fondo, consente anche a ciascuno di perseguire al meglio i propri obiettivi. Soprattutto, aiuta a farlo responsabilmente. Nel suo complesso, il sapere della sociologia pone un argine alle ampie capacità che gli esseri umani hanno di ingannare gli altri, di essere ingannati e di autoingannarsi.

Il sapere è libertà. Emancipa dalle ristrettezze della percezione immediata. Conoscere le cause di un certo disagio, ad esempio, nonostante esse non siano percepibili immediatamente, permette di affrontarle, evitando di sfogare l'aggressività o la frustrazione che ne deriva su ciò o su chi è più a portata di mano. Conoscere quanto un certo pregiudizio alteri la nostra percezione della realtà (possibilmente comprendendo anche le ragioni della nostra disponibilità ad alterarla) libera la nostra capacità di confrontarci col mondo e di apprendere dall'esperienza. E così via.

Ma il sapere è anche potere. Conoscere i meccanismi e le forze che regolano la vita sociale permette di agire piegandoli a nostro vantaggio o, nei limiti di possibilità che il sapere stesso illustra, modificandoli. Se è detenuto da pochi, questo sapere può servire agli scopi di una "tecnologia della società". Questa può essere orientata a una benevola sorveglianza o eventualmente all'assistenza di chi è svantaggiato, oppure servire a un consolidamento del dominio di alcuni e all'efficiente amministrazione dell'esclusione di altri. In entrambi i casi, rafforza il potere di una minoranza. Ma, se è detenuto da molti, lo stesso sapere favorisce l'emancipazione della società nel suo insieme.

In questo caso, per quel che le riesce e per quello che la natura consente, e ammesso che questa sia un'aspirazione dotata di senso, la sociologia contribuisce a rendere gli esseri umani un po' più padroni del proprio destino di quanto fino ad oggi non siano stati capaci di essere.

Suggerimenti bibliografici

Per uno sguardo sulla globalizzazione rimando a U. Beck, *Che cos'è la globalizzazione* (1998). Sui problemi posti alla ricerca sociale suggerisco S. Sassen, *Una sociologia della globalizzazione* (2007); vedi anche L. Gallino, *Globalizzazione e disuguaglianze* (2000) e C. Giaccardi, M. Magatti, *La globalizzazione non è un destino*, 2001. Per la rivoluzione introdotta da Internet – che per il suo carattere troppo recente non ha potuto essere trattata – suggerisco M. Castells, *Galassia Internet* (2001).

Per una ricostruzione complessiva del pensiero di Strauss, cfr. C. Altini, *Leo Strauss* (2000). Sul pensiero postmoderno, la migliore introduzione è costituita dal libro di Lyotard citato nel testo; per la discussione suggerisco D. Harvey, *La crisi della modernità* (1990) e C. Leccardi (a cura di), *Limiti della modernità* (1999); ottimo è inoltre K. Kumar, *Le nuove teorie del mondo contemporaneo* (1995), utile anche per la discussione di espressioni come società post-industriale, società dell'informazione e post-fordismo.

La migliore introduzione al pensiero di Wallerstein è costituita dal suo volume *Comprendere il mondo* (2004). Per iniziare a leggere Eisenstadt suggerisco il suo *Sviluppo, modernizzazione e dinamica delle civiltà* (1983). Per la prospettiva postcoloniale rimando a M. Mellino, *La critica postcoloniale* (2005); in particolare su razza e razzismi, vedi R. Siebert, *Il razzismo* (2003).

Sulle caratteristiche della sociologia contemporanea trovo efficace la sintesi offerta da A. Melucci nel primo capitolo di *Verso una sociologia riflessiva* (1998). Per un rapido sguardo d'insieme è utile A. Cavalli, *Incontro con la sociologia* (2001).

Bibliografia

AA.VV. (1977-84), *Enciclopedia*, Einaudi, Torino.

AA.VV. (1978), *Storia del marxismo*, Einaudi, Torino.

AA.VV. (1991), *Enciclopedia delle scienze sociali*, Istituto dell'Enciclopedia Treccani, Roma.

AA.VV. (1997), *Dizionario delle scienze sociali*, Il Saggiatore, Milano.

ABRUZZESE A. (2005), *L'immaginario*, in M. I. Macioti (a cura di), *Introduzione alla sociologia*, McGraw-Hill, Milano.

ACQUAVIVA S., PACE E. (1996), *Sociologia delle religioni*, Carocci, Roma.

ADORNO T. W. (1937), *La coscienza della sociologia del sapere*, trad. it. in Id., *Prismi*, Einaudi, Torino 1972.

ID. (1951), *Minima Moralia*, trad. it. Einaudi, Torino 1974.

ID. (1959a), *Teoria della semicultura*, trad. it. in Id., *Scritti sociologici*, Einaudi, Torino 1976.

ID. (1959b), *Che cosa significa elaborazione del passato*, trad. it. in Id., *Contro l'antisemitismo*, Manifestolibri, Roma 1994.

ADORNO T. W. *et al.* (1950), *La personalità autoritaria*, trad. it. Comunità, Milano 1973.

ALBERONI F. (1977), *Movimento e istituzione*, Il Mulino, Bologna.

ALTINI C. (2000), *Leo Strauss. Linguaggio del potere e linguaggio della filosofia*, Il Mulino, Bologna.

AMENDOLA G. (1997), *La città postmoderna*, Laterza, Roma-Bari.

ANDERSON N. (1923), *Il vagabondo*, trad. it. Donzelli, Roma 1994.

ARDIGÒ R. (1886), *Sociologia*, in Id., *Opere filosofiche*, Draghi, Padova 1882-1918.

ARON R. (1965), *Le tappe del pensiero sociologico*, trad. it. Mondadori, Milano 1976.

BAERT P. (1998), *La teoria sociale contemporanea*, trad. it. Il Mulino, Bologna 2002.

BAGNASCO A. (1993), *Comunità: definizione*, in "Parole Chiave", n. 1.

BALBO L. (2008), *Il lavoro e la cura*, Einaudi, Torino.

BATAILLE G. (1933), *Il dispendio*, trad. it. Armando, Roma 1997.

BATESON G. (1972), *Verso un'ecologia della mente*, trad. it. Adelphi, Milano 1976.

ID. (1977), *Gioco e paradigma*, trad. it. in "Aut Aut", n. 269, 1995.

ID. (1979), *Mente e natura*, trad. it. Adelphi, Milano 1984.
BAUDELOT C., ESTABLET R. (2006), *Suicide. L'envers de notre monde*, Seuil, Paris.
BAUDRILLARD J. (1972), *Per una critica dell'economia politica del segno*, trad. it. Mazzotta, Milano 1974.
ID. (1981), *Simulacres et simulations*, Galilée, Paris.
BAUMAN Z. (1989), *Modernità e Olocausto*, trad. it. Il Mulino, Bologna 1992.
BECK U. (1986), *La società del rischio. Verso una seconda modernità*, trad. it. Carocci, Roma 2000.
ID. (1998), *Che cos'è la globalizzazione. Rischi e prospettive della società planetaria*, trad. it. Carocci, Roma 1999.
BECKER H. S. (1963), *Outsiders*, trad. it. Edizioni del Gruppo Abele, Torino 1987.
BELL D. (1973), *La società post-industriale*, trad. it. Comunità, Milano 1991.
BENDIX R. (1962), *Max Weber*, trad. it. Zanichelli, Bologna 1984.
ID. (1964), *Stato nazionale e integrazione di classe*, trad. it. Laterza, Bari 1969.
BENJAMIN W. (1936a), *L'opera d'arte nell'epoca della sua riproducibilità tecnica*, trad. it. Einaudi, Torino 1966.
ID. (1936b), *Il narratore. Considerazioni sull'opera di Nicolaj Leskov*, trad. it. in Id., *Angelus novus*, Einaudi, Torino 1976.
ID. (1939), *Di alcuni motivi in Baudelaire*, trad. it. in Id., *Angelus novus*, Einaudi, Torino 1976.
ID. (1982), *Parigi, capitale del XIX secolo*, trad. it. Einaudi, Torino 1986.
BERGER P. L. (1967), *La sacra volta*, trad. it. SugarCo, Milano 1984.
ID. (1984), *Robert Musil e il salvataggio del sé*, trad. it. Rubbettino, Soveria Mannelli 1992.
BERGER P. L., BERGER B., KELLNER H. (1973), *The Homeless Mind*, Random House, New York.
BERGER P. L., LUCKMANN T. (1966), *La realtà come costruzione sociale*, trad. it. Il Mulino, Bologna 1969.
BERMAN M. (1982), *L'esperienza della modernità*, trad. it. Il Mulino, Bologna 1985.
BESNARD P. (1979), *La formation de l'équipe de L'Année sociologique*, in "Revue Française de Sociologie", n. 1.
BOBBIO N. (1990), *Saggi su Gramsci*, Feltrinelli, Milano.
BORTOLINI M. (a cura di) (2002), *La modernità di Talcott Parsons*, in "Quaderni di Teoria Sociale", n. 2.
BOSCHETTI A. (2003), *La rivoluzione simbolica di Pierre Bourdieu*, Marsilio, Padova.
BOUDON R. (1977), *Effetti perversi dell'azione sociale*, trad. it. Feltrinelli, Milano 1981.
BOURDIEU P. (1972), *Per una teoria della pratica*, trad. it. Cortina, Milano 2003.
ID. (1979), *La distinzione. Critica sociale del gusto*, trad. it. Il Mulino, Bologna 1981.

ID. (1992), *Risposte*, trad. it. Bollati Boringhieri, Torino 1992.
BOURDIEU P., PASSERON J. C. (1970), *La riproduzione*, trad. it. Guaraldi, Rimini 1972.
BUSINO G. (a cura di) (1996), *Vilfredo Pareto. Una teoria critica della scienza della società*, antologia degli scritti, Rizzoli, Milano.
CALVINO I. (1971), *Introduzione*, in Fourier (1841-46).
CARDOSO F. H., FALETTO E. (1969), *Dipendenza e sviluppo in America Latina*, trad. it. Feltrinelli, Milano 1971.
CASTELLS M. (2001), *Galassia Internet*, trad. it. Feltrinelli, Milano 2002.
CAVALLI A. (1984), *Introduzione*, in Simmel (1900).
ID. (1989), *Introduzione*, in Simmel (1908a).
ID. (1992), *Weber e Gramsci*, in Paci (a cura di) (1992b).
ID. (2001), *Incontro con la sociologia*, Il Mulino, Bologna.
CENTER FOR CONTEMPORARY CULTURAL STUDIES (ed.) (1982), *The Empire Writes Back. Race and Racism in 70's Britain*, Hutchinson, London.
CHAMBERS I. (2001), *Sulla soglia del mondo*, trad. it. Meltemi, Roma 2003.
CIACCI M. (a cura di) (1984), *Interazionismo simbolico*, Il Mulino, Bologna.
CODELUPPI V. (2005), *Cos'è la moda*, Carocci, Roma.
COLEMAN J. S. (1990), *Fondamenti di teoria sociale*, trad. it. Il Mulino, Bologna 2005.
COLLOTTI E. (1995), *Fascismo, fascismi*, Sansoni, Firenze.
COMTE A. (1842), *Corso di filosofia positiva*, trad. it. UTET, Torino 1967.
ID. (1844), *Discorso sullo spirito positivo*, trad. it. Laterza, Roma-Bari 1985.
ID. (1854), *Système de politique positive ou traité de sociologie*, ried. in Id., *Œuvres*, Anthropos, Paris 1970.
COOLEY C. H. (1909), *L'organizzazione sociale*, trad. it. Comunità, Milano 1963.
COSER L. A. (1977), *I maestri del pensiero sociologico*, trad. it. Il Mulino, Bologna 1983.
COSTABILE A. (2002), *Il potere politico*, Carocci, Roma.
CRESPI F. (1989), *Azione sociale e potere*, Il Mulino, Bologna.
ID. (1996), *Manuale di sociologia della cultura*, Laterza, Roma-Bari.
ID. (2007), *Conoscenza e società*, Carocci, Roma.
CRESPI F., JEDLOWSKI P., RAUTY R. (2000), *La sociologia. Contesti storici e modelli culturali*, Laterza, Roma-Bari.
DAL LAGO A. (1983), *L'ordine infranto. Max Weber e i limiti del razionalismo*, Unicopli, Milano.
ID. (1994), *Il conflitto della modernità. Il pensiero di Georg Simmel*, Il Mulino, Bologna.
DARWIN C. (1859), *L'origine delle specie*, trad. it. Newton Compton, Roma 1994.
DE BEAUVOIR S. (1949), *Il secondo sesso*, trad. it. Il Saggiatore, Milano 1961.
DE FELICE R. (1989), *Le interpretazioni del fascismo*, Laterza, Roma-Bari.
DE LEONARDIS O. (a cura di) (1982), *Il sapere della crisi. Per una storia della sociologia*, Ianua, Roma.
DERIU M. (a cura di) (2000), *Gregory Bateson*, Bruno Mondadori, Milano.

DI CORI P., BARAZZETTI D. (2001), *Gli studi delle donne in Italia*, Carocci, Roma.

DI COSTANZO G., PECCHINENDA G., SAVARESE R. (a cura di) (2007), *Max Weber. Un nuovo sguardo*, Angeli, Milano.

DI MEGLIO M. (2002), *Teoria sociale e modernità. Il progetto incompiuto di Anthony Giddens*, Angeli, Milano.

DJILAS M. (1957), *The New Class: an Analysis of the Communist System*, Praeger, London.

DURKHEIM E. (1893), *La divisione del lavoro sociale*, trad. it. Comunità, Milano 1977.

ID. (1895), *Le regole del metodo sociologico*, trad. it. Comunità, Milano 1979.

ID. (1897), *Il suicidio*, trad. it. UTET, Torino 1969.

ID. (1912), *Le forme elementari della vita religiosa*, trad. it. Comunità, Milano 1963.

ECO U. (1990), *I limiti dell'interpretazione*, Bompiani, Milano.

EISENSTADT S. N. (1983), *Sviluppo, modernizzazione e dinamica delle civiltà*, in Id., *Civiltà comparate*, trad. it. Liguori, Napoli 1990.

ID. (1990), *Le origini dell'Occidente. L'etica protestante rivisitata*, trad. it. in *Modernità, modernizzazione e oltre*, Armando, Roma, 1997.

ELIAS N. (1939), *Il processo di civilizzazione*, trad. it. Il Mulino, Bologna 1987.

ID. (1982), *La solitudine del morente*, trad. it. Il Mulino, Bologna 1985.

ENGELS F. (1845), *La situazione della classe operaia in Inghilterra*, trad. it. Editori Riuniti, Roma 1973.

ID. (1885), *Ludovico Feuerbach e il punto di approdo della filosofia classica tedesca*, trad. it. Rinascita, Roma 1950.

FANON F. (1952), *Pelle nera, maschere bianche*, trad. it. Marco Tropea, Milano 1996.

FERGUSON A. (1767), *Saggio sulla storia della società civile*, trad. it. Vallecchi, Firenze 1973.

FERRARA A. (1997), *Individuo e modernità*, in Trapanese (a cura di) (1997).

FOUCAULT M. (1966), *Le parole e le cose*, trad. it. Rizzoli, Milano 1978.

FOURIER C. (1841-46), *Teoria dei quattro movimenti. Il nuovo mondo amoroso*, trad. it. Einaudi, Torino 1971.

FRANCHETTI L., SONNINO S. (1877), *La Sicilia nel 1876*, ried. Vallecchi, Firenze 1974.

FRANK G. (1967), *Capitalismo e sottosviluppo in America Latina*, trad. it. Einaudi, Torino 1969.

FREUD S. (1900), *L'interpretazione dei sogni*, trad. it. in Id., *Opere*, vol. III, Boringhieri, Torino 1989.

ID. (1905), *Tre saggi sulla teoria sessuale*, trad. it. in Id., *Opere*, vol. IV, Boringhieri, Torino 1987.

ID. (1915), *Considerazioni attuali sulla guerra e la morte*, trad. it. in Id., *Opere*, vol. VII, Boringhieri, Torino 1988.

ID. (1917), *Introduzione alla psicoanalisi*, trad. it. in Id., *Opere*, vol. VIII, Boringhieri, Torino 1989.
ID. (1920), *Al di là del principio del piacere*, trad. it. in Id., *Opere*, vol. IX, Boringhieri, Torino 1989.
ID. (1921), *Psicologia delle masse e analisi dell'io*, trad. it. in Id., *Opere*, vol. IX, Boringhieri, Torino 1989.
ID. (1929), *Il disagio della civiltà*, trad. it. in Id., *Opere*, vol. X, Boringhieri, Torino 1989.
FRIEDMANN G. (1946), *Problemi umani del macchinismo industriale*, trad. it. Einaudi, Torino 1971.
FRISBY D. (1984), *Georg Simmel*, trad. it. Il Mulino, Bologna 1985.
ID. (1988), *Frammenti di modernità*, trad. it. Il Mulino, Bologna 1992.
GADAMER H. G. (1960), *Verità e metodo*, trad. it. Bompiani, Milano 1983.
GALLINO L. (1965), *Introduzione*, in Parsons (1951).
ID. (1989), *Sociologia della politica*, UTET, Torino.
ID. (2000), *Globalizzazione e disuguaglianze*, Laterza, Roma-Bari.
GARFINKEL H. (1967), *Studies in Ethnometodology*, Prentice-Hall, Englewood Cliffs.
GERMANI G. (1971), *Sociologia della modernizzazione*, trad. it. Laterza, Bari 1971.
GERSCHENKRON A. (1962), *Il problema storico dell'arretratezza economica*, trad. it. Einaudi, Torino 1965.
GIACCARDI C., MAGATTI M. (2001), *La globalizzazione non è un destino*, Laterza, Roma-Bari.
GIDDENS A. (1984), *La costituzione della società*, trad. it. Comunità, Milano 1990.
ID. (1990), *Le conseguenze della modernità*, trad. it. Il Mulino, Bologna 1994.
GIGLIOLI P. P., DAL LAGO A. (a cura di) (1983), *Etnometodologia*, Il Mulino, Bologna.
GILROY P. (1993), *The Black Atlantic. L'identità nera tra modernità e doppia coscienza*, trad. it. Meltemi, Roma 2003.
GLASS D. V. *et al.* (1954), *Social Mobility in Britain*, Routledge & Kegan Paul, London.
GOFFMAN E. (1959), *La vita quotidiana come rappresentazione*, trad. it. Il Mulino, Bologna 1969.
ID. (1961a), *Asylums*, trad. it. Einaudi, Torino 1968.
ID. (1961b), *Espressione e identità*, trad. it. Il Mulino, Bologna 2003.
ID. (1967-69), *Modelli di interazione*, trad. it. Il Mulino, Bologna 1971.
ID. (1971), *Relazioni in pubblico*, trad. it. Bompiani, Milano 1981.
ID. (1974), *Frame Analysis*, trad. it. Armando, Roma 2001.
GORZ A. (1980), *Addio al proletariato*, trad. it. Edizioni Lavoro, Roma 1982.
GOULDNER A. W. (1970), *La crisi della sociologia*, trad. it. Il Mulino, Bologna 1972.
ID. (1975), *La sociologia e la vita quotidiana*, trad. it. Armando, Roma 1997.
GRAMSCI A. (1929-35), *Quaderni del carcere*, Einaudi, Torino 1975.

ID. (1997), *Opere*, antologia degli scritti a cura di A. A. Santucci, Editori Riuniti, Roma.

GRANDE T., PARINI E. G. (a cura di) (2007), *Studiare la società. Questioni, concetti, teorie*, Carocci, Roma.

GRASSI C. (2002), *Sociologia della comunicazione*, Bruno Mondadori, Milano.

HABERMAS J. (1962), *Storia e critica dell'opinione pubblica*, trad. it. Laterza, Roma-Bari 1984.

ID. (1973), *La crisi della razionalità nel capitalismo maturo*, trad. it. Laterza, Roma-Bari 1982.

ID. (1981), *Teoria dell'agire comunicativo*, trad. it. Il Mulino, Bologna 1986.

ID. (1992), *Fatti e norme*, trad. it. Guerini, Milano 1997.

HALBWACHS M. (1924), *I quadri sociali della memoria*, trad. it. Ipermedium, Napoli 1997.

ID. (1930), *Les causes du suicide*, Alcan, Paris.

ID. (1950), *La memoria collettiva*, trad. it. Unicopli, Milano 1987.

HALL S. (1980), *Codifica e decodifica nel discorso televisivo*, trad. it. in Id., *Il soggetto e la differenza*, Meltemi, Roma 2006.

ID. (1985), *L'importanza di Gramsci per lo studio della razza e dell'etnicità*, trad. it. in Id., *Il soggetto e la differenza*, Meltemi, Roma 2006.

HAMILTON P. (1983), *Talcott Parsons*, trad. it. Il Mulino, Bologna 1989.

HARVEY D. (1990), *La crisi della modernità*, trad. it. Il Saggiatore, Milano 1993.

HELLER A. (1970), *Sociologia della vita quotidiana*, trad. it. Editori Riuniti, Roma 1975.

HILFERDING R. (1910), *Il capitale finanziario*, trad. it. Feltrinelli, Milano 1961.

HOBSBAWM E. (1987), *L'età degli imperi: 1875-1914*, trad. it. Laterza, Roma-Bari 1987.

HOFMANNSTHAL H. VON (1902), *Lettera di Lord Chandos*, trad. it. Rizzoli, Milano 1985.

HOLLIER D. (a cura di) (1978), *Il Collegio di sociologia*, trad. it. Bollati Boringhieri, Torino 1991.

HOMANS G. (1961), *Le forme elementari del comportamento sociale*, trad. it. Angeli, Milano 1975.

HORKHEIMER M. (1932), *Storia e psicologia*, trad. it. in Id., *Teoria critica*, Einaudi, Torino 1974.

ID. (1947), *Eclisse della ragione*, trad. it. Einaudi, Torino 1969.

HORKHEIMER M., ADORNO T. W. (1947), *Dialettica dell'illuminismo*, trad. it. Einaudi, Torino 1974.

IDD. (a cura di) (1956), *Lezioni di sociologia*, trad. it. Einaudi, Torino 1966.

HORKHEIMER M. *et al.* (1936), *Studi sull'autorità e la famiglia*, trad. it. Einaudi, Torino 1974.

HOSELITZ B. (1960), *Sociological Aspects of Economic Growth*, Free Press, New York.

INGELHART R. F. (1977), *La rivoluzione silenziosa*, trad. it. Rizzoli, Milano 1983.

INNIS H. (1951), *Le tendenze della comunicazione*, trad. it. SugarCo, Milano 1982.

IZZO A. (a cura di) (1977), *Storia del pensiero sociologico*, Il Mulino, Bologna.

ID. (1997), *La società di massa*, in Trapanese (a cura di) (1997).

JAHODA M., LAZARSFELD P., ZEISEL H. (1932), *I disoccupati di Marienthal*, trad. it. Edizioni Lavoro, Roma 1986.

JAMESON F. (1984), *Il postmoderno, o la logica culturale del tardo capitalismo*, trad. it. Garzanti, Milano 1989.

JANIK A., TOULMIN S. (1973), *La grande Vienna*, trad. it. Garzanti, Milano 1984.

JAY M. (1973), *L'immaginazione dialettica*, trad. it. Einaudi, Torino 1979.

JEDLOWSKI P. (2002), *Vita quotidiana e crisi dell'esperienza. Per una rilettura sociologica di Walter Benjamin*, in Id., *Memoria, esperienza e modernità*, Angeli, Milano.

KUHN T. (1962), *La struttura delle rivoluzioni scientifiche*, trad. it. Einaudi, Torino 1978.

KUMAR K. (1995), *Le nuove teorie del mondo contemporaneo*, trad. it. Einaudi, Torino 2000.

LANDES D. S. (1969), *Prometeo liberato*, trad. it. Einaudi, Torino 1978.

LE BON G. (1895), *Psicologia delle folle*, trad. it. Longanesi, Milano 1980.

LECCARDI C. (a cura di) (1999), *Limiti della modernità. Trasformazioni del mondo e della conoscenza*, Carocci, Roma.

LEFEBVRE H. (1946-61), *Critica della vita quotidiana*, trad. it. Dedalo, Bari 1977.

ID. (1966), *Sociologia di Marx*, trad. it. Il Saggiatore, Milano 1972.

ID. (1968), *La vita quotidiana nel mondo moderno*, trad. it. Il Saggiatore, Milano 1978.

LENIN V. I. (1916), *L'imperialismo, fase suprema del capitalismo*, trad. it. Editori Riuniti, Roma 1973.

LENTINI O. (a cura di) (1981), *La sociologia italiana negli anni del positivismo. Antologia di scritti sociologici*, Il Mulino, Bologna.

ID. (2003), *Saperi sociali, ricerca sociale: 1500-2000*, Angeli, Milano.

LEVY M. (1966), *Modernization and the Structure of Societies*, Princeton University Press, Princeton.

LIPPMANN W. (1922), *L'opinione pubblica*, trad. it. Donzelli, Roma 1995.

LUCKMANN T. (1963), *La religione invisibile*, trad. it. Il Mulino, Bologna 1969.

LUHMANN N. (1984), *Sistemi sociali. Fondamenti di una teoria generale*, trad. it. Il Mulino, Bologna 1990.

ID. (1997), *Globalizzazione o società-mondo: come pensare la società moderna?*, trad. it. in "Con-tratto", n. 6, 2001.

LUKÁCS G. (1923), *Storia e coscienza di classe*, trad. it. SugarCo, Milano 1971.

LYND R. S., MERREL LYND H. (1929), *Middletown*, trad. it. Comunità, Milano 1970.

IDD. (1937), *Ritorno a Middletown*, trad. it. Comunità, Milano 1974.

LYOTARD J.-F. (1979), *La condizione postmoderna*, trad. it. Feltrinelli, Milano 1981.
MÀDERA R. (1999), *L'animale visionario. Elogio del radicalismo*, Il Saggiatore, Milano.
MALCOLM N. (1958), *Ludwig Wittgenstein*, trad. it. Bompiani, Milano 1988.
MANNHEIM K. (1923-31), *Sociologia della conoscenza*, trad. it. Dedalo, Bari 1974.
ID. (1929), *Ideologia e utopia*, trad. it. Il Mulino, Bologna 1957.
MARCUSE H. (1932), *Nuove fonti per il materialismo storico*, trad. it. in Id., *Marxismo e rivoluzione. Studi 1929-1932*, Einaudi, Torino 1975.
ID. (1955), *Eros e civiltà*, trad. it. Einaudi, Torino 1964.
ID. (1964), *L'uomo a una dimensione*, trad. it. Einaudi, Torino 1967.
MARRADI A. (1980), *Concetti e metodo per la ricerca sociale*, La Giuntina, Firenze.
MARTINELLI A. (2004), *La modernizzazione*, Laterza, Roma-Bari.
MARX K. (1844), *Manoscritti economico-filosofici*, trad. it. Einaudi, Torino 1968.
ID. (1849), *Lavoro salariato e capitale*, trad. it. Editori Riuniti, Roma 1970.
ID. (1850), *Le lotte di classe in Francia*, trad. it. Editori Riuniti, Roma (1973).
ID. (1852), *Il 18 brumaio di Luigi Bonaparte*, trad. it. Editori Riuniti, Roma 1964.
ID. (1857-58), *Lineamenti fondamentali della critica dell'economia politica*, trad. it. La Nuova Italia, Firenze 1970.
ID. (1859), *Per la critica dell'economia politica*, trad. it. Editori Riuniti, Roma 1974.
ID. (1867-94), *Il capitale*, trad. it. Editori Riuniti, Roma 1972.
MARX K., ENGELS F. (1846a), *L'ideologia tedesca*, trad. it. Editori Riuniti, Roma 1967.
IDD. (1846b), *La concezione materialistica della storia*, trad. it. abbr. de *L'ideologia tedesca*, Editori Riuniti, Roma 1970.
IDD. (1848), *Manifesto del Partito comunista*, trad. it. Editori Riuniti, Roma 1973.
MATTELART A. (1991), *La comunicazione mondo*, trad. it. Il Saggiatore, Milano 1997.
MATTELART A., NEVEU E. (2003), *Introduction aux Cultural Studies*, La Découverte, Paris.
MAUSS M. (1925), *Saggio sul dono*, in Id., *Teoria generale della magia ed altri saggi*, Einaudi, Torino 1965.
MCCOMBS M. E., SHAW D. L. (1972), *La funzione di agenda-setting dei mass media*, trad. it. in S. Bentivegna (a cura di), *Mediare la realtà*, Angeli, Milano 1994.
MCLUHAN M. (1962), *La galassia Gutenberg*, trad. it. Armando, Roma 1976.
ID. (1964), *Gli strumenti del comunicare*, trad. it. Il Saggiatore, Milano 1967.
MEAD G. H. (1932), *La filosofia del presente*, trad. it. Guida, Napoli 1986.
ID. (1934), *Mente, sé e società*, trad. it. Giunti Barbera, Firenze 1972.

MEADOWS D. H. *et al.* (1972), *I limiti dello sviluppo*, trad. it. Mondadori, Milano 1972.
MELA A. (1996), *Sociologia delle città*, Carocci, Roma.
MELLINO M. (2005), *La critica postcoloniale*, Meltemi, Roma.
MELUCCI A. (1982), *L'invenzione del presente*, Il Mulino, Bologna.
ID. (a cura di) (1998), *Verso una sociologia riflessiva*, Il Mulino, Bologna.
MERTON R. K. (1968), *Teoria e struttura sociale*, trad. it. Il Mulino, Bologna 1970.
MICHELS R. (1911), *La sociologia del partito politico*, ried. Il Mulino, Bologna 1966.
MILANACCIO A., GAMBA F. (2005), *Sociologia*, Celid, Torino.
MILLS C. W. (1951), *Colletti bianchi*, trad. it. Einaudi, Torino 1974.
ID. (1956), *L'élite del potere*, trad. it. Feltrinelli, Milano 1970.
MINGIONE E. (1997), *Sociologia della vita economica*, Carocci, Roma.
MINGIONE E., PUGLIESE E. (2002), *Il lavoro*, Carocci, Roma.
MISES L. VON (1940), *Autobiografia di un liberale*, trad. it. Rubbettino, Soveria Mannelli 1996.
MONGARDINI C. (1995), *Nuove teorie della stratificazione sociale*, Carocci, Roma.
MONGARDINI C., MANISCALCO M. L. (1999), *Il pensiero conservatore*, Angeli, Milano.
MONGARDINI C., TABBONI S. (1989), *L'opera di R. K. Merton e la sociologia contemporanea*, ECIG, Genova.
MONTESQUIEU C. (1721), *Lettere persiane*, trad. it. Rizzoli, Milano 1984.
ID. (1748), *Lo spirito delle leggi*, trad. it. UTET, Torino 1952.
MORIN E. (1962), *Lo spirito del tempo*, trad. it. Meltemi, Roma 2005.
MORSELLI E. (1879), *Il suicidio. Saggio di statistica morale comparata*, Dumolard, Milano.
MOSCA G. (1884), *Teoria dei governi e governo parlamentare*, ried. Giuffrè, Milano 1968.
ID. (1933), *Storia delle dottrine politiche*, ried. Laterza, Bari 1964.
MOSCOVICI S. (1979), *Psicologia delle minoranze attive*, trad. it. Boringhieri, Torino 1981.
ID. (1988), *La fabbrica degli dei*, trad. it. Il Mulino, Bologna 1991.
MOSSE G. L. (1979), *Il fascismo. Verso una teoria generale*, trad. it. Laterza, Roma-Bari 1996.
MUMFORD L. (1934), *Tecnica e cultura*, trad. it. Il Saggiatore, Milano 1961.
MUZZETTO L. (2006), *Il soggetto e il sociale. Alfred Schutz e il mondo taken for granted*, Angeli, Milano.
MYRDAL G. *et al.* (1944), *An American Dilemma*, Harper & Row, New York.
NIETZSCHE F. (1872), *La nascita della tragedia*, in Id., *Opere complete*, vol. III, Adelphi, Milano 1974.
ID. (1882), *La gaia scienza*, in Id., *Opere complete*, vol. V, Adelphi, Milano 1977.

ID. (1885), *Così parlò Zarathustra*, in Id., *Opere complete*, vol. VI, Adelphi, Milano 1977.
ID. (1886), *Al di là del bene e del male*, in Id., *Opere complete*, vol. VI, Adelphi, Milano 1977.
NOELLE-NEUMANN E. (1980), *La spirale del silenzio*, trad. it. Meltemi, Roma 2002.
ONG W. J. (1982), *Oralità e scrittura*, trad. it. Il Mulino, Bologna 1986.
ORTOLEVA P. (1988), *Saggio sui movimenti del 1968 in Europa e in America*, Editori Riuniti, Roma.
PACI M. (1992a), *Le premesse della sociologia*, CLUA, Ancona.
ID. (a cura di) (1992b), *Gramsci e i classici della sociologia*, Quaderni dell'Istituto Gramsci Marche.
PANEBIANCO A. (a cura di) (1989), *L'analisi della politica. Tradizioni di ricerca, modelli, teorie*, Il Mulino, Bologna.
PARETO V. (1916-19), *Trattato di sociologia generale*, ried. Comunità, Milano 1964.
PARK R. E. (1904), *La folla e il pubblico*, trad. it. Armando, Roma 1996.
PARK R. E. *et al.* (1925), *La città*, trad. it. Comunità, Milano 1979.
PARINI E. G. (2006), *Sapere scientifico e modernità*, Carocci, Roma.
PARSONS T. (1937), *La struttura dell'azione sociale*, trad. it. Il Mulino, Bologna 1962.
ID. (1951), *Il sistema sociale*, trad. it. Il Mulino, Bologna 1965.
ID. (1966-71), *Sistemi di società*, trad. it. Il Mulino, Bologna 1971-73.
ID. (1967), *Teoria sociologica e società moderna*, trad. it. Etas, Milano 1979.
PARSONS T., BALES R. F. (1955), *Famiglia e socializzazione*, trad. it. Mondadori, Milano 1974.
PIZZINI F. (a cura di) (1980), *Famiglia e comunicazione*, Feltrinelli, Milano.
PIZZORNO A. (1979), *Introduzione* in Park *et al.* (1925).
POGGI G. (2003), *Émile Durkheim*, Il Mulino, Bologna.
ID. (2004), *Incontro con Max Weber*, Il Mulino, Bologna.
POGGI S. (1991), *Introduzione al positivismo*, Laterza, Roma-Bari.
POLANYI K. (1944), *La grande trasformazione*, trad. it. Einaudi, Torino 1974.
PRIVITERA W. (1996), *Il luogo della critica. Per leggere Habermas*, Rubbettino, Soveria Mannelli.
RAUTY R. (a cura di) (1995), *Società e metropoli. La scuola sociologica di Chicago*, Donzelli, Roma.
RIESMAN D. (1950), *La folla solitaria*, trad. it. Il Mulino, Bologna 1957.
ROCHET G. (1972), *Talcott Parsons e la sociologia americana*, trad. it. Il Mulino, Bologna 1975.
ROGGERONE G. A. (1986), *Introduzione*, in Mead (1932).
ROSATI M., SANTAMBROGIO A. (a cura di) (2001), *Durkheim. Contributi per una rilettura critica*, Meltemi, Roma.
IDD. (a cura di) (2006), *Rileggere Durkheim*, in "Quaderni di Teoria Sociale", n. 6.
ROSDOLSKY R. (1967), *Genesi e struttura del "Capitale" di Marx*, trad. it. Laterza, Bari 1971.

ROSITI F. (1982), *Eccedenza culturale e controllo sociale*, in Id., *Mercati di cultura*, De Donato, Bari.
ROSSI P. (1961), *Introduzione*, in Weber (1920-22).
ID. (1982), *Max Weber. Razionalità e razionalizzazione*, Il Saggiatore, Milano.
ROSSI P., MORI M., TRINCHERO M. (a cura di) (1975), *Il problema della spiegazione sociologica*, Loescher, Torino.
ROSTOW W. W. (1960), *Gli stadi dello sviluppo economico*, trad. it. Einaudi, Torino 1962.
SACKS H. (1995), *Lectures on Conversation*, Blackwell, Oxford.
SAID E. W. (1978), *Orientalismo*, trad. it. Feltrinelli, Milano 1994.
SAINT-SIMON H. DE (1819), *Parabola*, trad. it. in G. M. Bravo (a cura di), *Il socialismo prima di Marx*, Editori Riuniti, Roma 1970.
SANTAMBROGIO A. (1990), *Totalità e critica del totalitarismo in Karl Mannheim*, Angeli, Milano.
SARACENO C. (1988), *Sociologia della famiglia*, Il Mulino, Bologna.
SARTORI G. (1993), *Democrazia: cosa è*, Rizzoli, Milano.
SASSATELLI R. (2004), *Consumo, cultura e società*, Il Mulino, Bologna.
SASSEN S. (2007), *Una sociologia della globalizzazione*, trad. it. Einaudi, Torino 2008.
SAYAD A. (1999), *La doppia assenza*, trad. it. Cortina, Milano 2002.
SCHIZZEROTTO A. (a cura di) (1989), *Classi sociali e società contemporanea*, Angeli, Milano.
SCHLUCHTER W. (1981), *Lo sviluppo del razionalismo occidentale*, trad. it. Il Mulino, Bologna 1987.
SCHUTZ A. (1932), *La fenomenologia del mondo sociale*, trad. it. Il Mulino, Bologna 1974.
ID. (1945), *Sulle realtà multiple*, trad. it. in Id. (1962-66).
ID. (1953), *L'interpretazione dell'azione umana da parte del senso comune e della scienza*, trad. it. in Id. (1962-66).
ID. (1954), *Don Chisciotte e il problema della realtà*, trad. it. Armando, Roma 1996.
ID. (1962-66), *Saggi sociologici*, trad. it. UTET, Torino 1979.
ID. (1970), *Il problema della rilevanza*, trad. it. Rosenberg & Sellier, Torino 1975.
SCHUTZ A., LUCKMANN T. (1979-84), *Die Strukturen der Lebenswelt*, Suhrkamp, Frankfurt am Main.
SCOTT J. (1986), *Il genere: un'utile categoria di analisi storica*, trad. it. in P. Di Cori (a cura di), *Altre storie*, CLUEB, Bologna 1996.
SCREPANTI E., ZAMAGNI S. (1992), *Profilo di storia del pensiero economico*, Carocci, Roma.
SHILS E. (1981), *Tradition*, University of Chicago Press, Chicago.
SICA A., TURNER S. (eds.) (2005), *The Disobedient Generation. Social Theorists in the Sixties*, University of Chicago Press, Chicago.
SIEBERT R. (2003), *Il razzismo. Il riconoscimento negato*, Carocci, Roma.
SIGHELE S. (1891), *La folla delinquente*, Bocca, Torino.

SIMMEL G. (1890), *La differenziazione sociale*, trad. it. Laterza, Roma-Bari 1995.

ID. (1900), *Filosofia del denaro*, trad. it. UTET, Torino 1984.

ID. (1903), *Le metropoli e la vita dello spirito*, trad. it. Armando, Roma 1995.

ID. (1905), *La moda*, trad. it. in Id., *La moda e altri saggi di cultura filosofica*, Longanesi, Milano 1985.

ID. (1908a), *Sociologia*, trad. it. Comunità, Milano 1989.

ID. (1908b), *Vom Wesen der Kultur*, ried. in *Brücke und Tür*, Koelher, Stuttgart 1957.

ID. (1917), *Forme e giochi di società*, trad. it. Feltrinelli, Milano 1983.

ID. (1918), *Il conflitto della cultura moderna*, trad. it. in Id., *Il conflitto della cultura moderna e altri saggi*, Bulzoni, Roma 1976.

SIMON H. A. (1983), *La ragione nelle vicende umane*, trad. it. Il Mulino, Bologna 1984.

SKINNER B. F. (1953), *Scienza e comportamento*, trad. it. Angeli, Milano 1992.

SMELSER N. J. (1976), *La comparazione nelle scienze sociali*, trad. it. Il Mulino, Bologna 1982.

ID. (1997), *Problematics of Sociology*, University of California Press, Berkeley.

SMITH A. (1763), *La ricchezza delle nazioni. Abbozzo*, trad. it. SE, Milano 1990.

ID. (1776), *Trattato sulla natura e le cause della ricchezza delle nazioni*, trad. it. UTET, Torino 1975.

SOMBART W. (1902), *Il capitalismo moderno*, trad. it. UTET, Torino 1967.

SOROKIN P. (1927), *La mobilità sociale*, trad. it. Comunità, Milano 1981.

SPARTI D. (1995), *Epistemologia delle scienze sociali*, Carocci, Roma.

SPENCER C. (1860-76), *Principi di sociologia*, trad. it. UTET, Torino 1967.

STOUFFER S. A. *et al.* (1949), *The American Soldier*, Princeton University Press, Princeton.

SUMNER W. G. (1906), *Costumi di gruppo*, trad. it. Comunità, Milano 1962.

SYLOS LABINI P. (1974), *Saggio sulle classi sociali*, Laterza, Bari.

TABBONI S. (1993), *Norbert Elias. Un ritratto intellettuale*, Il Mulino, Bologna.

THOMAS W. I., ZNANIECKI F. (1918-20), *Il contadino polacco in Europa e in America*, trad. it. Comunità, Milano 1968.

THOMPSON E. P. (1963), *Rivoluzione industriale e classe operaia in Inghilterra*, trad. it. Il Saggiatore, Milano 1969.

THOMPSON J. B. (1994), *Mezzi di comunicazione e modernità*, trad. it. Il Mulino, Bologna 1998.

TOCQUEVILLE A. DE (1840), *La democrazia in America*, trad. it. Rizzoli, Milano 1992.

ID. (1856), *L'antico regime e la rivoluzione*, in Id., *Scritti politici*, UTET, Torino 1967.

TÖNNIES F. (1887), *Comunità e società*, trad. it. Comunità, Milano 1963.

TRAPANESE E. V. (a cura di) (1997), *Sociologia e modernità*, Carocci, Roma.
TRASHER M. F. (1927), *The Gangs*, ed. abbr. University of Chicago Press, Chicago 1963.
TREIBER H. (a cura di) (1993), *Per leggere Max Weber*, CEDAM, Padova.
TRIFILETTI R. (1991), *L'identità controversa. L'itinerario di Erving Goffmann nella sociologia contemporanea*, CEDAM, Padova.
VEBLEN T. (1899), *La teoria della classe agiata*, trad. it. Einaudi, Torino 1971.
VEGETTI FINZI S. (1986), *Storia della psicoanalisi*, Mondadori, Milano.
WALLERSTEIN I. (1974-89), *Il sistema mondiale dell'economia moderna*, trad. it. Il Mulino, Bologna 1978-95.
ID. (2004), *Comprendere il mondo. Introduzione all'analisi dei sistemi-mondo*, trad. it. Asterios, Trieste 2006.
WEBER M. (1904), *L'"oggettività" conoscitiva della scienza sociale e della politica sociale*, trad. it. in Id., *Il metodo delle scienze storico-sociali*, Einaudi, Torino 1967.
ID. (1905), *L'etica protestante e lo spirito del capitalismo*, trad. it. Sansoni, Firenze 1974.
ID. (1906-17), *Sociologia delle religioni*, trad. it. UTET, Torino 1976.
ID. (1913), *Alcune categorie della sociologia comprendente*, trad. it. in Id., *Il metodo delle scienze storico-sociali*, Einaudi, Torino 1967.
ID. (1915), *Considerazioni intermedie. Il destino dell'Occidente*, trad. it. Armando, Roma 1995.
ID. (1917), *Il significato della "avalutatività" delle scienze sociologiche e economiche*, trad. it. in Id., *Il metodo delle scienze storico-sociali*, Einaudi, Torino 1967.
ID. (1918), *La scienza come professione*, trad. it. Rusconi, Milano 1997.
ID. (1920-22), *Economia e società*, trad. it. Milano, Comunità, Milano 1986.
ID. (1923), *Storia economica. Linee di una storia universale dell'economia e della società*, trad. it. Donzelli, Roma 1993.
WILLIAMS R. (1974), *Televisione. Tecnologia e forma culturale*, trad. it. Editori Riuniti, Roma 2000.
WINCH P. (1958), *Il concetto di scienza sociale e le sue relazioni con la filosofia*, trad. it. Il Saggiatore, Milano 1972.
WIRTH L. (1928), *Il ghetto*, trad. it. Comunità, Milano 1968.
WITTGENSTEIN L. (1921), *Tractatus logico-philosophicus*, trad. it. Einaudi, Torino 1964.
ID. (1953), *Ricerche filosofiche*, trad. it. Einaudi, Torino 1967.